JN409808

쉽고 재미있는

세계 전쟁 이야기

| 정명복 지음

지문당

머리말

인간의 역사와 발전, 그 시작은 어떻게 보면 바로 전쟁이었다.

전쟁은 인간에게 발전의 필요성을 느끼게 하였다. 적을 이기기 위해서는 훌륭한 전략과 전술, 더 좋은 무기체계 등이 필요했기 때문이다. 이기고 싶은 인간의 마음은 역사를 발전의 길로 올려놓았다. 전쟁이 인간으로 하여금 경쟁하고 발전하게 만들었다고도 할 수 있는 것이다.

모든 사람이 평화를 원하지만 전쟁이 없으면 평화의 소중함은 잊힐 것이고, 또한 평화에 안주하면 갑작스러운 적의 침략에 대응할 수 없다. 고대 로마의 전사가 베제티우스도 "평화를 바라거든 전쟁에 대비하라!"라고 하였다. 전쟁을 철저히 대비하는 나라를 쉽게 침략할 수 있는 나라는 거의 없기에 이런 말이 나온 것이리라…….

우리는 개국 초기와 다르게 점점 평화에 물들었던 조선이 임진왜란과 병자호란 등의 외침에 너무나 무기력했던 역사를 통해서도 이를 배운다.

더구나 현재 우리 대한민국은 북한과 휴전 중이므로 전쟁이 끝나지 않은 상태이며, 북한은 언제 전투를 다시 시작할지 모르는 상황이다. 그래서 우리 국민 모두는 생존전략 차원에서라도 더욱더 전쟁에 대하여 알아야 하고 대비해야만 된다.

그러기 위해서는 동서고금을 막론하고 지금까지 일어났던 전쟁에 대해 공부하는 것은 필수요, 지름길일 것이다. 세계전쟁사를 통하여 전승과 패인을 분석하다 보면 전쟁의 실상과 전략 전술, 리더십, 무기체계, 위기관리 등 모든 면에서 전리를 자연스럽게 터득할 수 있다. 나아가서는 과거의 역사를 알면 미래가 보이듯이 미래의 전쟁을 예측할 수도 있어 현대인이라면 당연히 세계전쟁사를 공부해야 한다고 강조하고 싶다. 그러나 군사학이나 안보 관련 도서들은 대부분 너무 어렵고 내용도 딱딱하여 독서가 쉽지 않은 것이 사실이다.

공자는 열심히 하는 것은 좋아하는 만 못하고 좋아하는 것은 즐기는 것만 못하다고 했다. 배움에 있어서도 중요한 것은 그것을 즐겨야 한다는 뜻일 것이다. 우리가 전쟁에 대해 배울 때도 즐기면서 배우는 것이 제일 좋은 방법이라고 할 수 있다.

누구나 쉽고 재미있게 세계전쟁사를 배울 방법은 없을까?

바로 그런 요구가 이 책을 탄생하게 만들었다.

제 2장 고대의 전쟁 편에서는 근대 마라톤이라는 체육 종목이 생기게 된 배경인 마라톤 전투, 동성애자의 군 입대와 관련해 논란이 되고 있는 신성대의 레웃트라 전투, 대제국 하면 떠오르는 알렉산드로스의 히다스페스 전투와 알프스를 넘은 것으로 유명한 한니발 장군의 칸나에 전투, 시저라고 널리 알려진 카이사르의 파르살루스 전투 등을 다루었다.

제 3장 중세 및 근세 편에서는 칭기즈칸과 잔다르크가 살던 시기의 여러 전투들을 알아보았으며 이어서 너무나도 유명한 나폴레옹 전투를 집중 분석하였다.

사라예보사건으로 발발된 제1차 세계대전과 그 끝에 우리에게 광복을 가져다 준 제2차 세계대전 및 태평양 전쟁, 대한민국 국군이 참전했던 베트남 전쟁도 심도 있게 다루었다. 또한 이 책은 중동지역의 전쟁, 걸프 및 이라크 전쟁까지 우리에게 이미 익숙하지만 간과되었던 중요한 이야기들을 담고 있다.

세계역사 속의 많은 전쟁과 전투 속에서도 가장 중요한 부분들만 수록하여 우리에게 그 시대와 상황을 쉽게 설명해 준다.

이제 이 책을 읽으면서 여러분들은 자연스레 과거의 명장 및 위인들과 조우하며 그들의 통찰력과 지혜를 배울 수 있을 것으로 생각한다.

특히 보통 사람들이 딱딱하고 어려워만 하는 세계전쟁사를 알기 쉽게 풀어서 설명해 주며, 중간 중간 지루하지 않도록 "재미있고 유익한 이야기"를 독자 여러분들께 선사하고 있다. 책장을 넘기면서 쉽고 재미있어 하루에 다 읽고 싶은 충동을 느끼시리라 나름대로 전망해 본다.

아무쪼록 독자 여러분들께서 본 "세계전쟁 이야기"를 재미있게 읽고 전쟁 상황을 이해하여 미래 시대의 불확실성을 다소라도 정확하게 판단하고 극복할 수 있는 혜안(慧眼)을 가지게 될 것을 기대한다.

끝으로 이 책이 나오기까지 열정을 다해 준 은동경, 한진근 등 한국안보학연구소 연구원들과, 물심양면으로 지원을 아끼지 않으신 임삼규 사장님, 문현경 선생님을 포함한 지문당 관계자 여러분께 진심으로 감사하게 생각한다.

2015년 9월

금강과 공산성을 바라보며

정 명 복

일러두기

본서를 효과적으로 읽기 위한 기본적인 사항을 일러둔다.

1. 맞춤법과 띄어쓰기는 '한글 맞춤법 통일안'에 따르는 것을 원칙으로 하여 문장은 한글 위주로 평이하게 썼으며, 혼동할 우려가 있는 용어와 고유명사 등은 원어를 ( )안에 넣었다.
2. 연대는 모두 서기(西紀)로 표기했다.
3. 이 책의 본문에 인용된 자료는 가능한 원문의 뜻에서 크게 벗어나지 않는 한도 내에서 쉬운 현대문으로 번역하여 독자의 이해를 용이하게 했으며, 원문 제작 당시의 관용어나 제도어는 그대로 사용하였다.
4. 본문 내용 중 '재미있고 유익한 이야기'는 본문을 쉽게 이해하고 흥미롭게 읽도록 하기 위한 목적으로 구성하였다.
5. 이 책이 저술되고 나오기까지에는 장용운 박사(전, 경남대학교 교수)님의 헌신적인 지원과 편달이 있었다.
6. 특기할 만한 용어나 따로 풀이가 필요할 것으로 여겨지는 용어는 '부록1 용어해설'에 모아 수록하였다.
7. 제8장 베트남 전쟁 부분은 최용호의 『베트남 전쟁과 한국군』(서울 : 국방부 군사편찬연구소, 2004)을 참조하였다.
8. '부록2 재미있는 전쟁과 음식 이야기'는 독자들에게 흥미를 갖게 하기 위하여 국방일보에 게재된 내용을 참고하여 재 작성했다.
9. '부록3 세계역사 및 전쟁 연표'는 육군 군사연구소에서 제작한 내용을 협조하여 수록하였다.
10. 이 책에 나오는 사진 및 참고 자료는 독자들의 이해를 돕기 위하여 국방부, 학교기관 등 관련기관의 지원을 받아 최대한 활용하였다.
11. 이 책을 연구하고 집필하는 데 있어 김대희 선생 등 많은 전문가들에게 자문해 감수를 받았다.

차례

‖ 재미있고 유익한 이야기

제 1 장 | 전쟁이란 무엇인가?

제1장

전쟁이란 무엇인가?

제1절 전쟁의 개관

(1) 전쟁의 본질

전쟁이란 적으로 하여금 자신의 의지에 굴복하도록 할 것을 목적으로 하는 행위를 의미한다. 상호 대립하는 국가 또는 이에 준하는 집단이 정치적 목적을 달성하기 위하여 군사력을 비롯한 모든 수단을 사용, 자기의 의지를 상대방에게 강요하기 위해 전쟁을 일으킨다. 즉, 적에게 자국의 의지를 따르도록 하는 것이 전쟁의 목적이다.

국제정치학자나 사회학자를 중심으로 다양한 분야에서 전쟁을 언급해 왔는데, 군사적인 면에서는 클라우제비츠와 손무의 견해가 대표적이다. 클라우제비츠는『전쟁론』에서 "전쟁은 상대를 굴복시켜 자기 의지를 실현하기 위하여 사용되는 폭력행위이며, 다른 수단을 가지고 하는 정치의 연장이다."라고 그 본질을 설파하였다. 이는 결국 전쟁은 정치의 수단으로 구실을 하며, 폭력을 수반한다는 것을 의미한다.

반면 동양의 손무는『손자병법』을 통하여 "전쟁은 국가의 생멸을 가름하는 중대사이며, 국가를 유지하고 피해를 방지하기 위해서는 싸우지 않고 승리함이 최선"이라 하여 '싸우지 않고 이길 수 있는 전쟁' 즉 '최소한의 피해'만을 강조했다. 이는 전쟁이 개인의 생명과 재산의 파괴 그리고 국가의 파멸까지도 담보로 하고 있음을 대변하고 있다.

이를 종합하여 볼 때 전쟁의 주체는 국가나 이에 준하는 정치집단 또는 국제법으로 인정된 교전단체로 볼 수 있으며, 전쟁의 수단은 무력을 포함한 정치, 외교, 경제, 문화 등의 다양한 분야가 포함될 수 있다. 결론적으로 전쟁은 군대 또는 무력이 조직적으로 동원되어 상호 충돌해 자기의 의지를 관철하려는 현상으로 피아 국가 간의 군사적 무력충돌로 정의할 수 있으며, 국가나 교전단체의 군사적 수단뿐만 아니라 비군사적 수단까지를 포함한다고 할 수 있다.

(2) 시대별 전쟁 양상의 변천

역사적으로 볼 때, 군사는 인간생활의 생존과 사활이 걸린 문제였으며, 인간이 사활을 걸고 수행했던 수많은 전쟁은 인류문명의 진화와 더불어 창조와 파괴, 파괴와 건설의 반복을 거듭해 왔다. 문자로 확인할 수 있는 인류 최고(最古)의 전쟁은 기원전 3천 년경 메소포타미아 남부의 수메르 도시국가들 간의 전쟁을 기록한 쐐기문자의 점토판에서 확인할 수 있다. 이후 인류는 문명의 발전과 더불어 수많은 전쟁을 치러왔으며, 시기에 따라 상황과 환경에 적합한 군사사상과 군사조직, 무기체계 및 운용술을 꾸준히 발전시켜왔다.

하지만 고대부터 시작된 전쟁이 오늘날과 같이 전쟁의 영역과 규모가 현저하게 확대되고 전력화된 것은 18세기 나폴레옹이 등장하여 작전술의 영역을 개척한 이후부터이다. 이러한 의미에서 전쟁은 나폴레옹의 전쟁을 축으로 하여 이전의 고대 · 중세 · 근세의 전쟁과 이후 총력전의 시대인 제1 · 2차 세계대전 그리고 과학기술의 급속한 발전이 이루어지는 현대의 전쟁으로 구분해 볼 수 있다. 이 구분법은 일반적인 역사학의 시대구분법과 일치하고 작전술의 등장 여부에 따라 전쟁을 구분한 것이다. 이는 전쟁 양상이 정치, 사회, 경제 등 사회현상의 영향을 받으며 역사발전과 함께 진행되고 있음을 함축하고 있다.

전쟁은 고대로부터 현대의 전쟁에 이르기까지 무기체계와 전력운용 방법에 따라 그 양상이 변화되어 왔다. 기술력의 발전에 따른 부대 기동속도의 증가, 조직력의 확대, 무기의 충격력과 파괴력의 증대로 그 동원능력도 향상하였다. 시대별 전쟁은 동 · 서양을 막론하고 시기와 지역마다 독특한 전쟁 양상을 보인다. 그러나 공통적으로 제한된 특정지역에 주력군을 대치시켜 결전을 수행하고 있으며, 단시간 · 단일 전투로 승패를 결정짓는 특성이 있다.

고대의 전쟁은 영토 확장과 노예의 획득 등 집단 전체의 생존과 번영을 위해 수행되었으며 창, 칼, 활, 방패 등의 무기가 사용되었다. 고대전쟁은 주로 밀집보병들이 전투대형을 갖추고 넓은 공간에 회전하며 인간의 완력에 의존한 백병전으로 수행되었다. 고대 문명이 발달한 오리엔트에서는 청동무기와 전차, 철제무기가 개발되었으며, 보병이 전장을 지배했다. 전형적인 전투대형은 그리스 방진과 로마의 군단인 레기온이다. 양 대형은 충격력에 대한 지구력의 싸움이었다. 전투는 상대의 대형에 정면으로 충격을 가하여 패주하면 종료되었다.

중세에는 강력한 중앙국가가 출현하지 않아 지역적으로 농토를 소유한 영주가 기사에게 봉토를 수여했고, 대신 고용된 기사는 군역을 제공했다. 중세의 전투는 이 기사단을 주 전투원으로 기사의 개인적 결투가 주로 진행되었으며, 구축된 성을 중심으로 공성 및 수성전의 형태도 진행되었다. 성을 중심으로 싸우는 공성전은 필연적으로 성을 파괴하는 투척기와 투창기 등의 공성무기가 발전했다. 그러나 기사단은 1415년 아쟁쿠루 전투에서 장궁병에 패배하며 몰락하였으며, 중세 후기 화약병기가 등장하면서 군대의 규모가 확장되었고, 용병대가 등장했으나 제한적 성격은 지속되었다.

근세의 전쟁은 르네상스와 종교개혁을 거쳐 중앙집권적 국가가 등장하면서 시작되었다. 이때의 전쟁은 군주의 전쟁으로 국민들과는 유리된 전쟁이었다. 15세기 중반부터 고용된 용병 중심의 국가 상비군이 전투의 중심군으로 떠올랐으며, 용병운용과 더불어 군주들은 자신의 군사자원을 파괴하는 섬멸전을 회피했다. 따라서 전쟁은 제한적 성격을 띠었고 군주는 외교적 교섭을 우선 강구하려 했다. 무기체계로는 활과 창에서 화승총으로 대체되었다. 다시 전투의 중심으로 자리 잡은 보병 전투대형의 대표적인 예로 30년 전쟁에서 스웨덴의 구스타프 아돌프가 고안한 3병 전술과 7년 전쟁[1)]에 사용된 프로이센의 프리드리히 대왕의 횡대전술이 있다.

근대의 전쟁은 프랑스 혁명과 함께 시작된 나폴레옹 전쟁으로 대변된다. 징병제가 시행되어 총력전이 시작되는 계기가 되었고, 전술적으로 포위기동, 추격전을 가능하게 하는 원동력이 되었다. 전장이 광역화, 대규모화되고 연속적 전투가 가능해지자 전장에서는 전역수행을 위한 전술적 개념과 수단들을 상호 연계시키기 시작했다. 나폴레옹은 이러한 전장 환경에서 제병협동작전을 수행할 수 있는 사단과 군단을 편성하여 전투를 연속적이고도 동시적으로 수행하도록 조직했다. 또한 창고제도의 보급을 폐지하고 실시한 현지조달 방법은 대규모 부대의 작전 지속능력을 보장했다. 산업혁명으로 대량생산 및 조달이 가능해져 연속적인 전투수행을 위한 대규모 상비군을 무장시킬 수 있었고, 무기체계를 지원할 수 있었다. 과학기술의 발달로 후장식 소총과 화포가 등장했다. 전략 철도가 건설되었고, 전신과 전보는 전장의 통합과 속도를 배가시켰다.

세계대전은 여러 측면에서 현대전쟁의 시발점이 되었다. 전쟁은 많은 국가들이 참여했고, 기간도 비교적 길었다. 전쟁 양상은 총력전을 수행하면서 대량 소모전으로 전개되었고, 그 결과 전방의 군인들뿐만 아니라 후방의 국민들도 전쟁에 다양한 방법으로 참여하여 그 피해가 막대했다. 무기는 위력이 증대되고 대량생산되었다. 제1차 세계대전에서는 기관총, 항공기, 전차가 운용되었고, 제2차 세계대전에서는 원자탄과 항공모함 등의 새로운 무기체계들이 등장하여 전쟁의 차원을 변모시켰다. 전술적으로는 제1차 세계대전에서 후티어(Hutier)의 공격전술과 이에 대응하기 위한 구로우(Gouraud)의 종심방어전술이 등장했다. 제2차 세계대전에서는 적의 중추신경을 타격하여 심리적 · 물리적으로 마비시키는 전격전이 전개되어 전쟁사에 신개념을 제시했다.

---

1) 7년 전쟁(1756-1763)은 오스트리아 왕위계승전쟁에서 프로이센에 패배해 독일 동부의 비옥한 슐레지엔을 빼앗긴 오스트리아가 그곳을 되찾기 위해 프로이센과 벌인 전쟁을 말한다.

제2차 세계대전에서는 육 · 해 · 공군의 군종이 명확하게 편성되어 3차원으로 확장된 입체기동전을 수행했으며, 연합 작전이 시행되었다. 용병술은 현대의 3분법적으로 발전하였는데 전략을 수립하고 지도하는 전략기구, 전술적 수단과 작전을 연계하여 전역과 주요 작전을 수행하는 작전술 제대, 그리고 전투와 교전을 수행하는 전술 제대로 구분되어 운용되었다.

현대의 전쟁은 핵무기를 소지한 국가 간에는 공멸을 방지하기 위한 냉전이 등장하였고, 이들을 대신하여 약소국이 국지전이나 대리전을 치렀다. 현대전은 연합작전과 더불어 한 국가 내에서도 여러 관계기관 및 우주 공간을 포함하여 5차원적 영역으로 확대되었다. 또한 정보화가 급속하게 진행됨에 따라 걸프전 이래 효과중심작전과 네트워크중심전 등의 하이테크 전쟁으로 변모하였다. 특히 9·11테러 이후에는 비대칭과 비정형의 새로운 전쟁 흐름이 진행되고 있다.

(3) 전쟁의 수준과 구분

전쟁의 수준은 전략적 수준, 작전적 수준, 전술적 수준으로 구분하나 이들의 영역이 상당한 부분에서 상호 중첩된다. 전략적 수준의 군사활동은 전쟁의 목표를 달성하기 위하여 국가적 차원에서 전쟁을 기획하고 지도하며 자원과 수단을 준비하는 활동이다. 국가가 전쟁의 목표를 설정하고, 전쟁수행 개념을 구상하며, 전쟁수행을 지도하는 내용으로 국가적 범정부적 차원에서 실시한다. 군사전략적 수준의 활동은 군부가 주관이 되어 전략목표와 전략지침을 수립하고 군사작전을 지도하는 것이다.

군사작전을 놓고 볼 때, 하나의 전쟁은 전략적 행동이며 그 전쟁에서 하나의 전역은 작전적 행동이고, 하나의 전투는 전술적 행동이다. 작전적 수준의 군사활동은 전략목표를 달성하기 위하여 전략적 수준과 전술적 수준을 연계시키는 활동이며, 전술적 수준의 군사활동은 작전목표를 달성하기 위하여 전술 제대에서 실제 전투와 교전을 준비하고 수행하는 활동을 통상적으로 말한다.

(표 1-1) 전쟁의 수준

구분	군사전략	작전술	전술
목적	국가정책 및 목표기여 (전쟁 승리)	군사전략 목표기여 (전역 승리)	작전술 목표 기여 (전투 승리)
목표	전쟁억제 전시 전쟁수행	적 전투의지 마비 (전술적 승리 조건형성)	적 전투력 격멸 (전투 의존)
수단	군사력 건설 및 유지로 전투력 창출 / 전쟁 지도	전투력 기동 / 배비	전투력 발휘 (사격과 기동)
성격	전쟁	연합 및 합동작전	전투
지역	전쟁 지역(war)	전역(campaign)	전장(battlefield)
제대	국방부/ 합참/ 연합사	연합사 / 야전군	군단 이하

전쟁에 투입되는 지역의 규모를 기준으로 전쟁을 나눈다면 전면전과 국지전으로 구분할 수 있다. 전면전쟁은 글자 그대로 전후방 할 것 없이 전 국토의 모든 범위가 전장이다. 이때 전쟁의 승패는 곧 국가의 존망과 직결되는 총력전과 같은 의미로 사용된다. 반면 국지전쟁은 일정한 영토나 지역 안에서 비교적 소규모의 분쟁 형태로 진행된다. 하지만 국지전쟁은 전쟁의 확대와 개입으로 인해 전면 전쟁으로 비화할 개연성이 높다. 한 국가나 지역에서 발생한 국지전쟁은 강대국의 입장에서는 국지전이나 약소국의 입장에서는 전면전이 될 수도 있는 것이다.

전쟁은 동원수단이나 참여 정도에 따라 총력전과 제한전으로 나눌 수 있다. 총력전은 국가의 모든 역량이 총동원되어 수행되는 전쟁이다. 이에 따라 국가는 제 분야의 모든 자원을 투입하게 되어 무제한적인 전쟁 성격을 띤다. 반면 제한전은 전쟁의 목적과 목표, 수단과 방법, 지역이나 범위 등을 의도적으로 축소한 전쟁을 말한다.

최근의 전쟁은 전쟁을 더욱 효과적으로 수행하기 위하여 제한전을 수행하는 경향이 짙다. 이는 전쟁의 확산을 방지하면서 정치적 해결과 병행할 수 있고, 기타의 우발사태에도 대비할 수 있기 때문이다.

제2절 전쟁사의 연구

(1) 전쟁사의 연구 목적

역사는 과거의 현상을 연구하여 현재에 적용함으로써 미래를 예측해 내려는 학문이다. 그러므로 과거의 사실은 오늘날 우리에게 재해석되어, 미래에 대한 영감을 주고 있다. 역사는 인류가 경험한 전쟁의 원인과 과정 그리고 결과를 고스란히 담고 있기 때문에 이를 연구함으로써 당시 사회의 정치와 사회, 경제와 문화 등 제반 문제가 상호 기민하게 연계된 것을 확인할 수 있는 것이다.

또한 전쟁사란 전쟁에서부터 교전, 그리고 제반 군사문제와 이와 관련되는 정치, 경제, 사회, 문화, 이념 등 모든 요인과의 상호작용에 대해 연구하는 학문이다. 무엇보다도, 이것은 역사학의 한 분야이며 고대로 갈수록 전쟁사가 역사의 대부분을 차지하게 된다. 그 정도로 전쟁사의 가치가 작지 않은 것이라 할 수 있겠다.[2)]

저명한 학자 도이취(Karl W. Deutsch)도 전쟁을 이해하는 일과 전쟁을 없앨 방법을 모색하는 일은 금세기 우리에게 주어진 중요한 문제인 동시에 풀어야 할 과제라고 역설하였다. 그리하여 전쟁은 장차 반드시 없어져야만 하는 것이기는 하지만 전쟁이란 것은 우리 모두가 잘 알고 이해하여야만 하며 전쟁을 이해하기 위해서는 그것이 연구되어야만 한다는 것을 분명히 밝혀주었다.

많은 관련자들이 필요에 따라 전쟁사를 연구하지만 전쟁사 문제가 어느 계층보다도 현실적인 문제로 다가오는 것은 바로 군인들이다. 군인에게 있어 전쟁사 연구의 본질은 전쟁을 대비하고 이를 막기 위해 어떻게 준비해야 하며, 실전에서 어떻게 해야 승리하는가의 생존의 문제이다. 따라서 전쟁을 관리하기 위한 양병과 용병에 대한 더 많은 관심을 갖게 되며, 여러

---

2) 정명복,『잊을 수 없는 생생 6.25전쟁사』(서울: 지문당, 2014), p.31.

전쟁으로부터 전략과 전리를 도출한다. 또한 전쟁원칙의 적용법이나 리더십 등을 확인해보기도 한다. 곧 전쟁사 연구가 훈련이며 전투인 것이다.

클라우제비츠가 "전쟁사 연구는 전투경험이 없는 군인들에게 간접경험을 통하여 감각을 익히고 전투적 사고력을 길러주는 가장 효과적이고 유일한 방법이다. 전쟁사는 전쟁을 공부하는 군인들에게 있어서 디딤돌이며 기본 교과서이다."라고 했던 것처럼 전쟁경험이 없는 직업군인들에게 전쟁사 연구는 전쟁의 직접체험을 대신할 불가분의 '대안'이며 간접체험의 '대상'이 되는 셈이다.

이러한 전쟁사 연구를 통해서 전쟁예방, 전투승리, 전후처리를 위한 능력을 갖추고 미래전에 대한 교훈을 도출하는 것이다. 따라서 전쟁사는 눈앞에 보이는 전투와 교전만의 역사가 아니며, 전쟁과 교전 등의 제반 군사문제와 더불어 당시 사회 요인과의 상호작용을 대상으로 연구해야만 진정한 답을 얻을 수 있다.

오늘날 세계 각국이 채택하고 있는 안보정책, 군사전략, 전술, 병법, 무기, 장비 등은 지금까지 각국이 나름대로 체험하여 온 역사적 사실의 바탕위에서 혹은 선진국의 우수한 제도나 장점을 본받아 채택한 것들이다. 따라서 이와 같은 것들을 제대로 이해하려면 그러한 국가들이 걸어온 역사나 전쟁사를 아는 것이 필요하다. 특히 군사 면에서 전략전술 상의 모든 원칙과 리더십의 발견, 군대의 편성과 조직, 제도상의 발전은 전쟁사를 통해서 배운 성과에 크게 의존하고 있다.

군인들뿐만 아니라 일반 현대인들도 기본적으로 전쟁의 본질과 양상을 이해하고 전쟁에 관련된 지식을 습득한 다음 이를 통하여 올바른 역사를 인식하기 위하여 전쟁사를 연구한다. 또한 간접적인 전쟁 경험 및 교훈을 숙지하며, 더 나아가 전쟁의 재발을 방지하고 억제할 수 있는 창의적인 사고력을 배양하는 데에도 중요한 목적이 있다고 할 수 있다.

따라서 현대를 사는 우리는 모두 '전장상황을 직시하여 미래 시대의 불

확실성을 정확하게 판단하고 극복할 수 있는 혜안(慧眼)을 가질 수 있고, 나아가 역사 및 국가관을 확립'하기 위해서라도 전쟁사 연구는 선택이 아닌 필수라고 생각한다.[3)]

결과적으로 역사든 전쟁사든 그것을 배우는 목적은 선인들의 활동상을 사실을 통해서 연구하고, 그 속에서 성공과 실패 및 인과관계를 검토하여 교훈을 얻으려고 하는 데 있는 것이다. 그러나 우리가 전쟁사를 연구하는 데 있어서 가장 경계해야 할 일이 있다면, 자신의 편견과 지혜의 함정에 빠지지 않도록 하는 것이다. 사실의 고찰을 통한 건전한 비판 정신과 겸허한 태도가 전쟁사를 배움에 있어서 필수 불가결한 요소라고 할 수 있다.

(2) 전쟁사의 연구 방법

나폴레옹은 "알렉산드로스, 한니발, 카이사르, 구스타프 아돌프, 튀렌, 외젠 그리고 프리드리히 대왕의 전쟁사를 몇 번이고 음미하며 정독하라. 그리고 그들을 본받으라. 이것만이 위대한 명장이 되는 유일한 길이자, 전쟁술의 비밀을 터득하는 방법이다. 당신 자신의 재능은 이 방법에 의해 더욱 계발되고 연마될 것이며, 나아가 당신은 이처럼 위대한 지휘관들이 제시한 원칙에 위배되는 모든 금언들을 거부하는 방법을 배울 수 있게 될 것이다.[4)]"라고 역설하면서 나폴레옹 자신도 그들의 전쟁사를 통해 교훈을 배워 전승의 기초로 삼았다.

이렇게 전쟁사 연구를 통하여 1단계로는 전리를 찾아내고 전쟁원리와 전쟁원칙을 도출할 수 있다. 그리고 2단계에서 현재와 미래에 적합한 전장환경을 고려하여 교리를 개발하고, 최종적으로는 전략과 전술을 개발하게 되는 것이다.

전쟁사의 연구방법으로는 우선 연구대상에 있어서 역사 속에 나타난 가

3) 정명복,『잊을 수 없는 생생 6.25전쟁사』(서울: 지문당, 2014), p.32.

4) 나폴레옹. 데이비드 G. 챈들러 편집, 원태재 역,『나폴레옹의 전쟁금언』(서울: 책세상, 1998), p.261.

능한 많은 수의 전쟁의 전역 및 전투들의 원인, 경과, 결과를 개관하는 방법과 몇 가지 전쟁, 전역 및 전투사례를 선별하여 심층적으로 분석하는 방법이 있다. 전자의 방법은 전쟁의 일반 원칙들은 도출하기가 용이하다는 장점이 있는 반면에 전투현상을 너무 단순화시킬 위험성이 있으며, 후자의 방법은 그 반대로 개별전쟁에 대한 깊은 분석은 가능하나 일반적으로 전쟁 원칙의 도출이 곤란하다는 단점을 가진다.

또한 연구내용에 있어서도 전쟁이 발생하게 된 국내외적인 정치, 경제, 사회, 문화적 배경과 전후의 변화에 대한 분석에 중점을 두는 방법과 전쟁 수행과정 즉, 전쟁계획, 전략, 전술, 작전경과 등을 중점적으로 분석하는 방법이 있다. 전쟁현상을 올바르게 이해하고 전쟁사에 대한 깊은 연구를 위해서는 위의 모든 방법들에 의한 분석이 병행되어야 할 것이다.

제 2 장 | 고대의 전쟁

제2장

고대의 전쟁

제1절 그리스의 전쟁

(1) 마라톤(Marathon) 전투[5] (B.C. 490)

기원전 490년 아테네는 페르시아 원정군을 맞이하여 마라톤 평원에서 전사 상 초유의 계획적인 양익포위를 성공해 페르시아군을 격파하였다. 이는 수적으로 열세한 측이 전술적 양익포위로 적을 격파한 유명한 사례의 하나다.

당시 그리스군은 중장갑보병(Hoplites)에 의한 밀집대형인 방진(Phalanx)을 사용하여 전투하였다.[6] 중장갑보병은 길이 3.6m의 창과 무거운 갑주, 방패로 무장하였으며 종심 12열을 갖춘 방진으로 적과 격돌하여 승패를 결정하였다. 격돌 시 각 병사는 창으로 적의 목을 찔렀으며 전투의 승패는 대열의 응집력과 지속성에 있었고, 대개 짧은 시간 안에 승부가 났다.

(그림 2-1) 마라톤 전투의 승리를 아테네에 알린 병사 - 뤼크 올리비에 메르송 作

일단 한쪽의 대열이 무너지면 패배한 장갑보병들은 돌아서서 달아

[5] 마라톤 전투는 그리스를 정복하기 위한 페르시아의 3차례에 걸친 원정 중 제2차 원정 간에 벌어진 전투를 말한다. B.C. 492년에 시행된 제1차 원정은 폭풍으로 함대가 심한 손상을 입자 철수하게 되었다. 2년 후(B.C. 490) 페르시아군은 아테네 북방 약 25마일 지점인 마라톤(Marathon)에 상륙하였다. 그러나 아테네에 적대적인 폴리스(polis)는 구실을 만들어 군대를 파견하지 않았다. 아테네는 홀로 동방의 강적 페르시아군을 맞이하게 된다.

[6] 마라톤 전투의 승리에 있어서 중장갑보병(Hoplites)의 역할은 매우 컸다.

났다. 그렇지만 이긴 측도 예비대가 없었기 때문에 2차 공격은 불가능했고, 병사들은 격렬한 중무장 전투로 탈진해 추격하는 일도 거의 없었다. 패배한 측은 즉시 패배를 인정하고 전령을 보내서, 시체를 거두어 매장할 수 있도록 허락을 요청하는 것이 관례였다.[7)]

(그림 2-2) 페르시아군의 침입로

밀티아데스(Miltiades)[8)]는 전통적으로 중앙이 강한 페르시아군을 대적하여 계획적인 양익포위를 실시하였다. 당시 페르시아군은 20,000명(기병

---

7) 버나드 로 몽고메리 저, 승영조 역, 『전쟁의 역사』(서울 : 책세상, 2004), pp.127~128.

8) 고대 그리스 아테네의 정치가(기원전 554-489). 키몬의 아버지로, 기원전 524년경 참주 히피아스의 시대에 케루소네소스에 파견되어 그곳의 지배자가 되었다. 기원전 493년 이오니아 반란 때, 렘노스와 임브로스의 두 섬을 점령했으나 반란이 실패하자 탈주하여 아테네로 돌아왔다. 마라톤 전투에서 큰 공을 세웠다. 기원전 489년 팔로스 섬 원정 때 입은 상처로 사망했다.

800~1,000명 포함) 정도였던 데 반해 아테네 병력은 절반 정도(약 10,000명)였다. 밀티아데스는 수적인 열세를 극복하기 위하여 중앙을 얇게 배치하면서 측방이 포위되지 않도록 대형의 길이를 충분히 늘이고, 양익을 강화하였다.

양군은 불과 약 1.5km 떨어진 상태에서 아테네군이 언덕 쪽을 점령한 상태였다. 밀티아데스는 선제공격을 실시하여 부대를 전진시켰다. 그러나 약한 중앙부는 강력한 페르시아군에 밀려 조금씩 후퇴하게 되었고, 강력하게 편성된 양익은 페르시아군의 양익을 격파함으로써 페르시아군은 자연적으로 아테네군에 의해 포위된 상태가 되고 말았다. 이러한 상태에서 밀티아데스는 포위된 페르시아군을 가운데 두고 격렬한 공격을 시행하여 적을 섬멸하였다.

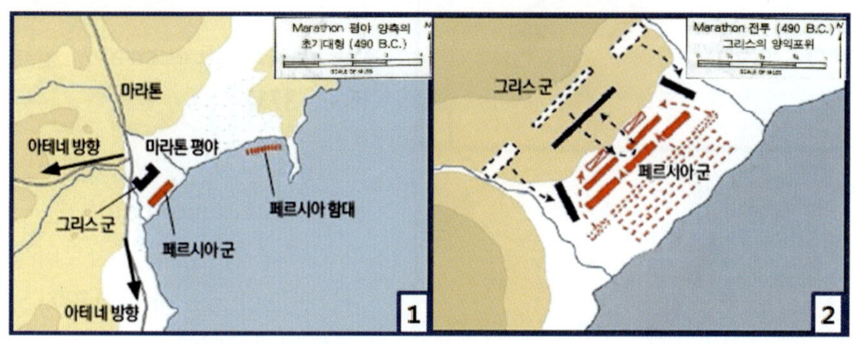

(그림 2-3) 마라톤 전투

포위된 페르시아군은 패주하기 시작하였고, 아직 포위되지 않은 병사들은 그들의 군함 쪽으로 도망갔다. 페르시아군이 마라톤에서 패배한 이유 가운데 하나는 고대 페르시아군은 방어력보다 기동성을 중시했기 때문이다. 즉 비교적 가볍게 무장하고 기동성을 살려서 적군을 압도하는 것이 그들의 전술이었는데, 중갑으로 무장한 방진들이 버티고 서 있으니 그것을 격파하기가 여의치 못했던 것이다.

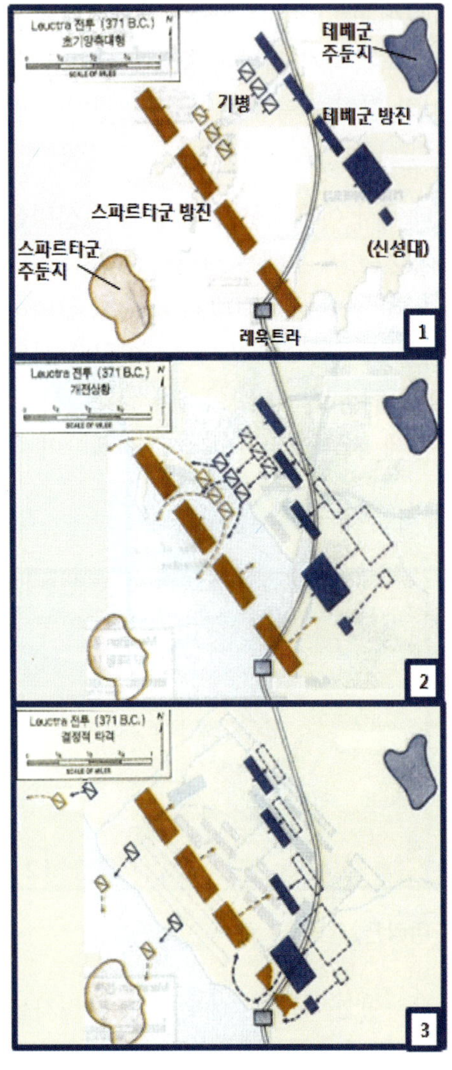

(그림 2-4) 레욱트라 전투

당시 페르시아군의 사상자는 6,400명이나 되었는데, 반면 그리스 측은 192명에 불과하였다고 하니 이는 우수한 전술이 적의 수적 우세를 제압한 고대전사의 대표적인 사례다. 전설에 따르면 그리스의 전령 페이디피데스가 마라톤에서 아테네까지 약 40㎞를 달려와 그리스의 대승을 알리고 피로에 지쳐 죽었다고 한다. 이 이야기는 근대 마라톤 경주의 기원이 되었다.

(2) 레욱트라(Leuctra)[9] 전투(B.C. 371)

기원전 371년 테베의 에파미논다스(Epaminondas)[10]는 당시 그리스의 맹주 스파르타를 사선진(Oblique order)을 사용하여 격파하였다. 수적으로 열세한 병력으로 사선대형의 전술적 효과를 발휘함으로써 승리한 최초의 사례로 손꼽히고 있다.

9) '룩트라, 루크트라'라고도 함.

10) 고대 그리스 테베의 장군이자 정치가. 보이오티아연맹의 해체를 노린 스파르타의 요구를 거부해 침입한 스파르타군을 사선진 전술로 물리쳐 패권을 빼앗았다. 펠로폰네소스에 원정해 아르카디아와 메세니아를 독립시켰고 테베의 패권 확립에 노력했다.

당시 스파르타는 기원전 404년에 아테네를 공략(펠로폰네소스 전쟁)하여 그리스의 패권을 차지하고 있었는데, 이즈음 아테네 북방에 있는 테베가 스파르타에 도전하였다. 레욱트라 전투는 전술적으로 기병과 중장갑보병을 유기적으로 조합하여 운영한 최초의 전투라는 점에서 중요한 위치를 차지한다. 이로써 중장갑보병의 시대는 지나고 경보병, 기병, 척후병의 시대로 돌입하게 되었다.

테베군은 약 6,000명의 장갑보병과 800명의 기병으로 구성되었고, 스파르타군은 약 10,000명의 중장갑보병과 1,000명의 기병으로 구성되었다. 스파르타는 보병을 평소처럼 12열 횡대로 늘여 세우고, 그 앞에 기병을 배치하였다. 반면 테베는 50열 횡대라는 극단적으로 깊은 대형으로 짜서 좌익에 배치하고 나머지 보이오티아 동맹군을 자기 부대보다 조금 뒤쪽에 얇은 대형으로 배치했다. 기병은 스파르타군과 마찬가지로 보병 부대의 앞에 배치했다. 또한 그 측면에는 동성애자 3백 명으로 이루어지고 '신성대(神聖隊)'[11]라 불리는 유격 부대가 배치되었다. 이 부대는 돌격 때는 돌격 부대 앞으로 이동하여 선봉을 맡았다.

스파르타군이 고안해낸 전법은, 기병대가 적군을 교란하는 사이에 방진을 우회시켜 좌측면에 강습을 가하는 측면 공격 전법이었다.

스파르타군이 기존의 포진을 취한 데 반해 테베군은 중앙 부대에서 우익 부대까지를 계단형으로 배치하였다. 이 포진은 오른쪽으로 갈수록 뒤로 물러나 있기 때문에 적과의 접촉이 늦어져 적군은 주력인 좌익 부대로 쏠리게 된다. 또한 계단 뒷부분의 부대는 행동의 자유를 얻어 전황에 따라 자유롭게 투입할 수 있는 예비대가 되는데, 주력 부대 쪽으로 유인된 적군의 측

---

11) 고대 그리스에서는 동성애에 대해 상당히 관용적인 편이었으며, 철학자 플라톤은『향연』에서 동성애를 이성애(異性愛)보다도 높이 평가했다. 따라서 고대 그리스에서 동성애 자체는 그리 드문 일이 아니었는데, 테베는 서로 애정을 가진 병사들을 배치할 경우 어느 한 명이 쓰러지면 다른 한 명은 맹렬히 분전할 것으로 기대하고 동성애자 군대를 편성하였다. 이들은 기원전 338년에 마케도니아군과 벌인 카이로네이아 전투(Battle of Chaeroneia)에서 궤멸에 가까운 타격을 입음으로써 사실상 소멸되었다.

면을 찔러 무너뜨리고 전면적인 승리를 거두는 것도 가능해진다.

제일 먼저 기병 간의 전투가 시작되었다. 스파르타 보병 부대가 우회하려는 순간, 테베 기병대가 스파르타 기병대를 공격했다. 당시 테베의 기병은 스파르타 기병보다 우수했으므로 스파르타 기병대의 전선은 단숨에 붕괴하였고, 자기 진영을 향해 도망쳤다. 패주하는 아군 기병이 대열 속으로 뛰어들었으므로 스파르타군의 전열은 단숨에 어지러워졌다. 게다가 스파르타 기병대를 쫓아 돌진한 테베 기병대가 혼란에 박차를 가하였고, 신성대가 스파르타군의 대열을 여지없이 깨물어 뜯었다. 이 혼란을 틈타 50열 횡대의 테베 보병 부대가 공격했다.

(그림 2-5) 레욱트라 전투 중 방진 간의 전투

에파미논다스의 새 전술은 기존의 상식 중 몇 가지를 깨뜨렸다. 가장 두드러진 점은 모든 전선에 균일한 병력을 배치한다는 상식을 뒤집고 고도로 집중된 주력 군단을 조직한 것이다. 나아가 정규 방진 외에 전황에 따라 자유자재로 투입할 수 있는 예비병력을 조직했다. 또 기병을 단순한 예비병력으로 사용하지 않고 본대의 작전에 직결시켰다. 견제 역할을 하기 위해 출격한 스파르타 기병대를 적진으로 되몰고, 우회 측면 공격을 시도하려는 스파르타군 본대를 혼란에 빠뜨렸으며, 여세를 몰아 바로 돌격하여 돌파구를 만들었다.

전투는 에파미논다스의 의도대로 진행되어 강력하게 편성된 테베군의 좌익은 스파르타군의 우익을 격파한 후 이어서 방향을 선회하여 스파르타군의 우측방을 향하여 공격을 계속하였다. 붕괴된 스파르타군의 우측방을 향하여 계속된 테베군의 측방공격은 이미 양측의 승패를 결정하였던 것이다. 결국 스파르타군은 에파미논다스의 사선진법에 어이없이 무너지고 말았다. 테베군이 전반적인 전투력의 수적 열세에도 불구하고 강화된 좌익을 이용하여 집중적이고 강력한 선제공격과 주도권을 장악할 수 있었던 것은 오로지 지휘관의 창의력에서 기인했던 것이다.

에파미논다스의 사선진형은 이후 1757년 프리드리히 대왕의 로이텐(Leuthen) 전투, 1812년 나폴레옹의 러시아 원정 시 초기 기동, 제1차 세계대전 시 독일의 슐리펜 계획 등에서 우수한 명장들에 의해 재현되었음을 발견할 수 있다.

(3) 히다스페스(Hydaspes)[12] 전투 (B.C. 326)

테베는 레욱트라 전투에서 승리함으로써 지금까지 그리스의 유일한 맹주였던 스파르타를 대신하여 패권을 장악하게 되었다. 그러나 스파르타를 대신하여 패권을 장악한 테베도 지도적 지위를 오래 유지하지는 못하였다. 테베는 아테네와 같은 역사적 과거나 재력 또는 문명을 갖고 있지 않았으며 에파미논다스가 아테네 · 스파르타 연합군과의 전투에서 전사함으로써 (B.C. 362) 그 패권도 사라지게 되었다.[13] 이러한 그리스 남부의 도시국가들의 정치적 혼란과 끊임없는 분쟁과정에서 그리스 북부의 마케도니아가 새로운 실력자로 등장하게 되었다.

레욱트라 전투의 결과 테베가 그리스를 지배하고 있을 때, 마케도니아의 젊은 왕자 필리포스는 테베에 인질로 잡혀 있으면서 테베의 명장 에파미논다스의 전술적 역량과 조직적 능력에 강한 영향을 받았다. 그리고 얼마 후 귀국하여 마케도니아 왕이 되었을 때, 당시의 교훈을 응용하여 마케도니아 군제를 완전히 개편하였다. 이것이 바로 마케도니아 방진(Macedonian Phalanx)이다.[14]

12) 지금 인도의 젤룸(Jhelum) 강.

13) 민석홍, 『서양사 개론』(서울 : 삼영사, 2002), pp.63-64.

14) 마케도니아 방진(Macedonian Phalanx)은 그리스 방진의 종심 12열을 16열로 증가시킨 것이다. 병사들은 그리스의 중장갑보병이 휴대했던 3.6m 길이의 창(doru)보다 긴 4.2m의 양손 장창(sarissa)으로 무장하였고, 보조 무기로서 방패와 함께 검을 휴대하였다. 마케도니아 방진은 4,096명의 중보병과 3,000명의 경보병, 그리고 1,024명의 기병

스파르타를 제외한 전 그리스 국가를 지배하에 두고 페르시아 정복을 준비하던 중 필리포스 왕이 암살(B.C. 336)되자 당시 20세의 왕자 알렉산드로스(Alexandros)가 왕위를 계승하고 기원전 334년에 22세의 나이로 페르시아 정복을 착수하였다.

선왕의 군대를 물려받은 알렉산드로스가 보병 3만 명, 기병 5천 명을 이끌고 페르시아 정복에 착수했을 당시, 마케도니아의 군대는 당시의 어떤 군대와도 비교되지 않을 정도로 우수하였다. 필리포스 때부터 각종 공성장비를 개량하고 테베의 사선진을 더욱 발전시켰으며, 기병은 타격부대, 보병은 저지부대로 사용하는 새로운 전술[15]을 개발했던 것이다.

(그림 2-6) 알렉산드로스 제국의 영토

으로 총 8,120명으로 편성되었다. 또한 병사들을 고도로 훈련하여 대형을 자유자재로 변화할 수 있게 함으로써 방진이 둔중함에도 불구하고 고도의 신축성과 기동력을 발휘할 수 있게 하였다. 육군사관학교 전사과, 『세계전쟁사』(서울 : 황금알, 2004), pp.46~47 내용참조.

15) '망치와 모루 전술(Hammer and anvil tactic)'이라 하는데, 쇠를 모루에 올려놓는 것과 같이 보병이 적군의 공격을 받치고, 망치로 쇠를 두드리는 것과 같이 기병대가 적군을 두드리는 것을 비유한 것이다. 한편 마케도니아 왕 필리포스는 국왕의 친위대이자 정예 기병대인 헤타이로이(Hetairoi, 컴패니언 기병대[Companion Cavalry]라고도 함)를 창설하여 망치 역할을 하도록 했는데, 이는 인류 역사상 최초의 충격기병으로 불린다.

알렉산드로스 대왕은 중앙아시아에서 무수한 전투를 치른 후 B.C.326년 인도 정복을 착수하였는데, 그의 군대가 히다스페스 강 북안에 도달했을 때, 인도 군왕 포루스(Porus)군대가 그의 도하를 저지하고자 포진하고 있었다. 히다스페스 강은 강폭이 800m나 되어서 도하가 불가능한 상태였다.

알렉산드로스가 당시 직접 지휘 가능한 병력은 15,000명의 보병과 5,000명의 기병뿐이었으며, 포루스군은 30,000명의 보병과 4,000명의 기병, 300대의 전차 및 200마리의 코끼리를 가지고 있었다.

(그림 2-7) 포루스의 코끼리 부대를 격퇴하는 알렉산드로스의 군대

알렉산드로스는 하천선 공격을 시행하면서 1단계로, 포루스의 경계심을 이완시키기 위하여 히다스페스의 강물이 줄어들 때까지 기다릴 것이라는 소문을 퍼뜨렸고, 주변 지역으로부터 막대한 군수물자를 수집하는 기만방책을 구사했다. 2단계로, 기병대로 하여금 며칠 동안 매일 강변을 오르내리게 하고, 조그마한 배를 대량으로 건조하여 승선훈련을 하는 등 포루스군의 병사들을 긴장하게 하였다. 밤에도 모닥불을 피워 마치 도하하는 듯 함성을 올리거나 나팔을 불며, 적이 불면과 과로에 시달리게 하고 끝내는 경계심이 이완되도록 하였다.

이러한 각종 기만방책을 통하여 적의 경계상태가 이완되었다고 판단되자 알렉산드로스는 드디어 작전행동을 개시하였다. (최초 진지에 5,000명의 보병과 약간의 기병을 남겨놓고) 폭풍우 치는 밤에 전 병력을 이끌고 이미 정찰해 두었던 25km 상류지점의 준비된 배와 뗏목으로 강을 건너 포루스의 진지로 진격하였다. 기습을 당한 포루스는 당황하지 않을 수 없었다.

포루스는 일부 병력을 최초의 알렉산드로스 진영 정면에 남겨두고, 도하에 성공한 알렉산드로스의 주력부대에 대응하기 위하여 히다스페스 강에 연하여 있는 평원에 코끼리군을 정면으로 내세웠다. 이러한 포루스군의 배치를 정찰한 알렉산드로스는 정면의 코끼리군을 피할 수 있는 측면공격이 유리하다고 판단해, 마케도니아군의 방진을 기병의 지원 아래 포루스군의 좌익 쪽으로 사선기동을 시켰다.

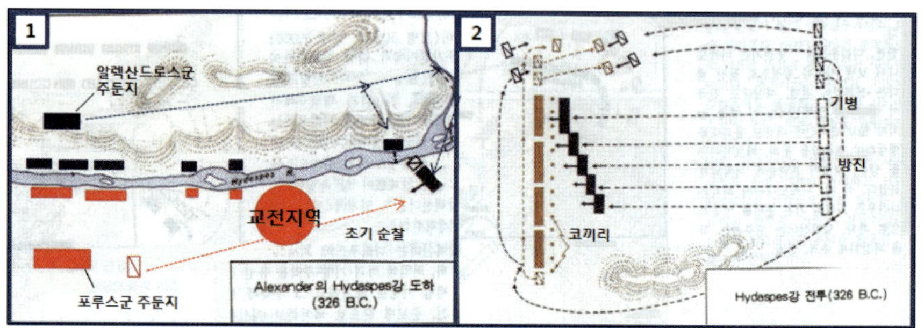

(그림 2-8) 히다스페스 전투

이와 동시에 알렉산드로스는 중기병대장 코에누스를 시켜 인도군의 우익과 배후를 공격하게 하였다. 포루스가 코끼리군으로 하여금 코에누스의 기병을 막도록 방향을 바꾸자 설상가상으로 진격하는 마케도니아 방진에 측면을 드러내는 결과가 되어 인도군은 돌이킬 수 없는 혼란에 빠지고 말았다. 적에 둘러싸인 인도군은 오히려 자신들의 성난 코끼리에 짓밟히며 무너지고 말았으며, 양동작전을 수행하던 알렉산드로스의 잔여 부대마저 투입됨으로써 포루스군은 무참하게 격멸되고 말았다.

전투 결과 소수의 인도군만이 생존했으며 포루스마저 포로가 되었다. 포루스군의 전사자는 보병 20,000명, 기병 3,000명이었으며 코끼리는 모두 포획됐다. 이에 반해 알렉산드로스군은 전사자 보병 700명, 기병 280명이었다고 전해지고 있다.

재미있고 유익한 이야기 **세계시민의 대왕 알렉산드로스**

알렉산드로스가 태어날 무렵 그리스는 페르시아의 간섭, 잦은 전쟁, 선동적인 정치가들의 발호, 농업생산기반 쇠퇴, 경제적 어려움 등을 겪으며 분열과 갈등의 시대에 들어서 있었다. 이러한 상황은 마케도니아의 필리포스에게는 기회였다. 필리포스는 카이로네이아 전투(B.C. 338년)에서 아테네와 테베를 패퇴시키고 코린토스 동맹을 이룩한 뒤 그리스 세계의 패자가 되었다. 그러나 필리포스는 페르시아 원정을 준비하던 도중 살해당했고, 20살 나이의 알렉산드로스가 왕위를 계승했다. 북방 이민족의 침입과 서쪽의 반란을 진압한 알렉산드로스는 기원전 334년 봄 아시아 원정을 개시했다. 원정대는 페르시아의 군대와 맞서 대승을 거두고 소아시아 지역을 장악했다. 기원전 333년 11월 이수스 전투에서 페르시아의 대군을 섬멸했고 페르시아의 다리우스 3세는 겨우 탈출할 수 있었다. 이수스 전투 이후 알렉산드로스는 그리스 후방을 위협할 수 있는 페니키아 해안의 함대 기지를 점령해 철저히 파괴해버렸고, 페르시아의 통치에 반발하던 이집트를 어렵지 않게 정복했다.

그는 이집트에 지중해 동부와 서부를 이어주는 상업과 행정 중심지 구실을 할 도시를 건설하기 시작했다. 강물이 실어오는 침적토가 쌓이지 않는 나일 강 하구 서쪽 끝에 자리하게 된 이 도시가 바로 알렉산드리아다. 이집트를 떠난 알렉산드로스는 기원전 331년 10월 티그리스 강 동쪽 가우가멜라에서 다리우스 3세와 다시 결전을 벌였고, 패배한 다리우스 3세는 몇 달 뒤 파르티아 사막에서 신하인 베소스에게 살해당한다. 이로써 알렉산드로스는 페르시아 제국의 지배자가 되었다.

그러나 알렉산드로스의 행군은 멈추지 않았다. 박트리아와 소그디아나(러시아령 투르키스탄 지역)에서 보낸 2년간 적군의 기습과 원정군 내부의 배신, 부상과 질병이 이어지며 어려움을 겪었지만, 알렉산드로스는 포로로 사로잡은 박트리아 왕의 딸과 결혼하고 부하 병사들에게도 현지인 여성을 아내로 맞이하게 하는 등, 무력과 유화책을 동시에 구사하며 정복지를 넓혀갔다. 알렉산드로스는 마케도니아군과 그리스군 중의 지원자만 거느리고 다시 동쪽으로 원정하여 이란 고원을 정복한 후 인도의 인더스 강에 이른다. 인도 정복을 위하여 진출하던 중 인도 진입의 장애물이던 인더스 강의 줄기인 히다스페스 강에서 포루스왕과 대치를 한다. 이후 히다스페스 강 전투에서 승리하고 원정군은 계속 진군했지만, 하루 60~80km를 걸으며 수많은 전투를 치르는 사이 지친 병사들은 귀국하기를 바랐다.

결국 귀환을 결정한 알렉산드로스는 페르시아의 페르세폴리스로 돌아왔다. 알렉산드로스는 여러 지역에 조폐소를 만들어 페르시아 제국에서 입수한 막대한 금을 화폐로 바꾸어 제국 전역에 걸친 경제권을 형성하려 했고, 바빌론을 수도로 삼아 제국을 안정시키려 했지만, 기원전 323년 6월 13일 바빌론에서 세상을 떠났다. 재위 기간 13년 중 10년을 원정으로 보내며 대제국을 건설한 그의 나이 33세 때였다.

제2절 로마의 전쟁

(1) 칸나에(Cannae) 전투

카르타고는 기원전 814년 지금의 튀니스(Tunis) 지역에 건설된 페니키아인 즉, 포에니인의 식민지로서 농업과 특히 해상무역이 급속하게 발전하여 서부 지중해의 패권을 장악하게 되었다. 로마가 이탈리아를 통일하고 직접 지중해로 진출하게 되자 로마와 카르타고의 충돌은 필연적이었다. 로마와 카르타고의 충돌은 시칠리아 섬의 쟁탈전으로 볼 수 있는 제1차 포에니 전쟁(B.C. 264~B.C. 241)으로부터 시작되었다.

(그림 2-9) 포에니 전쟁 이전 카르타고의 영토

로마는 카르타고와의 제1차 포에니 전쟁을 통해 3,200달란트라는 거액의 배상금을 받게 되었고 사르데냐의 중립화 그리고 시칠리아를 속주로 만드는 성과를 얻었다. 시칠리아의 획득은 로마가 지중해로 뻗어 나가 대제국으로 팽창하는 첫걸음에 해당하는 것이다. 로마는 이 전쟁에서 비로소 해군의 필요성을 절감하고 대함대를 건조함으로써 막강한 육군과 더불어 해군력도 갖게 되었다.

반면 카르타고는 지중해 무역이 엄청난 타격을 입은 데다 로마에 막대한 배상금도 물어야 하는 이중고에 시달려야 했다. 게다가 경제적으로 매우 곤궁해진 카르타고는 급료 및 보너스 등을 지불할 여력이 없자 그들이 고용한 용병들로부터 반란을 맞게 되었다. 그 반란을 진압하기 위하여 카르타고는 하밀카르 바르카(Hamilcar Barca)[16]가 중심이 되어 3년 4개월 동안 무력을 통해 이들을 진압해야 했다.

이런 와중에 로마는 카르타고의 용병 문제가 이탈리아 반도와 가까이 위치한 사르데냐와 코르시카까지 미치자 카르타고의 군사행동을 문제 삼아 평화협정 위반이라며 항의하고 배상금을 요구했다. 경황이 없었던 카르타고는 무기력하게 지중해 북부 여행권을 로마에 줄 수밖에 없었다.

이러한 상황에서 하밀카르는 카르타고가 살 길은 해외로 나가는 방법밖에 없다고 생각하고, 아직 미개척지인 히스파니아(Hispania)[17]를 발판으로 삼아 카르타고의 영광을 재현하려 했다. 당시 카르타고의 내부에는 국외파와 국내파[18]로 국론이 분열되어 있는 상황이어서 하밀카르는 전폭적인 지지는 받지 못한 채 요구의 절반인 1개 군단만을 가지고 원정에 나서게 되었다.

히스파니아의 식민지 경영은 성공적으로 이루어졌는데 특히 이곳의 은

16) 카르타고의 군인이자 정치가로 한니발 장군의 아버지이다. 뛰어난 군사적 재능과 외교술로 히스파니아의 대부분을 정복해 자신의 바르카 가문의 영향력 아래에 두는 데 성공했지만 끝내 원정의 완성을 보지 못하고 B.C. 228년 전투 중에 죽음을 맞이한다.

17) 고대 로마 제국에서 이베리아 반도(현재의 포르투갈, 스페인, 안도라, 지브롤터)를 통칭해 일컫는 말이다. 후에 스페인을 가리키는 라틴어 고유명사가 되었다.

18) 1차 포에니 전쟁 직후 카르타고의 해외파는 하밀카르 바르카와 같이 해양 무역으로 카르타고를 다시 일으키자는 주장을 내세운 사람들이었던 반면 국내파는 농업을 이용해 카르타고 부흥을 추진하려는 세력이었다. 이슬람 세력이 진출하기 이전까지의 북아프리카는 이집트와 더불어 양대 곡창지대로 불릴 만큼 부유했다는 점을 감안하면 국내파의 주장도 충분히 일리가 있다고 하겠다.

광은 카르타고가 되살아나는 커다란 재원이 되었다. 카르타고는 히스파니아 동쪽에 카르타고 노바를 건설할 정도로 경제적 번영을 이어나갔다. 기원전 219년 히스파니아의 총독 한니발(Hannibal)은 아버지의 못다 이룬 꿈을 잇기로 결심하고 로마의 영향권 아래였던 이베리아 반도의 도시국가 사군툼을 공격한다. 이후 카르타고의 명장 한니발이 기원전 218년 10월 코끼리 부대를 포함한 대군을 거느리고 알프스를 넘어 로마를 침공함으로써 제2차 포에니 전쟁(B.C. 218~B.C. 202)이 본격적으로 시작되었다.

(그림 2-10) 한니발의 이탈리아 침공로

로마는 트레시메네 호수 전투에서 패배했다는 소식이 전해지자 공포에 떨었고, 새로이 임명된 로마의 독재관[19] 파비우스(Fabius)는 지연전술과 교란작전으로 대응하였다. 그러나 소극적인 지연전을 비판하는 반대자들

---

19) 고대 로마의 집정관(consul)은 임기 1년에 정원이 두 명이었는데, 만장일치제였으므로 한니발의 침입과 같은 비상시에는 재빠른 결정을 내리기가 곤란했다. 이에 로마 공화정은 정원이 한 명에 임기 6개월의 독재관(dictator)이라는 비상설직을 마련하였는데, 독재관에게는 정치 체제의 변경을 제외하고는 거의 무제한적인 권한이 주어졌다.

에 의해 파비우스는 독재관에서 파면되고, 바로(Varro)와 파울루스(Paullus)가 집정관이 되어 로마군을 지휘하게 되었다. 이들은 로마군의 전통에 따라 하루씩 교대로 지휘하게 되었는데, 바로는 성미가 급하고 충동적이었으며, 파울루스는 신중한 성격이었다. 한니발은 바로가 지휘권을 장악하는 날, 로마군과의 결전을 시도하였다. 한니발은 로마군을 전투로 끌어내기 위하여 칸나에 부근으로 야간행군을 실시하여 로마군의 보급창을 점령하고 남부 아폴리아 지방의 곡창지대를 점령하면서, 아우피두스(Aufidus) 강 남쪽 제방에서 로마군과 약 9.6km 간격을 두고 대치하였다. 바로는 주위의 충고도 듣지 않고 한니발이 선정한 전장으로 끌려 들어갔다.

당시 로마군은 보병 65,000명, 기병 7,000명이었으며, 카르타고군은 보병 32,000명, 기병 10,000명 수준이었다. 로마군의 지휘관 바로(Varro)는 수적 우세로 생기는 중압에 의해 적을 제압할 계획으로 병력배치를 두텁게 하여 보병 15개 군단을 3개 전열로 배치하였다. 그리고 우익에는 로마기병 2,400명, 좌익에는 연합군 기병 4,800명을 배치하고 경보병으로 전열 정면을 엄호토록 하였다.

반면에 한니발은 보병의 중앙을 약하게 배치하고 양 측면을 강화시켜 배치하였다. 즉 에스파냐 보병과 갈리아 보병을 중앙에 배치하고 그 양쪽에 아프리카 보병을 배치했다. 그리고 좌우익에 기병대를 집중적으로 배치했는데, 좌익에는 로마 기병(2,400명)과 맞설 수 있도록 에스파냐인, 갈리아인으로 구성된 중기병 8,000명을 집중시키고, 우익에는 로마군의 좌익 연합기병(4,800명)과 대치하여 2,000명의 누미니아 기병을 배치하였다.

(그림 2-11) 알프스를 넘는 한니발의 코끼리 부대

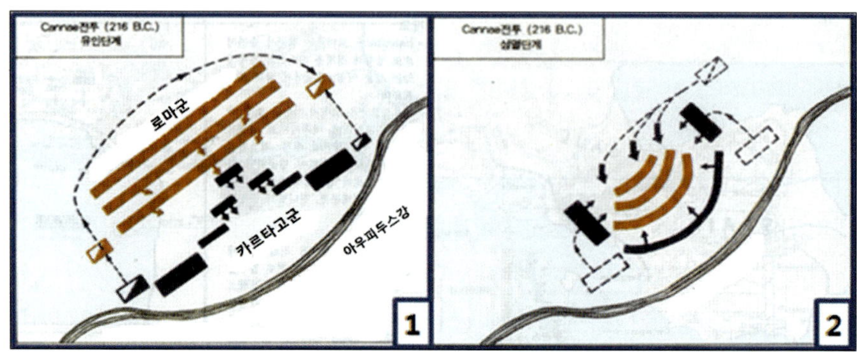

(그림 2-12) 칸나에 전투

전투가 개시되면서 한니발은 좌익의 강력한 중기병으로 로마기병을 격파하여 패주시킨 후에, 로마보병이 중앙으로 진격하도록 유인하여 초승달 대형의 앞이 오목해질 때까지 적을 안으로 끌어들였다. 그리고 좌우의 강력한 아프리카 보병을 불시에 진격시켜 로마군의 양 측면을 공격하였고, 마지막으로 로마기병을 추격하다 돌아온 중기병이 로마군의 후미대열을 공격함으로써 전투는 완결되었다.

이 전투에서 한니발은 42,000명의 병력으로 72,000명의 로마군을 완전히 섬멸하였다. 오늘날까지 칸나에 전투는 전사에 길이 빛나는 "섬멸전"의 전형적인 예가 되고 있다.

재미있고 유익한 이야기 **전술의 천재 한니발**

한니발에게 로마는 아버지가 반드시 멸망시키고 싶어 했던 나라요, 아버지를 죽인 나라였다. 그리하여 그가 기원전 221년에 26세의 나이로 이베리아의 카르타고군 총지휘권을 손에 넣자, 이베리아 북부를 공략 중이던 로마와는 날카롭게 대치하지 않을 수 없었다. 로마는 지중해 연안의 도시 사군툼을 식민지로 선언하고, 카르타고의 접근을 허용하지 않는다고 밝혔다. 그러나 한니발은 사군툼을 공격해서 점령해버렸다. 기원전 218년의 일이었고, 이것으로 제2차 포에니 전쟁은 시작되었다.

이런 저런 이유로 카르타고 본국의 도움을 포기한 한니발은 혼자 힘으로 로마와 싸우기로 했다. 그리고 그러기 위해 '발상의 대전환'을 했다.

이전 전쟁에서 '로마는 육군의 나라이고, 카르타고는 해군의 나라다'라는 발상을 뒤집어 바다에서도 육지에서처럼 싸우는 방법을 개발하여 로마가 승리를 거뒀듯, 이번에는 바다가 아닌 육로로 로마를 침공, 육전에서 로마를 패배시키겠다는 것이었다. 로마가 서지중해에서만 카르타고 함대가 쳐들어오지는 않나 하고 감시하는 동안, 한니발은 4만의 병력으로 피레네산맥을 넘고, 갈리아를 통과, 다시 알프스산맥을 넘어 이탈리아 북부로 침입했다.

전혀 예상치 못한 방향에서 뛰쳐나온 한니발군에게 로마인들은 혼비백산했다. 한니발은 기병대와 코끼리부대를 써서 로마의 중장보병을 뒤흔들어 놓고, 이를 다시 보병대로 밀어붙이는 전법으로 연전연승을 거두었다. 특히 기원전 216년의 칸나에 전투에서는 로마군 8만 명 중 5만 명을 살육했으며, 이는 1916년 솜 전투 이전까지 서양에서 하루에 가장 많은 인원이 전사한 전투로 남았다.

한니발은 나중에 '전략의 아버지'로 불릴 만큼 전투의 여러 요소를 적절히 배합하여 통상적인 전투력보다 몇 배나 되는 힘을 끌어내는 천재였다. 또한 리더십도 뛰어났다. 적지에서 17년간이나 머무르면서도 대부분이 용병인 한니발군은 전선을 이탈하거나 난동을 부리는 일이 없었다. '병사들과 함께 먹고 함께 자며, 자신의 이익은 손톱만큼도 생각하지 않고, 오직 적을 무찌를 생각에만 골몰해 있는' 한니발을 향한 마음에서 우러나온 존경심이 없었다면 불가능했으리라는 추측이다.

이러는 사이에 '한니발을 본받아 한니발에게 이기자'는 목표를 세운 젊은 로마 장군, 스키피오가 등장했다. 그는 한니발의 길을 거꾸로 밟아 그의 본거지인 이베리아를 정복해 버린다. 그리고 북아프리카로 건너가 카르타고 본국을 공략한다. 기원전 202년, 북아프리카의 자마에서 45세의 한니발과 33세의 스키피오는 세기의 결전을 벌였다. 전투는 로마의 승리로 돌아갔고, 한니발은 독약을 마셨다. 그와 스키피오가 나눈 대화가 유명하다. <"장군, 장군 생각에 역사상 최고의 명장은 누구일까요?" "말할 것도 없이, 알렉산드로스 대왕을 능가할 사람은 없소." "그렇군요. 그러면 두 번째는요?" "에피루스의 피로스요." "…음. 그럼 세 번째는?" "바로 나, 한니발이오." "하하, 그러나 장군은 제게 지지 않았습니까?" 언제쯤 자기 이름이 나오나 하고 조바심 내던 스키피오 아프리카누스는 조국 카르타고를 떠나 시리아에 망명하고 있던 한니발에게 어이없다는 듯 물었다. "그러게 말이오. 하지만 내가 그때 당신한테 지지 않았다면, 나는 알렉산드로스와 피로스를 뛰어넘어 사상 최고의 명장이 되었을 거요.">

(2) 파르살루스(Pharsalus) 전투

칸나에 전투에서 로마군이 한니발에게 참패하기는 하였지만, 로마원로원은 칸나에의 패장을 따뜻하게 맞이하였고, 그 결과 로마의 애국심은 크게 고양되었다. 또한 위대한 카르타고의 명장 한니발이 로마에 가르친 전쟁교훈은 로마 지도자에게 전수되어 로마가 군사강국으로 성장하는 밑거름이 되었다. 기원전 2세기에 이르러 로마의 영토는 지중해 전역으로 확장되었으며 로마는 하나의 도시국가에서 대제국으로 발전하였다.

로마군대는 로마가 도시국가에서 제국으로 발전하면서 최초에는 애국심으로 뭉쳤던 시민계급의 의용군으로부터 점차 전문적인 직업군인인 정규군의 형태로 발전하였다. 군단은 10개 대형으로 구성되었고, 각 대형은 3개의 중대(1개 중대 병력은 약 100명)로 구성하였다. 고도로 훈련된 우수한 로마군은 그들 지휘관의 의사에 따라 조직적이며 기계와 같이 작전을 수행하였다. 예를 들어서 로마군은 단 하룻밤을 숙영하기 위하여 주둔할 경우에도 반드시 진지를 구축하여 기습에 대비하였다.

갈리아(Gallia)[20] 전역은 로마 북방에 있는 갈리아족이 자주 로마 영토내에 침입하여 로마인들을 괴롭히고 있었는데, 기원전 58년에 카이사르(Caesar)가 갈리아 총독으로 임명된 후에 8년간에 걸쳐 갈리아 전역과 오늘날의 영국 남부를 정벌한 원정이다. 갈리아 정복과 함께 날로 카이사르의 명성이 높아져 가자 로마 원로원은 이를 시기하여 평민 자격으로 카이사르의 소환을 명하였다. 이에 카이사르는 군사를 끌고 루비콘 강을 건너

(그림 2-13) 카이사르의 갈리아 정벌

20) 골(Gaul)이라고도 한다. 로마 제국의 멸망 이전까지 현재의 프랑스, 벨기에, 룩셈부르크, 네덜란드의 일부, 그리고 라인 강 서쪽의 독일을 포함하는 지방을 가리킨다.

2개월 만에 전 이탈리아를 장악하고 정적 폼페이우스를 축출하는데 성공하였다. 파르살루스 전투는 그리스로 피신한 그의 정적 폼페이우스를 격파하기 위하여 일전을 벌이는 전투이다.

카이사르의 병력은 약 30,000명, 폼페이우스의 병력은 이보다 약 2배로 추정되고, 기병에 있어서도 1,000명 대 7,000명 정도로 카이사르가 매우 열세였다. 그러나 폼페이우스는 병력의 우세에도 불구하고 카이사르가 공격을 개시할 때까지 기다리고 있었고, 카이사르는 각종 유인 작전을 실시하여 폼페이우스가 견고한 진지에서 평원으로 나와 결전을 하도록 유인했다.

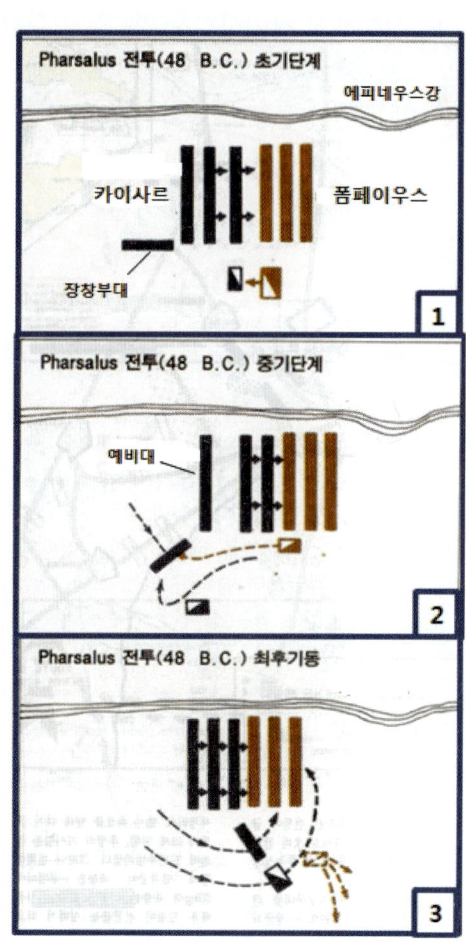

(그림 2-14) 파르살루스 전투

카이사르는 수적 열세를 기동력으로 만회하기 위하여 좌익을 에피네우스 강의 험한 제방에 의지하여 배치하였으며, 위험은 적 기병과 대치하고 있는 우익에 있을 것이라 예상하고 6개 대대를 우익 배후에 급파시켜 우익의 경기병을 지원토록 하였다. 그리고 본대의 3개 전열 중에서 제3열은 예비대로 남겨두었다.

전투가 개시되자, 폼페이우스는 우세한 기병으로 카이사르의 좌익을 공격하여 전열을 흩뜨려 놓은 후 보병인 레기온(Legion)으로 밀어붙이려 공격을 실시했지만, 결정적 순간에 카이사르는 장창부대 6개 대대를 보내어 격파하였다. 그리고는 폼페이우스군 측방으로 공격을 계속했으며, 때를 같이 하여 예비대 제3열을 투입해 적을 격멸하였다. 폼페이우스와 그의 병사들이 패주하여 진지 내로 도망쳐 갔으나 카이사르는 추격하여 적을 소멸시켰다. 해안으로 도주하여 이집트로 건너간 폼페이우스는 결국 거기서 암살되었다.

이 전투에서 카이사르는 230명의 경미한 손실로서 적 15,000명을 죽이고, 포로 24,000명을 획득한 압도적인 승리를 거두었다. 이 전투의 결과로 로마의 내전은 종식되고 카이사르의 독재권이 확립되었다. 카이사르의 승리는 단호한 결심과 신속한 기동성에 의하여 얻어졌으며, 수적으로 열세한 가운데서도 공세를 취하여 기선을 제압하였다.

재미있고 유익한 이야기 **암묵적인 황제 카이사르**

파르티아 제국의 최대 판도.

카이사르의 청년 시절에는 민중들의 지지를 받는 민중파와 원로원을 중심으로 한 귀족세력의 지지를 받는 술라파가 서로 세력을 다투었다. 민중파를 지지했던 카이사르는 한때 술라파가 득세했을 때 살생부에 이름이 오르기도 하였으며 술라를 피해 도망 나가 있기도 하였다. 그는 술라가 죽고 로마로 돌아왔으며 이때부터 그의 정치 생활이 시작되었다. 로마로 돌아온 그는 청년시절 받은 좋은 교육과 로마 밖을 떠돌며 얻은 경험, 그리고 타고난 언변과 매력적인 외모로 명성을 얻기 시작했다. 첫 번째 아내 코르넬리아가 죽은 후 술라의 손녀인 폼페이아와 결혼하면서 술라파의 지지까지 얻은 카이사르는 승승장구 로마의 고위관직들을 섭렵해나갔다. 또한 로마 속주에 근무할 때는 주변국과의 전투에서 차근차근 그 전과를 쌓아 나가 안팎으로 대정치가로 가는 발판을 닦았다.

크라수스와 폼페이우스의 도움으로 집정관이 된 카이사르는 국유지분배법안을 비롯한 각종 법안을 제출하여 민중들로부터 큰 인기를 얻었다. 집정관을 역임한 후 카이사르는 로마의 속주였던 일부 갈리아 지역의 총독이 되어 갈리아 지역 전체를 정복해 나가기 시작했다. 카이사르는 켈트족에게 정치적 자율권을 주고 농경을 전파해 경제를 일으켰으며 자신에게 충성하는 켈트족은 적극적으로 로마 시민화하기도 해 반발을 없애고 충성을 다짐받았다. 그는 8년 동안 전투로 단련된 노련한 군인들을 자신의 휘하에 두게 되어 그 누구보다 강력한 군대를 보유할 수 있게 되었다. 복속된 갈리아 켈트족들의 충성과 넓은 영토도 카이사르에게는 든든한 힘이 되었다.

이 무렵 삼두정치를 이끌던 지도자 가운데 한 사람이었던 크라수스가 동방의 파르티아 제국[21]과의 전쟁 중에 전사하고, 폼페이우스와 결혼했던 카이사르의 외동딸 율리아가 아이를 낳다가 죽었다. 카이사르, 크라수스, 폼페이우스 3명이 이끌던 삼두정치가 붕괴될 조짐이 보이자, 로마 귀족들은 폼페이우스를 자기편으로 끌어들였다. 원로원의 귀족들은 카이사르에게 즉시 군대를 해산하고 갈리아 총독에서 물러나 단신으로 로마로 돌아올 것을 명령하였다. 카이사르에게 무장해제를 하고 죽으러 오라는 말이나 다름없었다. 카이사르는 협상의 테이블은 이미 깨졌다는 것을 직감하고 내전을 불사하기로 한다. 그는 갈리아에서 단련된 자신의 정예부대를 이끌고 로마로 진격해 폼페이우스를 무찌른다. 이후 로마는 카이사르 1인 천하가 되었다.

카이사르는 달력을 개정하고 통화를 개혁했으며 시민권을 확대하고 사법개혁, 복지정책, 식민지정책, 건설사업 등 사회 각 방면에 새로운 정치를 펼치기 시작했다. 그러나 1인 독재에 대한 귀족세력의 불만은 완전히 잠재울 수 없었다. 카이사르가 황제가 되려 한다는 불안이 귀족 전체에 번지면서 카이사르의 독주를 막으려는 움직임이 여기저기서 일어났다. 운명의 날 카이사르는 원로원 회의장으로 들어가는 회랑 앞에서 14명의 귀족들에게 총 23곳에 상처를 입고 토가자락을 휘감은 채 쓰러졌다. 아이러니하게도 쓰러진 장소는 그의 정적이었던 폼페이우스의 동상 앞이었다.

---

21) Parthian Empire(B.C. 247~A.D. 224). 오늘날의 이란과 이라크 등을 중심으로 한 제국으로, 알렉산드로스의 부장 가운데 한 사람인 셀레우코스가 창건한 셀레우코스 왕조의 뒤를 이어 들어선 나라이다. 로마와는 무역을 하는 한편 아르메니아(Armenia) 지역을 둘러싸고 자주 국경 분쟁을 벌였다.

제 3 장 | 중세 및 근세의 전쟁

제3장

중세 및 근세의 전쟁

제1절 중세의 전쟁

(1) 기사의 시대

카이사르시대의 군대는 로마시민이었고 그들은 로마에 대한 애국심과 자부심을 갖고 있었다. 그러나 카이사르 사후 제정로마시대의 로마군단 병사들은 제국의 영토변경에 사는 민족들 가운데서 대부분 징집되어 이제 군대 내에서 애국심은 찾아볼 수 없게 되었다. 카이사르 사후 로마군단의 쇠퇴와 함께 아드리아노플 전투에서 로마군단의 보병이 고트족 기병에 의해 제압당한 이후 기병의 시대가 전개되었다.

그러나 중세는 '전법의 암흑시대' 라 일컬어질 만큼 전쟁에 있어서 독창적인 군사적 천재가 나타난 적이 없었다. 로마군단의 전법, 특히 훈련과 편제 등의 일부는 비잔틴 제국에 의하여 수세기동안 계승되었다. 만약 이러한 비잔틴의 군사력이 아니었다면 서양문명의 흔적과 기독교의 전통은 로마의 몰락 후에 일어나는 혼란기의 이슬람 세력에게 압도되고 말았을 것이다.

이슬람은 중세역사상 종교적, 사회적, 문화적으로 강력한 세력이었으며, 그들이 미친 군사적 영향도 대단히 컸다. 콘스탄티노플 방벽에서 격퇴되기는 하였으나 이슬람세력은 아프리카와 스페인으로 건너가 서방 및 북방으로 뻗어 프랑크족이 사는 갈리아 지방으로 침투해 들어갔다. 만약 그들이 732년 카롤루스 마르텔에 의하여 저지되지 않았더

(그림 3-1) 그리스의 불로 침입자를 물리치는 비잔틴의 해군

라면, 오늘날의 기독교적 서양문명은 존재하지 못하였을지도 모른다. 마르텔은 투르(Tour) 부근에서의 승리로 인하여 프랑크 왕국을 건설하였으며, 이 왕국은 그의 손자인 샤를마뉴(Charlemagne)에 이르러 중세시대의 등대를 켜게 되었다.

(그림 3-2) 프랑크 왕국의 세력권

서로마제국의 재판이라고 할 수 있는 프랑크제국은 남북으로는 지중해에서 북해까지, 동서로는 대서양에서 카르파티아 산맥까지 팽창하였다. 샤를마뉴시대의 군대법규 및 편제는 중세기사시대의 특징인 봉건제도와 기사도가 나타나게 되었다.

그러나 중세 봉건기사들의 결함은 전승의 원칙을 추구하고 분석하는 연구심의 결핍으로 고대의 명장들이 중요시했던 기동의 중요성을 무시하고 돌격과 중량의 크기에만 집착하였던 것이다. 중세 기사들은 자기의 공격용 무기와 호신장구들의 중량까지도 증가시키는 데 주력함으로써 전투에서의 기동력은 상실되고 전장에서 기동은 찾아볼 수 없게 되었다. 기동이 없는 곳에서 전략이나 전술이 있을 리 만무했다.

(2) 십자군 전쟁

십자군은 교황의 호소로 조직된 기독교적인 성향을 강하게 띤 군대를 말한다. 그러나 대부분의 경우 11세기부터 13세기에 걸쳐 중세 서유럽의 로마 가톨릭 국가들이 주도하여 중동의 무슬림에 빼앗긴 성지 예루살렘 탈환을 목적으로 행해진 대규모의 군사 원정을 가리킨다. 십자군 측이 예루살렘을 확보한 기간은 1099년에서 1187년까지와 1229년에서 1244까지 두 번뿐이었고, 이후 20세기까지 예루살렘은 이슬람의 지배 아래에 있게 된다.

3세기 이후 그리스도인들은 예수 그리스도가 지상에서의 생애를 보냈던 지역에 대하여 성지 순례 여행을 해왔다. 이슬람의 통치자들이 종교적인 목적의 성지순례를 용인했음에도 1071년 만지케르트 전투[22]를 시작으로 비잔틴 제국이 점차 쇠퇴하자 서유럽은 교황 우르바노 2세[23]를 중심으로 성지 회복을 명분으로 내세우며 안티오키아, 예루살렘 등 그리스도교 성지에 대한 군사적 원정을 단행한다. 당시 서유럽의 로마 가톨릭 국가들의 입장에서 본다면 십자군은 의로운 군대로 이 전투는 성전이 되지만, 실제로는 이슬람 세계의 여러 나라들뿐만 아니라 같은 기독교 문화권이었던 동방정교회의 나라들까지 공격해 들어간 침략군이라는 점에 유의할 필요가 있다.

십자군 운동은 처음의 순수한 열정과는 달리 점차 정치적 · 경제적 이권에 따라 움직이면서 순수함이 무너지는 모습을 보였다. 성지 회복은 표면적으로 내세우는 구실에 지나지 않았고 실제로는 동방정교회를 로마 가톨릭 관할권 아래 흡수, 통합시키고 교황권을 동방에까지 확대하려는 의도가

22) 1071년 비잔틴 제국과 셀주크 튀르크의 군대가 격돌한 전투이다. 제국의 바스프라카나아 지방이 있던 아르메니아 만지케르트에서 벌어졌고, 이 전투에서 비잔틴 제국이 패배하고, 황제 로마누스 4세 디오게네스가 포로가 되었다.

23) 제159대 로마교황(1088~1099 재위), 1089년 평신도 성직수여와 성직매매 및 성직자의 결혼 금지 칙서를 반포하고, 기독교도끼리 서로 싸우지 않을 것을 교회법으로 선포하였다.

짙게 깔려 있었다. 더구나 당시 서유럽 내 영주의 장남 이외의 아들들은 상속권을 부여받지 못했기 때문에 미지의 땅에 대한 욕구가 강했다.

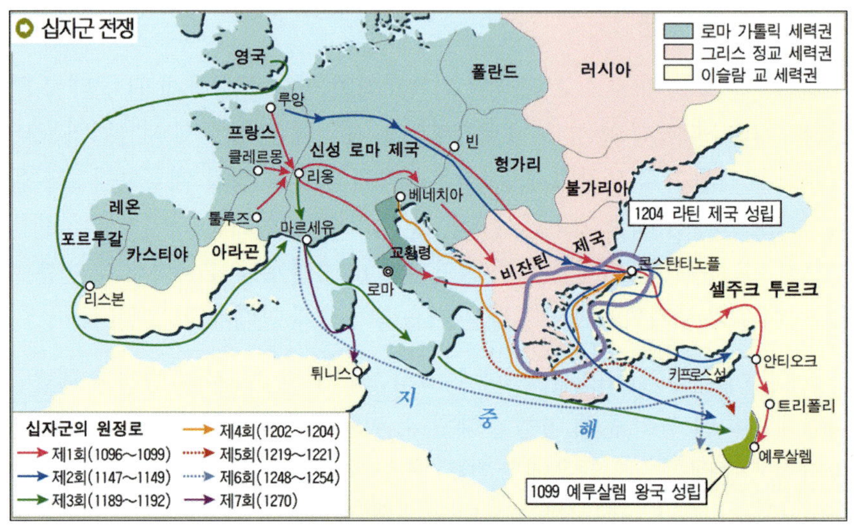

(그림 3-3) 십자군 전쟁 원정로

◦ 제1차 십자군 전쟁 (1096년~1099년)

정규 십자군은 1096년 여름부터 4개의 부대로 나뉘어 출발하여 이듬해 봄 콘스탄티노플에 집결하였다. 합류한 십자군은 프랑스인과 노르만인이 주력을 이루었는데 니케아 공방전[24]을 시작으로 동쪽으로 진군하였다. 소아시아를 진군하는 동안 튀르크인의 공격, 심한 더위와 굶주림, 유행병 등

24) 제1차 십자군이 1097년 5월 14일부터 6월 19일까지 니케아를 포위 공격하여 함락시킨 전투를 말한다. 니케아는 아나톨리아 지역의 서쪽에 있는 중요한 요지로 비잔틴 제국의 영토인 것을 1077년 셀주크 튀르크에게 빼앗긴 뒤에는 룸 셀주크 왕조의 수도가 되었다. 1096년 군중 십자군의 침입을 저지하였지만, 1차 십자군의 포위 공격에 점령당하게 된다. 당시 니케아를 통치하던 술탄 클르츠 아르슬란 1세는 1차 십자군 침공 시 니케아에 없었는데, 십자군의 공격을 대수롭지 않게 생각한 클르츠 아르슬란 1세는 병력을 이끌고 동쪽으로 가서 경쟁자였던 다니슈멘트와 멜리트네 지역을 둘러싸고 싸움을 벌였었다.

으로 상당수의 인원과 말을 잃게 되지만, 1099년 7월 십자군은 예루살렘을 정복하는 데 성공한다. 목적을 달성한 뒤에도 십자군 병사들의 일부는 정복지에 남아 예루살렘 왕국, 안티오키아 공국(公國), 트리폴리 백령(伯領), 에데사 백령(伯領) 등 4개국을 건설하였고, 요한기사단, 템플기사단, 독일기사단 등의 종교기사단이 편성되어 성지 방위의 주요 군사력이 되었다. 이후 교회와 수도원이 건립되고 교회조직도 정비되어 유럽의 제도와 관습이 그대로 옮겨졌다.

◦ 제2차 십자군 전쟁 (1147년~1149년)

1차 십자군의 승리 후 한동안 중동에서는 기독교도와 이슬람교도가 공존하는 상태가 계속되어 있었지만, 이슬람 세력이 에데사 백국을 점령하자 상황이 변하게 되었다. 유럽에서는 교황 에우제니오 3세의 호소로 프랑스의 루이 7세와 신성로마제국의 콘라트 2세를 중심으로 십자군이 결성되었다. 그러나 전체적으로 통제되지 못하여 소아시아 등지에서 이슬람군에게 패배하고, 다마스쿠스 공격에 실패함으로써 십자군은 철수하게 된다.

◦ 제3차 십자군 전쟁 (1189년~1192년)

십자군 중에서 가장 유명한 3차 십자군은 1187년에 살라딘에 의해 예루살렘이 이슬람교에 탈환됨으로써 일어나게 된다. 이에 교황 그레고리오 8세는 예루살렘 재탈환을 위한 십자군을 호소하였고 사자심왕 리처드 1세, 존엄왕 필리프 2세, 붉은 수염왕 프리드리히 1세를 주축으로 3차 십자군이 조직되었다. 그러나 원정 도중 프리드리히 1세는 1190년에 무거운 갑옷을 입은 채 강을 건너다 미끄러져서 물에 빠져 익사하고, 필리프 2세는 1191년에 아크레를 탈환한 뒤 자신의 임무를 끝냈다면서 귀국하고 만다. 결국 3차 십자군은 사실상 리처드의 십자군이 되는데, 리처드 1세가 살라딘과 휴전 협정을 체결하면서 예루살렘 탈환 작전은 실패로 끝났지만 예루살렘 순례의 자유는 보장되었다.

◦ 제4차 십자군 전쟁 (1202년~1204년)

4차 십자군은 교황 인노첸시오 3세의 요청에 따라 실행에 옮겨졌는데, 이번에는 예루살렘이 아닌 이슬람교의 본거지인 이집트 공략을 목표로 하였다. 그러나 도항비가 부족한 상황이었기 때문에 십자군은 부대의 수송을 담당하는 베네치아 공화국의 요구를 받아들여 헝가리 왕국을 공격하게 된다. 같은 기독교 국가를 공격하였기 때문에 베네치아는 로마 교황청으로부터 파문을 당하지만, 베네치아는 헝가리를 공략한 다음 비잔틴 제국의 수도 콘스탄티노플을 정복하여 플랑드르 백작 보두앵을 새 황제로 하는 라틴 제국을 건국하였다. 어쩔 수 없이 교황청은 라틴 제국을 승인하고, 그 대신 예루살렘을 목표로 원정할 것을 요청했으나 실시되지 않았다.

◦ 제5차 십자군 전쟁 (1219년~1221년)

아크레 왕국[25]의 장 드 브리엔느 등이 주축으로 이슬람교의 본거지인 이집트를 공략하였으나 실패하였다. 한편, 머나먼 동방에서 수수께끼의 기독교 왕국이 대군을 인솔하여 십자군을 도우러 온다는 전설이 널리 퍼져 있었다. 그러나 그 정체가 훗날 유럽 전 국토를 뒤흔드는 몽골 제국의 군대라는 사실을 그들은 아직 알아채지 못하였다.

이후 교황 그레고리오 9세는 십자군 파병을 조건으로 신성로마제국의 황제로 임명한 프리드리히 2세에게 여러 번 원정을 재촉하였지만, 프리드리히 2세가 이를 이행하려 하지 않자 그를 파문하였다. 1228년이 되어서야 프리드리히 2세는 파문된 채로 십자군을 일으켰다. 당시 이집트 아이유브 왕조의 술탄 알 카밀은 내란으로 골치가 아픈 상황이었던 데다 교황에게 압박을 받은 프리드리히 2세의 사정에 대해 잘 알고 있었기에, 피를 흘리지 않고 평화 조약을 체결하기로 합의하였다. 이에 따라 예루살렘은 기독교 세력의 지배를 받게 되었다. 이후 그레고리오 9세는 교회로부터 파문된 채로 있던 프리드리히 2세가 예루살렘의 통치자가 된 것을 구실 삼아

25) 예루살렘 왕국의 후신

프리드리히 2세에 대한 십자군을 일으켰지만 황제군에게 격퇴당하여 1230년에 프리드리히 2세의 파문을 풀어주게 된다.

◦ 제6차 십자군 원정 (1248년~1254년)

알 카밀이 죽은 후, 1244년에 예루살렘이 이슬람교 측의 공격을 받아 함락, 2천 명 남짓한 그리스도인들이 학살되었다. 1248년 오랫동안 십자군 원정을 준비한 프랑스의 성왕 루이 9세가 원정을 하여 이듬해 다미에타를 정복했다. 그러나 아이유브 왕조의 살라딘 2세가 이끄는 이집트군의 완강한 저항에 부딪혀 패하고 1250년 그 자신도 포로가 되어, 막대한 배상금을 지불하고 석방되었다. 루이 9세는 1254년까지 이집트에 머물면서 몽골과의 동맹을 모색했지만 결국 실패했다.

◦ 제7차 십자군 원정 (1270년)

프랑스의 성왕 루이 9세가 재차 출병하여 바이바르스가 주도하는 이집트의 맘루크 왕조를 공격했다. 이때 시칠리아 왕인 루이의 동생 샤를도 형을 도와 출병하였으나 루이 9세는 1270년 튀니스에서 병사하였고 샤를은 잉글랜드의 에드워드 1세와 함께 아크레에 머물면서 십자군 원정을 계속했으나 별다른 전과를 올리지 못했다. 한편 맘루크 왕조는 바이바르스가 사망한 뒤에도 계속 세력을 확장하여 트리폴리를 함락하고, 1291년에는 팔레스타인에 마지막 남은 십자군 지역인 아크레마저 점령하였다. 이로써 십자군 원정은 사실상 막을 내리게 된다.

(3) 몽골제국

유럽의 전쟁사에서 '전법의 암흑시대' 라고 일컫는 중세기에 칭기즈칸은 중세기판 전격전을 구사하여 전 유럽을 진동시켰고, 아시아의 강대국들을 차례로 멸망시켰다.[26] 이러한 군사적 성공의 원인은 전 국민이 군대에

26) 9세기까지만 해도 몽골족은 보잘것없는 작은 부락사회에 지나지 않았다. 원래 몽골이라고 한 것은 한인들이 몽골을 낮춘 말로 몽골족의 노비란 뜻이다. 몽골은 몽족의 골(국가)

동원되는 개병제를 채택한 것에 있다. 남자는 3살부터 말을 태워 15세에는 완전한 전사가 되었으며, 15세가 되면 군에 징집되어 70세까지 복역하였다. 이는 몽골의 인구가 많지 않았기 때문에 신체가 건강한 남자는 모두 군에 복무하여야 했기 때문이다. 여자와 아이들도 가장과 같이 이동하면서 전사들의 작전을 돕는 병참지원의 임무를 수행하여 원정 중에도 자급자족이 가능했다.

몽골군은 기본적으로 십진법에 의해 편성되었는데, 이는 생활조직을 바탕으로 한 것이다. 부락이나 씨족 등이 가구 수를 기준으로 하여 십진법으로 구성되었고, 군대도 촌락이나 씨족을 중심으로 조직되었다. 그 결과 부대의 단결력은 대단히 높았다. 이렇게 편성된 몽골군의 기본적인 전술단위는 오늘날의 사단급인 1만 명으로 구성되는 토우만(Touman)이었고, 토우만 밑에는 1천 명 단위의 10개 연대가, 연대 밑에는 10개의 대대가 있었으며, 가장 적은 10명 단위의 기병중대가 있었다.

몽골군의 편성에서 또 다른 중요한 특징은 전 전투원이 기병으로 구성되었다는 점이다. 그들의 생활방식에 따라 평상시의 사냥방법이 곧 훈련이요 전투방식이 되었다. 또한 몽골군의 말들을 독특한 양마법[27]으로 관리하여 기병전술의 효과를 더욱 증대시켰다. 강인한 몽골 말들은 사료를 주지 않고 방목하여 내성을 길러줌으로써 출전 중에 먹지 못할 상황에 대비시켰으며, 주둔지에서 휴식을 해도 고삐를 묶어둘 필요가 없었다. 몽골군은 출전

을 의미한다. 따라서 몽골로 표기하는 것이 옳다. 당시 그들은 내몽골 자치구 동북방 오르콘 강 상류에 흩어져 생활하였다. 몽골족은 9세기 후반에서 10세기 전반에 몽골초원으로 이동하면서 커다란 발전을 이룩하였고, 12세기 초에 요나라가 멸망하고 금나라가 들어서면서 몽골에 대한 압력이 완화되자 몽골의 발전이 가속화되었다. 1206년 몽골전역을 통일한 테무친은 칭기즈칸으로 즉위하여 주변 정벌에 나섰으며, 세계역사상 그 유례가 없는 동서세계에 걸친 대제국을 건설하였다. 몽골제국의 이러한 정복전쟁은 칭기즈칸에만 국한된 것이 아니라 대를 이어 계속되었다. 신채식, 『동양사개론』(서울 : 삼영사, 2002), pp.501~509 내용참조.

27) 말을 번식시키고 사육하는 방법으로 좋은 말의 판별법과 기르는 방법, 말의 질병 치료법 등이 포함된다.

시 이러한 말들을 1인당 2~5필 소유하여 필요시에 갈아타는 것은 물론 비상시엔 그 피를 마셨고, 그 젖으로 식사를 대용하였다.

(그림 3-4) 몽골이 정복한 영토

또한 몽골군의 기병은 동시에 궁병이었고, 토우만은 소수의 경기병 정찰대와 전방의 중기병(40%)및 후방의 경기병(60%)으로 전투대형을 편성하였다. 경기병 정찰대는 적과 접적 시 100km 전후의 사방으로 먼저 나아가 적과 지형을 정찰하였고, 전투가 개시되면 후위의 경기병이 궁시를 이용하여 적의 대형을 와해시키고, 중기병이 돌격을 실시하여 적을 공격하였다. 또한 효과적인 선전심리전술을 사용하여 적이 저항의지를 잃고 항복하게 하였다. 그들에게 대항하는 자에 대해서는 잔혹하고 무자비한 파괴살상을 자행하였으나, 항복하는 자에 대해서는 파괴살상을 않는다는 사실

(그림 3-5) 기병이자 궁병 역할을 하는 몽골군

이 알려지자, 대부분의 적들은 싸우지도 않고 다투어 항복하였던 것이다.

재미있고 유익한 이야기 **공포의 몽골족 수장 칭기즈칸**

테무친(鐵木眞)은 12세기 중순에 몽골 고원의 북동부에서 활동한 몽골족의 수장이었던 예수게이의 아들로 태어났다. 그러나 테무친이 9살 때 예수게이가 타타르족 야영지를 방문했다가 독살당하자, 고립된 씨족은 오논 강 유역에서 사냥과 채집으로 겨우 연명하며 고난의 세월을 보내게 되었다. 16살 경 테무친은 몽골 중부의 유력한 부족 케레이트의 옹 칸에게 복종하여 안전을 도모하고, 27살에는 옹 칸의 승인 아래 부족 회의 쿠릴타이를 소집하여 칸의 칭호를 차지했다.

새롭게 떠오르는 테무친 세력에 반감을 지닌 옹 칸은 테무친의 군사력을 당해내기 힘든 상황이었기 때문에 테무친을 초대해 제거하려 했다. 옹 칸의 추격을 피해 살아남은 자는 불과 19명으로 이들은 테무친에게 충성을 서약하여, 전통적인 씨족이나 부족 관계에서 벗어난 몽골 제국 내 통일의 기초를 이룰 새로운 결사체를 탄생시켰다. 이후 테무친은 흩어진 추종자들을 모아 옹 칸을 향해 진군하였고, 기습당한 케레이트 부족은 대부분 테무친에게 항복했다.

1206년 테무친은 부르칸 칼둔 성산(聖山) 근처 오논 강 원류에서 쿠릴타이를 열어 새로운 나라를 건국하였다. 새로운 나라의 이름은 예케 몽골 울루스(큰 몽골 나라)로 통치자의 칭호는 칭기즈칸이었다. 칭기즈칸은 부족 간 납치와 몽골인을 노예로 삼는 것을 금지하고, 완전하고 전면적인 종교의 자유를 선포했으며, 칭기즈칸 자신을 포함한 모든 개인보다 법이 우위에 선다는 것을 선언했다. 칭기즈칸은 시베리아 부족과 위구르족까지 친족 관계를 확대하여, 부족이나 민족 전체 단위로 가족적 유대를 맺는 정책을 폈다. 그리고 1207년부터 1209년까지 여러 차례 공격을 통해 서하를 정복했고, 1215년에는 금나라 수도 중도(中都. 오늘날의 베이징)를 포위해 항복을 받아냈다.

1219년 원정을 떠난 칭기즈칸은 이듬해 봄 호라즘 영역에 도착하여 그 해가 끝나기 전에 호라즘의 주요 도시들을 속속 점령했다. 1222년 여름 중앙아시아 대부분을 휩쓴 칭기즈칸의 원정은 오늘날의 파키스탄 중심부에서 멈추고 대신 호라즘 원정에 병력을 보내지 않은 서하 공격을 준비했다. 수도를 포위하고 마지막 승리를 얼마 앞둔 1227년 8월 칭기즈칸은 세상을 떠나게 되었다.

제2절 근세의 전쟁

(1) 크레시(Crecy) 전투

13세기 후반부터 중세의 특징적인 양상에 변화가 일기 시작했다. 정치적으로는 십자군 원정 이후 교회의 권위가 쇠퇴하기 시작하였고, 봉건영주의 세력이 후퇴하고 중세의 장원제도가 붕괴하기 시작하였다. 중세적인 전쟁 양상은 영국과 프랑스 간의 백년전쟁(1337~1453)[28]을 통해서 새로운 변화가 나타나기 시작하였는데, 크레시 전투는 중요한 계기가 된 일전이었다.

일련의 결혼정책으로 프랑스에 많은 봉토를 소유하게 된 영국 왕 에드워드 3세가 35,000명의 병력을 이끌고 프랑스의 소유권을 주장하며 프랑스에 침입하였다. 이에 프랑스 왕 필리프 6세가 7만 이상의 병력을 소집하고 영국군을 추격하여 솜 강 지류에 있는 크레시 근교에서 격돌하게 된다. 당시 영국군의 주 무기는 장궁이었는데, 수적으로 열세한 영국군은 궁병과 보병의 교묘한 조화로 승리함으로써 당시 절대적인 전법으로 알려졌던 중기병의 돌격에 종지부를 찍고 다시 보병이 전장의 주역으로 등장하게 되었다.

에드워드는 약간의 구릉지대 전열에 띠 모양으로 대열을 펼쳤다. 전열

---

28) 중세 말의 유럽정치사에 있어 가장 크고 중요했던 사건은 백년전쟁(Hundred Year's War 1337~1453)이었다. 백년전쟁의 주된 원인의 하나는 프랑스에서 발루아(Valois)왕조의 성립과 이에 관련된 왕위계승문제였다. 오랫동안 프랑스 왕위를 계승해 오던 카페왕조가 샤를 4세에 이르러 불행하게도 그의 아들이 없이 사망하자 그의 4촌 형제인 발로아 백작이 필리프 6세(1328~1350)로서 왕위에 오르고 카페왕조 대신 발루아 왕조(1328~1589)가 성립하게 되었다. 필리프 6세가 물론 가장 가까운 남자 왕위계승자임에는 틀림없으나, 샤를 4세의 딸 이사벨라(Isabella, 당시 영국 왕 에드워드 2세의 왕비)가 그의 아들인 에드워드 3세가 보다 더 가까운 왕위계승자임을 주장하면서 필리프 6세의 즉위에 항의하였다. 이러한 왕위계승문제 외에도 영국과 프랑스 간에는 언제나 전쟁을 벌일 조건은 있었다. 노르망디공의 영국정복 이래 영국 왕은 프랑스 내에 광대한 영토를 소유하고 있었고, 역대 프랑스 왕들은 이를 회복하려고 노력하여 양국 사이에는 언제나 전쟁과 대립이 그치지 않았다. 민석홍, 『서양사개론』(서울 : 삼영사, 2002), pp.257~258 내용참조.

에 두 개 부대를 두고 그 간극에 장궁병을 V자형으로 포진했으며 양측을 강과 마을로 각각 보호했다. 후방에는 예비대를 배치함으로써 수비 형태를 갖추었다. 그리고 전면에 뾰족한 말뚝을 다수 만들어 땅에 묻음으로써 기병의 접근을 차단했다. 한편 필리프는 선두의 석궁 용병부대를 먼저 내보냈으나, 석궁은 장궁의 사거리와 발사 속도를 당해 내지 못해 오히려 석궁병이 후퇴하는 일이 벌어졌다. 이에 필리프는 도주하는 석궁병을 모두 베어버릴 것을 명령한 뒤, 본군인 기사들을 전선에 일제히 투입하였다. 그러나 전투 전날에 비가 내리는 바람에 지면은 질퍽한 상태였고, 60kg의 육중한 갑옷을 입은 프랑스 기사들을 태운 말들은 잉글랜드군의 말뚝에 찔려 일제히 쓰러지고 말았다. 거기에 잉글랜드 장궁병의 집중 사격을 받은 기사들은 제대로 싸워보지도 못하고 패퇴하였고, 프랑스군은 모두 15번이나 돌격을 시도하였으나 모두 실패로 끝나 패배하고 말았다.

이 전투에서 프랑스군은 11명의 왕자와 1,200명의 기사를 포함한 12,000명의 사상자를 냈으며 프랑스 왕 필리프도 중상을 입었다. 크레시에서 승리한 에드워드 3세는 칼레를 11개월 동안 포위 공격한 끝에 프랑스 북부에 교두보를 확보할 수 있었으나 페스트 등으로 인해 일시 휴전협정을 맺고 본국으로 귀환했다. 1356년에 일어난 푸아티에 전투와 1415년의 아쟁쿠르 전투 역시 크레시 전투와 유사하게 전개되어, 프랑스는 큰 위기에 빠지게 되었다.

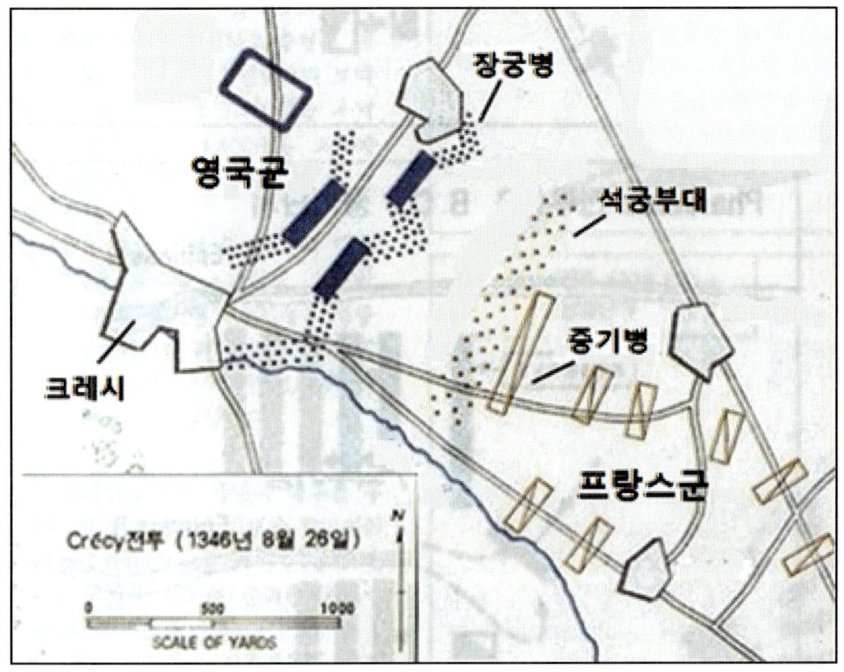

(그림 3-6) 크레시 전투

재미있고 유익한 이야기 **프랑스의 영웅 잔다르크**

프랑스의 발루아 왕가는 백년전쟁 동안 가장 불리한 입장에 처해있었다. 평범하고 작은 소녀, 잔다르크는 마을을 떠나 왕세자에게 충성하고 있는 보쿨뢰르의 사령관에게 왕세자를 알현하게 해줄 것을 요청했다. 처음에 사령관은 잔다르크를 믿지 않았지만 거듭된 간청에 설득되어 6명의 기사를 내어주었다. 기사들은 잔다르크가 왕세자가 있는 시농성으로 가는 길에 호위를 맡았다. 적진을 통과해야 하는 위험한 여정이었지만 잔다르크는 무사히 시농성에 도착했다. 잔다르크의 이야기를 들은 샤를 왕세자는 접견을 허락하면서 처음에는 그녀를 의심하여 낡은 옷을 입고 신하들 속에서 모습을 감추고 있었다고 한다. 그러나 잔다르크는 접견장에 들어서자마자 가짜로 왕세자 자리에 앉은 사람을 거들떠보지도 않고 바로 샤를 왕세자 앞에 가 무릎을 꿇었다. 그리고 잉글랜드 세력을 축출하고 샤를 왕세자가 왕으로 즉위할 수 있도록 돕기 위해 왔다고 엄숙하게 말하였다. 중세시대 국가보다는 종교적 테두리 안에서 움직였던 일반 백성들은 100년간에 걸친 전쟁을 통해 국가에 대해 어렴풋이 의식하게 되었고 뚜렷하지는 않으나 일말의 애국심마저 품게 되었다. 누군가 강한 구심점이 나타나기만 한다면 이러한 사람들의 마음은 큰 힘으로 승화될 수 있었다. 그때 나타난 것이 바로 잔다르크였다. 샤를 왕세자의 마지막 보루가 된 잔다르크는 오랫동안 잉글랜드군에게 포위되어 있던 오를레앙 지역으로 병사를 몰고 달려갔다.

오랜 전쟁으로 지쳐있던 프랑스 병사들이었지만 어린 소녀의 눈물겨운 노력에 감동하였다. 잔다르크는 그들 마음속에 쌓여있던 애국심에 불을 질렀고 빨리 전쟁을 끝내고 나라와 가족을 구하겠다는 사명감으로 프랑스 군대의 사기는 하늘을 찔렀다.

잔다르크는 프랑스 병사들에게 승리의 여신, 행운의 여신, 전투의 마스코트가 되었다. 잔다르크는 흰 갑옷을 입고 병사들 앞에서 직접 전투를 지휘했고 그녀가 이끄는 프랑스 병사들은 치솟은 사기로 영국군을 무찌르기 시작했다. 잔다르크는 기적 같은 승리를 이끌어 열세에 몰려있던 프랑스군을 단숨에 우위로 끌어 올렸다. 전쟁의 승리로 랭스 지역을 차지하자 잔다르크는 샤를 왕세자의 대관식을 적극적으로 추진하였다. 이로써 샤를 왕세자는 샤를 7세로 프랑스 왕으로 인정받게 되었다. 샤를 7세는 잔다르크 덕에 프랑스 왕으로 즉위했지만 오히려 그녀의 치솟는 인기를 질투했다. 그들은 잉글랜드군의 재공격에 소극적으로 나섰고 잔다르크는 다시 한번 왕과 프랑스를 위해 갑옷을 입었다.

잔다르크는 결국 콩피에뉴 전투에서 패하고 잉글랜드와 동맹한 부르고뉴 군대에 사로잡혔다. 부르고뉴는 잔다르크를 잉글랜드 군대에 몸값을 받고 팔아넘겼고 잉글랜드는 다시 샤를 7세에게 잔다르크의 몸값으로 엄청난 금액을 불렀다. 그러나 샤를 7세는 잔다르크가 적진에서 죽어가도록 내버려두었다.

잔다르크는 결국 화형으로 19세의 꽃다운 나이에 인생을 마쳤다. 샤를 7세는 백년전쟁이 끝난 후 1456년에 가서야 잔다르크의 마녀 혐의를 풀어주고 명예를 회복시켜주었다. 살아 있을 때 그녀를 버리고 죽어서야 복권시킨 것이다. 귀족도 아니었고, 남자도 아니었던 핍박 받는 민중의 딸, 잔다르크는 오늘날까지 세상을 바꾼 강인한 여성의 대명사로 자리 잡고 있다.

(2) 브라이텐펠트(Breitenfeld) 전투

1249년 로저 베이컨이 화약을 발명한 이래 크레시 전투에서 최초로 화포가 등장하였으며, 백년전쟁 말기 프랑스의 대포는 그 위력과 사거리에서 영국의 전술을 능가할 정도로 발전하였다.[29] 새로이 등장한 화약무기의 전술적 영향으로 기병의 시대는 종말을 맞게 되었고, 이제 중세의 봉건귀족들은 더 이상 전쟁수단을 독점할 수 없었다. 1346년 크레시 전투 이래 2세기 동안 전쟁은 기병의 시대로부터 화약의 시대로 완전히 전환하였다. 이때부터 직업적 보병이 전쟁의 주역으로서 기병을 대신하게 되었고, 화포의 위력이 전쟁의 성격을 새롭게 형성하기 시작하였다.

17세기 초 유럽 각국은 화약을 이용한 각종 총포의 개량과 공급으로 더욱 진보된 형태의 군사력을 유지하게 되었다. 활은 화승총으로 완전히 대체되었으며, 머스킷 소총의 비율이 높아져 가면서 보병이 발휘할 수 있는 화력은 배가 되었다. 이러한 시기에 신교와 구교 간의 갈등으로 인하여 종교전쟁인 30년 전쟁(1618~1648)[30]이 발발했다. 전쟁의 시초는 독일 연방이었던 보헤미아에서 신 · 구교 간의 내전이었는데, 구교인 오스트리아의 황제군이 우세인 상황에서 스웨덴의 왕 구스타프 아돌프가 신교파로 전쟁에 참전하였다.

---

29) 백년전쟁 말기에 프랑스군이 성공을 거둔 주된 이유는 대포의 우수성에 있었다. 프랑스 야포의 십자포화와 종사(縱射)로 영국군은 막대한 사상자를 내었다. 버나드 몽고메리, 위의 책, p.370.

30) 30년 전쟁(1618~1648)은 독일의 종교전쟁으로부터 시작하여 당시 구라파 각국의 정치적 이해관계가 얽힌 국제적인 전쟁으로 확대되었으며, 장기간에 걸쳐 전쟁터가 된 독일의 인적, 물적 손실은 막대하였다. 당시 전쟁을 수행한 대규모 군대는 독일 전역에 걸쳐 작전을 펼쳤고, 그 결과 30년 동안 독일이 황폐화된 것은 필연적인 귀결이었다. 30년 전쟁을 통하여 독일 내에서 모두 800만 명(당시 독일인구의 약3분의 1에 해당)이 목숨을 잃었으며 보헤미아에서는 3만 5,000명의 주민 가운데 단지 6,000명만이 살아남았다. 독일은 프로테스탄트를 수호했지만, 다른 면에서 볼 때, 너무나 깊고 치명적인 상처를 입고 말았다. 버나드로 몽고메리, 승영조 역, 『전쟁의 역사』(서울 : 책세상, 2004), pp.494~495.

(그림 3-7) 구스타프 아돌프와 브라이텐펠트 전투

근대전의 아버지라 칭할 수 있는 구스타프 아돌프는 전쟁을 통하여 얻은 경험을 토대로 근대적인 군대의 편제와 운영, 장비의 개혁을 성취하였다. 특히 훈련과 장비에 있어 각 부대의 협동을 중시하여 보포기병(步砲騎兵)을 통합하고 실질적인 전투단으로 편성하였으며, 소총과 대포의 중량을 줄이면서 구조를 개선하고 화력을 증대시켰다. 더구나 구스타프는 현대전법의 창시자라고 할 정도로 당시로 보아서는 획기적인 구스타프 전법을 개발하였다. 이 전법은 2개의 전열과 1개 예비대로 사용했으며, 오늘날 우리가 사용하는 것과 똑같은 정찰과 추격방법을 운용하였다. 그는 이러한 방법을 구사함으로써 병사들의 사기를 올렸고, 그의 군대로 하여금 만나는 적을 항상 격파할 수 있는 화력과 기동력을 갖게 했다.

30년 전쟁 중 라이프치히(Leipzig)를 탈환한 틸리(Tilly) 백작이 이끄는 황제군은 구스타프가 이끄는 스웨덴 및 작센의 연합군과 브라이텐펠트 근교에서 대치하였다.

틸리는 횡대 50열, 종대 30열로 구성된 17개의 테르시오[31]를 횡대로 정렬하였다. 이러한 형태의 진형은 무서운 기세로 전진하며 적을 제압하는 강력한 진형이었지만, 기동성이 떨어지고 병력을 효율적으로 활용하지 못하는 단점도 있었다. 이러한 한계에도 불구하고 스페인군 스타일의 육군 전술은 수십 년간 어떠한 형태의 적에게도 강력한 힘을 발휘했다.

31) 15세기 스페인에서 개발된 전술단위로 사격간격이 긴 화승총의 연속사격 시 사수를 효과적으로 보호하며 방어력과 공격력을 극대화하기 위하여 장창수를 중앙에 배치한 대형.

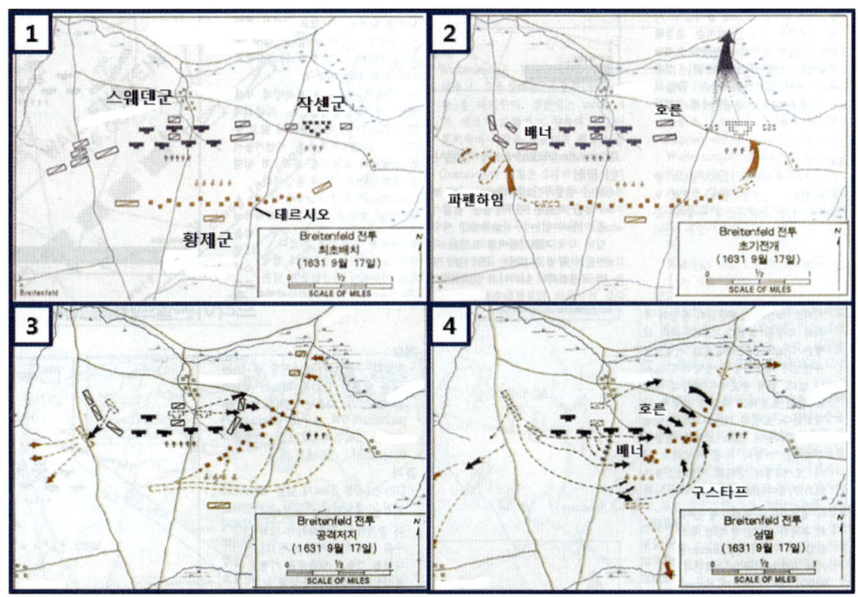

(그림 3-8) 브라이텐펠트 전투

1만 명으로 구성된 기병대는 좌우익으로 보냈다. 카라콜(caracole)이라고 알려진 기병의 전투 방식은 적진을 향해 달려가 바퀴식 방아쇠총을 발사하고 돌아와 탄약이 떨어질 때까지 이런 기동을 반복하는 것이었다. 전투 중에는 총을 재장전할 시간이 없었기 때문에 기병은 1발씩 장전된 총을 한 번에 2, 3개씩 가지고 공격해야 했는데, 무기는 고장이 나는 경우도 많았고 직사 거리를 벗어나면 큰 위력을 발휘하지 못했다. 이 전술은 보기에는 멋졌지만, 그다지 효과적인 기병전술은 아니었다. 마지막으로 틸리는 포병을 중앙에 위치시켜 스웨덴의 선제공격을 기다렸다.

이에 구스타프는 좌익에 작센군을 위치시키고, 자신의 스웨덴군이 중앙과 우익을 맡았다. 스웨덴군의 대형은 구스타프 부대배치의 전형인 다른 부대 지원과 유연성을 드러내고 있다. 먼저 중포병이 중앙의 보병을 직접 보호하고, 측방은 기병이 담당하였다. 보병은 기본단위인 여단별로 포병 지원이 있고, 보병의 정중앙 주력에도 기병이 직접 지원하고 있다. 또 50명

단위의 머스킷 소총부대가 기병여단에 각각 배속되어 지원하도록 했다. 이러한 진형이 혁명적이었던 이유는 종심이 짧았기 때문인데, 황제군의 종심이 30열이었던 것에 비해 스웨덴군의 종심은 6열에 불과했다. 그러나 이는 적의 화포 공격에 대한 취약성을 크게 줄이고 스웨덴군의 전술 유연성과 병력의 활용도를 크게 높였다.

전투는 포병의 사격으로 시작되었다. 발사속도와 정확도에서 스웨덴군이 월등히 유리하자 황제군의 파펜하임(Pappenheim)이 5,000명의 기병으로 스웨덴군의 우익을 쳐들어갔다. 그러나 우익의 배너(Baner)는 신속히 방어대형을 갖추고 소총수로 적 기병들을 완전히 무력화시켰다. 파펜하임은 7차례 걸쳐 공격을 시도했으나 모두 실패하고 배너의 예비대에 쫓기어 전장에서 완전히 이탈하고 말았다.

한편 파펜하임의 공세에 이어 공격을 개시한 황제군 우익이 3,000명도 못 되는 기병으로 작센군을 압박해 들어가자 작센군은 퇴각하여 전장을 이탈하였다. 순식간에 구스타프는 좌측방이 노출되고, 틸리는 이때를 놓치지 않고 중앙의 보병을 사선기동시켜 스웨덴의 좌측방을 공격하였다.

이에 구스타프는 우선 호른(Horn)이 이끄는 4,000명을 재빨리 기동시켜 좌익에서 쳐들어오는 적의 정예병을 저지하고, 이어서 중앙군의 2열로 좌익을 지원하게 하였다. 또한 스웨덴의 보병여단은 포병과 함께 좌측으로 기동하여 좌선에 있는 황제군의 보병에 화력을 집중하였다. 전투 중에는 기동도 이동도 할 수 없는 틸리의 포병은 이에 대응 지원할 수 없었고 황제군은 와해되었다. 이때가 바로 파펜하임의 마지막 공격이 반대쪽에서 무산된 것과 거의 동시였다.

승기를 잡은 구스타프는 진영 좌 · 우측을 이동하여 전장지휘를 하였다. 풍향이 바뀌어 틸리진영이 포연과 먼지로 뒤덮여 50보 앞도 분간하기 어려워지자, 구스타프는 배너로 하여금 적의 좌익을 치게 하고 자신은 직접 적의 포진지를 제압, 적의 배후를 공격하였다. 이때 스웨덴군의 포병은 위치를 조정해 가며 황제군의 주력에 계속된 포격을 가하였다. 앞을 분간할 수 없는 상황에서 적의 집중포화를 맞은 틸리의 보병들은 이내 스웨덴군에게 섬멸되고 말았다.

황제군의 전사자는 12,600명이었으며(그중에 5,000명은 도망 중 살해), 포로는 9,000명이나 되었고, 스웨덴군의 사상자 수는 2,000명 정도, 그것도 대부분이 준비 사격 시 발생한 사상자들이었다. 구스타프가 보여주었던 이러한 전투방법은 각국 지휘관에게 모범이 되어 전쟁이 끝날 무렵에는 근대전의 양상으로 보편화되기 시작하였다. 즉 화력의 발달에 압도되었던 시대에 기동을 중시하는 전략이 다시 부각되었으며, 제병협동의 묘와 기습공격이 부활하였다. 또한 화력의 극대화와 더불어 대규모의 기동, 국민군의 동원이 시도되었다.

재미있고 유익한 이야기 **스웨덴의 사자왕 구스타프 아돌프**

스웨덴의 왕 구스타프 아돌프는 1611년부터 재위하며 재정개혁을 단행해 스웨덴의 국고를 풍족하게 하고, 사법권을 일원화하고, 병원, 구호시설, 우편제도, 교육제도 등을 확충하는 등 내정에서 빛나는 업적을 이루었다. 그러나 그의 장기는 외교와 군사로, 독일을 여행하다가 네덜란드의 마우리츠(Mauritz, 1567~1625)가 이룬 군사개혁을 알게 된 후 그것을 본받아 새로운 전술을 개발했다. 이러한 개혁의 효력을 떠나 구스타프 아돌프의 군대가 강했던 것은 그가 늘 진중에서 솔선수범하며 병사들과 동고동락하는 자세에서 우러난 자연스러운 존경심이었다. 이런 그에게 자연스럽게 "북방의 사자왕"이라는 별명이 붙었다.

구스타프 아돌프는 신교도에 대한 동정심과 발트 해의 패권을 독일에 허용할 수 없다는 방어적 관점, 그리고 독일에 스웨덴 영토를 확보하겠다는 공격적 관점에 의해 30년 전쟁에 개입하려 하였다. 다만 보급이 문제였는데, 프랑스의 리슐리외가 그에게 지원을 약속함으로써 1630년 7월 4일, 포메른 항에 1만 3천의 병력을 이끌고 상륙하여 슈트랄준트에서 슈제친에 이르는 발트해 연안을 완전히 장악했다. 하지만 독일 제후들은 소극적인 자세로 구스타프 아돌프를 대했는데, 스웨덴군의 보급이 원활치 않은 데다 행군조차 지연되는 사이에 틸리의 군대가 신교파의 마그데부르크를 함락시키고 학살과 파괴를 자행하는 일이 생겼다. 그 결과 브란덴부르크, 작센 등이 구스타프에 대한 적극적인 지원으로 돌아섰으며, 구스타프 아돌프는 틸리와 브라이텐펠트에서 전투를 하게 되었다. 브라이텐펠트 전투의 승리로 북부와 서부 독일은 황제의 영향권에서 벗어나게 되었다.

이에 황제가 꺼낼 카드는 발렌슈타인 밖에 없었다. 구스타프 아돌프에 비해 전술의 재능은 떨어졌으나 전략적 두뇌는 매서웠던 발렌슈타인은 스웨덴왕의 최대 약점으로 보급이 원활치 않은 독일 땅에서 싸우고 있다는 것을 간파했다. 그래서 속전속결을 바라던 구스타프를 이리저리 피해 다니며, 구스타프를 돕는 작센 등을 먼저 치면서 스웨덴 왕을 점점 더 고립시켰다. 1632년 11월 16일, 스웨덴군은 뤼첸에서 발렌슈타인을 잡아내어 패주시켰지만, 전투 중 구스타프 아돌프는 적의 기병대 속으로 돌진하여 전사하였다.

(3) 로이텐(Leuthen) 전투

1740년 프리드리히가 프로이센의 왕위에 즉위했을 때, 유럽은 새로운 권력투쟁을 향하여 나아가고 있었다. 신성로마제국의 황제이자 오스트리아(합스부르크가)의 국왕인 카를 6세가 아들을 남기지 못하고 죽자, 그의 딸 마리아 테레사가 후계자로 선포되었다. 이것은 독일의 군주와 귀족들에게 있어서 황제의 지배로부터 벗어날 수 있는 기회였다. 또한 유럽 열강 중 가장 강한 프랑스는 불만을 품은 제국과 연합할 태세를 갖추었다.

이러한 사태를 재빨리 파악한 프리드리히는 이 기회에 프로이센이 오래전부터 함스부르크가 때문에 좌절해 왔던 슐레지엔에 침입하였다. 기동과 집중, 공세의 원칙을 중요시 한 프리드리히의 군사적 기술은 수적 열세에도 불구하고 항상 선제권 장악을 가능하게 했다. 1745년까지의 유럽 어느 나라에도 유래를 볼 수 없었던 프로이센 기병을 창설한 것은 기동력의 결핍

(그림 3-9) 머스킷을 들고 행진 중인 프로이센 전열보병(戰列步兵)

에 대한 그의 착안이었다.

1746년~1756년에 이르는 10년간의 평화 기간 동안 프리드리히는 국력을 강화하였고, 1756년 프리드리히는 오스트리아가 전쟁을 원하고 있다는 것이 명백해지자 인접한 강대국이 그를 압도하기 전에 선제권을 장악하며 7년 전쟁을 시작하였다. 먼저 작센을 제압한 다음 다른 연합국의 지원이 미치기 전에 오스트리아를 굴복시켜 평화조약을 강요하려고 계획했다. 7년 전쟁이 개시될 때, 프리드리히의 전 병력은 15만 명, 적은 약 45만 명이었다. 더구나 당시 프로이센의 인구는 슐레지엔을 포함하여도 약 500만 명이었고, 연합군의 인구는 1억 명이 넘었으며, 프로이센의 전략적 위치는 주변에 적을 두고 있었다. 프로이센의 바로 남쪽에는 15,000명의 작센군이 있었고, 서쪽에는 프랑스군 14만 명, 남쪽에는 오스트리아군 18만 명(4개 군단), 동쪽에는 러시아군 10만 명이 개전 준비를 끝내고 있었으며, 북쪽에는 스웨덴군이 위협하고 있었다.

이러한 상황에서 프로이센이 살아날 길은 오직 결정적 행동뿐이었다. 프리드리히는 주변의 강대한 적에 대하여 연속적으로 결정적 승리를 얻는 것만이 생존할 수 있는 유일한 길이라고 생각하였다. 장기적인 지연전에서는 결코 승리할 수 없는 상황이었다.

1757년 프리드리히는 마침내 전투를 회피하고 있던 프랑스군을 로스바하로 몰아 놓는 데 성공하여 25,000명의 프로이센군으로서 단지 300명의 사상자를 내고 5만 명의 프랑스군을 격파하였다. 이어서 로이텐 부근에 있는 오스트리아군을 공격하기 위해 프리드리히는 3만 명의 병력을 집결하여 오스트리아 찰스(Charles) 왕자의 지휘 아래 로이텐(Leuthen) 마을 부근에 포진한 오스트리아군 8만 명과 대적하게 된다.

오스트리아군 전열은 8km나 되었으며 우익은 숲과 늪지대로 엄호되어 있었고 예비대는 좌익의 배후에 있었다. 프리드리히는 오스트리아의 좌익을 공격하기로 결심하고 우선 프로이센의 주공이 그들의 우익에 있다고 적이 확신하도록 전초전을 전개하였다. 이에 오스트리아군은 예비대를 우익으로 이동시켰고, 프리드리히 군대는 언덕을 돌아 오스트리아 군대의 측면을 공격했다. 오스트리아군의 좌익을 제압한 프로이센군은 다시 우측에서 정면으로 나아가 적군의 전 전열을 격파하였다.

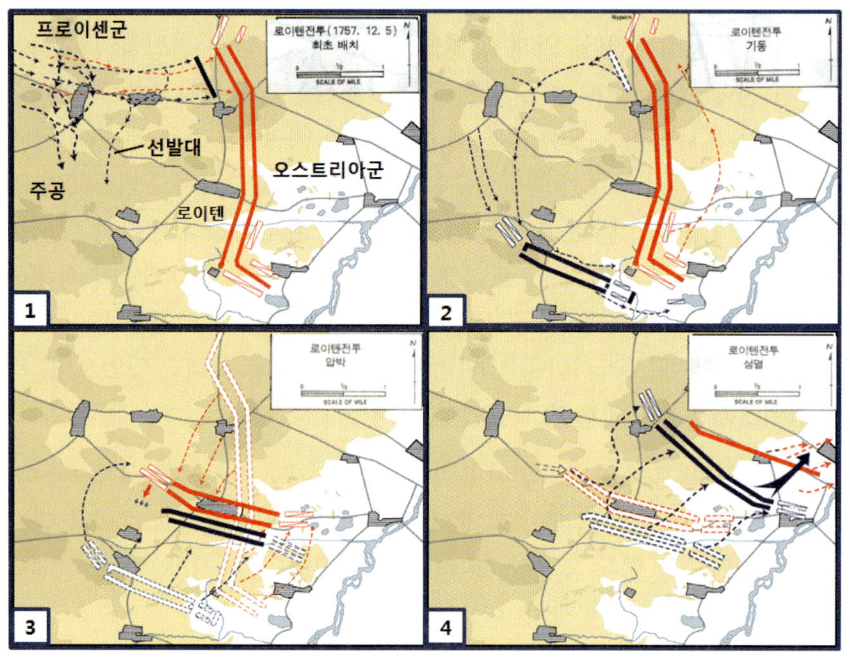

(그림 3-10) 로이텐 전투

결과 오스트리아군은 8만 명의 병력 중 1,750이 사살되고, 13,350명이 포로가 되었으며 사상자 총수는 2만 명에 이르렀다. 그러나 프로이센군의 손실은 전사자 1,150명, 부상자 5,100명, 그리고 소수의 포로를 합하여 총 6,400명의 사상자를 냈다. 오스트리아군 가운데 생존한 대부분의 병사들은 사방으로 분산되었으며, 겨우 절반 정도 병력만이 나중에 원대로 복귀하였다.

나폴레옹은 로이텐전투를 지칭하여 기동과 결단이 낳은 걸작품이라고 격찬하였다. 로이텐 전투는 그 하나만으로도 프리드리히에게 불멸의 영예와 명장의 칭호를 부여할 만하다고 칭찬하였다. 이 전투는 공세, 기습, 병력의 적용, 전투력의 집중 등의 제 원칙을 훌륭하게 적용한 위대하고 역사적인 전례로서 큰 의의를 가진다.

로이텐에서의 기동은 에파미논다스가 레욱트라전투에서 적용했던 사선대형보다도 한층 더 정밀한 것이었으며, 프리드리히는 병력을 우익에 집중함으로써 그의 주공을 강력하게 만들었다. 또한 그는 중앙과 좌익을 잘 배치함으로써 우세한 적 병력을 견제할 수 있었으며, 견제당한 적 병력은 결전이 끝날 때까지 계속 고착되어 제대로 전투력을 발휘하지 못하였던 것이다.

1개월간에 걸친 가장 큰 두 적과의 결전에서 승리함으로써 프로이센은 영국으로부터 막대한 배상금을 받게 되었다. 당시 영국은 북미대륙에 주력하고 있었는데, 프로이센이 프랑스나 오스트리아를 유럽대륙에 고착시킴으로써 영국의 의도에 간섭할 여유를 없게 만들고자 하였던 것이다.

* 프리드리히 전술의 특징

기동 : 기본전술단위는 700명으로 구성된 보병대대였다. 보병대대는 평시에는 5개의 소총중대와 1개의 근위중대로 구성되어 있다. 전투가 임박하면 중대단위가 해체되고 8개의 소총소대(각 75명)로 변환되며 근위중대는 분리되어 근위대대로 구성된다. 중요한 자리, 주로 전술적 측면에 위치하게 된 대대는 이동 시 종대로 이동하고 횡대로 정렬하여 싸웠다.

화력 : 횡대의 화력은 전방에 집중되었고 통상 제1전열이 무릎쏴 자세로 사격하였으며, 제2, 3열은 제1열의 어깨너머로 사격하였다. 일제사격은 소대별 또는 대대별로 하였는데, 후자가 선호되었다. 프로이센군은 타 군대에 비해 사격속도가 배 이상 빨랐기 때문에 걸어 다니는 포대라는 별명이 붙었다.

포병은 대대를 직접 지원하였는데 주로 대대전방에 6파운드짜리 두문을 배치했고, 12파운드 포와 곡사포는 국왕 직속으로 부대를 일반지원 하였다. 경포대는 대대전방 50보에 위치하여 적 정면에 근거리 사격을 하였고, 전투는 대개 몇 시간 안에 결판이 났다. 보병은 간격 없이 정렬하여 전진하고, 각 대대 간에 작은 간격만을 두어 포병을 추진시켰다. 대대가 공격대대로 정렬하면, 대대장은 더 이상 결정권이 없으며 횡대는 하나의 유기체로 움직이도록 요구되었다.

제 4 장 | 나폴레옹 전쟁

제1절 프랑스 혁명과 이탈리아 전역

제2절 나폴레옹의 제정과 전성기 작전

제3절 나폴레옹의 쇠퇴기
-잘못된 전역들

제4장

나폴레옹 전쟁

제1절 프랑스 혁명과 이탈리아 전역

(1) 프랑스 혁명

프랑스 혁명은 전형적인 시민혁명(bourgeois revolution)으로서, 그 깊은 원인은 앙시앵 레짐(Ancien Regime), 즉 구제도 모순에 있었다. 구제도하에서 프랑스는 근대적인 발전에도 불구하고 그 사회 구조가 귀족적이고 봉건적인 요소와 세력을 탈피하지 못하였다. 인구의 약 2퍼센트에 해당하는 제1신분인 성직자와 제2신분인 귀족들이 전 국토의 1/3 이상이나 되는 넓은 토지를 소유하며 특권을 누린 반면에 인구의 다수를 차지하고 있는 제3신분인 평민은 국가 재정의 대부분을 부담하면서도 정치에 참여할 수가 없었다.

프랑스 왕실 재정은 이미 루이 14세 말년부터 어려운 상태에 빠졌고, 루이 16세는 미국 독립전쟁에 참전해 국가재정을 결정적으로 위기에 몰아넣었다. 파산에 직면한 루이 16세는 삼부회 소집을 선포하는데, 이에 대한 귀족의 반항으로 시민혁명의 길이 열렸다.

(그림 4-1) 프랑스 혁명의 불씨를 일으킨 삼부회 소집

1789년 5월 베르사유에 소집된 삼부회에서는 곧 제3신분 대표들이 머릿수 표결을 요구하면서 신분별 회의를 지양하고 국민의회(National Assembly)를 선포하여 다른 두 신분 대표에게 합류를 권고하였다. 이에 귀족 대표는 이를 거부하였으나, 성직자 대표의 다수를 차지하는

하위 성직자들이 호응하였다. 결국 삼부회는 사라지고 새로운 헌법제정을 맹세한 평민대표를 중심으로 국민의회가 등장함으로써 앙시앵 레짐은 무너지기 시작하였다. 그러나 국왕 루이는 베르사유에 군대를 집결시켰고, 무력탄압으로부터 국민의회를 지키려는 시민 간에 폭력사태가 벌어지면서 프랑스는 혁명의 도가니 속으로 빠지고 말았다.

(2) 이탈리아 전역

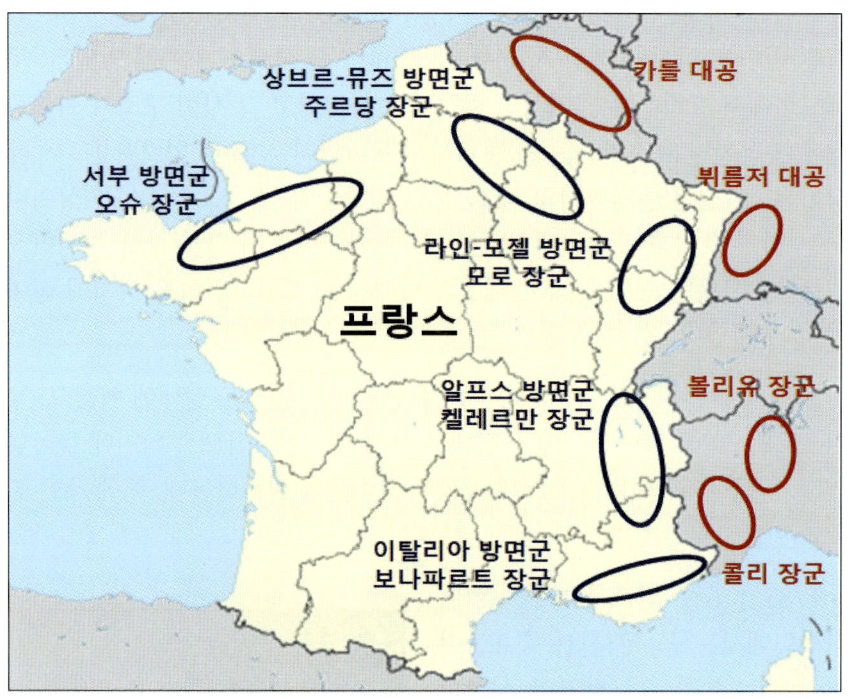

(그림 4-2) 1796년 1차 대불동맹 상황

프랑스 혁명정부에 이탈리아 전역은 중대한 운명을 건 전역인 동시에 나폴레옹으로서도 그의 운명을 결정하는 대전이었다.[32] 약관 27세의 나이로

32) 당시 유럽의 국제관계를 살펴보면, 1789년 프랑스 혁명이 일어나자, 유럽 각국은 혁명사

이탈리아 방면군 최고사령관으로 부임한 나폴레옹은 37,000명의 병력으로 오스트리아-피드먼트 연합군 6만 명에 대하여 지중해를 등진 채 병력 배치를 하였다. 연합군은 명목상으로는 볼리유(Beaulieu) 휘하에 통합되어 있으나 개별적으로 지휘를 하고 있었다. 나폴레옹은 이들의 중앙을 진격한다면 이들은 상반되는 이해관계로 각각 자국으로 후퇴하게 될 것을 간파하였다. 이에 나폴레옹은 몽테노트, 코세리아, 데고 등에서 적을 공격, 격파하고 적이 통과하기 어려운 산악지대의 이점을 이용하여 오스트리아군과 피드먼트군을 양분하는 데 성공하였다.

나폴레옹은 적 중심부를 관통하는 전략적인 중앙돌파를 감행함으로써 내선 상에 위치하여 양군을 전술적으로 각개격파한 것이다. 이어 나폴레옹은 소수부대로 오스트리아군을 견제하는 동안, 주력으로 피드먼트군에 계속된 포위 공격을 감행하여 결국 항복을 받았다. 마지막으로 나폴레옹은 전 부대를 오스트리아군에 전환시켰다. 나폴레옹은 그가 정복한 지역의 안전을 위하여 오스트리아군의 예상 접근로를 계속 감시하고, 만토바를 점령하여 민치오 강 연안지역을 차기작전의 근거지로 삼기로 하였다.

이러한 작전구상에 따라 나폴레옹은 약 4만 명의 병력으로 포 강, 아다 강, 민치오 강을 차례로 건너면서 추격하여 만토바 요새군 25,000명을 포로로 만들었다. 당시 오스트리아군은 뷔름저와 알빈치로 하여금 각각 두 차례에 걸쳐 구원 작전을 실시하였으나 실패했던 것이다. 마침내 나폴레옹

상의 파급을 우려하여 프랑스를 격리하기 시작하였다. 1792년에는 오스트리아와 프로이센이 연합군을 조직하여 간섭하기 시작하였고, 1793년에는 영국수상 피트(Pitt)의 제창으로 영국, 오스트리아, 프로이센, 덴마크, 스페인 등 5개국이 제1차 대불동맹을 결성하여 프랑스에 대항하였다. 그러나 동맹국은 여러 가지 점에서 서로 이해를 달리하였으므로 행동의 일치를 이루지 못하였다. 1795년 프로이센은 동맹에서 탈퇴하고, 덴마크는 프랑스의 침입을 받아 프랑스의 비호아래 바다비아(Badabia)공화국이 되었으며, 영국은 군대를 철수하고 동맹국에 대하여 군사원조만 제공하였다. 스페인은 프랑스와 단독 강화함으로써, 1795년 말에 가서는 오직 오스트리아만이 프랑스에 대항하게 되었다. 이때 프랑스는 당시 부진하던 이탈리아 방면군의 작전을 추진시키기 위하여 나폴레옹을 사령관으로 임명하였다. 육군사관학교 전사학과, 위의 책, p.98.

은 개전 1개월 반 만에 전 피드몬트와 롬바르디아 지방을 정복하였다.[33] 이후 오스트리아군이 공세능력을 상실하게 되자 나폴레옹은 소부대를 이끌고 로마로 침공하여 이탈리아 정복을 완료하고 파리로 개선하였다.

이탈리아 초기작전에서 나폴레옹이 보여준 가장 큰 교훈은 지휘통일의 원칙과 목표의 원칙이다. 초기작전 후 정부 측의 지휘권 분리에 반대하여 지휘통일의 원칙을 관철함으로써 이탈리아 작전을 성공적으로 마무리할 수 있었고, 그 후 오스트리아군의 군사력 격파라는 최고의 목표에 집중함으로써 나머지 부차적인 작전목적을 자동으로 달성할 수 있었던 것은 우리가 명심해야 할 것이다.

재미있고 유익한 이야기 **유럽의 지배자, 나폴레옹**

나폴레옹은 1769년 8월 15일 코르시카의 아작시오에서 태어났다. 나폴레옹은 1785년 브리엔의 사관학교를 졸업하며 16살의 나이에 장교로 임관했다. 작은 키와 빈약한 몸매의 이 소년장교는 8년 후인 1793년, 툴롱에서 천재적인 전략으로 영국군들을 몰아냄으로써 무기력했던 프랑스 혁명군의 영웅이 되었다. 그리고 25세의 나이로 소장으로 진급, 마음속에 찬란한 별을 품고 이탈리아 국경군의 포병장군이 되었다. 1795년에는 프랑스 국민공회에 반대하는 반란을 진압하게 된다. 이 일을 계기로 나폴레옹은 정치권력에 가까워지게 되고 그의 친구이자 후원자였던 폴 바라스는 당시 27살의 나폴레옹이 급성장할까봐 이탈리아 원정군 사령관으로 임명했다. 베토벤이 나폴레옹을 영웅으로 여겼던 이유도 "그는 오합지졸의 군대를 단 며칠 만에 최정예 부대로 변화시키는 등 탁월한 지도력으로 1797년 10월까지 16만 명의 포로와 2

---

33) 나폴레옹군의 이탈리아 진격이 순조롭게 진행되어 승리가 확실해지자 정부에서는 그의 세력이 비대해질 것을 두려워하여 알프스군이 도착한 이후부터는 지휘권을 나누어 켈러만(Kellerman) 장군으로 하여금 포(Po) 강 좌안작전을 담당하게 하고, 나폴레옹은 로마와 나폴리로 먼저 진격하여 이탈리아 반도 작전을 지휘하도록 하려 했다. 이러한 정보를 입수한 나폴레옹은 즉시 "1인의 우장(愚將)이 2인의 양장(良將)보다 낫다."라고 하며, 지휘권 통일에 대한 자기의 의견을 내세워 지휘권을 양분하려던 정부의 조치를 바로잡았다. 이후 나폴레옹의 권위는 더욱 증대되었으며, 계속 이탈리아 방면군 최고지휘권을 행사했다. 위의 책, p.120.

천 대 이상의 대포를 전리품으로 주머니에 넣고 귀국했다."라는 것이다. 프랑스의 영웅, 우상이 탄생하는 순간이며 "그 순간에 나는 내가 어떤 인물이 될지 예측했다. 내가 하늘에 올라가기라도 하듯이 이 땅덩이가 벌써 발밑에서 달아나는 것 같았다."라고 나폴레옹도 당시를 회고했다.

이후 이집트 원정에서의 승리, 팔레스타인과 레반트 지역에서의 잔혹한 정벌 등이 이어지면서 그는 프랑스의 권력을 장악할 준비를 철저히 한다. 그리고 혁명 이후 위태롭던 집정부를 브뤼메르 쿠데타를 통해 1799년 11월 9일 무너뜨려 버렸다. 나폴레옹은 "공화국이 위험에서 벗어나는 순간 권력에서 물러나겠다."라는 선언을 하고 스스로 절대 권력인 제1통령의 자리에 앉았다.

마렝고 전투 후 귀국 시에 프랑스 국민들은 폭풍우 같은 기쁨의 환성을 터트렸다. "앙리 4세 이후 어떤 정복자도 그렇게 환영 받은 적은 없다."고 한 역사학자는 현장을 기록했다. 마렝고는 나폴레옹이 파리를 완전히 정복했다는 걸 의미한 것이었다. 그리고 1804년 12월 대관식을 거행하여 프랑스 황제 나폴레옹 1세가 탄생했다. 나폴레옹은 절대 권력을 통해서 프랑스 사회의 대변혁을 추구했다. 그는 종교의 신성도 정치에 이용했다. "그는 종교에 대해 냉소적이라기보다는 실용적인 견해를 가지고 있어서, 자신이 하느님을 위해 무엇을 할 수 있는가 보다는 하느님이 그를 위해 무엇을 해 줄 수 있는가를 물었다."라는 문장은 그가 종교를 국가 통치의 한 수단으로 이용한 면을 잘 설명한다. 나폴레옹은 말한다. "한 국가가 종교의 도움 없이 어떻게 잘 통치될 수 있겠는가?"라고.

나폴레옹은 프랑스 혁명 후 도덕, 군사, 정치적으로 패닉 상태에 빠진 프랑스에 생기를 불어넣었다. 나폴레옹은 위원회를 결성하여 대혁명의 원칙과 성문법과 관습법에서 보존해야 할 부분들을 하나의 문헌으로 작성했다. 세인트헬레나 섬에서 나폴레옹은 "나의 진정한 영광은 마흔 번의 전투에서 거둔 승리에 있는 것이 아니라 나의 <민법전(나폴레옹 법전)>을 말살시킬 수 없다는 데 있다."라고 회고하였다. 이 법전은 네덜란드, 벨기에, 독일, 스위스, 이탈리아, 룩셈부르크, 일리리아 같은 유럽의 다른 국가들의 법률제정에 많은 영향을 미쳤다. 그리고 나폴레옹은 1806년에는 민사소송법을, 1807년에는 상법을, 1810년에는 형법을, 그리고 1814년에는 지방법을 선포했다. 그는 국가발전에 금강석과 같은 초석을 놓은 절대 권력자였다.

그러나 그는 아들인 나폴레옹 2세에게 역사를 깊게 성찰하고 공부할 것을 당부했다. 자신처럼 살지 말고 평화로운 유럽을 만들라고 조언했다. 그리고 바다에서 폭풍우가 몰아치는 1821년 5월 5일 새벽 5시 나폴레옹은 전설의 날개를 달고 하늘로 날아올랐다.

제2절 나폴레옹의 제정과 전성기 작전

(1) 나폴레옹의 제정

나폴레옹은 프랑스 육군사관학교를 나온 후 툴롱항 탈환에 공을 세우고 왕당파 폭동을 진압하여 젊은 장교로서의 재능을 인정받았다. 또 제1차 대불동맹 당시 나폴레옹은 이탈리아 원정군사령관으로 임명되어 이탈리아 지역의 오스트리아군을 격파하였다.

나폴레옹은 1797년 12월 5일 이탈리아 전선으로부터 파리로 개선한 이후 다시 영국원정군 사령관에 임명되었다. 그러나 나폴레옹은 제해권을 갖지 못한 프랑스가 영국본토에 상륙한다는 것이 매우 위험하고 그것을 감행하기 위해서는 장기간의 준비가 필요하므로 영국본토 원정이 곤란하다고 판단했다. 그 대신 영국의 지중해 해상세력을 제거하기 위하여 이집트정복을 상신하여 프랑스정부는 이것을 수락하고 그를 이집트원정군 사령관에 임명하였다. 이집트원정군 사령관에 임명된 나폴레옹은 38,000명의 병력과 다수의 학자를 대동하여 이집트 원정에 나섰다. 이집트원정군은 7월 1일 알렉산드리아에 상륙하여 20여일 만에 카이로를 점령하였다.

그러나 나폴레옹의 이집트 원정으로 지중해 방면의 권익에 위협을 느낀 러시아가 오스트리아와 영국과 더불어 제2차 대불동맹을 결성하여 프랑스를 위협하였으며, 국내에서는 자코뱅의 진출로 정세가 어지러웠다. 게다가 8월 1일 넬슨이 지휘하는 영국함대에 의하여 병참선이 차단되자 나폴레옹은 이집트를 탈출하여 프랑스 국민들의 열렬한 환영을 받으며 10월 12일 파리로 귀환하였다.

1799년 11월 19일 나폴레옹은 병력을 동원하여 쿠데타를 일으켜 상하양원을 해산하고 통령정부(Consulate)를 수립하였다. 통령정부는 임기 10년의 3명의 통령(Consul)이 행정부를 구성하나 실권은 제1통령인 나폴레옹에게 집중되어 있었다. 나폴레옹은 1802년에 헌법을 수정하여 종신통령이 되었으며, 1804년 12월에는 스스로 황제가 되어 화려한 대관식을 거행하였다. 나폴레옹 제정에 대한 국민투표를 실시한 결과 찬성 3,572,329표였고, 반대는 불과 2,579표에 불과하였다.

(그림 4-3) 나폴레옹 대관식

(2) 마렝고(Marengo) 전역

1800년 2월 1일 유럽은 제2차 대불동맹을 체결하였다. 당시 제1통령이었던 나폴레옹은 프랑스 민심이 평화를 원하고 있음을 알고, 각국에 친서를 보내어 화의를 제청하였으나 러시아를 제외한 각국은 이에 응하지 않았다. 나폴레옹은 프랑스의 명예를 지킨다는 구실로 전쟁에 대한 여론의 지지를 얻어 철저한 징병을 실시, 예비군이라는 이름으로 6만 명의 신군을 편성하였다. 당시 프랑스군 중 마세나(Massena)가 지휘하는 이탈리아 방면군은 4만 명이 오스트리아의 멜라스(Melas)군 10만 명과 대치하고 있었고, 모로(Moreau)가 지휘하는 라인 방면군 12만 명이 라인 강 우안의 오스트리아의 크레이(Kray)군 12만 명과 대치하고 있었다.

오스트리아 측은 라인 강 방면의 크레이군으로 프랑스군의 주력을 견제하면서 이탈리아 방면의 멜라스군으로 이탈리아 북부에 배치된 마세나군을 공격, 제노아를 포위 차단하고, 니스 해안선을 따라 프랑스 본국으로 침입하여 지난날의 패전을 설욕하려고 하였다.

당시 상황은 병력에서나 전반적인 상황으로 볼 때, 프랑스에 매우 불리하였다. 나폴레옹은 라인 강 방면이 결정적인 지점이라고 판단하여 주공방향을 오스트리아 크레이군의 좌측 후방에 두려고 하였다. 이를 위하여 신편 예비군과 모로(Moreau)군을 통합하여 크레이군보다 우세한 병력을 라인 강 방면에 투입하려 했다. 그러나 나폴레옹의 라인 강 방면에 웅대한 계획은 모로(Moreau)와의 개인적인 알력으로 철회할 수밖에 없었다.

(그림 4-4) 마렝고 평원에서 오스트리아군을 몰아내는 나폴레옹군

모로(Moreau)의 반대로 라인 강 지역에 대하여 강력한 주공을 실시하는 작전이 어렵게 되자, 나폴레옹은 신편 예비군을 인솔, 알프스 산맥을 넘고 멜라스군을 격파하기 위한 대담한 작전을 구상하였다.[34] 나폴레옹은 해안선으로부터의 진출 작전은 무모하다고 판단하고 적이 전혀 예상할 수 없는 방향(알프스횡단)으로 나아가 오스트리아군의 병참선을 차단하려 하였던 것이다.

즉, 나폴레옹은 주공으로 신편 예비대를 지휘하여 알프스로 횡단, 오스트리아군의 측방을 차단하고, 모로군은 나폴레옹이 이탈리아를 침공하는 동안 도나우 강 남안으로 전진함으로써 나폴레옹의 측방과 후방 엄호를 실시하며, 마세나군은 제노아에 집결하여 오스트리아군의 전진을 견제하는 것이었다. 그런데 오스트리아 측 멜라스군이 예상외로 일찍 공격을 시작하여 마세나를 제노아에서 포위하고 패주하는 잔병을 니스까지 추격하는 사태가 발생하였다.

이에 나폴레옹은 신편 예비군과 라인 방면 프랑스군의 전투준비가 완료되지 않았지만, 마세나군이 격파될 것을 우려하여 5월 초에 자신이 직접 37,000명의 예비군을 이끌고 5월 15~21일까지 무한한 고난을 극복하면서 알프스 관문 쌩 베르나르를 통과해 알프스를 넘었다. 그리고 예하 병력 중 15,000명을 롬바르디아 평원에서 그와 합세하도록 하였다. 한편, 멜라스를 기만하기 위한 양동작전으로 5,000명을 피드몬트 서쪽 몽 세네 관문으로 이동시켰다.

---

34) 나폴레옹이 그의 섬멸전을 수행하면서 하나의 공식처럼 적용한 몇 가지 작전원칙(흔히 나폴레옹의 5대 작전원칙이라고도 함)은 ①단일작전선의 원칙 ②적의 주력을 공격목표로 삼는 원칙 ③적의 병참선을 차단하는 작전선의 선정 ④우회의 원칙 ⑤항상 자기 병참선을 확보하고 작전을 수행하는 것이었다. 위의 책, p.107.

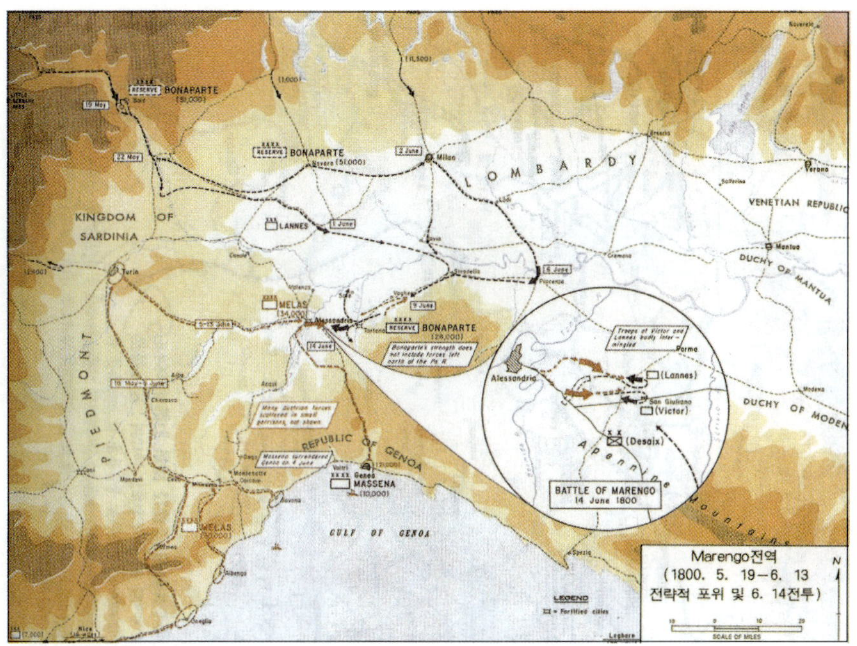

(그림 4-5) 마렝고 전역 - 전략적 포위 및 6.14 전투

5월 24일, 나폴레옹은 북부 롬바르디아에 도착 이후 10일간 롬바르디아를 완전히 석권하고, 니스에서 북진을 준비하고 있는 멜라스군의 병참선을 차단하였다. 그런데, 6월 15일 제노아에 포위되었던 메세나가 항복하였으므로 나폴레옹은 메세나의 구원을 포기하고 멜라스군과의 결전을 촉구하였다. 마렝고 전역은 전투개시 이전에 이미 어떤 면에서 승부는 결정되어 있었다. 병참선을 차단당한 멜라스는 이미 전략적으로 패배하고 있었으므로 승리를 확인하는 전술적 기동만이 남았을 뿐이었다. 그런데 상황을 과신한 나폴레옹은 오스트리아군을 경시하여 병력을 분산한 채로 전진하다가 멜라스군의 역습을 받아 마렝고를 빼앗기고 후퇴하지 않을 수 없었다.

다행히도, 70세 노령의 멜라스가 초전의 성공으로 승리에 도취해 추격명령을 발하지 않고 지휘를 참모장에게 맡긴 후에 자신은 상부에 보고해야 한다는 이유로 후방에 있는 알렉산드리아로 돌아가고 말았다. 이에 나폴레옹은 패주하는 자신의 병사들을 재집결시켜 오스트리아군의 전위대를 급습 돌진하여, 노출된 측면을 강타함으로써 적을 패주시키고 적의 절반은 포로로 잡았다. 결국 전의를 상실한 멜라스는 그 다음날 아침에 항복하고, 전 오스트리아군은 민치오 강 너머로 철수하였다.

이로써 나폴레옹은 6월 15일 알프스를 넘어 진군하기 시작한 지 1개월 만에 자신의 운명과 프랑스의 운명을 건 전쟁에서 승리하였다.[35] 마렝고 전역은 애당초 처음부터 끝까지 본래의 계획대로 진행되지 않았다. 그래서 전쟁원칙이나 작전원칙의 측면에서 상반되는 측면을 많이 내포하고 있다. 즉 주작전지역에 예비군을 사용했다든지, 주공부대를 알프스산맥의 제한된 통로를 이용하여 기동하게 했다든지, 알프스 횡단 후에는 자기 병참선을 적에게 노출했다든지 하는 대 모험의 연속이었다.

전략전술의 원칙이라는 것도 결국 지휘관이 참고해야 할 한 가지 사항에 지나지 않으며, 보다 중요한 것은 승리를 위한 불굴의 정신력과 확신, 그리고 임기응변에 의한 적절한 상황대처라는 것을 웅변해 주고 있다. 또한 전쟁에서는 결코 방심은 금물이며, 아무리 어렵고 불리한 상황에서도 기회를 포착하고 국면을 전환시킬 줄 아는 지휘관의 리더십과 작전지휘 능력이 중요함을 가르쳐 준다.

(3) 울름(Ulm) 전역

마렝고의 대승 후 1804년 5월 18일 프랑스 황제의 제위에 오른 나폴레옹은 프랑스 산업의 보호를 위한 수입억제정책을 취함으로써 영국과의 관계는 악화되고, 국제관계는 다시 제3차 대불동맹(1805년 8월)을 맞이하게 되었다. 이에 나폴레옹은 오스트리아와 러시아군을 격파할 결심으로 그의 병력을 독일방면으로 집중시켜, 황제 나폴레옹의 최대 전역인 울름 전역을

---

35) 마렝고 전역의 승리는 나폴에옹의 지위를 확고하게 만들어주었다. 마렝고 전역의 결과, 나폴레옹은 황제의 자리에 오를 수 있었던 것이다. 이번 승리로 나폴레옹은 오스트리아와 강화 조약을 체결(1801. 2)함으로써 대륙에서의 전쟁은 종결되었다. 위의 책, p.110.

준비하였다.

당시 동맹군의 동향은 95,000명의 러시아군이 오스트리아군과 합세하기 위하여 서진하고 있었으며, 오스트리아군은 찰스대공이 128,000명의 대병력으로 이탈리아 북부지역에 공세를 취하고, 50,000명의 맥(Mack)군이 울름부근에 도착하여(러시아군이 도착할 때까지, 또는 이탈리아방면에서 승리할 때까지) 이곳 독일방면에서 수비태세를 계획하고 있었다.

이에 나폴레옹은 바바리아군 20,000명을 전방에 위치시키고, 주력 185,000명을 라인 강 서안에 배치했다. 그리고는 부하장수들에게 작전예상지역을 답사하게 하고 주요 요새와 도로 등에 관한 정보를 획득하면서 명확하고도 세밀한 작전계획을 수립, 50,000명의 맥군에 200,000명의 압도적인 대병력을 투입했다. 그는 맥군을 북방으로부터 우회하여 전략적 대우회기동을 감행한 것이다. 이는 맥군의 비엔나로 연결되는 병참선을 차단, 섬멸하려 한 것이다. 또한 이를 위해 뮈라(Murat)의 기병대를 블랙 포리스트 전면에 양동시켜 맥군을 울름 부근에 고착시켰다.

맥군은 나중에 그의 병참선이 차단될 우려가 있음을 알고 울름에서 프랑스군의 도나우 강 도하를 저지하려 했으나 이미 프랑스군은 도나우 강을 도하하여 다시 울름으로 후퇴하지 않을 수 없었다. 이에 나폴레옹은 맥군의 탈출을 방지하고 자기 병참선을 보호하기 위하여 네에(Ney)군단을 도나우 강 북방에 위치하도록 하고, 작전지휘를 뮈라에게 일임한 다음 자신은 서쪽으로 진출하고 있는 러시아군에 대한 작전을 위하여 뮌헨으로 이동하였다.

그런데 뮈라장군은 울름에 있는 맥군을 총공격하기 위하여 네에군단에 도나우 강 남안으로 도하하여 합류할 것을 명령해 버렸다. 이는 나폴레옹의 의도를 간파하지 못 한 실수였다. 그러나 동측 러시아군의 위협이 대단치 않음을 확인하고 다시 돌아온 나폴레옹이 즉시 네에군단을 차출하여 도나우 강 북방으로 다시 진출시켜 적의 북상을 저지하였다. 그리고 울름에 잔류한 맥군의 주력을 포위 공격함으로써 맥군은 드디어 20일 항복하고 말았다. 포위에서 일부 탈출한 맥군은 뮈라 기병대의 추격으로 전원 포로가 되었다.

이로써 나폴레옹은 라인 강을 도하한 지 3주일 만에 바바리아에 침입한 오스트리아군을 완전히 격파했으며, 다시 동측의 러시아군을 격파하기 위하여 비엔나로 진출하였다. 울름 전역은 마렝고 전역과는 달리 원래 나폴레옹의 계획대로 수행된 작전이었다. 따라서 이 전역은 우리에게 많은 교훈을 주고 있으며 나폴레옹전략의 특징을 볼 수 있는 표본이라고 할 수 있다.

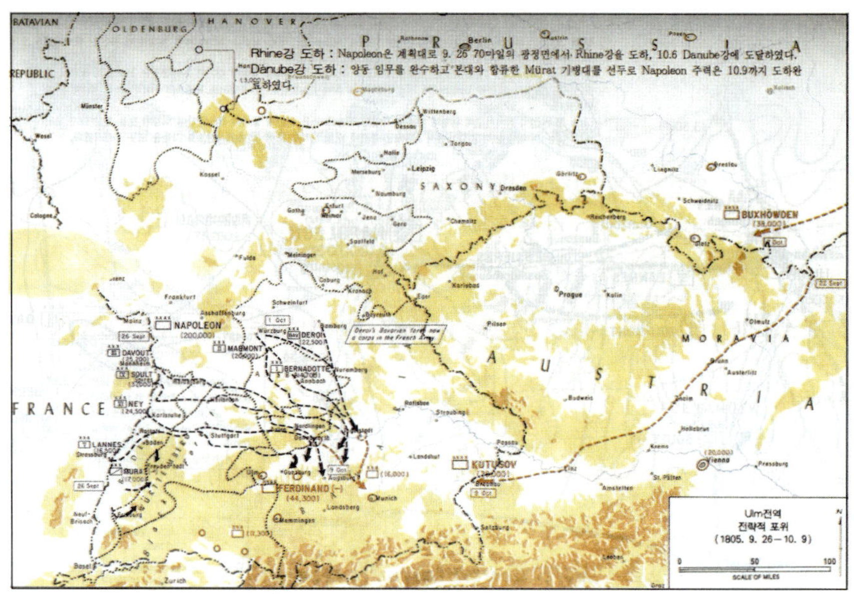

(그림 4-6) 울름 전역 - 전략적 포위

나폴레옹은 결정적인 지점이 독일방면임을 간파하고 마렝고 전역에서 모로의 반대로 실현하지 못했던 전략적 대우회기동의 꿈을 울름에서 실현했다. 프랑스군의 우수성은 200,000명의 대병력이 하루 평균 20km 행군을 계속하여 800km의 유럽대륙을 횡단한 그 기동력에서 알 수 있다. 이렇게 신속한 기동으로 적의 배후로 기동하여 적의 전략적 측면을 차단함으로써 승리할 수 있었던 것이다. 그뿐만 아니라 그의 탁월한 목표선정과 병력의 집중과 절약의 실천은 나폴레옹을 역사상 불후의 명장으로 평가받기에 충분하게 한다.

재미있고 유익한 이야기 **보나파르트 교향곡**

베토벤은 독일과 오스트리아의 전제 군주정치에서 비롯된 폐해를 누구보다도 깊이 실감하고 있었다. 이러한 정치적 상황은 베토벤에게 프랑스 혁명의 혼란으로부터 나라를 일으켜 세운 나폴레옹에게 강하게 이끌리게 만드는 계기를 만들어 주었다. 베토벤의 전기를 쓴 안톤 쉰들러에 따르면 당시 빈 주재의 프랑스 공사였던 베르나도트 장군이 이런 의지를 촉발시켰던 것으로 전해진다. 베토벤은 베르나도트 장군에게서 나폴레옹에 대한 이야기를 듣고 이 위대한 교향곡의 첫걸음을 시작하게 되었다. 공화주의의 이상과 새로운 시대의 지도자 나폴레옹에 대한 존경심이 이 교향곡에 대한 최초의 발상을 제공한 셈이다.

나폴레옹에 대한 베토벤의 지대한 관심에도 불구하고 [영웅 교향곡]은 나폴레옹이라는 이름을 갖지도 못했고, 헌정되지도 않았다. 베토벤은 완성된 악보에 "보나파르트 교향곡"이라고 써넣었고, 그를 로마의 위대한 집정관으로 비유하곤 했다. 그러나 결국 나폴레옹이 스스로 황제의 자리에 올라섰다는 소식을 듣자 베토벤은 "그도 역시 평범한 인간에 지나지 않는다. 자신 이외의 모든 인간 위에 올라서서 독재자가 되고 싶은 것이다"라고 소리치며 나폴레옹의 이름이 적혀있던 악보의 표지를 찢어서 내팽개친 것으로 전해진다.

베토벤의 제자이자 전기 작가인 페르난디트 리스에 의해 전해지는 이 유명한 일화는 역사적 사실이지만, 애꿎게도 당시 나폴레옹을 깎아내리고 싶어 했던 영국의 속셈을 드러내는 단편적인 사건으로 이용되기도 했다. 나폴레옹의 황제 즉위에 크게 실망한 베토벤은 작품의 제목이었던 "보나파르트 교향곡"을 빼버리고 [신포니아 에로이카 - 한 위대한 인물을 추념하기 위해]라고 제목을 수정했다. 이 흔적은 현재 사본 악보와 함께 오스트리아 빈에 보존되어 있다.

제3절 나폴레옹의 쇠퇴기 - 잘못된 전역들

(1) 스페인 원정

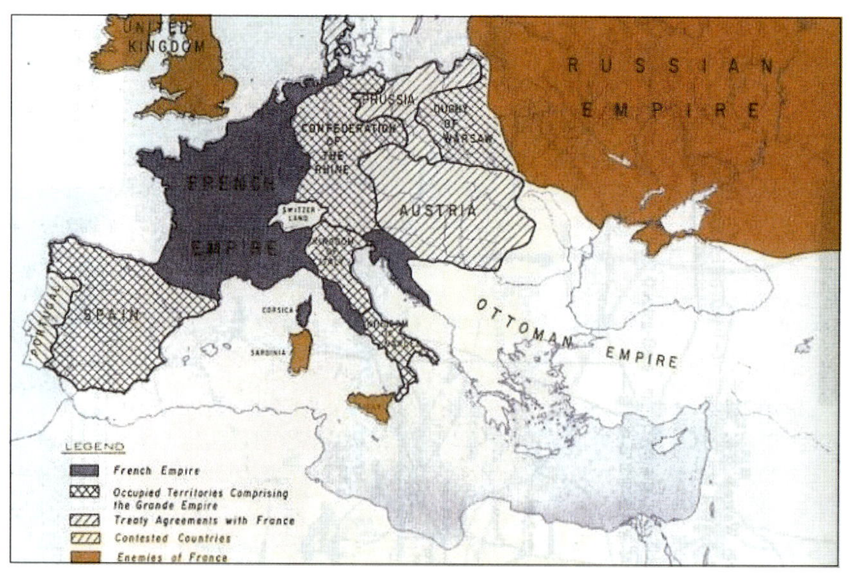

(그림 4-7) 나폴레옹 제국

유럽대륙에서의 연승으로 나폴레옹의 권위는 절정에 도달하였으나 1807년 10월 30일 트라팔가르 해전에서 승리한 영국은 제해권을 확보한 채, 유럽대륙에 대한 해안봉쇄를 시행하며 나폴레옹에 대항했다. 이에 나폴레옹은 대륙봉쇄로써 영국 상품이 대륙으로 유입되는 것을 차단하며 영국을 굴복시키려 하였다.[36] 이때 스페인이 대륙봉쇄령에 반대하고 영국과

36) 영국은 당시 산업혁명기에 처해 있어서 세계적인 규모의 원료공급지와 판매시장이 대단히 필요하였으므로 유럽시장의 확보가 매우 중요하였다. 만일에 프랑스가 유럽을 제패할 경우에는 영국의 산업발전은 중대한 위협을 받게 되기 때문이었다. 이러한 이유로 해서 영국은 이미 두 차례나 대불동맹을 형성하여 프랑스의 팽창을 저지하려하였다. 유럽대륙 제패가 거의 성공단계에 이른 1806년 11월 나폴레옹은 베를린에서 대륙봉쇄령을 내려

밀무역을 계속하자 나폴레옹은 분개하여 스페인 침략의 기회를 노리고 있었다.

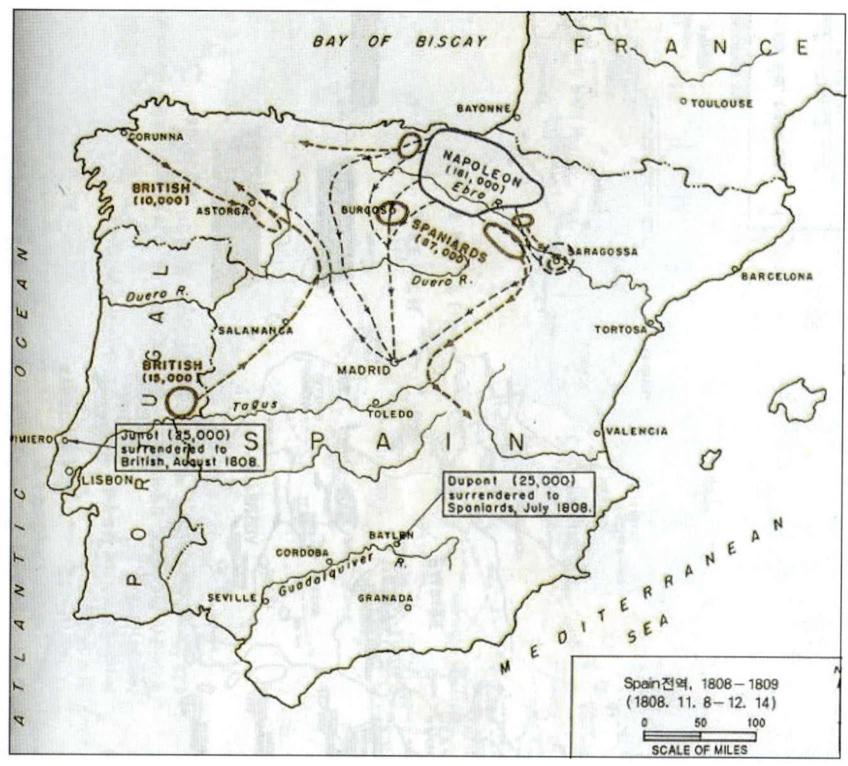

(그림 4-8) 스페인 전역

나폴레옹은 스페인 왕을 퇴위시키고 형 조제프를 스페인 왕으로 봉하였

영국과 무역하는 것을 금하였다. 그러나 이러한 조치는 나폴레옹이 영국에 대한 직접적인 무력침략이 여의치 않으므로 그 대신 경제적 봉쇄라는 우회 · 간접전략에 의하여 영국을 굴복시키기 위함이었다. 그러나 대륙봉쇄령은 소기의 목적을 못 이루고 오히려 역효과를 가져왔다. 그것은 프랑스를 포함한 대륙국가가 농업국이어서 영국의 공산품을 수입하지 않고는 국민 경제생활을 유지 할 수 없었고 이것은 결국 유럽국가들의 반발을 가져왔다. 김기훈 · 이내주 · 이재, 『세계문화사』 (서울 : 일조각, 2000), pp.184~185.

다. 그러자 스페인 국민들은 전국적인 저항운동과 유격전을 전개하였다. 지금까지 프랑스군은 나폴레옹의 탁월한 군사적 리더십으로 유럽의 어떠한 군대도 격파하였으나 스페인의 원시적인 게릴라전에는 어찌 할 수 없었으니 이것이 현대적인 게릴라전의 시초라 할 수 있다.

또한 스페인 지세는 중첩한 산맥이 전 지역에 산재하였는데 이러한 지형에서 비적과 같은 군대와 주민을 상대하여 싸운다는 것이 얼마나 어렵다는 것을 나폴레옹은 깨닫지 못했다. 스페인 국민의 불규칙적이고 불완전한 게릴라전술에 대하여 나폴레옹은 깊이 연구를 하지 않아 고전하였던 것이다, 그는 스페인의 군대와 싸워야 했을 뿐만 아니라 스페인 국민과 싸우고 또한 자연과도 싸울 수밖에 없었다.

비정규군을 별로 중요시하지 않았던 프랑스군은 마침내 남부 스페인의 라 카롤리나 협로에서 25,000명이 포위되어 항복하는 사건까지 맞이하게 된다. 얼마 후에 나폴레옹은 스스로 최고사령관이 되어 출동함으로써 전세를 뒤집고 스페인군을 격파하기는 하였으나 스페인은 다시 게릴라전으로 대응함으로써 결국 나폴레옹은 스페인원정을 마무리하지 못한 채 귀국하였다.

(2) 러시아 원정

러시아는 나폴레옹이 강요하는 대륙봉쇄정책에 순응하기를 거부하고 1812년 6월에 영국과 동맹을 맺고 대항하였다. 이에 나폴레옹은 대륙봉쇄령의 불이행 및 러시아 황제의 여동생에 대한 구혼의 거절을 구실삼아 러시아 원정길에 올랐다. 나폴레옹은 러시아 원정의 꿈을 실현하기 위하여 450,000명의 대병력을 비스툴라 강선을 따라 폴란드와 프로이센 방면에 집결시켰다. 450,000명 가운데 프랑스군은 약 절반에 불과했고, 나머지는 오스트리아군, 프로이센군, 이탈리아군, 폴란드군 등 각국의 군대로 혼합편성되었다. 나폴레옹은 주력을 3개 군의 기동부대로 편성하여, 우익군 79,000명은 나폴레옹의 동생 제롬(Jerome)이 지휘하며, 중앙군 80,000명은 조제핀의 아들 외젠(Eugene)이 지휘하게 하고 나폴레옹 자신은 170,000의 좌익군을 직접 지휘하였으며, 30,000명 규모의 좌우측방경계 부대를 각각 운용하였다.

러시아군은 나폴레옹의 침입이 임박하였다는 것을 알고 있었으나 총병력 약 600,000명 중 220,000명밖에 동원하지 못하였다. 러시아군의 주력은 1,2,3군으로 편성되어 네멘(Nemen) 강 우안과 프리펫(Pripet) 소택지 북부 및 남부에 선방어를 형성하였다.

러시아의 작전지역상, 교통상태가 극히 빈약하고 이용 가능한 통로가 제한되어 있으며, 도섭도하가 불가능한 주요 하천들이 기동에 막대한 지장을 주었다. 또한 동계기간의 영하 17~27°C의 혹독한 기온은 병력의 작전수행에 극심한 제한을 줄 수밖에 없었다. 더욱이 출발 당시(6월)의 혹서로 인한 낙오병과 일사병으로 인한 사망자가 속출하였고, 덜 익은 현지의 곡식을 먹고 수많은 군마가 폐사했다.

나폴레옹의 일가체제로 편성한 군사령관들 즉 제롬과 외젠의 무능으로 부대진출이 지연됨으로써 러시아군은 결전을 회피하면서 모스크바까지 철수하였다. 러시아군은 여러 차례의 패전과 퇴거에도 불구하고 아직도 왕성한 전투력을 보존하고 있었으며, 퇴각하는 러시아군보다도 오히려 프랑스군이 더 피로에 지치고 사기가 침체되었다.

러시아 신임사령과 쿠투소프(Kutusov)는 현명하게도 나폴레옹에 대하여 정면으로 맞선다는 것이 불리하다는 것을 깨닫고 계속해서 회피전술을 채택하였다. 러시아를 구원하는 길은 모스크바를 희생하더라도 군대를 보존하는 것이라고 생각하여 9월 14일 모스크바를 버리고 칼루가(Kaluga) 부근으로 후퇴했다. 이리하여 나폴레옹은 아무런 저항을 받지 않고 모스크바에 입성하게 되었다.

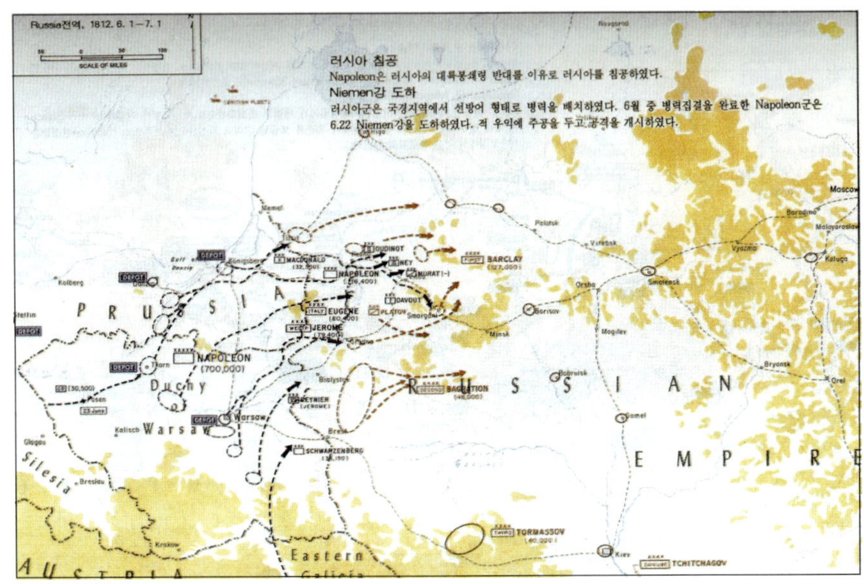

(그림 4-9) 러시아 전역 - 결전을 회피하며 모스크바로 후퇴하는 러시아군

나폴레옹은 러시아군이 청야전술로 대응하면서 반격의 기회를 노리고 있음을 알고 있었으나, 일단 모스크바를 점령하면 만사가 해결될 것이라고 생각하였다. 그러나 그렇게 되지 않았다. 모스크바 시내는 러시아인의 방화로 온통 잿더미가 되어버렸으며, 병력은 교외로 철수하여 혹독한 추위 속에 야영해야 했다. 그렇게 기다리던 러시아 측의 강화제의가 계속 지연되자 나폴레옹은 자신을 파멸시키려는 러시아 측의 저의를 간파하고 그것을 면하는 길은 조속히 철수하는 것밖에 없다고 판단하였다.

10월 19일 나폴레옹은 나라(Nara) 강 방향으로 진출하여 쿠투소프군을 추격하는 것처럼 가장하여 모스크바에서 철수하기 시작하였다. 쿠투소프는 코삭 기병대를 나폴레옹의 배후에 바싹 따르게 하고 본대는 도로 남방을 따라 나폴레옹과 병진하면서 추격하였다. 끝없는 퇴각이 계속되고, 혹한과 굶주림, 피로에 지쳐 위용을 자랑하던 나폴레옹의 대군은 이제 오합지졸에 불과하였다.

피로에 지친 프랑스군 37,600명은 철수의 최종단계인 베레지나(Beresina) 강 전면에서 144,000명의 러시아군에게 포위당하여 전멸의 위기로부터 양동작전을 실시, 포위망을 뚫고 탈출에 성공하였다. 그러나 이제 남은 전투병력은 10,000명에 불과했으며 결국 출발당시 위세 당당하던 450,000명의 대군은 완전히 소멸하고 말았다. 12월 8일경 나폴레옹은 패잔병을 뮈라에게 맡기고 자신은 10일 동안 1,900km를 달려 초라한 패장의 모습으로 파리에 돌아왔다.

(그림 4-10) 러시아에서 철군하는 나폴레옹군

1812년 전역에서 러시아는 광대한 국토를 이용하여 철저한 회피전술을 사용함으로써 나폴레옹을 당황하게 했고 거기에 혹독한 한랭이 나폴레옹군을 극심한 곤경에 몰아넣었다. 그뿐만 아니라 적절한 병참기구의 지원을 받지 못했던 것과 더불어 과도히 신장된 병참선, 혹한 속에서의 준비되지 않은 동계작전이 치명적인 결과를 초래했다. 더구나 러시아군의 끈질긴 반격과 추격은 결국 프랑스군을 철수로 상에서 궤멸시키고 말았던 것이다.

(3) 워털루(Waterloo) 전역

러시아 침공의 실패로 나폴레옹 군대에 대한 신화가 깨지자 유렵열강들은 제4차 대불동맹을 맺고 나폴레옹 타도의 길에 나섰다. 나폴레옹은 제4차 대불동맹 세력들과 싸워 초전에는 승리하였으나 1813년 10월 16일~19일 라이프치히(Leipzig) 전투에서 참패함으로써 결정적인 타격을 받게 되었다. 라이프치히 전투에서 승리한 동맹군은 그 여세를 몰아 파리까지 진군하여 나폴레옹을 퇴위시키고 그를 엘바 섬으로 유배 보냈다. 결국 루이 18세가 국왕으로 추대됨에 따라 나폴레옹 제국은 몰락하게 되었다.

그러나 나폴레옹은 빈 회의에 모인 보수, 반동세력들이 전후 수습책을 놓고 대립하고 있는 틈을 타서 엘바 섬을 탈출하여 루이 18세를 몰아내고 다시 황제자리에 즉위하였다. 그러나 나폴레옹의 재등장은 오래가지 못하였다. 나폴레옹의 재등장에 유럽 각국은 다시 나폴레옹의 타도를 위하여 일치단결하였다. 이때 동맹국은 군대를 해산하지 않은 상태여서 병력이 700,000명을 넘었다.

나폴레옹은 당시 광대한 유럽 각지에 분산 배치된 동맹군이 재집결하기 전에 적을 각개격파하여 초전에 다시 승리하면, 이해가 대립된 동맹군은 통일된 상태에서 대항할 수 없으리라 생각했다. 먼저 덴마크에 있는 영국 및 덴마크군 95,000명과, 나무르 부근에 있는 프로이센군 약 120,000명을 공격하기로 결심하였다. 당시 영국군을 지휘하고 있는 지휘관은 성격이 신중한 웰링턴 장군이었고, 프로이센군을 지휘하고 있는 장군은 용맹과 지략을 겸비한 블뤼헤르였다.

나폴레옹은 124,000명의 병력을 집결하였으며, 이 밖에도 300,000명의 병력을 보유하고 있었다. 그는 생애 최후의 전투가 될 이 전역에서 적 정면에 대한 전략적 돌파를 기도하였다. 그 이유는 초기 이탈리아 전역에서처럼 영국군과 프로이센군은 일단 분리되기만 하면 각기 다른 방향으로 후퇴할 것이라고 판단했기 때문이다. 그러나 만일 동맹군을 돌파하지 못하면, 동맹군 양군에 의해 포위될 위험성을 동시에 안고 있었다.[37)]

1815년 6월 11일 나폴레옹은 파리를 출발하여 14일 상브르(Sambre) 강 남방에 124,000명의 병력을 집결하여 공격준비를 완료하였다. 15일 프랑스군은 프로이센 전위대의 완강한 저항을 물리치고 상브르 강을 건너 영

37) 초기 이탈리아 전역 시와 비교하면, 이제 나폴레옹군의 기동력은 저하되었고, 반면에 적의 능력은 향상되었으며, 나폴레옹의 정력은 청년장군시대와는 비교될 수 없었다. 그는 과거 부하장군들이 그를 배신했던 전철을 밟지 않게 하기 위하여 가장 유능하고 신임하는 다부에게 파리수비의 임무를 맡겼고, 그 다음으로 유능한 슐트에게는 본인의 의사를 무시하고 참모장직을 맡겼다. 그리고 그의 좌익은 용맹하기는 하나 지략이 없는 네에(Ney)에게, 우익은 그루쉬(Grouchy)에게 맡겼으며, 정력적이며 유능한 전술가요 기병지휘관인 뮈라는 지난 실패를 책망하여 접견조차 거부하고 이었다. 이와 같이 그는 부하장군들의 인사마저 적절하게 하지 않았다. 육군사관학교 전사학과, 위의 책, p.131.

국군과 프로이센군의 중앙을 향하여 공격하였다. 나폴레옹은 카트르 브라(Quatre Bras)만 점령하면 적이 분리되리라 판단하였다. 네에(Ney)로 하여금 좌익의 2개 군단을 지휘하여 이를 점령하게 하고, 2개 군단의 예비와 그루쉬 휘하의 2개 군단을 합하여 리니(Ligny)에 집결해 있는 프로이센군을 압도하려고 하였다.

그러나 네에는 신속하지 못한 기동으로 시간을 허송하여 오후 3시까지도 카트르 브라를 점령하지 못했을 뿐만 아니라, 기회를 놓치고 말았다. 한편 나폴레옹의 기동도 지연되었기 때문에 그날 오후에는 블뤼헤르를 공격하지 못하고 16일 오전 나폴레옹이 다시 전군을 투입하여 공격하려고 했을 때는 벌써 3개 군단의 프로이센군(87,000명)이 그 지역에 집결하여 있었다.

의외의 사실에 직면하여 상황을 관찰하던 나폴레옹은 오후 2시에 공격을 개시하였고, 오후 3시에 이르러 그는 네에가 카트르 브라를 점령하였을 것으로 생각하고 일부 병력을 보내어 프로이센군의 우측면을 공격하라고 명령하였다. 그러나 그때까지도 네에는 카트르 브라를 점령하기는커녕, 이동이 지연되어 오히려 웰링턴군에게 밀리고 있었다.

이러한 와중에서 네에군에 속한 데를롱(D'Erlon)군단이 카트르 브라로 이동하던 도중 프로이센군의 우측방을 공격하라는 전달을(나폴레옹의 참모장교로부터) 받고 방향을 전환하여 이동하고 있었다. 그러나 데를롱군단의 도착을 기다리고 있던 네에가 어리석게도 카트르 브라로 급히 돌아오도록 명령함으로써 귀중한 14,000여명의 병력은 결정적인 시기에 어느 작전에도 가담하지 못함으로써 나폴레옹은 결정적 승리를 놓치고 말았다.[38)]

---

38) 나폴레옹은 프로이센군의 병력이 수적으로 우세하였음에도 불구하고 예비대를 투입하여 중앙을 돌파함으로써 결정적 승리를 얻으려고 하였다. 나폴레옹의 공격은 성공하여 프로이센군의 중앙을 돌파하였으며, 프로이센의 블뤼헤르 장군은 전투 중 부상을 입고 전군의 철수를 명하였다. 이제 나폴레옹의 승리는 목전에 있었다. 그러나 프로이센군의 우측방을 공격하여 주기를 바랐던 데를롱(D'Erlon)은 이 결정적인 순간에 그의 직속상관 네에(Ney)의 명령을 받고 카트르 브라 쪽으로 돌아감으로써 프로이센군은 위기를 면

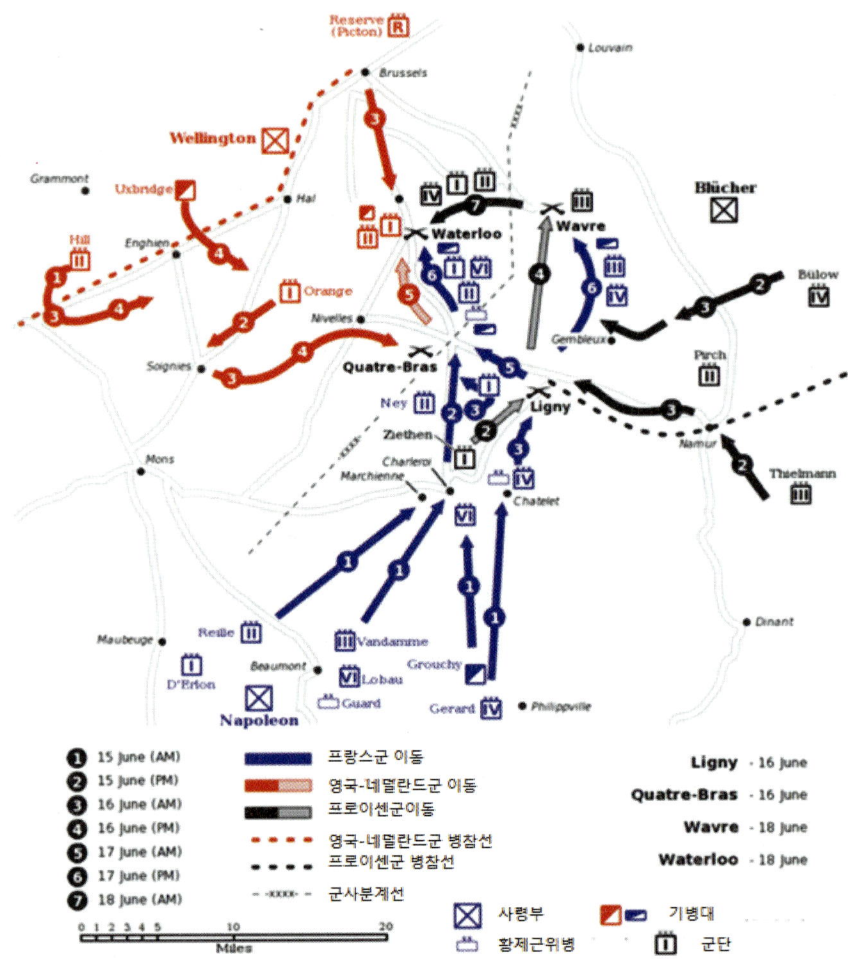

(그림 4-11) 워털루 전투 상황도

할 수 있었던 것이다. 만일 당시에 데를롱이 상황을 제대로 파악하고 나폴레옹의 의도대로 프로이센군의 우측방을 공격했더라면, 프로이센군은 파멸을 면할 수 없었을 것이며, 혹시 일부가 퇴각했더라도 다음의 워털루(Waterloo) 전투에서 아무런 역할도 못 했을 것이고, 그랬다면 워털루전투의 결과는 달라졌을 것이다. 위의 책, p.133.

더욱 아쉬운 것은 철수하는 프로이센군을 추격하는 데 소홀하여 프로이센군이 워털루(Waterloo) 전투에 다시 나타나게 함으로써 나폴레옹은 돌이킬 수 없는 패망을 초래하게 되었다는 것이다. 마찬가지로 네에도 웰링턴 장군이 지휘하는 영국군을 온전히 퇴각하게 함으로써 결국 워털루 전방에서 운명의 결전을 벌일 수밖에 없게 되었다.

(그림 4-12) 라 벨르 알리앙스에서 격돌하는 연합군과 나폴레옹군

워털루 전방에 도착한 웰링턴은 단독으로는 나폴레옹의 주력과 결전을 벌일 자신이 없었으므로, 계속하여 후퇴할 생각이었으나, 와브르(Wavre)에 도착하여 부대를 재정비한 블뤼헤르 장군으로부터 지원을 약속받고는 68,000명의 병력을 워털루 전방에 포진하여 18일에는 나폴레옹의 주력과 대치하였다.

만일 나폴레옹이 18일 아침에 즉시 공격을 하였더라면 아직도 승리의 가능성은 있었다. 그러나 전날 내린 비로 도로가 불량하여 기병의 기동이 곤란하고, 포병의 진지진입이 어려워 공격을 지연시켰다. 11시에 공격을 시작하였을 때, 나폴레옹군은 72,000명으로 수적 우세를 유지한 가운데 적의 우익을 압박하며 진격하였다. 그런데 오후 1시가 되었을 때, 프로이센의 빌로우(Bulow)군단이 갑자기 동쪽에서 나타났고, 얼마 후 블뤼헤르의 3개 군단이 증원되자 전세는 기울어지고 말았다.[39)]

---

39) 리니(Ligny) 전투 이후 와브르(Wavre) 전투에서 부대를 재정비한 블뤼헤르(Blucher)는 프랑스군의 미지근한 추격을 얕보았다. 그래서 고전하고 있을 것으로 생각되는 웰링턴(Wellington)군을 원조하기 위하여 피로와 부상을 무릅쓰고 나폴레옹의 측방을 공격할 결심으로 와브르에 1개 군단만 남겨 놓은 후 3개 군단으로 워털루를 향하였다. 나폴레옹의 맹렬한 공격에도 끈기 있게 전선을 고수하던 웰링턴은 블뤼헤르의 대병력(약 6만)이 충원되자 18일 오후 수세에서 역습으로 전환하였다. 이에 나폴레옹은 온갖 노력을 다하였으나 마침내 전선은 붕괴하기 시작하였다. 이 전투가 나폴레옹의 최후의 전투가 되고 만 것이다. 위의 책, p.135.

* 나폴레옹 전쟁의 의의[40]

나폴레옹 전쟁사를 연구하는 중요한 이유는 나폴레옹이 그의 군사적 행동으로 제반 전쟁원칙을 명백하게 잘 설명하고 있기 때문이다. 나폴레옹이 수행한 전역들을 살펴보면, 그의 군사행동은 진실로 전쟁원칙과 부합된 것들이었다. 나폴레옹 자신은 전쟁기술에 관한 어떠한 이론을 전개한 것은 아니었지만 나폴레옹이 항상 사용했던 전법은 대체로 다음과 같은 특징을 갖고 있었다.

나폴레옹은 프랑스 혁명의 산물인 국민군대의 강점을 발휘하여 탁월한 군사적 식견으로 전략적 우회와 필요시 중앙돌파를 시도하는 전략기동을 즐겨 사용하였는데 그의 기동전략에서 가장 중요시한 전쟁원칙은 집중의 원칙이었다. 전체의 병력이 비록 열세일 경우라도 결정적 지점, 결정적 시간에 적보다 상대적으로 우세한 병력을 투입하는 집중의 원칙을 적용 발전시켰던 것이다. 그리고 다수의 적을 상대해야하는 내선 상에 위치할 때는 중앙돌파로써 적을 분리하고, 분리된 적을 각개격파하였다.

또 한 가지 나폴레옹의 전략기동에서 가장 큰 특징인 결정적 지점으로서는 적의 가장 취약한 부분이나 병참선 후방을 선택하는 것이었다. 나폴레옹은 "전쟁기술의 모든 비결은 바로 병참선을 장악할 수 있는 능력에 달려있다."라고 했던 것이다. 또한 그는 전쟁의 최고목적을 적의 섬멸에 두고 일단 적을 포착하면 맹렬하고 과감한 추격으로 적에게 재편할 시간을 주지 않고 이를 완전하게 격파하였다. 한편 전술적으로는 개개인의 능력을 신뢰하고, 산병전술 및 산병사격을 발전시켰으며, 포병화력을 중시하여 포병을 군사력의 기본요소로 인정하고 이것을 잘 활용하였던 것이다.

---

40) 위의 책, pp.136~137.

재미있고 유익한 이야기 엉터리 나폴레옹, 루이 나폴레옹

루이 나폴레옹은 점점 고조되어가던 나폴레옹 향수를 더욱 부추기고자 '나폴레옹 정신'을 분석하고 선전하는 여러 글을 써서 발표해 나갔다. 강력하면서도 국민에 충성하는 권력이 나타나 대립을 중재하고 질서를 확립할 필요가 있다는 것이었다. 이것이야말로 그가 곧 정치현실로 만들어낼 '보나파르티즘'의 핵심 명제였다.

루이 나폴레옹은 쿠데타 실패 후로는 특히 서민과 빈곤층에게 파고들었다. 1842년의 [사탕무 문제의 분석]에서는 외국 농산물에 맞서 국내 영세농민을 보호해야 한다고 주장했고, 1844년의 [빈곤타파론]에서는 노동자들을 연합체로 결속시키고 그들에게 미개간지를 주어 경작하게 함으로써 노동계급의 고질적인 빈곤을 해결하자는 제안을 했다. 2월 혁명 후 치러진 총선거와 보궐선거에서 '보나파르티스트'는 대약진했고, 루이 나폴레옹은 여러 지역에서 1위 득표자가 되었다. 기성 정치인을 불신했던 노동자와 농민은 나폴레옹의 이름과 루이 나폴레옹의 정책안에 기대를 걸었고, 자본가들도 잘못하면 사회주의 정부가 들어설지 모른다는 공포감에서 보나파르트를 밀었던 것이다. 루이 나폴레옹은 여세를 몰아 그해 12월에 치러진 프랑스 사상 첫 대통령 선거에서 무려 75퍼센트의 득표로 압승했다.

프랑스 제2공화정의 대통령은 권력이 막강했다. 대통령이 된 그는 반년 뒤에는 대외침략을 금지한 헌법 조항을 무시하고 이탈리아를 침공했다. 이에 반대하는 야당의 시위는 무력 진압되었으며, 진보적, 공화주의적 사상을 가진 교사들을 학교에서 내쫓는 법률과 반정부시위 경력자의 선거권을 박탈하는 법률, 언론, 출판, 집회의 자유를 제한하는 법률 등이 잇달아 제정되었다. 세 차례의 혁명으로 어렵게 쟁취된 자유와 민주주의는 이렇게, 영웅의 후광을 업고 권좌에 오른 자의 손으로, 덧없이 소멸되어 갔다.

나폴레옹 3세는 어느 계층보다도 농민층의 절대적인 지지를 얻고 권력을 잡았으나, 황제가 된 뒤로는 약속했던 국내농업의 보호 대신 무역장벽 철폐와 적극적인 산업화 정책을 추진했다.

유럽 여러 나라와 돌아가며 한 차례 이상 적대하면서 '기회주의적 패권주의자'라는 인상을 깊게 심고 만 나폴레옹 3세는 실질적 성과가 미흡하다는 불만 여론에 시달려야 했다. 그런 나폴레옹 3세에게 치명타를 안긴 쪽은 프로이센이었다. 독일 통일의 최대 걸림돌이 프랑스라고 여긴 프로이센은 전쟁을 준비했으며, 주변 국가들의 지지를 모색했다. 이탈리아는 통일을 방해해온 일 때문에 프로이센 편이 되었다. 영국은 오랫동안 프랑스와 좋은 관계였으나, 나폴레옹 3세가 벨기에를 점령하려 했음을 알고 팔짱을 껴 버렸다. 일촉즉발 상태였던 양국관계는 1868년에 새 스페인 군주로 프로이센 왕실의 레오폴트가 물망에 오르자 프랑스가 강력히 항의하면서 파국으로 치달았다. 양국의 국력은 기본적으로 프랑스가 훨씬 앞섰다. 그러나 근대 전쟁사에서 이토록 한쪽은 철저히 준비하여 질서정연하게 움직이고, 반대쪽은 스스로도 어이가 없을 정도로 엉성한 준비와 무질서한 기동으로 대응한 예는 없었다. 나폴레옹 3세의 지리멸렬한 진두지휘도 혼란을 가중시켰다. 최소의 전력을 최대한 잘 운용하여 승리하곤 했던 나폴레옹 1세가 이를 보았다면 기가 막혔으리라. 전쟁은 시작되고 한 달이 조금 넘은 1870년 9월 2일, 스당에서 사로잡힌 나폴레옹 3세가 항복함으로써 사실상 끝났다. 프로이센은 베르사유 궁전에서 통일 독일제국을 공식 출범시켰고, 전쟁의 대가로 알자스-로렌을 받아냈다. 성난 국민의 손으로 폐위된 루이 나폴레옹은 6개월 동안 독일의 포로로 지내다가, 영국으로 망명하여 그곳에서 일생을 마쳤다. 나폴레옹 1세나 3세가 내세웠던 '초계급적인 국민의 영웅'이라는 이미지는 이후로도 프랑스 국민의 뇌리에 남아서, 19세기 말의 블랑제나 20세기의 드골 등이 그 이미지를 이용하고는 했다. 하지만 나폴레옹의 피를 이은 사람들이 주목받는 일은 다시는 없었다.

제 5 장 | 제1차 세계대전

제1절 제1차 세계대전의 원인

제2절 1914년 전투

제3절 전선의 고착

제4절 1917년의 전선

제5절 독일의 최후공세와 종전

제5장

제1차 세계대전

제1절 제1차 세계대전의 원인

(1) 전쟁발발 원인

1914년 7월 28일부터 1918년 11월 11일까지 4년 3개월간에 걸친 제1차 세계대전은 32개국이 참전했던 대전으로, 독일을 중심으로 한 동맹국에 대항해 미국을 중심으로 한 연합국이 승리하며 끝났다. 1차 세계대전의 원인은 산업혁명과 대량생산, 독점 자본주의의 발달과 제국주의 정책에 따른 이해관계의 대립과 갈등이라는 시대적 상황에서 찾아야 하겠다. 그러나 보다 뚜렷한 요인은 독일과 이탈리아의 통일, 그리고 두 국가의 탄생이 유럽체제 내의 세력균형을 변경시킨 데서 기인한다고 볼 수 있다.[41]

---

41) 1870년대와 1880년대 유럽의 국제질서는 비스마르크에 의하여 가까스로 평화와 세력균형을 유지하고 있었다. 그러나 1890년 비스마르크가 실각하고 황제 빌헬름 2세가 직접외교정책을 지휘하게 되자 유럽의 평화를 유지해 왔던 비스마르크 체제는 깨지고 유럽의 정세는 위험한 길로 접어들게 되었다. 1890년 러시아와의 재보장조약이 만료되었을 때, 러시아는 열렬히 재보장조약의 갱신을 희망하였으나 빌헬름 2세는 이를 거부함으로써 비스마르크가 그렇게도 두려워하던 러시아와 프랑스의 접근이 시작된 것이다. 독일로부터 버림받은 러시아와 오랫동안 국제적 고립에 고민하던 프랑스는 1891년 양국이 평화를 위하여 협의할 것을 약속한 정치협약을 맺고, 1894년에는 군사동맹으로 발전시켰다. 조약의 주된 내용은 첫째, 프랑스가 독일 또는 이탈리아로부터 공격을 받은 경우 러시아는 독일을 공격하며 둘째, 러시아가 독일 또는 오스트리아로부터 공격을 받는 경우 프랑스는 독일을 공격하며 셋째, 이 협정은 3국동맹이 존속하는 한 유효하다는 것이다. 독일을 중심으로 한 3국동맹에 대항하는 프랑스와 러시아의 군사동맹은 비스마르크가 가장 우려했던 것으로 유럽의 국제질서는 명백히 새로운 단계에 접어들게 되었다. 민석홍, 『서양사개론』(서울: 삼영사, 2002), pp.513~514.

(그림 5-1) 제1차 세계 대전 직전의 군사 동맹 관계

다시 말하면 이들 신흥세력과 기득권을 주장하는 기존 구세력 간의 대립과 갈등이 대전을 유발한 근본적 원인이다.[42] 이러한 열강 간의 경쟁이 동맹과 협상을 양자택일하게 만들었고, 결국은 독일, 오스트리아, 이탈리아의 3국 동맹 측과 프랑스, 영국, 러시아 등의 3국 협상 측으로 분할하였다.[43] 이러한 상황에서 사라예보(Sarajevo) 사건이 대전을 격발시킨 것이다.

---

42) 오린스키는 전쟁의 원인을 국제정치구조의 변화에서 찾고 있다. 전쟁은 국제정치질서를 지배하고 있는 기존의 강대국과 이 지배권에 도전하는 신흥강대국 간의 지배권 쟁탈전의 형식으로 일어나게 된다고 보는 것이다. 각국의 국력은 시간에 따라 변하는 것이므로 국력변화에서 지배권을 가진 강대국과 지배를 받던 국가 간의 지배권 쟁탈전이 전쟁의 원인이라고 보는 입장이다. A.F.K. Organski, *World Polities*, second edition (New York: Aifred A. Nuopf, 1968), pp.338~376.

43) 비스마르크 실각 후 빌헬름 2세의 도전적인 세계정책과 군비확장은 기존의 영국이나 프랑스의 세력권과 기득권을 무시하는 도전적인 것이었고, 그 결과 분쟁을 유발하는 중대한 요인이 되었다. 특히 비잔티움과 바그다드 간의 철도 부설권을 따내고 이를 베를린과 연결하는 3B정책을 추진하였는데 이러한 독일의 세계정책은 영국의 3C정책-케이프타운과 카이로, 인도의 콜카타를 연결하는 영국의 세계정책과 충돌하였을 뿐만 아니라, 러시아의 튀르크 및 지중해 진출정책과도 정면으로 대립하는 것이었다.

사라예보 청년의 총격은 언제 터질지 모르던 국제적 대전을 촉발했으며 독일은 전쟁에 개입하지 않을 수 없었다. 독일은 1914년 7월 31일 프랑스와 러시아에 최후통첩을 보내고 러시아에 대해서는 8월 1일, 프랑스에 대해서는 8월 3일에 선전포고를 하였으며, 8월 4일에는 작전계획에 따라 영세중립국인 벨기에를 침공하였다. 이에 영국은 대독선전포고를 함으로써 유럽의 전 열강은 전쟁의 회오리바람에 말려들게 되었다.[44]

(2) 독일의 슐리펜 계획(Schliffen Plan)

1891년 독일군 참모총장에 취임한 슐리펜 장군은 전쟁이 임박했음을 예견하고 계획수립에 착수했다. 당시 국제정세로 보아 독일은 2개의 전선에서 전쟁을 해야만 하는 상황이었다. 따라서 독일은 불리한 양면전쟁에서 민첩한 내선작전을 수행해야만 했다. 슐리펜은 러시아군의 동원이 느린 점을 감안하여 오스트리아의 지원을 받는 최소한의 병력으로 러시아군을 저지하면서 프랑스를 먼저 분쇄하려고 하였다.

슐리펜 계획은 프랑스와의 단기결전을 목표로, 베르됭(Verdun) - 툴(Toul) - 에피날(Epinal) - 벨포트(Belfort) 요새를 연결하는 남부지역의 견고한 프랑스 방어지역을 회피하고, 리에주(Liege) - 브뤼셀(Brussels) - 아미앵(Amiens) - 파리(Paris) 등 비교적 평탄하고 경미한 저항이 예상되는 북방지역으로 우회하여 프랑스군의 좌익을 포위 공격하는 것이다. 한편

---

44) 슐리펜은 1891년 독일군 참모총장에 임명된 후, 당시 유럽의 정치적 상황에서 독일의 안보를 확실히 하기 위해서는 어떻게 하는 것이 최선인가를 구상하기 시작했다. 그의 계획은 그의 전임자들이었던 대몰트게(the Great Moltke the Elder)와 발트제(Waldsee) 등이 생각했던 독일의 내선적 위치 즉, 프랑스와 러시아 사이에 위치한 입장에서 출발하였다. 그러나 슐리펜은 그의 계획을 세울 때 군사적인 측면에서 주로 생각했지 외교문제에 대해서는 관심이 없었다. 슐리펜은 1892년 8월 서부전선에 중점을 두어야 한다고 결심하였고, 그의 계획은 1899년에서 1904년 사이에 문서로 작성되었으며, 참모들과 워게임을 실시했다. 최종적으로 이 계획은 1905년 12월, 소위 말하는 "Great Memorandum"으로 작성되었으며, 슐리펜은 퇴역 후에 1912년 그가 죽을 때까지도 그의 계획에 몰두하였다. John Keegan, *The First World War*, (Toronto: Key porter Books, 1998). pp.28~31 내용참조.

메츠(Metz) 남방에서는 방어 혹은 전략적 후퇴로 프랑스군을 유인, 프랑스군을 좌익과 배후로부터 포위하여 적을 섬멸하려는 것이었다.

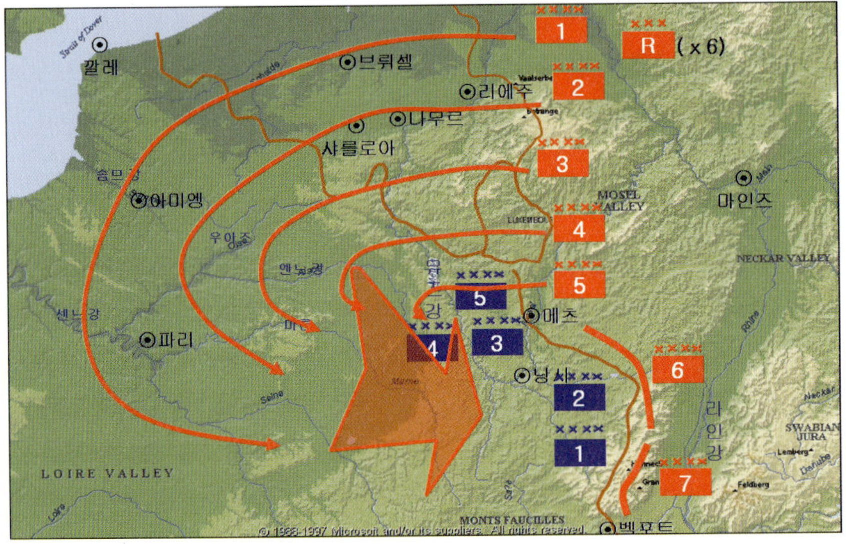

(그림 5-2) 슐리펜 계획

이를 위하여 메츠 북방에 5개 군(35개 군단)과 예비군 6개 군단, 메츠 남방에 2개 군(5개 군단)을 두어 메츠를 회전축으로 하여 북쪽과 남쪽에 7:1의 병력비율을 배치하는 철저한 집중과 절약의 원칙을 적용하였다. 그러나 슐리펜 장군은 1905년 이 계획을 완성하고 12월에 병으로 인하여 참모총장직을 사임하였다.

슐리펜의 뒤를 이어 참모총장이 된 몰트케(Helmuth J. L. von Moltke) 장군은 1911년 슐리펜 계획을 대폭 수정하였다.

몰트케 수정계획의 요지

첫째, 네덜란드의 중립을 존중한다.
둘째, 좌익군의 반격을 위해 우익병력을 돌려 좌익을 증강한다.
셋째, 6개 예비군단은 좌익을 지원할 수 있는 위치에 둔다.
넷째, 우익병력 일부로 동부전선 방어를 증강시킨다.
다섯째, 우익과 좌익의 병력비는 7:1에서 3:1로 조정한다.

이로써 몰트케는 슐리펜이 강조한 우익을 집중함으로써 달성할 수 있는 내선작전의 이점을 버리고 결과적으로 독일에 불리한 양면작전을 하게 되었으며, 슐리펜의 의도와는 달리 우익을 약화시켜 좌익을 강화함으로써 슐리펜이 파놓은 함정을 스스로 묻어버린 것이다. 몰트케는 승리를 위하여 위험을 감수할 용기가 부족한 탓으로 결전을 담당할 주공을 약화시킨 것이다.

회전문의 원리

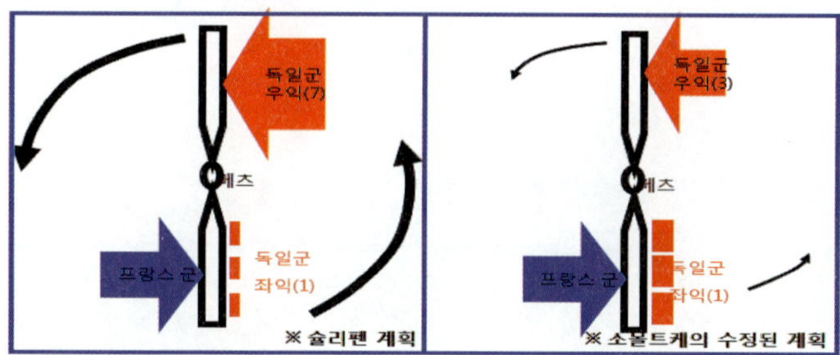

- 서부전선을 회전문에 비유
- 슐리펜 계획은 회전문을 반시계 방향으로 개방하는 것으로 우익과 좌익을 7대1 편성, 우익 강하게 좌익 약하게 하여 회전문을 빨리 열리도록 하였다.
- 소몰트케 장군의 수정된 계획은 3대 1로 우익 약화시키고 좌익 강화했지만, 문을 여는 우익의 힘이 부족해 회전문을 열지 못하였다.

당시 프랑스군의 대독 작전계획은 알자스-로렌 지방에 대한 공세적 계획이었으며, 독불 국경선을 연해서 우에서 좌로 1,2,3,5군 순으로 배치하였다. 제4군은 독일군이 벨기에 침공 시는 제5군을 좌측으로, 스위스 쪽 침공 시는 그 우측으로 배치하기 위해 3군 뒤에 두고, 3개 예비사단은 측면보호를 위해 각 방어선 측방에 투입한다는 개념이었다. 그러나 이 계획은 독일군이 뮤즈 강 서부에 주력을 투입하지 않을 것이라는 그릇된 판단에 기초하고 있었으며, 독일의 군사력을 과소평가한 나머지 지나친 공격 위주의 계획으로 개전 후에 대패를 초래하였다.

오스트리아와 러시아의 당시 계획을 살펴보면, 오스트리아는 세르비아와 단독으로 교전할 경우를 가정한 B계획과, 러시아와 세르비아의 동시교전을 상정한 R계획을 갖고 있었으며, 러시아는 독일군이 서부전선에 주공을 둘 때 프로이센과 오스트리아에 대한 공격을 실시하는 A계획과, 독일군이 동부전선에 주공을 둘 때 방어를 시행하는 G계획을 갖고 있었다.

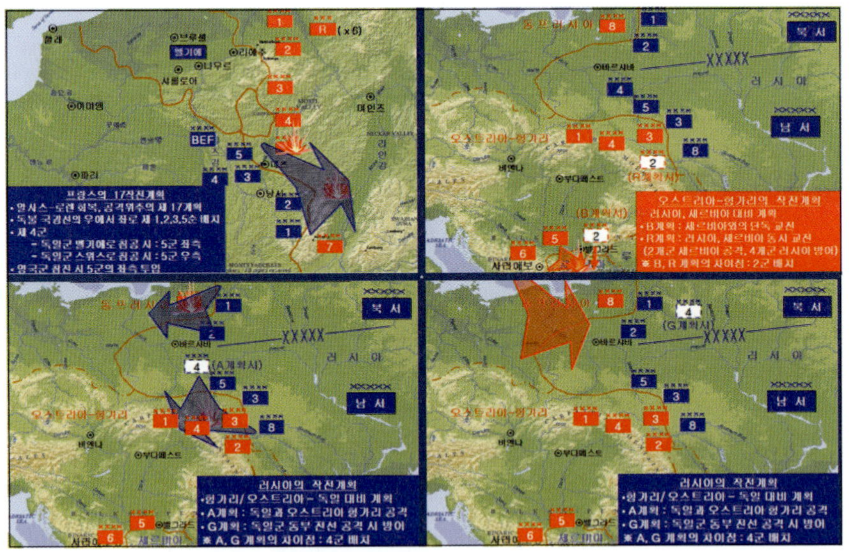

(그림 5-3) 각국의 작전계획

제2절 1914년의 전투

(1) 프랑스 침공

독일은 1914년 8월 3일 대불 선전포고를 하고, 8월 4일 제 1,2,3군은 벨기에로 진격했으며 제4군은 룩셈부르크를 점령, 제5군은 프랑스 베르됭 요새를 향하여 공격하였다. 그런데 중립국 벨기에의 저항이 완강하여 8월 16일까지 리에주 요새에서 지연되고 있었다. 리에주를 점령하지 못하면 독일 우익군의 진출이 곤란하므로 독일군은 6개 보병여단으로 구성된 특수임무부대를 투입하여 점령하였다.

한편 프랑스군은 로렌지방에서 독일 제6군의 정면으로 진격하여 8월 14일부터 20일까지 작전상 철수를 하고 있는 독일군을 추격하였다. 그러나 알자스-로렌 지방에서의 독일군 계획은 수세공격이었으므로 8월20일 독일군의 반격으로 프랑스군은 최초 출발지인 낭시(Nancy) 부근의 요새지대로 패퇴하였다.

독일 제1군은 8월 20일 브뤼셀을 점령하고 8월 26일경에는 영국 원정군을 격파하면서 계속 서남향으로 진격 중에 있었고, 제2,3군은 프랑스군을 대파하고 뮤즈 강 서남방으로 진출, 상브르(Sambre) 강선에서 프랑스 제5군을 협공하여 패퇴시켰다. 또한 독일군 제4,5군은 8월 22일 아르덴에서 프랑스 제3,4군과 충돌하여 3일간의 격전 끝에 프랑스군을 패퇴시켰다. 독일군 사령부는 잇따른 승전보를 받으며 그들의 승리가 결정적이라는 환상에 빠졌고, 동부전선의 요청에 따라 우익의 2개 군단을 동부전선으로 이동시키는 중대한 과오를 범하게 되었다.

이와 더불어 몰트케는 슐리펜이 남긴 '우익을 강화하라'는 유언을 무시하고 우익의 3개 군단을 좌익의 요새 포위에 전용함으로써 독일군의 우익은 파리 서남방으로 우회하여 프랑스군을 섬멸하려는 본래의 임무를 수행하기에는 너무나 약화되었다. 이리하여 몰트케는 파리 서남방으로의 우회

기동을 포기하고 9월 4일에는 전혀 새로운 기동을 명령하였다. 즉 제1군의 진출방향을 파리 동부로 조정하고 제2군은 마른(Marne) 강과 센(Seine) 강 사이에 전진 배치하여 전군의 우측을 엄호하도록 하면서, 나머지 제5군으로 프랑스군을 포위 격멸하는 내용이었다.

(2) 마른(Marne) 전역

(그림 5-4) 마른 전투 I

1914년 9월 4일 몰트케가 지시한 새로운 기동명령은 적절하지도 못했고 제대로 수행되지도 않았다. 당시 독일 제1군은 대부분이 마른 강을 건너 퇴각하는 프랑스 제5군을 추격 중에 있었고, 제4예비군단만이 마른 강 북방에 남아이었다. 그뿐만 아니라 독일 제1군사령관 클루크(Kluck) 장군은 파리에서 신편 중인 프랑스 제6군의 상황을 몰랐기 때문에 자기에게 내려진 명령을 허위정보에 의한 것으로 판단하고 9월 5일에도 진격을 계속하였던 것이다.

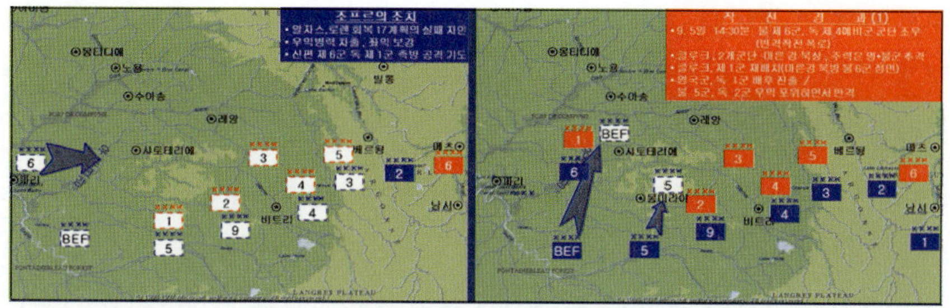

(그림 5-5) 마른 전투Ⅱ

한편 프랑스 조프르(Joffre) 장군은 제17계획의 실패를 자인하고, 우익에서 차출 가능한 전 병력으로 좌익을 보강하고 9월 3일 파리에서 제6군을 새로 편성하였다. 조프르 장군은 독일 우익군(제1군)의 동측면을 목표로 총반격 명령인 일반훈령 6호를 하달하였다. 제6군은 마른 강 북방을 향하여 우르크(Ourcq) 강을 도하하고 영국 원정군과 제5군은 그 우측에서 몽미라이(Montmirail)시를 향해 북방으로 공격한다. 이후 제9군은 북방, 제3,4군은 서방으로 공격하며 제1,2군은 낭시 부근의 방어 진지를 고수하도록 하였다.

본대를 따라 남진 중이던 독일 제4예비군단이 바르시 부근에서 프랑스 제6군과 조우함으로써 조프르의 반격계획이 폭로되었고, 이 연락을 받은 독일 제1군사령관 클루크 장군은 제4예비군단을 구출하기 위하여 2개 군단을 마른 강 너머로 북상시켰으며, 나머지 주력은 진격을 계속하였다. 그러나 7일 전군을 북상시켜 우익을 보호하라는 명령을 받고, 프랑스 제6군의 위협을 제거함은 물론 이를 완전히 궤멸시키려고 전군을 마른 북방프랑스 제6군의 정면으로 집결시켰다. 이 결과로 독일 제1군과 제2군 간에는 약 40km의 간격이 형성되었고, 이 간격은 단지 2개의 기병사단에 의해 방어되고 있었다.

독일군의 잘못된 기동으로 간격이 형성되면서 영국 원정군은 10:1의 우세한 병력으로 서서히 북상, 제1군의 배후로 진출을 시도하고, 프랑스 제5

군은 그 우측에서 독일 제2군의 우익을 포위하면서 반격을 시작하였다. 이렇게 되자 독일 제2군의 우익은 뒤로 후퇴하게 되었고, 제1군과 제2군은 분리될 위기에 놓이게 되었다.

이러한 시기에 몰트케는 정확한 상황파악을 위해 9월 8일 그의 정보참모 헨치(Hentsch) 중령을 전선에 파견하고 상황에 따라서는 단거리 철수를 허용할 권한을 부여하였다. 영국과 프랑스군의 진출이 계속되면 독일군의 전 우익이 중대한 위험에 직면하게 될 것으로 판단한 헨치 중령은 적의 함정에 빠지기 전에 철수할 것을 명하고 본부로 귀환하였다. 9월 10일 헨치 중령으로부터 상세한 보고를 받은 몰트케 장군은 사태의 심각성을 깨닫고 개전 후 처음으로 전선을 시찰하고, 우익의 전군은 뇌용-베르됭 선으로 철수할 것을 명령하였다. 그리고 좌익의 공격이 무위함을 그제야 인식하고 6군의 공격을 중지시켰으며, 제7군을 급히 우익으로 이동하게 하였으나 전세를 만회하기에는 때가 늦었다. 9월 14일 독일군의 철수가 끝남으로써 마른 전투는 종결되었다. 이날 몰트케는 해임되고 후임으로 팔켄하인(Falkenhayn) 장군이 임명되었다.

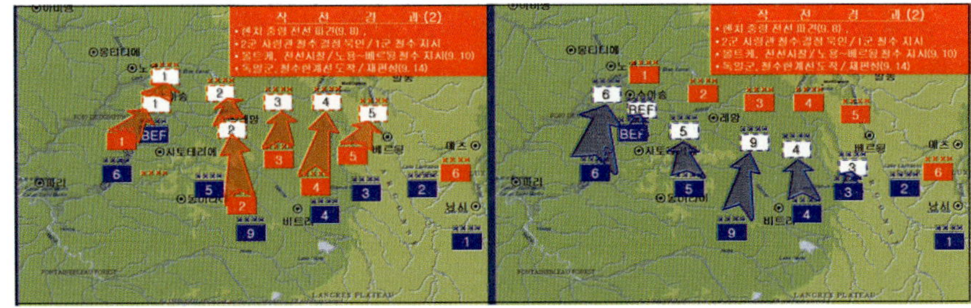

(그림 5-6) 마른 전투Ⅲ

몰트케의 중대한 과실은 슐리펜 계획을 제대로 이해하지 못하고 우익을 약화시킴으로써 결정적인 시기에 병력을 부족하게 했다. 이로 인해 제1군과 제2군 사이에 치명적인 간격이 발생해 파리 서남방으로 우회할 병력이 여유를 갖지 못함으로써 본래의 슐리펜 계획을 수행할 수 없었던 것이다.

더구나 정보기구의 무능으로 프랑스의 반격계획을 파악하지 못한 채 초전의 승리에 도취되어 사태를 악화시켰던 것이다.

이후 쌍방은 서로 적의 측면을 포위하기 위한 경쟁적 기동을 실시하면서 전선을 북해까지 연장시키는 '해안으로의 경주'를 하게 된다. 그 결과 서부전선은 스위스에서 북해까지 약 1,000km의 참호선을 이루어 교착상태에 빠지게 되었다.

(3) 탄넨베르크(Tannenberg) 전투

개전초기 서부전선에서 독일군이 강력한 공세로 진격하고 있을 때, 동부전선에서는 '현대판 칸나에(Cannae) 전투' 라고 말할 수 있는 탄넨베르크 전투가 이루어졌다. 이 전투에서 독일군은 러시아군 9만 명의 포로를 포함하여 125,000명(4개 군단 이상)을 궤멸시키는 경이적인 승리를 이룩하고 동부전선에서의 주도권을 확실히 장악하게 된다.

러시아는 독일에 대항해 동시에 공세를 취하자는 프랑스 요구에 응하여 동원이 채 완료되지 않은 상태에서 서부집단군 사령관 질린스키(Zilinsky) 휘하 2개 군을 투입하였다. 제1군은 독일 제8군을 동북방에서 견제 고착시키고 제2군은 남방에서 우회북상하여 독일 제8군의 병참선을 차단하며 배후로부터 공격하려 하였다.

당시 동부전선에 배치된 독일 제8군의 임무는 슐리펜 계획에 따라 러시아군의 진격을 저지, 지연시키는 것이었다. 1914년 8월 18일부터 러시아 제1군과 제2군의 공격을 받은 독일의 8군 사령관 프리츠비츠(Prittwitz)는 러시아 제1군의 진격을 저지하지 못하고 "비스툴라(Vistula) 강선으로 후퇴할 것이다. 그러나 거기서도 러시아군을 저지할 수 있을지 모르겠다."라고 몰트케에게 보고하자, 이에 몰트케는 프리츠비츠를 해임하고 그의 후임으로 당시 67세의 강직한 퇴역장군 힌덴부르크(Hindenburg)를, 그를 보좌할 참모장으로는 루덴도르프(Ludendorff) 장군을 임명하였다.

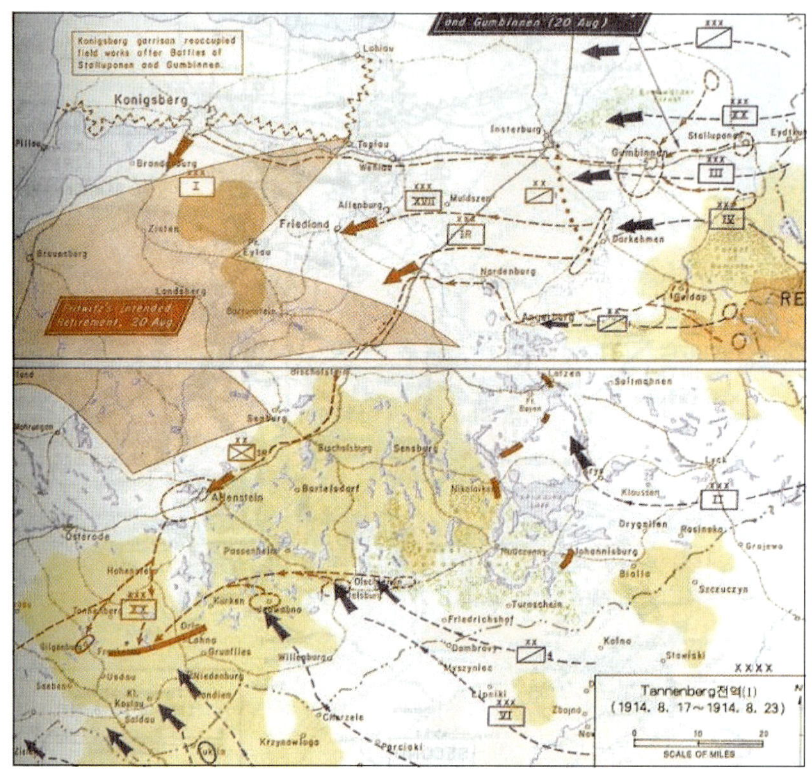

(그림 5-7) 탄넨베르크 전투 I

당시 독일 제8군 작전참모였던 호프만 중령은 러시아군이 독일군보다 비스틀라 강선에 이미 120km나 더 가까이 접근해 있음을 인식하고 우선 삼소노프(Samsonov)군을 격파하기 위한 작전계획을 수립하였으며 이 계획은 참모장과 사령관의 승인을 얻어 8월 20일 각 군단에 하달되었다. 이에 따라 실시된 당시의 기동은 탄넨베르크 섬멸전의 기초가 되었다.

호프만이 수립했던 기동계획은 제1군단과 제3예비사단을 렌넨캄프(Rennenkampf) 전면에서 차출 후 철도로 이동하여 제20군단 우익을 보강하는 동안 제20군단은 적과의 접촉을 피하고, 제17군단과 제1예비군단은 서방으로 행군한다는 것이다. 렌넨캄프의 즉각적인 추격이 없을 경우,

남방으로 전진할 수 있도록 준비하고 제1기병사단 단독으로 러시아 제1군과 대치하여 진격을 저지하는 계획이었다.

8월 22일 제8군사령부 참모장 부임 신고를 마친 투덴도르프 장군은 48시간 전 프리츠비츠 장군이 보고한 상황을 분석한 결과 신임사령관의 승인을 얻기 전이라도 시급히 이동명령을 하달해야 할 필요성을 인식하여 군사령부를 거치지 않고 직접 전선의 군단장들에게 명령을 하달하였다. 우연의 일치인지는 모르나 그가 내린 이동명령은 2일 전에 호프만 중령이 내린 기동계획에 의하여 이미 시행되고 있었던 것이다. 아마 그것은 독일군 일반참모가 우수했기 때문으로 보아야 할 것이다.

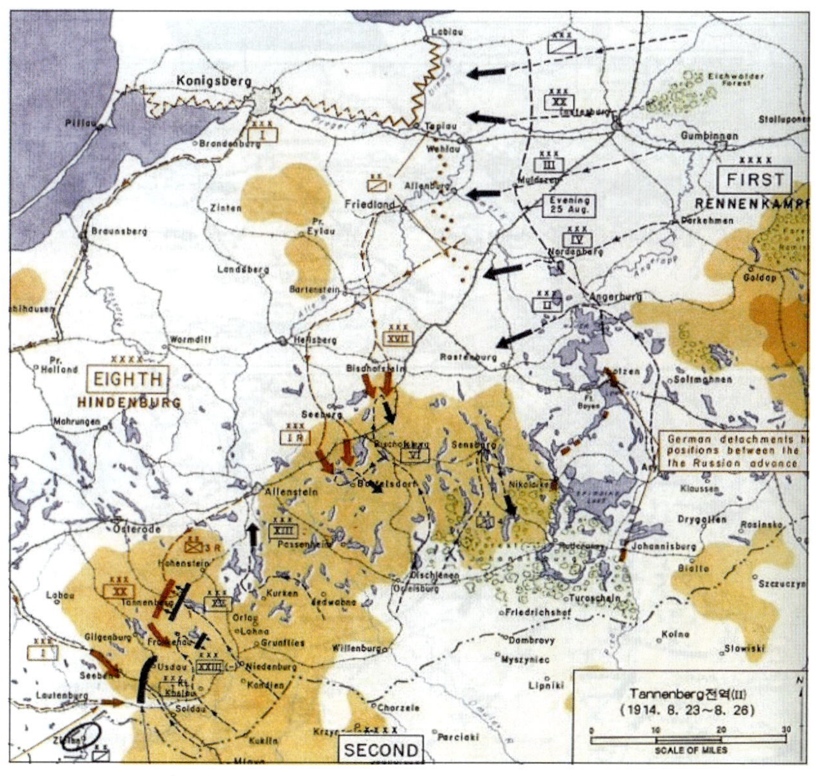

(그림 5-8) 탄넨베르크 전투 Ⅱ

러시아군의 상황을 살펴보면 렌넨캄프는 8월 20일 밤에 독일군이 굼비넨에서 철수한 것을 알고 승리에 도취해 그곳에서 3일간 허송하였다. 더구나 독일군의 기동상황을 전혀 알지도 못하면서 '독일군이 비스툴라선의 방어를 위해 철수하고 있거나 쾨니스버그(Könisberg) 요새 안의 안전지대로 도피하고 있으리라'고 추측하여 그것이 사실인 것처럼 상부에 보고하였다.

또한 삼소노프는 상부의 독촉으로 8월의 살인적인 뙤약볕 아래 8~9일간 쉬지 않고 전선으로 행군을 한 결과, 20만의 대병력은 질병과 피로에 지쳤고 병참조직마저 붕괴되어 황량한 벌판에 늘어져 있었다. 더욱 큰 문제는 암호전신에 익숙지 못하여 부대 간 교신을 평문으로 사용함으로써 적에게 모든 상황을 노출하고 있다는 것이었다.

8월 26일경, 러시아의 1군과 2군은 상호 간에 협동작전의 부재로 64km나 상호지원거리 밖에 이격되어 있었고, 이러한 상황을 독일은 상세히 파악하고 있었다. 독일군의 원래 계획은 삼소노프군의 좌측면을 공격하려는 것이었으나, 이러한 상황은 힌덴부르크와 루덴도르프로 하여금 전사상 가장 대담한 결심을 하도록 하였다, 그것은 현대판 칸나에의 재현을 의미하는 것이다.

힌덴부르크 장군은 렌넨캄프의 전면에는 제1기병사단만을 남겨놓고 제17군단과 제1예비군단을 전용하여 삼소노프군의 좌우 양측면을 동시에 포위 공격하게 한 것이다. 8월 24일 밤 남쪽으로 강행군을 시작한 제17군단과 제1예비군단은 8월 26일 삼소노프군의 우익(제6군단)을 기습 공격하여 이들을 전선으로부터 32km나 떨어진 오텔스부르그(Ortelsburg) 동남부로 퇴각시키고 삼소노프군 주력의 우측과 배후로의 통로를 개방하였다.

한편 우익의 1군단은 8월 26일 졸다우(Soldau) 부근에서 공격을 개시하여 삼소노프군의 좌익 1군단을 남방으로 퇴각시켜 삼소노프군의 좌측면을 노출시켰다. 이리하여 삼소노프군의 주력인 제13, 제15군단은 포위될 위험에 직면하였다. 그러나 이러한 사실도 모르고 삼소노프는 8월 28일 제13, 제15군단에 독일 제20군단을 향한 공격을 명령했다. 이에 그동안 수세를 취해오던 독일 제20군단도 총반격을 시작하자, 독일 동서북의 세 방면에서 포위망을 축소하여 현대판 칸나에 전투를 재현하였다. 29일 늦게야 휘하부대의 비참한 상황을 알게 된 삼소노프는 자살하고 말았다.

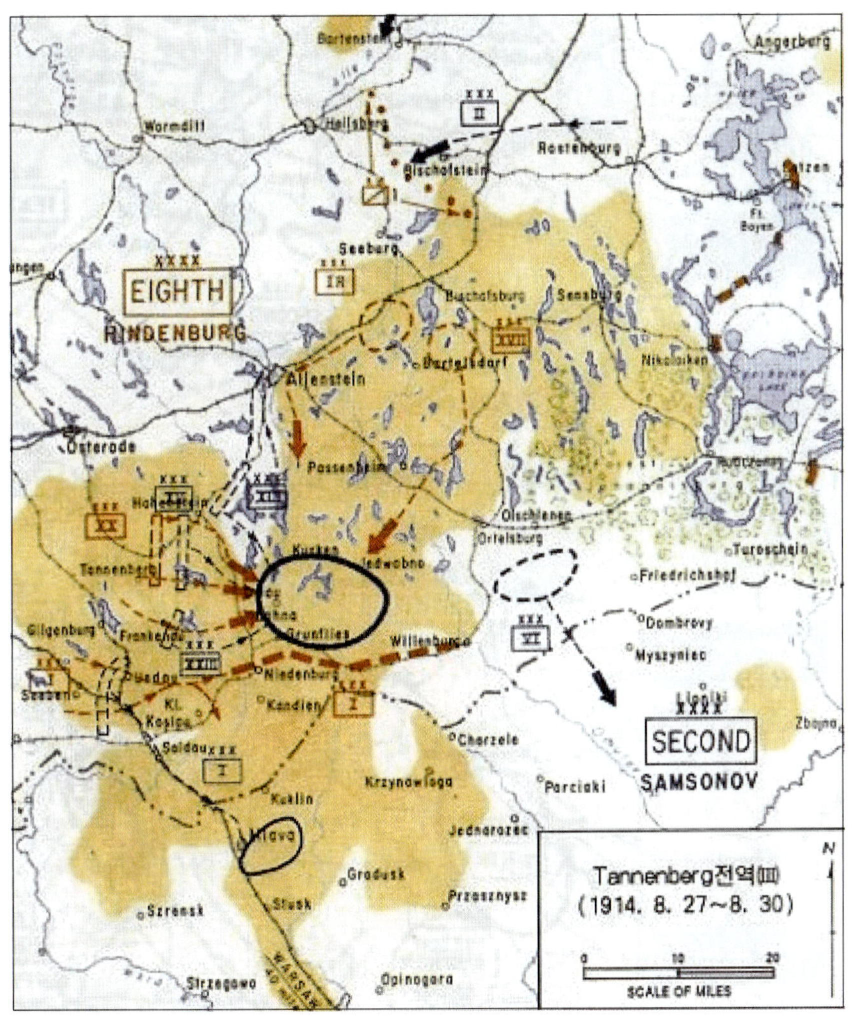

(그림 5-9) 탄넨베르크 전투 III

탄넨베르크 전투에서 러시아군의 손실은 포로 90,000명을 포함한 병력 125,000명과 포 500문이었다. 이에 비하여 독일군은 10,000~15,000명의 경미한 손실을 보았을 뿐이었다.

이어서 몰트케가 서부전선에서 보내준 2개 군단과 1개 기병사단으로 증강된 8군은 렌넨캄프를 다시 포위 공격하여 120,000명 이상의 손실과 함께 패퇴시켰다.

이러한 일련의 전투로 힌덴부르크와 루덴도르프 장군은 독일의 국민적 영웅이 되었고, 러시아는 동부전선에서 완전히 주도권을 상실하고 그 피해를 회복하지 못한 채 결국 전선에서 이탈하게 되었다.

러시아의 패배요인

- 러시아 1, 2군이 집결되기 전 진격은 무리였다.
- 보급 및 수송지원이 전혀 준비되어 있지 않았다.
- 행군 간 경계 및 정찰을 태만히 하였다.
- 작전상황을 평문으로 송신하여 독일군이 도청하였다.
- 지휘관과 참모의 능력이 전투 승패에 큰 영향을 미쳤다.

제3절 전선의 고착

(1) 베르됭(Verdun) 전투

1915년 말까지의 상황은 동부전선에서 독일에 유리한 것 같았으나 궁극적인 승리를 획득하지 못하고 있었으며, 오히려 연합군에 의하여 포위된 상태에서 소모전이 계속되고 있었다. 이러한 국면에 처하여 독일은 어느 방면이든 일대공세를 취하여야 했는데, 참모총장 팔켄하인은 서부전선의 베르됭을 선택하였다.

베르됭을 선택한 이유는 베르됭은 프랑스군이 어떠한 대가를 치르더라도 확보하고자 하는 요새이기 때문에 이 지점을 강타하여 타 전선에 있는 프랑스군을 불러들여 프랑스군의 전력을 흡수, 고갈시키기 위해서였다. 또한 만일 프랑스가 전력을 다하여 방어하지 않는다면, 이를 점령하여 프랑스군의 우익과 좌익을 분리시켜 파리로 향하는 통로를 마련하고 비록 공격이 성공하지 못하더라도 프랑스군에게 큰 타격을 가하여 단독강화에 응하게 하려는 희망을 품고 있었기 때문이다.

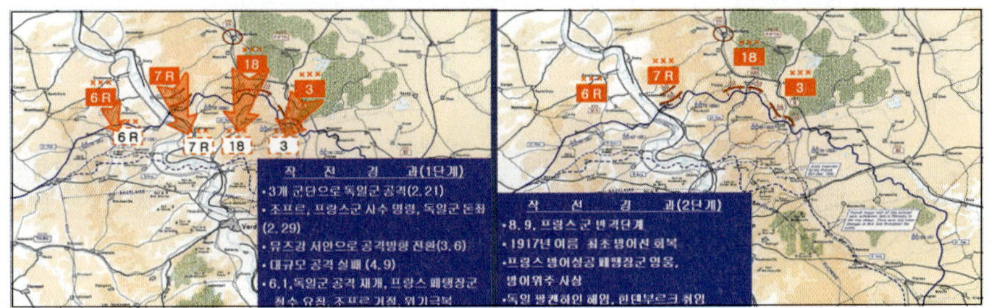

(그림 5-10) 베르됭 전투

독일은 베르됭 전면 13km의 전선에 3개 군단 제7예비, 제18, 제3군단의 병력과 각종 포를 집결하고, 도로와 철도를 신설 또는 확장했으며, 탄약과 기타 군수품을 집적하였다. 만반의 준비를 한 독일군은 지면이 굳어지는 5월까지는 공격을 하지 못할 것이라는 프랑스군의 예상을 깨고 2월 21일 새벽에 기습공격을 개시하였다. 독일군의 공격은 새벽 4시 30분부터 매시간 10만 발의 포탄을 퍼부으면서 제1, 2방어선을 분쇄하였다. 일부 지휘관들은 뮤즈 강선으로 철수할 것을 건의하였으나 죠프르 장군은 이를 단호히 물리치고 결사방어를 독려하였다.

그 결과 독일군이 초기에 승리했음에도 불구하고 점령 목표일인 24일까지 불과 6km밖에 전진하지 못하였다. 25일에는 프랑스에서 가장 우수한 지휘관 페탱(Petain) 장군의 제2군이 맡으면서 베르됭의 방어선을 4개 전구로 구분하여 독일군의 예봉을 꺾었으며 군용도로를 신설하여 수송문제도 해결했다. 독일군이 공격을 개시한 이후 6개월간 프랑스군은 불리한 모든 조건들을 용기와 인내로써 극복하고 전선을 지탱해 나갔다. 이 작전은 1917년 여름까지 계속되었으며 전 기간을 통하여 프랑스군의 사상자는 542,000명이 넘었고, 독일군의 사상자도 434,000명에 달하였다. 결국 베르됭에 대한 독일군의 공격은 저지되었고 프랑스군은 그들의 조국을 지켰다. 7월 19일 독일은 팔켄하인을 참모총장에서 해임하고 힌덴부르크 장군을 임명하면서 공격중지를 명령하고 말았다.

만일 프랑스군이 이 전투에서 패퇴하였다면, 솜(Somme) 지역에서 영국군의 공격준비가 완료되기 전에, 그리고 미국의 참전 결의가 굳어지기 전에 종국적인 승리는 독일에 돌아갔을지 모른다. 전투 기간 중 프랑스 국민은 전후방을 막론하고 '독일군을 통과시킬 수 없다(Ne passeront pas!)'는 구호 아래 굳게 단결하여 조국을 지켰던 것이다.

(2) 솜(Somme) 전투

솜 전투는 독일군이 베르됭에 주력하고 있는 때를 이용하여 독일군의 우익을 돌파, 우회하려는 것으로서 슐리펜 계획을 역으로 적용하려는 것이었다. 이 공세의 목적은 베르됭에 가해지고 있는 독일군의 압력을 제거하고 전선을 돌파하여 파리에서 불과 80km 거리에 있는 노아용(Noyon) 돌출부를 제거하려는 것이었다.

최초의 공격계획은 솜 강을 경계로 남쪽에서 프랑스군 40개 사단이 주공을 담당하고 북쪽에서 영국군이 조공을 담당하도록 하였으나, 베르됭 전투에서 많은 프랑스군이 소모되어 주공을 담당할 여력이 없게 되자 영국 제4군이 주공을, 프랑스 제6군이 조공을 담당하는 쪽으로 변경되었다.

이 당시는 공군의 역할도 점점 중요해졌는데, 항공사진술의 발달은 포병이 목표물을 발견하는 데 큰 도움이 되었으며, 무전기의 개량으로 지상관측자가 포병화력을 유도할 수 있게 되었다. 연합군은 계획에 따라 제공권을 확보하고 독일 공군의 항공정찰을 방해하였으며, 29km의 전선에 각종 부대와 더불어 1,500문의 포와 수백만 발의 포탄을 준비하고, 작전지역 배후에 3개 선의 철도와 도로를 신설하였다.

만반의 준비를 한 영국, 프랑스 양국은 6월 29일로 예정된 공격계획에 따라 6월 21일에 준비포격을 시작하였다. 그러나 악천후로 인하여 공격개시가 7월 1일까지 지연되었으며, 40kg의 무거운 장비를 갖춘 영국군 보병이 일제히 참호선에서 뛰어나와 공격을 개시하였으나 이동탄막은 따라가지 못하고 오직 그들의 시간표에 따라 탄막이 옮겨졌다. 보병과 포병의 협동이 제대로 되지 않았던 것이다. 7월 1일의 작전은 영국군 60,000명(장교 60%, 사병 40%)의 사상자를 내고 격퇴당했다.

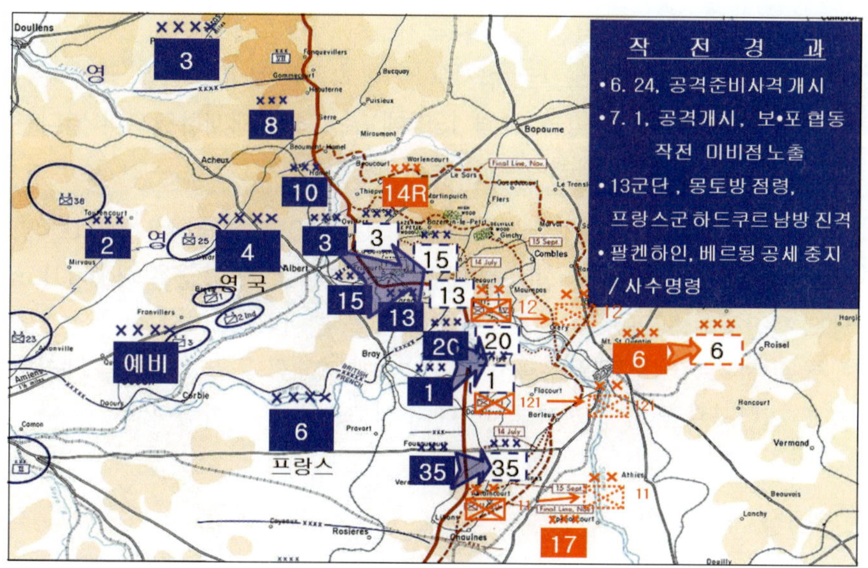

(그림 5-11) 솜 전투

7월 14일 영국군은 새로 6개 사단을 투입하여 독일군의 방어선을 일부 점령하였으나 전과확대를 위한 예비대의 투입이 지연되어 다음 날 독일군의 역습을 받아 물러서고 말았다. 이 2차 공격 실패 후 약 2개월 동안 전선은 소강상태에 빠졌다. 당시 독일군 참모총장이 된 힌덴부르크 장군은 병력을 증강하고, 1,800m의 종심을 갖는 종심방어 전술로 전환하였다.

(그림 5-12) 세계 최초의 탱크 영국의 MK-1

영국은 이때 서부전선의 교착상태를 타개하기 위하여 9월 15일 전선에 처음으로 전차(Tank)를 등장시키고 독일군 방어선을 돌파하기 위한 제3차 공격을 감행하였다. 당시 전투에 참가했던 전차는 18대에 불과하여 커다란 효과를 보지는 못하였지만, 전차는 새로운 돌파용 무기로서 기관총에 견디며 2.5m 넓이의 참호를 건널 수 있었으므로 병사들은 이 괴물을 보고 경악을 금치 못하였다. 연합군은 9월 25일과 11월 13일에도 공격을 재개하였으나 별다른 성과도 없고 기상도 나빠져 공격을 중지하였다.

이 5개월 동안의 격전에서 프랑스군은 195,000명, 영국군은 420,000명 독일군은 650,000명의 사상자를 내었다. 이 전투로 연합군은 기껏 11km 정도 전진하여 520㎢의 영토를 탈환하였을 뿐이다. 그러나 전략적인 면에서 솜 전투는 베르됭을 구출하여 프랑스에 가해진 독일의 압력을 제거하였고, 연합군으로 하여금 서부전선에서 선제권을 갖게 하였다.

제4절 1917년의 전선

(1) 니벨(Nivelle) 공세

연합국은 베르됭과 솜 전투에서 막대한 손실을 보았으나 1916년 말에 와서 점차 상황이 호전되어갔다. 1917년 초에 연합국은 루마니아의 붕괴를 제외하고는 전 전선에서 지금까지의 수세에서 벗어나 공세로 전환, 전쟁의 주도권을 회복하고 있었다. 연합군은 1916년 11월 샹티리 회의에서

1917년의 전략을 결정하였는데 그 내용은 1917년 2월부터 서부전선을 주공으로 하고, 동부전선을 포함한 전 전선에서 동맹군을 포위하고 공세를 취한다는 것이었다.

한편 독일은 베르됭과 솜 전투에서 입은 막대한 병력손실과 식량과 물자의 부족으로 군의 사기는 떨어지고 국민은 염전사상에 젖어들어, 루덴도르프까지도 서부전선의 현상유지가 어렵다고 생각하였다. 그리고 동부전선에서도 러시아가 현저히 회복된 데 반하여 오스트리아는 더욱 약화되어 이러한 상태에서 전쟁을 계속하면 필연적으로 패전한다는 비관적 견해가 지배하여 일부에서는 미국이나 교황을 통한 평화교섭을 시도하기까지 하였다.

이러한 상황에서 프랑스에서는 조프르 장군을 예편시키고, 그 후임으로 니벨(Nivelle) 장군을 참모총장에 임명하였다. 그가 세운 공격 계획은 주공 방면의 병력집중을 위하여 영국군이 담당한 전선을 남방으로 70km나 연장시키고 독일군 예비대를 흡수하기 위하여 아라스(Arras)와 노아용(Noyon)에서 견제공격을 주공에 앞서서 감행하고, 주공은 프랑스의 제5, 6, 10군이 담당하여 엔(Aisne) 강 건너 쉐멩데담(Chemin de Dames) 고지로 진출하도록 하는 것이었다. 그러나 이 계획은 무모하고 공상적인 계획으로 양심 있는 장군과 정치가들로부터 반대를 받았으나 그의 계획이 승인되지 않으면 사임하겠다는 위협으로 이를 관철시켰다.

(그림 5-13) 니벨 공세

한편 독일은 니벨이 공공연하게 발표하고 있는 대로 노아용(Nayon) 돌출부가 적의 공격목표임을 탐지하고 1916년 9월부터 구축해온 힌덴부르크 선으로 철퇴하였다. 이 진지는 기존의 진지에서 30km 후방에 위치하고 방어에 유리한 지역으로 철근콘크리트로 구축한 것이다. 그 결과 독일군의 방어정면은 축소되었으며 13개 사단을 예비로 사용할 수 있게 되었다. 이러한 진지조정은 2월 25부터 4월 5일간에 실시되었으며, 철수한 지역은 지뢰와 부비트렙을 설치하였다.[45]

주공개시 1주일 전인 4월 9일 영국군 지역에서 아라스(Arras) 전투가 시작되었다. 영국군 제1,3군단 및 캐나다 군단이 투입되어 독일공군과 각축전 끝에 제공권을 장악하면서 공격을 실시했으나 독일군의 강력한 방어진지를 돌파하지 못하고 아라스 전투는 무위로 끝났다.

4월 16일 니벨 공세의 주공인 제2차 엔(Aisne) 전투가 시작되었다. 니벨은 적을 강타할 목적으로 40km 정면에 120만 명의 대병력과 7,000문의 포를 집중 투입하였다. 그러나 프랑스군이 주공방향으로 선택한 곳은 독일군의 가장 강력한 방어 진지였기에 24시간 만에 10만 명 이상의 병력을 잃었다. 이리하여 니벨의 무모한 계획은 무산되고 프랑스정부는 니벨을 해임하면서 페탱을 참모총장에 임명했다.

니벨 공세의 실패로 프랑스군의 사기는 비참할 정도로 떨어졌기에 페탱장군은 군의 사기를 회복하는 데 주력하지 않을 수 없었다. 프랑스군이 당분간 공세를 보류하고 있는 동안 영국군이 작전의 주역을 맡고 플랑데르 방면으로 공격을 개시하여 메시느(Messines) 지역에서는 승리하였으나 이프르(Ypres) 지역 전투에서 30만 명의 손실을 보았다.

---

45) 이 철퇴는 비밀리에 진행되었으나 연합군은 이를 알아차리고 프랑스 북부집단군사령관은 독일군의 이동이 완료되기 전에 공격할 것을 상신했으나, 니벨은 독일군의 철퇴가 그의 계획에 아무런 영향도 미치지 못할 것이라고 주장하며 이를 받아들이지 않았다. 그러나 사실은 이 철퇴는 니벨의 계획을 무용하게 하는 조치였다. 니벨은 뒤늦게 자기의 계획이 무용하게 되었음을 알고 당황하면서도 이를 솔직히 시인하려 하지 않고 그의 계획을 강행할 것을 고집하였다. 위의 책, p.233.

(2) 러시아의 전선이탈

(그림 5-14) 러시아의 2월 혁명

1917년 초 러시아군은 병력의 보충과 보급의 개선으로 표면상으로는 연합군의 공세에 참가할 수 있을 것 같았지만, 사실상 내부로부터 붕괴되어가고 있었다. 군내에는 기술과 장비의 부족을 인간의 생명으로 보충하려는 고급 지휘관들의 처사를 공공연히 비난하는 풍조가 생기기 시작했다. 러일전쟁의 치욕적인 패전과 제1차 대전 간 러시아군의 연속적인 패배로 인한 짜르(Tzar)정부에 대한 불신과 궁중 황제의 타락에 대한 분노가 1917년 3월에 폭발하였다.

1917년 3월 12일에 노동자, 병사 등 좌익의 대표들은 소비에트를 결성하여 황제를 폐위시키고, 케렌스키(Kerensky)임시정부를 수립하였다. 당시 군내는 혁명사상이 만연하여 민주군대를 건설한다는 명목으로 각 단위부대마다 병사위원회를 조직하였다. 그리고 이 위원회로 하여금 군기 및 행정업무에 간섭하게 함으로써, 많은 지휘관들이 면직 또는 살해당하여 군기는 극도로 문란해졌다. 이러한 결과로 러시아군은 오합지졸이 되고 말았다. 4월 중순까지 반 이상의 장교가 파면되었고, 남아있는 장교들도 병사들을 처벌하거나 군기를 잡기 위한 노력을 할 수 없게 되었으며, 모든 작업과 훈련은 중지되고 병사들은 마음대로 탈영함으로써 러시아군은 사실상 전투능력을 상실하고 말았다.

이러한 러시아군의 내적 붕괴를 주시하고 있던 독일은 머지않아 러시아와의 단독강화가 이루어지리라고 확신하였으며, 러시아인들로 하여금 국토방위의 의욕과 단결심을 환기시키게 될 것을 우려하여 러시아군에 대하여는 공격을 보류하고 자멸할 때를 기다리고 있었다. 러시아는 새로운 참모총장에 맹장 브루실로프(Brusilov)를 임명하여 군기를 바로잡고 전투력을 회복하려고 노력을 거듭하였으나 아무런 성과를 거두지 못하였다.

1917년 여름, 연합국의 권유에 못 이겨 남부전선에서 대독 공세에 참가하기는 했으나, 러시아 제7군과 제11군의 31개 사단 20만 명이 제대로 싸워보지도 못하고 축출당하자 러시아의 군사력은 와해되고 말았다. 이후 러시아는 독일군의 공세에 밀려 수도 페트로그라드까지 위협을 받게 되었다. 이러한 와중에도 국내의 혁명당파 간의 정쟁이 격화된 틈을 타고 군부 쿠데타가 일어나고, 결국 11월 6일, 볼셰비키파가 반란을 일으켜 정권을 장악하고 소비에트 러시아를 수립하였다.

레닌과 트로츠키가 이끄는 볼셰비키파는 그들이 주장해오던 대로 제1차 대전을 제국주의 침략전쟁으로 단정하고 무배상 · 무합병과 민족자결주의를 기초로 한 평화를 제안하였다. 그러나 연합국이 이런 제안에 호응하지 않자, 그들만이 따로 독일과 평화협상을 추진하였다. 이리하여 12월 15일에 독일과 우선 휴전조약에 서명하고 트로츠키를 보내어 독일과 단독강화를 시작하였다.

소련은 무배상 · 무합병의 원칙으로 독일과 강화하려 노력했으나 소련의 내정을 간파하고 있는 독일은 이를 받아들이지 않고 소련의 허세를 꺾기 위하여 재차 공격을 실시하여 파죽지세로 발틱연안을 석권하였다. 독일이 페트로그라드로 육박하자 소련은 이를 저지하지 못하고 1918년 3월 3일 마침내 독일의 요구를 받아들인 다음 강화조약에 서명하여 대독전선에서 이탈하였다.[46]

---

46) 브레스트 · 리토브스크 조약의 주요 내용은 ①에스토니아 · 코을란드 · 리투아니아 · 폴란드를 러시아로부터 탈취하여 독일이 재처리할 것, ②우크라이나와 핀란드를 독립시킬 것, ③코카사스의 에리반 · 칼스 · 바툼을 러시아로부터 탈취할 것, ④러시아는 15억 달러의 배상금을 지불할 것 등이었다. 이 결과 러시아는 약 327만km²의 영토를 상실하여 경작지의 32% 석탄자원의 89%, 공업능력의 54%, 인구의 34%를 잃게 되었다. 독일은 광대한 곡창 및 자원지대를 장악하게 되었고 동부전선에 배치되어 있던 정예부대를 서부전선으로 전용하여 프랑스에 대한 대공세에 참여케 할 수 있었다. 위의 책, p.237.

(3) 미국의 참전

러시아의 전선이탈과 전후하여 전쟁의 성격과 정세를 변화시키는 대사건이 일어났으니 이것이 곧 미국의 참전이다. 미국은 개전 이래 중립을 선포하고 해양의 자유를 주창하며 무역을 활발히 하여 경제적 발전을 크게 이룩하였다. 그러나 1915년부터는 연합국 쪽으로 기울어져 영국과 프랑스에 차관을 제공하게 되자 독일은 잠수함으로 그 통상을 위협하였다.

1915년 2월 4일 독일은 영국 근해전역을 해전구역이라고 규정하고, 이 구역 내에 들어오는 선박은 국적을 불문하고 격침할 것을 선언하였다. 이러한 독일 잠수함의 활약으로 식량 대부분을 수입하고 있던 영국의 식량사정은 악화되고 물가는 나날로 폭등하였다. 미국은 독일정부에 대하여 미국인의 생명과 재산의 안전을 보장하라고 경고하였지만, 독일은 잠수함에 의한 무제한 격침을 그치지 않았다.

미국의 참전을 두려워한 독일이 1917년 1월 30일 무제한 잠수함작전을 또다시 시작하였으며, 2월 4일에는 이를 정식으로 선언하고 잠수함의 활동구역을 대서양과 북해뿐 아니라 지중해 방면까지 확대하였다. 또한 독일은 주멕시코 대사를 통하여 멕시코로 하여금 동맹국 측에 가담하여 텍사스, 뉴멕시코와 애리조나 주를 병합하도록 권유하고 있었다. 이러한 사실이 폭로되자 독일 잠수함이 미국상선을 격침한 것으로 인해 폭발 직전에 있던 미국인의 분노는 드디어 폭발하였다. 1917년 4월 2일 미국의 윌슨 대통령은 대독선전포고를 의회에 제안했고, 미 의회는 이를 가결함으로써 미국은 대독 연합전선에 본격적으로 합류하게 된 것이다.

(그림 5-15) 잠수함 공격에 침몰하는 미국의 여객선 루지타니아호

재미있고 유익한 이야기 **제1차 세계대전 당시 짐머만의 전보**

짐머만 전보는 유명하다.

독일이 1차 세계대전을 일으켰을 때, 영국은 즉시 독일의 트랜스 아틀란틱 케이블을 끊어 버렸다. 말하자면 독일의 유일한 신대륙과의 통신을 끊어 버린 건데, 이제 독일은 영국이 소유하고 있는 전신회사를 제외하고 남/북미 대륙 내에 있는 자국의 대사관들과 연락할 방도가 없어졌다. 그래서 독일은 멕시코에 전보를 보낸다.

1차 세계대전이 막바지로 접어들던 1917년 1월 17일. 영국 해군 정보부의 암호해독 요원 2명은 독일 외무장관 짐머만이 보낸 전문을 가로채 해독하다가 깜짝 놀라고 말았다. 상상치 못한 내용이 담겨있던 이 전문은 1차대전의 물줄기를 바꿔놓은 중요한 계기가 됐다.

당시 주전선인 서부전선에서 수백만 명의 사상자를 내며 치열한 전투가 연일 벌어졌지만 어느 쪽도 확실한 우위를 점하지 못했다.

독일은 2월부터 U보트를 이용한 무제한 잠수함작전으로 미국 등 세계 각지에서 연합군에 보내오는 보급선을 막으면 6개월 내 승리할 수 있다고 보고 있었다. 유일한 관건은 미국의 참전을 막는 것이며 무제한 잠수함작전이 미국을 자극할 우려가 있다고 생각했다.

당시 미국인들은 전쟁에 무관심했고 윌슨 대통령은 연합군과 동맹군의 동등한 관계에서의 화해를 주장하며 전쟁 불참 태도를 고수하고 있었다. 윌슨 대통령은 어느 한쪽이 패전하면 과도한 손해를 감당해야 하고 결국 전쟁 당사국 간의 적대감은 영원히 사라지지 않으리라고 보았다.

이 상황에서 영국 해군이 가로챈 전문의 내용은 그야말로 폭발적인 위력을 갖고 있었다.

전문의 내용을 요약하면 '미국이 중립을 지키도록 유도하되 성공하지 못했을 경우 멕시코는 일본과 동맹을 맺고 미군이 함부로 본토를 떠나지 못하게 한다.'라는 것이었으며, 그 대가는 뉴멕시코, 애리조나, 텍사스 일대를 멕시코에 되돌려 주는 것으로 되어 있었다.

사실상 미국 영토의 침범을 의미하는 이 전문이 공개되자 윌슨은 크게 분노했고 전쟁에 무관심하던 75%의 미국인들에겐 '독일이 우리의 적'이라는 사실을 각인시켰다. 결국 윌슨 대통령은 4월 2일 미국의 참전을 공포했다.

제5절 독일의 최후공세와 종전

(1) 1918년 루덴도르프 공세와 후티어 전술

1918년 초기의 전반적인 상황은 오히려 연합국에 상당히 불리하였다. 프랑스군의 사기는 아직도 회복되지 못하였고, 러시아는 전선을 이탈하였으며, 미국은 참전한 지 1년이나 되었지만 아직 6개 사단밖에 파견하지 못했다. 더욱이 영국군도 1917년 전투로 약화되었고 로이드 조지(Lloyd George) 수상은 병력증강을 거부하였다.

독일과 그 동맹국 역시 어려움은 마찬가지였다. 연합국의 해안봉쇄와 국내 수송수단의 악화는 경제를 파탄상태로 이끌었고, 영국의 식량을 고갈시키려던 잠수함전은 그 목적을 달성하지 못해 미국의 전쟁물자 수송은 계속되고 있었다. 이렇게 되자 독일은 평화협상을 희망하였으나 윌슨 대통령이 제시한 14개 조항 중에는 「동서를 막론하고 독일군의 전 점령지를 박탈한다.」라는 조항이 있기 때문에 루덴도르프는 평화를 이루는 가장 빠른 길은 무력에 의한 정복뿐이라고 생각하게 되었다.

당시의 상황으로 볼 때 독일군은 전 전선에서 공세를 취할 만한 여유는 없었으나 국지적 공세를 취할 여유는 충분하다고 보았다. 루덴도르프는 동부전선으로부터 대병력을 전용하여 서부전선에 병력을 증강하였다. 그러나 당시 독일 청년의 대부분이 징집되었기 때문에 더 이상의 병력보충은 불가능하였다. 그래서 루덴도르프는 이번 공격에 반드시 결정적인 성공을 해야 하고 반드시 성공할 것이라고 확신했는데 그 근거는 바로 현 병력의 우세와 신 공격전술인 후티어(Huttier) 전술이었다.

후티어 전술

- 기습을 기초로 하며, 단기간의 강렬한 준비포격을 실시한다.
- 포병은 전진하는 보병부대의 바로 앞에 계속적인 탄막*을 형성하며, 보병은 이동하는 탄막의 바로 뒤에서 전진한다.
- 경기관총을 주무기로 하는 소규모의 보병부대를 취약지점에 침투시켜 공격하며, 견고한 진지는 우회하고, 후속부대가 이를 소탕한다.

* 탄막 : 최후방어 사격 표적

◦ 제1차 공세 작전

공격 시기는 미군의 대병력이 전선에 투입되기 전 빠를수록 좋고, 공격 지역은 베르됭, 플랑데르, 솜 중에서 솜 지역을 택했다. 솜 지역은 돌파에 성공하면 영국과 프랑스 양군을 분리시킬 수 있으며, 영국군을 해안으로 압박하여 궤멸시킬 수도 있고, 또 이 지역의 방어가 가장 소홀했기 때문이었다. 루덴도르프의 작전계획은 대단히 단순하였다. 3개 군이 동시에 아라 동남부에서 라페르(La Fere) 북방까지의 영국군 전선을 돌파하여 진격하는 것이었다. 이 3개 군의 사령관 후티어(제18군), 마르비쯔(제2군), 뷔로우(제17군)는 후티어 전술의 전문가들이었다.

영국군 사령관 헤이그 장군은 3월 말경 독일군의 대공세가 있을 것을 예측하고 공격지역도 짐작하고 있었지만, 독일군이 그렇게 많은 병력과 그렇게 강렬한 방법으로 공격해 오리라는 것은 예측하지 못했다. 독일군은 3월 21일 새벽 4시 40분 6,000문의 포와 3,000문의 박격포가 일제히 포구를 열어 1시간 30분간 가스와 연막과 고성능 폭약으로 영국군 진지를 분쇄하고 60개 사단이 짙은 안개를 뚫고 진격하였다.

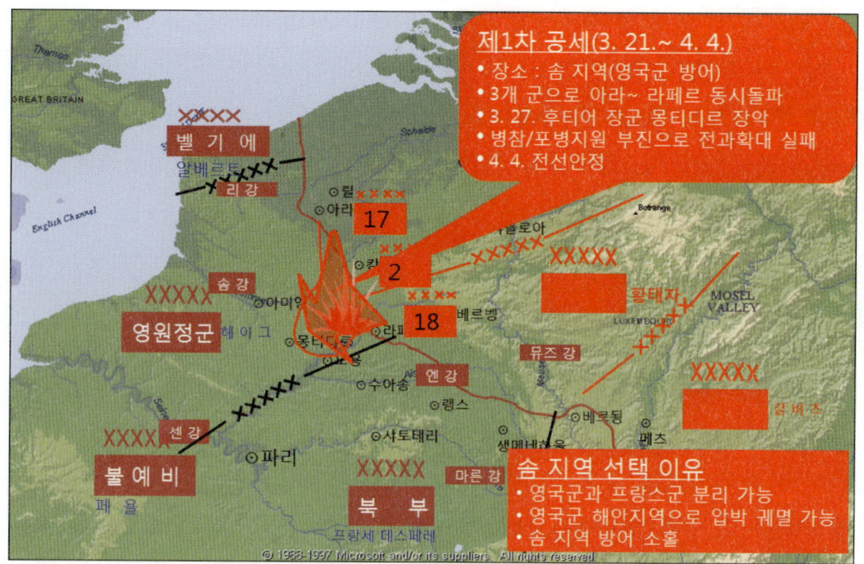

(그림 5-16) 독일의 제1차 공세

이 공격은 처음부터 빛나는 성공을 거두어 공격 후 하루 만에 돌파에 성공하였다. 이것은 1914년 이후 처음으로 교착상태를 벗어난 것이다. 후티어 장군의 공격은 특히 성공적으로 수행되어 적이 미처 파괴하지 못한 솜 강의 교량을 점거하였고, 프랑스 제3군의 노출된 우측방을 공격하여 이를 격퇴했다. 루덴도르프 장군은 후티어군의 전과를 더욱 확대하기 위하여 주력을 좌익의 돌출부에 투입하였다.

후티어 장군은 3월 27일경 몽티디르를 장악, 영·불 양군을 절단하는 데 성공하였으나 황폐된 솜 지역에서 병사들은 지쳤고, 도로는 파괴되어 포병은 보병과 진격속도를 맞출 수 없었으며 병참지원도 부진하였다. 시일이 경과함에 따라 영국군의 방어력도 회복되고 영국 항공대의 저고도 폭격이 치열해졌다. 결국 승리의 기회를 목전에 두고 필사적인 노력을 다했지만 끝내 이를 성취하지 못하고 4월 4일경에 이르러서 전선은 다시 안정되었다.

제1차 공세에서 독일군은 약 62km 전진하였고, 70,000명의 포로와

1,100문의 포를 노획하였으며, 200,000명 이상의 손실을 주었다. 그러나 독일군의 손실도 연합군과 비슷하였으며 더욱이 사상된 독일군 병사는 최정예 병사였다. 제1차 공세에서 독일군은 전술적으로 성공하여 영·불 양군을 절단하였으나, 영국군을 전멸시키려던 목적은 달성하지 못하여 전략적으로는 실패하였다.

◦ 제2차 공세 작전

제1차 공세에서 완전한 승리를 달성하지 못한 루덴도르프는 대공세를 한 번만 더 취하면 영국군을 궤멸시킬 수 있을 것으로 생각하고, 비교적 약화된 플랑데르 지방을 4월 9일에는 제6군이, 4월 10에는 제4군이 각각 후티어 전술로 공격하도록 하였다. 4월 12일에는 리(Lys) 강까지 육박하여 영국군을 위기에 몰아넣었으나, 영국군의 결사적인 항전으로 4월 17일에는 일단 공격이 중지되었으며 4월 29일에 루덴도르프가 공격중지를 명령하였다.

(그림 5-17) 독일의 제2차 공세

제2차 공세에서 독일군은 영국군에게 30만 명 이상의 손실을 주었으나 영국군에게 치명적인 지역은 한 곳도 점령하지 못하였으며, 독일군 사상자도 35만 명이나 되었다. 전투기간 중에 헤이그는 포쉬(Foch)에게 지원을 요청하였으나 포쉬는 영국군의 방어능력을 믿었으며, 또 귀중한 예비병력을 방어전에 소모하기보다 차후 공세를 위하여 아껴두고 있었다. 포쉬의 철저한 병력절용에 대하여 분개하였으나 차츰 포쉬의 정당성을 인정하게 되었다.

◦ 제3차 공세 작전

두 차례에 걸친 공격에서 전술적으로는 성공하였으나 전략적으로는 목적을 달성하지 못한 루덴도르프 장군은 극도로 피로해진 영국군을 제압하기 위하여 다시 새로운 공세를 결심하였다. 이번에는 엔(Aisne) 강 지역을 공격하여 파리를 위협하는 듯이 가장함으로써 북방 플랑데르와 아미앙 지역에 있는 연합군 예비대를 유인한 후에 플랑데르 지방에 있는 영국군에 대하여 대공세를 취하여 이를 격멸시키려고 하였다.

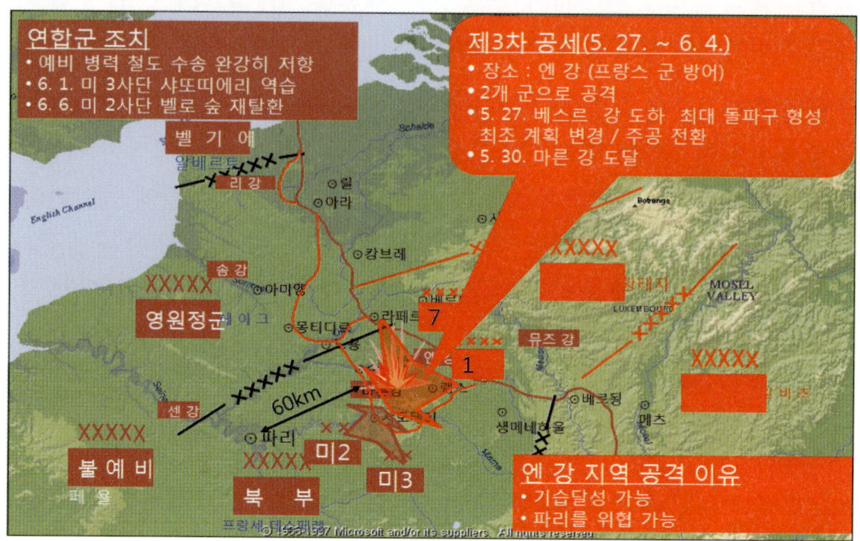

(그림 5-18) 독일의 제3차 공세

루덴도르프는 제1군과 제7군의 11개 사단으로 르빌리와 브리몽 요새 사이를 공격하였다. 5월 27일 야음을 뚫고 진격한 17개 사단은 이날 저녁까지 14km의 전선에 걸쳐 20km를 전진하여 베스르 강을 도하하였다. 1914년 이래 가장 규모가 큰 돌파구를 형성한 루덴도르프는 최초계획을 변경, 이곳을 주공으로 전환하여 계속 전진했다. 이리하여 5월 30일에는 파리 전방 약 60km 거리에 있는 마른(Marne) 강에 도달하였다.

연합군은 처음에는 어리둥절하였으나 독일군의 기도가 명백해지자, 예비병력을 철도로 수송하여 완강히 저항하였다. 특히 미군 제3사단은 6월 1일 샤또띠에리에서 독일군을 역습하여 3일간의 전투 끝에 이를 저지했고 제2사단은 6월 6일 벨로 숲을 재탈환하는 데 성공하였다. 이것은 미군사단이 수행한 최초의 작전으로서 여기서 나타난 미군의 전투능력은 독일군을 당황케 하였고 연합군의 사기를 크게 높였다.

독일군은 연합군보다 수적으로 별로 우세하지 못한 상태에서 세 차례의 공세를 실시하여 커다란 성과를 나타내었다. 그러나 이와 같은 전술적 성공이 전략적 승리로 연결되지 못한 것은, 일단 돌파구를 형성한 뒤 이를 확대할 예비병력이 부족했기 때문이었다.

반면에 연합군은 독일군이 돌파에 성공하여 도보로 전진하고 있을 때 철도를 이용하여 예비병력과 군수품을 수송하여 1주일 후면 강력한 역습을 실시할 수 있었다. 연합군은 오히려 전략적으로 유리한 상황에 있었던 것이다. 그리고 연합군은 그동안 새로운 방어전술인 종심방어전술을 발전시켜 나갔으므로 기습에 대비할 수 있었다. 그동안 연합군의 손실은 80만 명, 독일군은 60만 명으로 연합군이 더 큰 손실은 입기는 하였으나, 미군의 증원이 계속됨으로써 우세를 유지 할 수 있었고, 그 반면 독일군은 증원할 길이 없었다.

◦ 제4차 공세 작전

(그림 5-19) 독일의 제4차 공세

루덴도르프는 다시 노아용~몽티디르 지역에 대한 소규모 공격을 결심하고, 6월 9일 후티어 장군의 제18군(21개 사단)으로 노아용~몽티디르 간을 공격하고, 제7군 보엔은 쑤아송 서남방을 공격하게 하였다.

그러나 이번에 제4차 공격에서 독일군은 기밀유지가 철저하지 못하였고, 도망병이 증가하여 연합군은 그들을 통하여 적정을 정확히 파악할 수 있었다. 이리하여 연합군은 독일군이 준비포격을 시작하기 직전에 반대포격을 시작하였다. 독일군은 6월 11일까지 14km를 전진하였으나 종심방어를 취한 프랑스군 방어선을 돌파하지 못하고 연합군의 반격을 받아 오히려 수세에 몰리게 되었다. 그리고 때마침 당시 세계적으로 유명한 악성 인플루엔자가 양군에 전염되어 그 피해는 독일 측에 더욱 심하여 독일군의 사기는 현저히 저하되었고, 그 반면 미군이 증강되고 있는 연합군의 사기는 드높아 갔다. 이리하여 6월 중순 이후 전선은 다시 소강상태를 이루고,

독일군의 돌파기도가 처음으로 좌절당했다.

구로우 장군의 종심방어 전술

- 전선의 최전방을 전초선으로 변경해 관측임무를 수행하며 적의 습격을 물리칠 수 있을 정도의 소수병력만 잔류시킨다.
- 어떠한 일이 있어도 방어해야 할 주진지는 전초선에서 약 1800~2700m 후방에 설치한다.
- 주진지와 전초선 중간지대에는 적의 공격을 지연 또는 격퇴하기 위한 요새진지를 둔다.
- 포병은 종심으로 배치하여 전초선과 주진지 양측을 모두 지원하도록 한다.
- 예비대는 주진지가 돌파당할 경우 즉시 역습할 수 있도록 주진지 후방에 둔다.

◦ 제5차 공세 작전

네 차례에 걸친 공세가 모두 실패하자 독일군 지휘관들 가운데는 평화를 희망하는 자가 속출하였다. 그러나 루덴도르프는 플랑데르 지역에 있는 영국군에게 최후의 일격을 가하여 최후의 승리를 얻으려고 고집하였다. 7월 15일 랭스(Raims) 양측을 공격하여 예비대를 유인한 후 10일 후에 플랑데르 지방에 주공을 감행하고자 하였으나 이것도 포로와 도망병 및 항공정찰로 사전에 폭로되어 실패하였다.

독일군 제5차 공세는 공격개시 2일 후인 17일에 와서 아무런 성과를 얻지 못한 채 많은 희생을 치르고 좌절되어 버렸다. 이에 의지의 장군 루덴도르프도 플랑데르 지방에 대한 그의 공격계획을 포기하지 않을 수 없었다.

이 전투 중에도 페탱은 포쉬에게 예비대를 요청했으나 포쉬는 3개월 전 헤이그의 요구를 거절할 때와 같은 이유, 즉 방어전에 병력을 소모하기보다는 병력을 절약하여 대공세를 취하기 위해 이를 거절하였다.

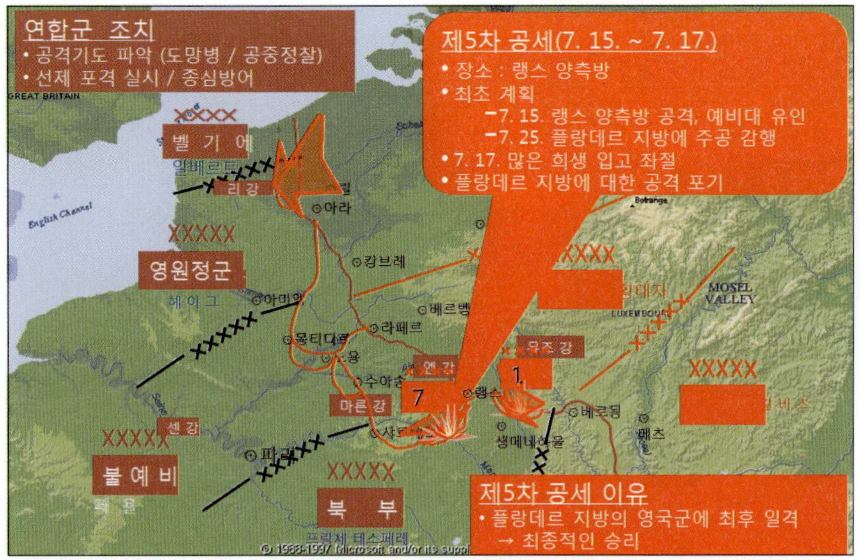

(그림 5-20) 독일의 제5차 공세

(2) 연합군의 반격

연합군은 루덴도르프 장군의 끈질긴 공세를 극복하고 이제 서부전선에서 주도권을 장악하게 되었으며, 오랫동안 준비하여 오던 대규모의 반격을 독일군의 5차공세가 끝난 다음 날인 7월 18일부터 시작할 수 있게 되었다. 연합군과 독일군의 전력 균형은 어느덧 역전되어 있었던 것이다.

연합군 사령관 포쉬 장군은 7월 18일 새벽 엔~마른 지역에서 일제히 역공세를 취하였다. 공격군의 주력은 미 제1, 제2사단을 포함한 프랑스 제10군으로서 쑤아송 바로 남방에서 동북방으로 진격하도록 하였다. 그리고 조공으로는 프랑스 제6군, 제9군, 제5군이 각각 엔~마른 지역의 돌출부 서·남·동에서 공격하게 하고 구로우의 제4군은 랭스 동부에서 전방의 독일군을 견제하도록 했다.

독일군은 연합군의 신속한 기습공격을 받아 크게 당황하였으며, 병사들은 사기가 저하되어 전의를 상실하고 말았다. 결국 루덴도르프는 그의 숙원이던 플랑데르 공격을 취소하고, 7월 19일 밤부터 철수하기 시작했다.

미군을 선두로 한 연합군은 8월 6일에 베스르 강선에 도달하여 엔~마른 지역의 돌출부를 완전히 제거하였다. 당면 작전의 목적은 지금 진행 중인 엔~마른 돌출부를 연결하여 아미앙, 쌩 · 미이엘 등 3개의 돌출부를 제거하고 연합군 전선을 횡적으로 연결하는 철도선을 확보하려는 것이었다.

(그림 5-21) 연합군의 공세

이 계획에 따라 헤이그 장군은 8월 8일 새벽 4시 20분 영국 제4군, 프랑스 제1군과 고속신형전차 위페(Wippet)를 포함한 400대의 전차로 아미앙 지역에 기습적인 보전협동작전을 전개하였다. 루덴도르프가 '독일군 암흑의 날'이라고 말한 이 날 영국군은 1,500명의 독일군 포로와 400문의 포를 획득하였다. 독일군 사령부는 연합군의 공격보다는, 독일군 내의 항명사건과 사기저하에 크게 당황하여 1915년의 구 전선을 철수하였다. 8월 말에는 또다시 지그프라인(힌덴부르크선)으로 철수하였으며 루덴도르프는 사임하게 되었다. 독일군 사령부는 이제 승리의 가능성이 없음을 인식하고, 가능한 한 전투를 회피하며 프랑스령 내의 거점을 확보하기 위하여 노력하는 한편, 강화하기를 원하였다.

미군사령관 퍼싱(Pershing) 장군에 의한 쌩 · 미이엘 돌출부 제거작전이 성공적으로 수행되자[47] 엔~마른, 아미앙 및 쌩 · 미이엘 돌출부가 완전히 제거되었다. 또한 전선을 횡적으로 연결하는 철도선을 확보한 제1단계 작전이 완료됨으로써 포쉬는 독일군에게 최후의 일격을 가할 신작전계획에 몰두하였다. 이제 연합군의 사기가 점점 높아져 가고 병력과 장비가 우세하므로 이제부터 총공세로 나가 연말까지는 독일군을 격파하고 최종적인 승리를 획득할 수 있으리라 판단하였다.

포쉬의 총공격 계획은 전략적 양익돌파를 그 주축으로 하고 공격개시 시기는 9월 말로 결정하였다. 총공격의 목표는 독일군이 철수 시 사용해야 할 철도의 중요 교차점이 되는 올노이예와 메지에르로 하고, 올노이예에 대한 공격은 영국군, 메지에르에 대한 공격은 미군이 담당하도록 하며, 프랑스의 파이올르 집단군은 미군의 좌익을 엄호하도록 하였다.

이 계획에 따라 퍼싱 장군은 뮤즈 강과 아르덴느 삼림지대에 9개 공격사단과 6개 예비사단 및 4,000문의 포와 190대의 전차, 그리고 약 820대의

---

47) 퍼싱(Pershing) 장군은 8월 28일 쌩·미이엘 돌출부 제거임무를 부여 받고, 미군으로서는 처음으로 야전군 단위의 제1군사령부를 이곳에 설치하였다. 미군은 아직 장비와 병력면에서 독자적인 작전을 수행하기가 부족하였으나 소요량의 절반 이상이나 되는 포, 항공기, 전차와 3개 사단의 병력을 프랑스군으로부터 지원을 받아 작전에 돌입하였다. 쌩·미이엘 지역은 전략적으로 중요한 지역이었으므로 독일군은 이를 요새화하였다. 그러나 5차 공세 실패 후 독일군은 병력이 매우 부족하였기 때문에 병력절약을 위하여 이 돌출부부터도 점차 철수하고 있었다. 이러한 시기에 미군이 공격을 개시한 것이다. 9월 12일 2시 정각에 준비포격을 개시하고, 새벽 5시에 300문 이상의 포와 1,500대 이상의 항공기로부터 직접 지원을 받는 보병부대가 공격을 시작하였다. 이 공격 중 미첼(William Mitchell) 대령이 지휘하는 항공대는 국지적 공중우세로 연합군의 승리에 크게 기여하였다. 이 작전은 미군이 독자적으로 수행한 최초의 작전으로서 미군은 이 작전에서 그 전투력의 우수성과 아울러 대규모 작전을 수행할 수 있는 능력을 과시하였다.

항공기를 집결시켜 9월 26일 준비포격을 개시하고, 보병부대의 신속한 돌진으로 공격을 개시하였다. 여기서 미군은 120만의 병력을 투입하여 12만 명 이상의 사상자를 내는 치열한 전투 끝에 11월 7일 그 임무를 성공적으로 완수하였다.

한편 영국군은 9월 27일 공격을 개시하여 10월 5일에는 최강의 방어선으로 알려진 힌덴부르크선을 돌파하고 11월 5일에는 공격목표인 올노이 예시를 점령하였다. 그리고 휴전 당일인 11월 11일에는 1914년에 영국군이 처음으로 패전한 몽시에 입성하여 그 치욕을 씻었다. 포쉬장군의 다음 작전계획은 11월 15일부터 멧쯔 남방 로레인 지역에 대해 공격하려는 것이었으나 이 계획은 휴전으로 불필요하게 되었다.

(3) 전후 베르사유 체제

휴전조항은 독일 육군으로부터 그들의 주병기와 수송수단을 박탈하고, 해군으로부터 전 선박을 빼앗으며, 연합군에게는 라인 강 동부에 거점을 확보하게 하려는 것이었다. 이로써 독일은 그 영토가 점령당하지는 않았으나 이제 전쟁을 재개할 여지가 없게 되었다.

그런데 휴전 후에도 전면적 강화협정을 완료하는 데는 5년이 더 걸렸고, 국제연맹의 의결에 따라 독일은 해외식민지를 박탈당하고, 영토의 13%, 인구의 10%가 타민족의 지배하에 들어갔다. 또한 독일 군비를 제한하기 위해 육군은 병력 10만으로 장교 4,000명, 하사관 40,000명, 병 56,000으로서 일반참모부와 지원병제도를 폐지하고, 군사교육은 금하도록 하였다. 해군 또한 병력 15,000명에 선박은 108,000톤으로 제한하고 잠수함은 보유하지 못하게 했다. 그리고 항공기 및 전차, 중포, 대공포, 독가스 보유를 금지했고 전쟁물자 생산도 엄격히 제한했다.

군사관계 휴전조건

- 2주일 이내에 점령지역으로부터 철수할 것
- 1개월 이내에 라인 강으로부터 철수하고 6마일의 비군사지대를 설치할 것
- 마인츠, 코브렌츠 및 코르뉴에 있는 3개의 교두보를 연합국에 인도할 것
- 연합국 전 전쟁포로를 즉시 송환할 것
- 포 5,000문, 기관총 25,000정, 비행기 1,700대, 기관차 5,000대, 철도차량 150,000량, 트럭 5,000대를 연합국에 인도할 것
- 전 잠수함을 인도할 것
- 전함 16척, 순양함 8척, 구축함 50척은 중립국 또는 연합국에 억류할 것
- 브래스트 · 리트브스크조약 및 부카레스트조약을 파기할 것

전후문제의 처리에 있어서 파리강화회의가 겉으로는 이와 같은 과오를 범하지 않기 위하여 국제연맹을 결성하는 등의 모습을 보였다. 그러나 실상은 가혹하기 짝이 없는 조항들을 베르사유 조약과 기타의 조약을 통해 패전국에 강요함으로써 제국주의적 성격을 벗어나지 못하였다. 이렇듯 승전국의 입장만이 관철된 베르사유 체제를 향해 포쉬는 "평화가 아니다. 20년간의 휴전이다."라고 말했으며 이는 결국 나치와 같은 위험요소를 배태하게 되었다.

제 6 장 | 제2차 세계대전

제6장

제2차 세계대전

제1절 제2차 세계대전의 발발

가혹한 베르사유 체제에서 독일 국민의 절망과 반감, 연합국 지도자들의 유화정책, 1929년에 느닷없이 들어 닥친 세계공황, 그리고 이러한 환경에서 출현한 전체주의 세력의 등장으로 세계는 다시 세계대전의 불길 속에 빠져들게 되었다.

(1) 전체주의 대두와 국제정세

제1차 대전 이후 오스트리아-헝가리 제국과 제정러시아의 붕괴, 그리고 민족자결주의에 따라 새롭게 탄생한 신생국들의 난립으로 유럽 지역은 새로운 분쟁과 갈등이 끊임없이 확산되고 있었다. 러시아를 중심으로 한 공산주의 혁명사상의 확산과 나치즘과 파시즘의 등장은 이러한 갈등과 혼란을 더욱 증대시켜 나갔다. 그러나 무엇보다도 유럽의 정세에 지울 수 없는 암명과 전쟁의 불씨는 패전국 독일의 베르사유 체제에 대한 증오심과 체제 파괴에 대한 욕망이었다.

제1차 세계대전의 전후처리를 위한 파리강화회의는 평화에 대한 열망과 독일에 대한 응징으로 나타났으며, 일방적으로 강요된 베르사유 조약은 독일 민족으로 하여금 감내하기 어려운 굴욕과 영토적 경제적 박탈은 물론, 군사적 제한을 강요한 것이었다. 조약의 결과 독일은 모든 해외식민지를 상실했고, 국토의 상당 부분을 강

(그림 6-1) 독일의 경제를 파탄으로 몰고 간 베르사유 조약

제적으로 할양되거나 타국에 귀속 당했으며, 피점령지의 국민들은 뿔뿔이 흩어져야만 했다. 더욱이 독일국민의 증오심을 불러일으킨 것은 1,320억 마르크(금화)라는 상상할 수 없는 전쟁 배상금과 10만 병력으로 한정된 군비제한이었다.[48]

한편, 전승국은 대전 후 그들 나름대로 유럽의 안정과 평화를 위하여 많은 노력을 하였다. 그중 하나가 국제연맹(League of Nations) 창설이다. 그러나 국제연맹에는 독일과 소련의 참여가 거부되었을 뿐만 아니라 그것을 제안했던 미국조차도 참여하지 않았다. 더구나 강대국들은 자국의 이익에 영향이 없는 한 국제연맹에 그다지 열의를 보이려 하지 않았던 것이다.

특히 전후 전승국 지도자들이 보였던 전체주의에 대한 연약하기 이를 데 없는 유화정책(Appeasement policy)은 사태를 더욱 돌이킬 수 없도록 악화시키고 말았다. 1935년 12월 5일 무솔리니의 에티오피아 침공에 대해서, 그리고 1931년 일본의 만주침략에 대해서는 일말의 제재도 가하지 않았다. 독일 나치정권의 베르사유 조약의 무시와 계속된 침략행위 및 세력확장에 대해서도 평화를 지킨다는 명분으로 지나칠 정도로 자제하였다. 결국 이러한 유화정책이 대전으로 향한 역사의 수레바퀴를 저지하지 못한 것이다.[49]

---

48) 제1차 세계대전의 인적·물적 손실과 피해는 그 이전의 어느 전쟁과도 비교가 안 될 정도로 컸다. 쌍방을 합하여 전사자가 약 1,000만 명에 달하고, 부상자는 2,000만 명이었다. 일반시민의 사상자 또한 적지 않았겠지만, 이를 추산하기는 어려웠다. 민석홍,『서양사개론』, (서울 : 삼영사, 2002), p.528.

49) 히틀러는 국제연맹에서 탈퇴하고 베르사유 조약을 파기하여 본격적으로 재무장을 실시하였다. 뿐만 아니라 로카르노 조약의 무효를 선언하면서 라인 란트를 점령하고 나아가 오스트리아를 합병하고 체코를 점령하였지만, 서방은 유화정책을 계속하고 있었다. 마침내 1939년 히틀러는 스탈린과 독소불가침조약을 체결하고 폴란드로 진격해 들어갔다, 서방의 민주 국가들이 유화정책을 포기했을 때는 이미 늦었던 것이다, 새로운 세계대전이 발발한 것이다. 김기훈·이내주·이재, 위의 책, p.333.

(2) 독일의 전쟁준비

젝트의 비밀재군비활동
1. 금지된 일반참모부의 제반 기능을 정부 각 부처로 이관 2. 비밀계획하에 고도의 군사기술훈련 및 전술연마를 일본, 남미, 소련 등지에서 위탁훈련 등 체계적으로 실시 3. 소련과 비밀군사협조를 추진하여 소련 영토 안에서 조약상 금지된 군사훈련 및 제반무기의 획득 4. 동원국이라는 비밀특별국을 설치하여 참모본부의 역할을 맡게하고 국외 여러 산업체와도 협조를 모색하는 임무를 수행

베르사유 조약의 군비제한 조항에 의하여 독일은 예전의 1/8도 안 되는 국가방위군을 유지할 수밖에 없게 되었다. 이에 독일 국방군 참모총장 젝트(Hans von Seeckt)는 재임기간(1920~1926) 중 이러한 엄격한 제한 속에서도 독일군의 비밀 재군비를 실시하였다.[50]

즉, 제한된 수의 국가방위군을 '간부화된 정예군'으로 만든 것이다. 장차 군대가 확장될 때, 모든 사병은 하사관의 역할을, 하사관의 대부분은 초급 장교의 임무를 담당하며, 모든 장교는 대부대 지휘를 능숙하게 할 수 있는 고급지휘관이 될 수 있도록 엘리트 군대를 육성했던 것이다.

---

50) 젝트(Seeckt)는 원래 1차대전의 제3군단 참모장이었는데, 쑤아송(Soisson) 돌파전에서 용맹을 떨친 후, 막켄젠 장군의 신편 제11군의 참모장으로 발탁되어 동부전선으로 갔다. 거기서 그는 막켄젠 장군을 보좌하여 빛나는 업적을 이룩한 결과 "막켄젠 있는 곳에 젝트가 있고, 젝트가 있는 곳에 승리가 있다."는 명성을 얻었다. 패전 후 그는 독일 대표단의 한 자문위원으로서 파리강화회의에 참석하여 끓어오르는 울분을 참을 수 없었다. 나중에 그는 군비제한조치를 역이용할 방안을 모색하기 시작하여 과거에 샤른호르스트(Scharnhorst)가 나폴레옹의 눈을 피해 프로이센군을 어떻게 육성했는가를 면밀히 검토하였다. 그러던 중 그는 마침내 1920년 독일국방군의 참모총장이 됨으로써 재군비 작업을 실천에 옮길 수 있었다. 위의 책, p.264.

이러한 목적을 달성하기 위하여 우선 장교의 선발에 최대의 신중을 기했다. 특히 장교는 고도의 지식과 용기, 신의를 지녀야 했기 때문에 더욱 엄격한 구비조건이 필요했다. 대학의 졸업장 없이는 장교로 지원할 수조차 없었으며, 임관을 위해서는 4년 6개월의 훈련과정을 거쳐야 했다. 그뿐만 아니라 임관 후에도 계속되는 새로운 교육과정과 자격시험이 뒤따랐으며, 여기에서 낙제하면 즉시 해임을 당하였다.

학력과 더불어 그가 극히 관심을 기울였던 것은 귀족 및 군벌가문 자제들의 다수를 장교로 임관시키려 한 것이었다. 이는 신생공화국의 군대 내에서도 독일의 전통적인 군국주의 사상을 그대로 지속시켜야 한다는 그의 신념에 의한 것이었다. 이와 같은 태도는 민주주의자나 사회주의자들로부터 심한 반발을 받기도 했지만, 그는 군의 중립성을 방패로 이를 극복하였다.

출신성분과 학력의 요소는 사병선발에도 중요하게 적용되었다. 베르사유 군비조항에 의하여 징집제도가 지원병제도로 바뀜에 따라 17세에 달한 남자는 누구나 자유롭게 군에 지원할 수 있음에도 불구하고 지원과 선발에는 종교, 사회적 위치, 직업 및 정치적 신분 등이 심도 있게 고려되었다. 이러한 기준에서 선발된 사병들은 육체적으로나 정신적, 또는 기술적으로 철저한 직업군인이 되도록 교육과 훈련을 받았기 때문에 다른 어떤 나라의 군대보다도 우수하게 육성되었다.

젝트의 두 번째 업적은, 후일 독일군 전략사상에 근본적 영향을 미친 새로운 전략이론을 제공한 점이다. 제1차 대전 후 젝트를 위시한 독일군 지도자들은 패전의 원인을 분석하고 새로운 전략이론을 도출하는데 전력을 다하였다. 결국 전쟁에서의 승리가 공격에 의해서만 달성될 수 있다는 공격전략의 우위성이 강조되었으며, 공격을 성공적으로 수행하기 위해서는 질적으로 우수하고 고도로 기동화된 소규모 단위 정예부대가 절실하게 필요하다는 결론에 도달하였다.

이리하여 차량화 부대와 항공기의 협동작전 가능성을 검토하는 기동연습이 실시되었고, 구데리안(Guderian)은 전차부대의 전술적 운용에 관한 연구를 진행시켰다. 풀러(Fuller)나 리델하트(Liddell Hart) 등에 의하여 이론적 기초가 마련된 기계화 부대 및 전격전의 이론은 1921년 젝트가 '독일군 재건에 관한 기본사상'을 발표한 것과 때를 같이 하여 더욱 발전되었다. 요컨대 젝트의 지도 아래 독일 국방군은 기동성을 위주로 한 공격우위를 강조한 가운데 훗날 전 세계를 전율케 한 전격전의 기반을 이룩하였다.

1929년의 세계공황은 1920년대 후반에 성장의 가능성이 보이던 민주적인 바이마르 공화국에 치명적인 타격을 가하였고, 그때까지만 해도 미미한 존재에 지나지 않았던 히틀러에게 집권의 기회를 제공하였다. 절망할 대로 절망한 독일국민은 마침내 나치스와 히틀러에게 그들의 운명을 내맡기게 된 것이다.[51)]

히틀러는 꿈꾸어 오던 대제국의 망상을 용의주도한 방법과 전술로 실천에 옮겨 나갔다. 목표를 달성함에 있어서 일괄적 · 급진적으로 달성하는 것이 아니라, 부분적·점진적으로 추진하되 제한된 소규모의 무력이나 압력을 지속적으로 투입하여 성과를 계속 획득, 누적하여 궁극적으로 기도했던 목표를 달성하는 '잠식전술(Piece-meal tactics)'을 사용하였다.

---

51) 히틀러는 오스트리아 출신으로 1914년에 독일군에 입대하여 하사로서 종군하였으며 종전 후 1919년 나치스의 전신인 '독일 노동당'이라는 작은 정치단체에 가입하였다. 1920년 독일노동당은 '국가 사회주의 독일노동당(나치스)'으로 개칭하였고 급진적이며 선동적인 연설에 능한 히틀러는 곧 나치당의 당수가 되었다. 패전으로 인한 국민의식의 피폐와 경제적 궁핍으로 독일이 점차 공산주의의 침식에 깎여 들어가고 있을 무렵 1923년 11월 폭력에 의한 정권을 탈취할 목적으로 뮌헨에서 폭동을 일으켰으나 실패하고, 1925년까지 감옥생활을 하였다. 수감 중 그는 「나의 투쟁」(Mein Kampt)을 저술하여 장차 실천할 과업을 그 속에 표명하였다. 1929년 대공황이 일어나자 독일 국민의 고통은 더욱 극심해지고, 중산 대중은 이러한 사태를 구해줄 사람을 찾기에 바빴다. 드디어 히틀러는 온갖 선전과 위기의식을 조장하면서 독일 국민의 지지를 얻기 시작했다. 그리고 1930년 선거에서 나치스는 107석의 의석을 확보하여 민주사회당에 다음가는 제2당이 되었으며, 1932년 7월 선거에서 나치스는 230석을 얻어 제1당이 되었다. 1933년 1월에 가서는 힌덴부르크 대통령이 히틀러를 수상에 임명함으로써 드디어 히틀러는 합법적인 절차로 권력을 장악하였다. 1934년 힌덴부르크가 사망하자 히틀러는 대통령직까지를 겸하여 총통이 되고 독일 국민의 절대적 자주권을 구현한다는 명분으로 독일을 제3제국의 길로 끌고 가게 되었다. 김기훈·이내주·이재, 위의 책, pp.325~327 내용참조.

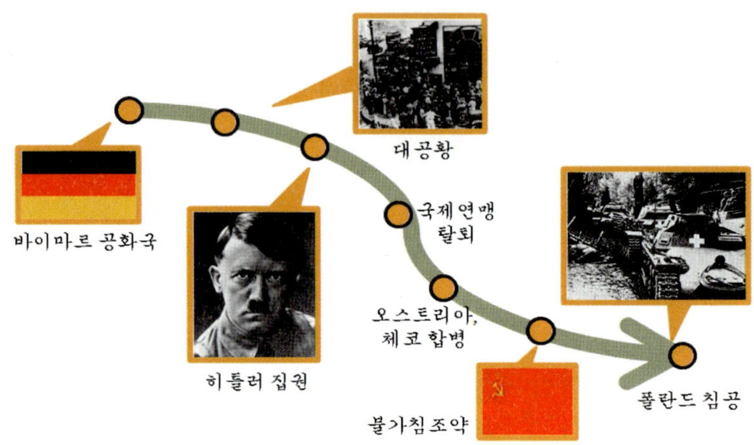

(그림 6-2) 독일의 전쟁 준비과정

히틀러의 행동은 1933년 10월 국제연맹 및 군비축소위원회를 탈퇴함으로써 개시되었다. 1935년 1월에는 전략적 요충지 쟈르 지방의 국민투표를 실시, 90%의 찬성으로 이 지역을 독일에 복속시켰다. 그해 3월에는 베르사유 조약의 군비제한조항을 일방적으로 부인 폐기하고 독일 국방군은 군비를 노골적으로 증강하기 시작했으며, 1936년 3월에는 라인란트에 진주하여 서부방벽을 구축하였다. 1936년 7월부터 시작된 스페인 내란 때는 왕당파를 지원하면서 독일 국방군의 새로운 무기와 전술을 시험하는 기회로 활용하였다.

군비확충이 본 궤도에 올라 자신감을 얻게 된 히틀러는 1938년 3월 "하나의 민족, 하나의 제국, 하나의 지도자"를 외치면서 오스트리아를 합병하였다. 그해 9월에는 체코의 주데테란트에 거주하는 300만 독일인을 해방한다는 명목하에 이를 점령하고, 뮌헨협정을 통하여 영국과 프랑스로 하여금 이 사실을 승인토록 했다.[52] 영·불 양국은 평화의 명목으로 유화정책에

52) 영국의 챔버린(Neville Camberlain) 수상은 소련의 단호한 반대에도 불구하고 히틀러의 요구를 완화하기 위하여 두 번씩이나 히틀러를 방문하였다. 결국 무력충돌은 피하게 되었고 무솔리니의 주선으로 1938년 9월 뮌헨회담이 열리게 되었다. 소련과 체코정부는 제

매달리고 있었다. 결국 1939년 3월 히틀러는 체코를 점령하였으며 이로써 폴란드는 독일에 3면으로 포위된 형세가 되고 말았다.

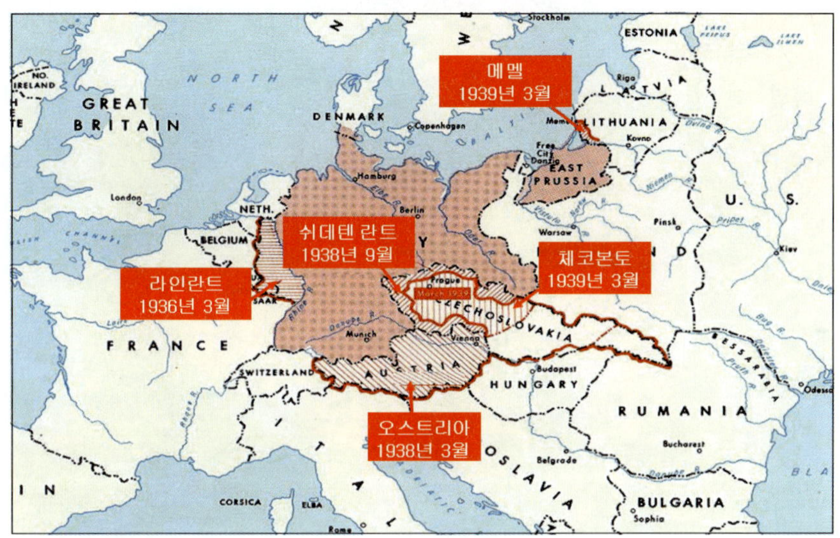

(그림 6-3) 나치 독일의 팽창

(3) 폴란드 침공과 전격전의 등장

1939년 9월 1일 선전포고도 없이 기갑사단을 앞세운 독일군은 2,000대의 항공기 지원을 받으며 서부 폴란드를 침공하였다. 폴란드의 저항은 막강한 독일군의 상대가 되지 못했으며, 영국·프랑스가 대독 선전포고를 하였으나 독일의 침략을 저지하는 데는 아무런 도움도 주지 못했다. 2주일 만에 바르샤바는 포위당하고 서부 폴란드는 독일의 수중에 들어갔으며, 폴란드의 조직적 저항은 1개월 만에 종결되었다.

외된 채 히틀러, 무솔리니, 챔버린, 달라디에 등 4거두만이 참석한 채 회담은 개최되었다. 이 회담은 전적으로 히틀러를 만족시키는 결과를 초래했다. 뮌헨회담은 주데테란트 이외의 체코의 영토보장을 약속하고 있었으나 반년이 못되어 체코는 지도상에서 사라져 버리고 만다. 김기훈·이내주·이재, 위의 책, pp.342~343.

(그림 6-4) 폴란드 전역

히틀러가 폴란드를 먼저 공격하기로 결심한 이면에는 대략 다음과 같은 상황판단이 작용하고 있었다.[53] 우선 폴란드는 이미 독일에 의해 3면이 포위상태에 있어 공격이 용이하고 단기간에 작전을 종료할 수 있으며, 아직 영국이나 폴란드가 군사행동을 취할 준비가 되어 있지 않은 것으로 보았다. 다음으로 서쪽의 프랑스에 대한 공격은 시기상조라고 보았으며, 폴란드에서의 신속한 작전은 장차 루마니아, 유고, 헝가리 등에 대한 작전에 커다란 도움이 될 것으로 판단하였다.

독일군은 남부집단군과 북부집단군이 남북에서 포위하는 작전계획을 수립하였다. 즉 남부집단군의 제14군이 남부에서 견제공격을 하는 동안

53) 육군사관학교 전사과, 위의 책, p.257.

북부집단군의 제4군과 제8군이 비스툴라 강과 브주라 강이 합류하는 지점에서 내부 포위망을 형성하고, 또한 북부집단군의 제3군과 남부집단군 제10군이 바르샤바 동쪽까지 진출하여 또 하나의 외곽 포위망을 완성하여 이중의 양익포위를 달성하는 것이었다.

독일군은 1935년 징병제를 부활하여 1939년 9월 당시 총 130만 명으로 구성된 총 120개 사단을 편성하고 있었는데, 이 중에 폴란드 전역에 약 125만(60~70개의 사단)의 가용병력을 보유하고 있었다. 이 가운데는 중장갑사단 5개, 경장갑사단 4개, 차량화사단 4개가 포함되어 있었고, 공군은 총 4,000대의 항공기를 보유하고 있었는데, 그중에 최대 2,000대가 폴란드 전역에 투입될 수 있었다.

폴란드군은 평시병력이 약 28만이었고, 250만 명의 예비군이 동원가능하였지만 개전 시 폴란드는 60만 명을 동원했을 뿐, 독일군이 철도망을 조기에 파괴함으로써 종전 시까지 동원된 병력은 100만 명 미만이었다. 당시 폴란드군은 30개 보병사단, 12개의 기병사단으로 편성되어 있었고, 공군은 약 500대의 항공기를 보유하고 있었다. 그러나 폴란드군의 무기와 장비는 독일군에 비하여 너무나 구식이었으므로 정예 독일군의 상대가 될 수 없었다.

폴란드 지형은 일반적으로 평탄하여 기계화 부대 작전에 적합하였다. 또한 1939년 가을의 유별난 가뭄 때문에 비스툴라 강을 포함한 대부분의 하천은 수심이 얕아져서 기계화 부대 작전에 장애가 되지 않았다. 따라서 폴란드의 입장에서는 독일군의 공격에 효과적으로 대처하기 위해서는 서부 산업지역을 포기하는 한이 있더라도 나레브-비스툴라 강선으로 철수하여 연합군의 지원이 개시될 때까지 시간을 버는 것이 바람직하였다. 그러나 폴란드는 서부지역의 공업지대를 포기하지 못하고 국경선을 따라 가용병력을 배치하는 실수를 하였다. 스스로의 군사력에 대한 과신과 연합군의 지원에 대한 기대가 어리석었던 것이다.

9월 18일 프셰미슐(Przemys)에서 폴란드군 10만 명이 포위되고, 9월

27일 독일 제3군과 제10군이 바르샤바에서 포위작전을 완료하였으며, 9월 20일 크라코우에서 포위된 6만 명의 폴란드군이 항복하였다. 10월 5일 경에는 폴란드 저항은 완전히 붕괴되었다. 결국 구식장비로 무장된 폴란드군은 조직, 장비, 훈련, 병력면에서 월등히 우세한 독일군의 상대가 되지 못했으며, 국경선 근처에서 선방어를 실시하던 폴란드군의 주력은 4주 만에 맥없이 무너졌다.

제1차 세계대전 중 출현한 신무기 가운데 가장 특이한 존재로 항공기와 전차를 들 수 있다. 1차 대전 중에는 이들 항공기나 전차는 지상전투를 근접지원하거나 보병전투를 지원하는 선에서 그치고 말았다. 대전 후에 이들의 중요성을 주목한 듀헤(Douhet), 미첼(Mitchel), 세베르스키(Seversky) 등에 의한 항공전략이론이 대두되었고, 풀러(Fuller)에 의한 전격전(Blitzkrieg) 이론이 등장하였다. 이와 같은 군사이론가들의 사상은 독일군이 제1차 세계대전의 패인을 분석하고 새로운 전법·전술을 수립하는데 결정적인 도움을 주었다.

전격전(Blitzkrieg)

① 오열 : 정보수집, 후방교란
② 공군 : 제공권 장악, 지휘/동원체제 타격
③ 보병부대 : 돌파구 형성
④ 기갑부대 : 신속 침투, 중추신경 지향
⑤ 차량화 부대 : 견제
⑥ 급강하 폭격기 : 화력지원
⑦ 후속부대 : 소탕작전

독일은 1918년 루덴도르프 대공세에 사용한 후티어 전술이 돌파에 성공할 수 있었음에도 불구하고 돌파구 확대나 전과 확대에 실패한 원인을 면밀히 분석 연구한 결과, 공격부대의 화력, 기동력, 수송력의 부족에 기인하였다는 결론에 도달하였다. 그래서 독일군은 이러한 결점을 보완함으로써 전격전의 수행능력을 구비할 수 있게 했다. 즉, 기동력의 부족은 공격부대를 기계화하고, 수송력의 부족은 대규모 차량화 부대 및 보급지원부대를 편성하고, 화력의 부족은 전차와 포병의 자주화, 항공기의 폭격으로 보강하게 하였던 것이다.

독일군은 결국 구데리안의 전차부대 운용방안을 구체화하여 기갑사단을 편성하였다. 이와 더불어 급강하 폭격기와 지상 부대와의 협동작전을 결합하여 전차 중심의 기계화 부대와 전술항공대가 협동하며 작전을 수행하는 전격전의 경이적인 공격력을 갖추게 된 것이다. 전격전은 기습(Surprise), 속도(Speed), 화력우위(Superiority)를 강조하며[54] '적을 섬멸하는 것이 아니라 적을 마비시키는' 특징을 가지고 있다.

(4) 프랑스 전역

1939년 9월 대독선전포고를 한 이후에도 영국과 프랑스 양국은 전쟁을 치르기 위한 준비가 거의 되어 있지 않았다. 동원은 극도로 느렸고 군수산업 또한 본격적인 궤도에 오르지 못하고 있었다. 더구나 양국은 제1차 세계대전의 경험 때문에 방어제일주의 사상에 젖어 있었고, 특히 프랑스는 마지

54) 기습(Surprise)이란 적에게 심리적 충격을 가하여 전의를 상실케 하는 것이며, 이러한 기습효과는 제5열의 활동에 의해서 일부가 달성되기도 하고, 선전포고 없는 급작스러운 침공으로 얻어지기도 한다. 기습에는 보통 전략적 기습, 전술적 기술, 기술적 기습의 3가지가 있는데, 전략적 기습이란 예기치 않는 시간과 방향으로부터 공격을 당하는 경우이고, 전술적 기습이란 이전과 전혀 다른 전술, 예컨대 기갑부대와 급강하 폭격기의 합동된 공격전술로 공격하여 적으로 하여금 대처할 수 없도록 하는 것이다. 기술적 기습은 새로운 무기나 기동수단에 의해 초래되는 기습을 말한다. 속도(Speed)는 기계화 부대가 적진 깊숙이 침투함으로써 적으로부터 후퇴 또는 재편성의 여유를 박탈하는 것으로서, 한편으로는 기습효과를 보장해주는 하나의 요소로 작용하기도 하고, 다른 한편으로는 적진 깊숙한 곳에서 혼란을 틈타 진격부대로 하여금 막대한 안전의 이점을 누리게도 해준다, 화력의 우세(Superiority)란 전차포, 자주포, 급강하 폭격기 등에 의한 압도적 지원과 화력의 우세를 의미하는 것이다. 위의 책, p.274.

노선(Maginot Line) 방벽에 대한 절대적인 믿음으로 안주하고 있었다.

(그림 6-5) 프랑스 국경에 세워진 마지노선 방벽

히틀러는 1939년 9월 폴란드 전역이 끝나고, 다음 해 4월 노르웨이와 덴마크를 수중에 넣어 철광자원과 해상작전기지를 확보하며 장차 작전을 준비하고 있었다. 독일의 프랑스 침공은 시간문제였다. 당시 서부전선에 있어서 연합국 측은 스위스 국경지대로부터 몽메디(Montmedy)까지는 마지노 요새지대로, 몽메디에서 해안까지 벨기에 국경지대에는 띄엄띄엄 고립된 소규모 축성들로 방어준비를 하고 있었으나 아르덴 삼림지대에는 요새시설이 거의 없었다. 당시 서부유럽 각국은 독일의 침공에 대하여 나름대로 방어준비를 하고는 있었으나 서로 간에 통일되고 협조된 준비는 되어있지 않았다. 더구나 벨기에와 네덜란드는 엄격한 중립을 고집함으로써 연합군은 명확한 방어계획을 수립하기가 매우 곤란하였다.

이리하여 독일이 프랑스를 침공하기 이전에 연합군의 작전계획은 몇 차례나 변경되는 혼란을 면치 못했다. 'E계획'은 단순히 프랑스를 방어하는 것으로 만일 벨기에가 침공당하면 지원군을 에스코(Escaut) 강선으로 파견할 예정이었다. 그러다가 영국원정군이 점차 증강되면서 디일선(Dyle

Line)까지 기동하여 방어는 'D계획'으로 변경하였다. 그 후 D계획은 일부가 변경되는 혼란을 겪는 과정에 독일군의 공격이 개시된 것이다.

당시 연합군의 병력은 프랑스군이 대독전선(스위스~영불해협)에 92개 사단, 기타전선에 18개 사단, 총사령부 예비로 20개 사단을 확보하고 있었고, 항공기는 1,400대 미만이었다. 영국원정군은 고오트(Gort) 장군 휘하에 10개 사단을 보유하고 있었고, 전투기는 300대 정도를 프랑스에 주둔시키고 있었다. 벨기에군은 보병 20개 사단, 기병 2개 사단 등 60만 정도의 병력을 가지고 있었고, 네덜란드군은 9개 사단 약 40만을 보유하고 있었다. 그러나 연합군은 공히 장비가 낡거나 부족한 상태에 있었다.

한편 독일은 총 159개 사단 가운데 123개 사단을 서부전선에 투입하였다. 그중 보병사단이 104개, 기계화사단이 9개, 기갑사단이 10개였으며, 3개 집단군으로 편성되었다. 중앙에 배치된 A집단군은 야전군 규모의 기갑부대(2개 기갑군단)를 포함하여 6개 군이 벨기에 및 룩셈부르크 국경지대의 협소한 정면에 배치되어 있었고, 북쪽에는 B집단군 2개 군이 네덜란드 정면에, 남쪽에는 C집단군 2개 군이 마지노선과 대치하고 있었다. 독일공군은 5,000대의 항공기를 보유하고 있었는데 이 중에 3,500대가 서부전선에 배치되었다.

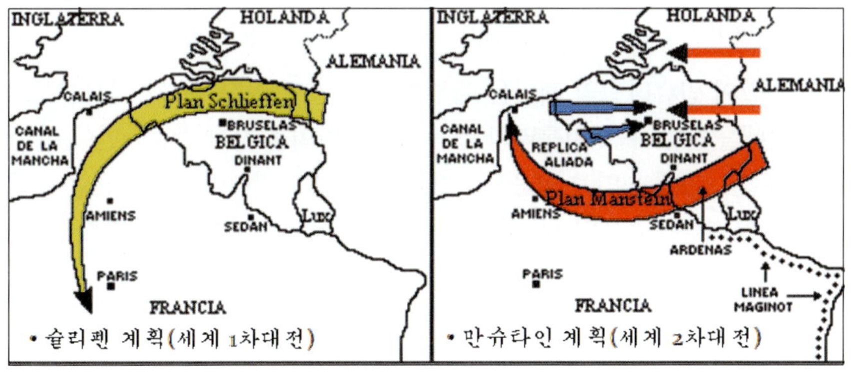

(그림 6-6) 독일의 프랑스 침공 계획

◦ 황색계획(Yellow Plan)

독일군의 최초 프랑스 침공계획으로 이 계획은 개념상으로 볼 때, 1차 대전 1905년 슐리펜이 세운 계획과 유사하게 네덜란드, 벨기에의 저지대로 기갑부대를 투입하여 파리로 진격한다는 대우회 포위 기동계획이었다. 당시 독일군 최고사령부는 프랑스와 독일 국경지대는 프랑스의 마지노(Maginot)요새가 버티고 있어서 돌파가 불가능하며 룩셈부르크 국경지대의 아르덴(Ardennes) 삼림지역은 기갑부대 통행이 어렵다고 판단하고 공격의 주력인 팬저(Panzer)부대의 기동성을 살릴 수 있는 곳은 네덜란드, 벨기에 등의 저지대뿐이라는 판단에서 이 계획을 수립했다.

◦ 만슈타인 계획(Manstein Plan)

독일군 총참모부가 수립한 황색계획이 예하부대에 하달된 후, A집단군 참모장이었던 만슈타인(Manstein) 장군은 연합군이 1차 대전 당시와는 달리 네덜란드, 벨기에 지역이 독일군의 주공방향이 될 것이라고 예상하기 때문에 황색계획은 최초공격이 성공하더라도 섬멸적인 타격을 입힐 수 없고 독일군의 피해가 클 것이라고 했다. 또한, 아르덴 삼림지역이 기갑부대 기동이 어렵기는 하지만 불가능하지 않다는 점을 들어 이곳으로 팬저사단을 투입, 돌파함으로써 기습효과를 살릴 수 있고, 돌파 후에는 신속히 아베빌(Abbeville)까지 진출하여 연합군의 후방을 차단해야 한다고 제안하였다.

이와 같이 만슈타인의 계획은 대부분 독일군 고급 지휘관과 참모본부로부터 반대를 받았지만, 히틀러와 단독대면의 기회를 가진 만슈타인이 이 계획을 직접 건의해 승인을 받음으로써 채택되었다. 이리하여 독일군은 주공을 리에주 북방으로부터 남방 아르덴 쪽으로 옮기고 주공부대인 A집단군에 10개 기갑사단 중 7개 사단을 배치하는 등 총 44개 사단을 집중하였다.

독일군의 공격계획은 대략 2단계로 구성되어 있었다. 제1단계는 돌파구로부터 해안까지의 진격을 통하여 연합군의 주력인 좌익을 완전히 포위한 다음 섬멸하는 단계로서, 보크(Bock)의 B집단군이 네덜란드와 벨기에에 대하여 조공을 실시하고, 레에프(Leeb)의 C집단군이 마지노선 정면에서 견제공세를 취하는 동안에, 룬트슈테트(Rundstedt)의 A집단군은 아르덴 지역을 돌파하여 해안까지 진격, 솜 강 이북의 연합군을 차단 포위하고, 이어서 B집단군과 협조하여 이를 섬멸하는 것이었다.

제2단계는 제1단계작전이 완료되자마자 가능한 한 빠른 시간 내에 실시하되, 조공의 B집단군은 솜 강 하류에서 남서쪽으로 진격하고, 주공인 A집단군은 파리 동부를 돌파, 프랑스군을 마지노선 쪽으로 몰아붙여 C집단군과 협조하여 섬멸한다는 것이었다. 이에 대하여 연합군의 계획은 독일군 계획이 성공할 가능성을 더욱 증대시키는 것이었다. 연합군이 네덜란드와 벨기에 영내로 깊이 진주할수록 독일군의 차단작전은 성공가능성이 더욱 높기 때문이다.

1940년 5월 10일 자정부터 새벽까지 독일군은 네덜란드와 벨기에에 대하여 무차별 폭격을 가한 후 일출 무렵이 되자 지상군을 투입하기 시작했다. 이와 동시에 낙하산 부대는 로테르담과 헤이그 부근에 투하되어 발(Waal) 강과 마스(Mass) 강 상의 주요 교량을 비롯한 교통의 요지들을 장악하였다. 이어서 제18군은 3열종대로 나뉘어 맹진격을 개시, 당일로 제1·2방어선을 돌파하였다. 이튿날 프랑스 제7군이 지원에 나섰으나 격퇴당하고, 5월 14일 네덜란드는 항복하고 말았다.

한편 벨기에로 진격한 제6군은 허다한 수중장애물에도 불구하고 낙하산 부대의 요충지 선점에 힘입어 진격을 계속하였고, 벨기에군은 디일선으로 철수하여 그곳에서 영·불군과 합세하였다. 그러나 독일군의 맹렬한 공격으로 불과 3일 내에 디일선까지 격퇴되었으며 16일 아침에는 나무르(Namur) 강 북방까지 돌파되었다. 이처럼 독일 제6군의 공격이 워낙 맹렬하여 연합군은 독일군의 주공이 예상대로 이곳 북쪽이라는 믿음을 가지게 되었다.

(그림 6-7) 독일의 프랑스 침공 I

주공을 담당한 A집단군은 클라이스트(Kleist) 장군의 팬저(Panzer)군을 선두로 하여 아르덴 지역을 신속히 진격하였다. 선두를 담당한 구데리안 장군의 기갑군단은 프랑스 기병대의 저항을 물리치고 5월 13일 뫼즈(Meise) 강에 도달하였으며, 급강하폭격기와 전차, 자주포 지원 하에 적진에 부교를 가설, 야간도하를 감행하면서 14일 새벽에는 전 군단이 도하를 완료하였다. 또 하나의 기갑군단 라인하르트(Reinhardt) 장군의 부대도 몽떼르므(Montherme)와 메지에르(Mezieres) 부근에서 다음날 뫼즈 강을 도하하였다. 더구나 제4군의 롬멜(Rommel)의 제7기갑사단은 이미 13일 저녁에 디낭(Dinant) 부근에서 가장 먼저 도하에 성공한 후 진격하고 있었다.

독일군은 이렇게 프랑스군이 미처 대비할 시간도 없이 진격함으로써 프랑스 제2군과 제9군 사이를 돌파하여 50마일의 간격을 조성하였다. 연합군의 D계획은 허물어지고 만 것이다. 일단 뫼즈 강을 도하한 독일군 기갑부대는 전속력으로 진격하여 20일에는 솜 강 하류에 있는 해안도시 아베빌까지 도달하였다. 이로 인하여 영국 원정군의 병참선은 차단되고 프랑스군도 남북으로 양분되고 말았다. 작전을 개시한 지 불과 11일 만에 독일군은 총 240마일 이상을 진격한 것이다. 이것은 1일 평균 35km에 해당하는 경이적인 진격이었다.

이제 북부전선 연합군의 퇴로는 덩케르크(Dunkerque)만이 남게 된 것이다. 포위된 영·불 양군은 덩케르크에 고립되어 풍전등화의 위기에 처해 있었다. 좁은 해안지대에 수십만의 병력이 밀집되어 어망에 갇힌 물고기 신세가 된 것이다. 그러나 지상군의 진격을 중지시키는 히틀러의 불가사의한 명령으로 영국군 224,000명과, 프랑스군 및 벨기에군 113,641명 등 338,226명은 중장비와 보급품은 방치한 채 영국으로 해상 철수하였다.

덩케르크가 함락된 6월 5일, 독일군은 제2단계 작전을 개시했다. 이 공격은 제1단계 작전결과 반신불수가 된 프랑스군을 쓰러뜨리기 위한 것이다. 6월 9일 A집단군은 파리 동쪽의 랭스(Reims) 부근에서 구데리안의 기갑부대를 선두로 공세를 전개하기 시작하였다. 그리고 12일에는 결정적인 타격을 가하고 돌파에 성공함으로써 대추격을 감행하였으며, 6월 14일에는 파리에 무혈입성하였다. 6월 17일 스위스 국경에 도달하여 프랑스군을 다시 동서로 양분하였으며 마지노 요새 안에 50만의 프랑스군을 가두고 말았다. 또한 제1단계 작전기간 중 마지노 요새 정면에서 견제공격을 취하고 있던 레에프의 C집단군도 전면공격을 개시하였다. 마침내 레이노(Reynand)의 사퇴에 이어 수상이 된 페탱은 21일에 독일과 협상에 나섰으며, 6월 22일 휴전조약을 조인하고 6월 25일 모든 전투행위를 종식했다.

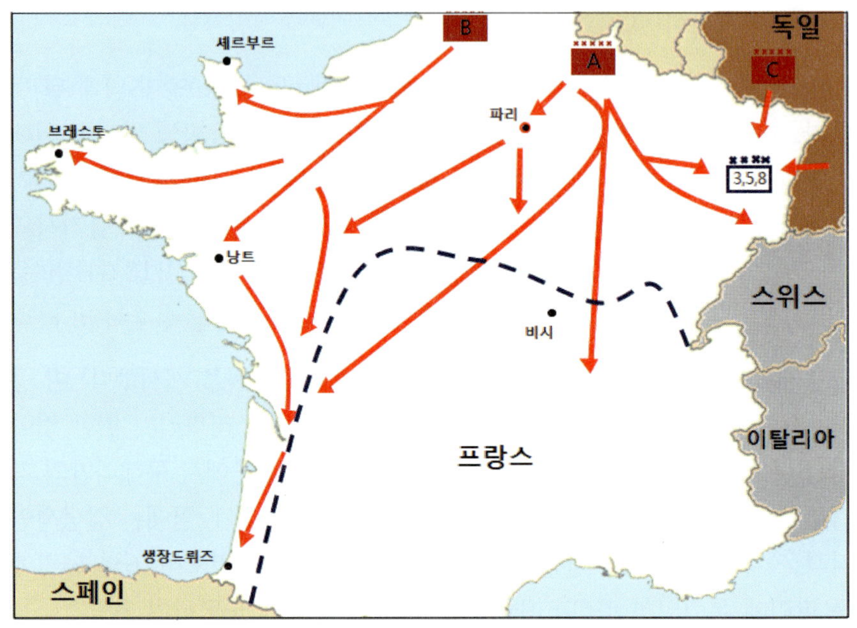

(그림 6-8) 독일의 프랑스 침공 Ⅱ

46일(5.10~6.25)간의 전투에서 독일군이 전사 27,000명 실종 18,000명 포함, 총 156,000명의 병력을 손실했으며, 영국군은 68,000명, 프랑스군은 전사 및 실종이 123,000명, 포로 20만 명의 손실을 보았다.

공군을 제외하고는 병력 · 장비 등 거의 모든 면에서 그렇게 우세했다고 볼 수 없는 독일군이 경이적인 승리를 거둘 수 있었던 것은 기습달성을 가능케 한 우수한 계획, 전격전을 실시할 수 있도록 잘 편성되고 장비된 공격부대 보유, 유능한 지휘관들의 과감하고도 효과적인 작전수행 등의 요인에 의한 것이었다. 서부전선에 있어서 승패의 원인을 한마디로 간추려 말한다면, 그것은 '현대전의 수행방식에 대한 개념의 차이'라고 보아야 할 것이다.

제2절 독일군의 소련침공

(1) 바르바로사 계획(Barbarossa Plan)

히틀러는 일찍부터 소련의 광대한 영토와 무진장한 자원에 대한 욕망을 품고 있었다. 그것은 그의 저서 「나의 투쟁(Mein Kampf)」에 잘 나타나 있다. 거기에는 우크라이나의 곡창, 우랄의 지하자원, 캅카스의 유전, 시베리아의 산림자원 등에 대한 그의 열망을 표현하고 있으며, 그것이 이른바 생활권(Lebensraum)이라는 환상으로 그려지고 있는 것이다. 게르만 민족의 생활권 확보를 위해 '동쪽으로의 돌진(Drang Nach Osten)'이 필요하다는 것이다.

그러함에도 불구하고 스탈린과 불가침조약을 체결한 것은 서부유럽의 공략 시 일단 배후로부터의 위협을 제거하고자 했던 히틀러의 의도와 적군(Red Army)을 정비하고 제반 전쟁준비에 필요한 시간을 얻고자 한 스탈린의 속셈이 투합하여 빚어진 결과였지, 결코 상호 간에 화합을 목표로 한 것은 아니었다. 그래서 스탈린은 장차 있을 독일과의 전쟁에 대비하여 동부 폴란드를 탈취하고, 이어서 핀란드를 침공하였으며, 독일이 프랑스 공략에 몰두하고 있을 때, 발틱 3국과 루마니아의 뱃사리아 지방을 점령했던 것이다.

히틀러는 서부전선에서 프랑스를 46일 만에 굴복시켰다. 그러나 영국은 뜻대로 되지 않았다. 그리고 발칸전역은 성공적으로 수행되었으나 크레타섬 점령작전은 성공하지 못했다. 서부에서의 불길이 아직도 완전히 제압되지 않은 상태에서 소련을 공격하기로 했는데, 이것은 결과적으로 독일이 양면 전쟁의 위험을 껴안은 것이다. 히틀러가 스스로 양면전쟁의 불리함을 감수하고서도 소련침공을 결정한 이유는 독일이 장차 영국을 정복하기 위해서는 해·공군의 확충이 절대적으로 필요하며, 그러기 위해서는 육군의 비용을 줄여야 하므로 조속히 소련을 굴복시키는 것이 상책이라고 판단했던 것이다.[55] 그리하여 히틀러는 1940년 7월 군 수뇌부와 전반적인 추이를 검토한 후, 1940년 12월 18일 '지령 제21호(Directive No. 21)'로서 대소침공에 대한 정식명령을 하달하였으니 그것이 바르바로사 작전계획이다.

동유럽전쟁에 있어서 작전지역의 지형 및 기후요소는 다른 어떤 전쟁에서보다도 중대한 의미를 갖는다. 우선 작전정면만 하더라도 북극해에서 흑해까지가 2,000마일이나 되고 종심은 엘베(Elbe) 강에서 볼가(Volga) 강까지 1,700마일이나 되어 작전지역의 규모가 방대하다. 또한 이 광대한 지역의 대부분이 미개발의 황야이기 때문에 도로망이 극히 빈약하였고 철도망 역시 보잘것없었다. 특히 기계화 부대를 주축으로 하는 전격전을 구현하고자하는 독일군의 입장에서 볼 때, 교통망의 결핍은 물론 통행이 불가능한 프리펫 늪지(Pripet Marshes)와 북서쪽의 울창한 삼림지역은 기계화 부대 기동에 커다란 장애가 되었다. 그러나 이러한 지형에도 불구하고 서쪽으로부터 내륙 중심지역으로 이르는 비교적 양호한 통로가 두 갈래 있었다. 이와 같은 지형조건 외에 소련의 전형적인 대륙성 기후는 계절에 따른 기온의 변화가 극심하고 동계의 가혹한 추위와 해빙기의 진흙탕은 기계화 부대 운용에 더욱 곤란을 주었다. 아무튼 소련의 '동장군'과 '진흙장군'은 항상 그들에게 백만 대군을 능가하는 원군이 되었다.

소련의 국방군인 적군(Red Army)은 1차 대전과 내란을 겪으면서 근대화된 군대로 발전하기 시작했으며, 레닌 이후 스탈린 집권 시에는 소련의 급격한 공업화와 군수산업의 뒷받침 아래 기계화되고 직업군대화되었다. 특히 1939년부터 평시 징병제를 채택하여 적군은 완전히 정규군화되었다. 또한 소련군은 방어 시와 공격 시의 편성을 달리하여 효과적으로 대응할

55) 당시 소련군의 팽창속도로 보아 동부전선에서의 위협이 증가일로에 있었던 만큼 섣불리 육군의 규모를 감축할 수는 없었다. 또한 시간을 지체하게 된다면 소련은 더욱 강대해질 것이고, 영국이 소련을 참전토록 유혹할 경우 스탈린의 구미가 당기리라는 것도 예상할 수 있었다. 더구나 영국이 미국의 원조에 의해 급속히 전투력을 회복해 가고 있었기 때문에 독일은 동부나 서부 어느 쪽에든 재빨리 마무리해야만 되었다. 결국 시기적으로 보아 영국은 아직도 본토방어에 여념이 없었기 때문에 서부로부터의 위협은 당분간 없을 것으로 판단한 나머지 조속한 시일 안에 소련을 굴복시킨다면 양면전쟁을 피할 수 있다고 보았던 것이다. 위의 책, p.314 내용참조.

수 있도록 하였다. 즉 방어 시는 기동부대는 사단 및 여단단위로 편성을 소규모화하되 포병과 공병을 통합운용하고, 공격 시는 기동부대를 군단, 집단군, 혼성전차군 등으로 대규모화하고 포병과 공병은 세분화시켜 기동부대를 근접지원할 수 있도록 하였다.

당시 소련군 규모는 대략 203개 사단으로 46개의 기갑 및 기계화 여단이 편성되어 있었을 것으로 추산되고 있다. 또한 동원 가능한 예비군은 무려 1,200만 명에 달하였고, 전차는 약 20,000대를, 항공기는 약 7,500대를 보유하고 있었다. 당시 소련군이 장비했던 T-34전차는 성능 면에서 독일군의 Panzer-4를 능가하였고, 소련군 항공기는 수적인 면에서 독일보다 3배의 우세를 유지하고 있었다. 그러나 소련군은 전반적으로 지휘부의 능력이나 전투경험, 훈련 면에서 독일군보다 현저히 뒤떨어져 있었다.

독일군의 침공에 대한 소련군의 방어계획은 명확한 것은 없었지만, 광대한 국토 자체가 지니는 깊은 종심을 이용하여 적을 끌어 들여 예기를 둔화시킨 뒤, 반격으로 적을 섬멸한다는 개념에 의존하여 '공간을 팔아서 시간을 얻는다'는 개념을 사용하였다. 즉 예비군의 동원과 무기와 장비를 완비하는 전투준비시간이 절대적으로 필요했던 것이다. 한편, 스탈린은 1941년 4월 13일 일본과 불가침조약을 맺음으로써 동쪽으로부터의 위협을 제거하고 오직 대독전쟁에만 전념할 수 있도록 하였다.

히틀러와 독일군 수뇌부는 러시아가 프랑스와는 달리 작전반경이 광대하기 때문에 일거에 러시아를 점령하는 것이 어렵다는 것을 인식하였다. 이러한 판단으로 독일 수뇌부는 침공군을 북부, 중앙, 남부집단군으로 편성, 소련군의 주력을 국경선에서 섬멸한 후 1941년 겨울 이전에 레에프의 북부집단군은 레닌그라드를, 보크의 중앙집단군은 모스크바를, 룬트슈테트의 남부집단군은 우크라이나를 점령한다는 계획을 세웠다.

(그림 6-9) 바르바로사 계획

이때 북측방의 핀란드군은 무르만스크(Murmansk)-레닌그라드 통로를 차단하는 임무를 맡게 되며, 작전이 순조로울 경우 우랄산맥과 카스피해를 연하는 선까지 진출할 예정이었다. 이것이 바르바로사(Barbarossa) 계획의 개요이다. 이 바르바로사 계획 수립 시, 곡물, 석유의 산지인 우크라이나 코카서스 방면에 주공을 두고자 하는 히틀러의 주장과 적의 수도인 모스크바 방면에 주공을 두고자 하는 군부의 의견이 엇갈려 주공방향은 초기작전 이후 작전의 경과를 보아 결정하기로 하였다.

다만 전투서열에 있어서 공격의 핵이 되는 기갑군의 할당비율을 북부, 중앙, 남부집단군에 1:2:1로 함으로써 중앙집단군이 강화되었다. 그러나 독일군의 세부작전계획은 대단히 우수하고 치밀하였으며, 독일군은 대소작전을 위하여 '쐐기와 함정'이라는 새로운 전법을 창안하여 사용하기로 하였다. 이 전법은 폴란드와 프랑스 전역에서 위력을 발휘한 전격전 전술을 소련의 작전지역과 소련군의 배치상황에 알맞도록 발전시킨 '전격전의 변형전술'이었다. 전방에 배치된 소련군이 내륙으로 깊숙이 후퇴하기 전에 차단 섬멸하기 위한 독일군의 양익포위전술을 개발한 것이다.

쐐기와 함정

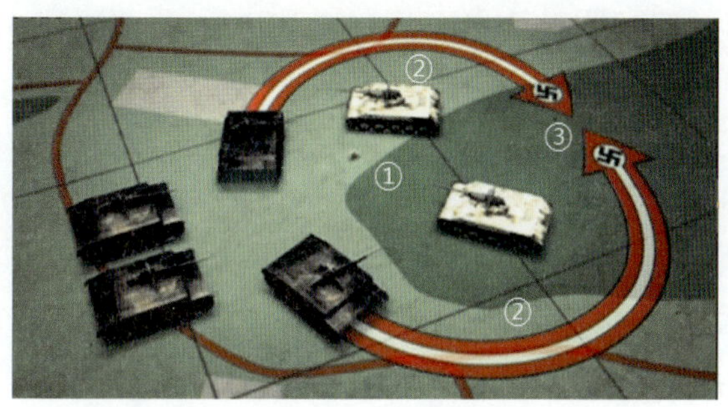

① 보병부대로 정면의 적 견제공격

② 양측에 주공으로 돌파구 생성

③ 돌파구를 따라 기갑부대가 목표 유린 및 포위망 형성

이와 같은 치밀한 작전계획과 전술에 못지않게 투입된 독일군의 전력 또한 막강하였다. 당시 독일군은 총 205개 사단을 보유하고 있었는데, 대소작전에 투입된 부대는 기갑사단 19개, 기계화사단 12개를 포함하여 148개 사단이었다. 여기에 루마니아군 14개 사단(약 25만 명)이 가세되어 개전 초의 총병력은 305만에 달하였다. 그리고 탱크 3,350대, 대포 7,184문, 차량 600,000대, 군마 625,000필이 동원되었으며, 공군은 2,500대의 항공기를 투입하였다.

독일군의 공격은 1941년 6월 22일 새벽 3시에 개시되었다. 레에프원수의 북부집단군은 예정대로 진격, 8월 말에는 레닌그라드를 포위하였다. 그러나 소련군의 필사적인 저항으로 30개월이나 공방전이 계속되었다. 룬트슈테트의 남부집단군은 7월 중순경 키예프(Kiev) 외곽선까지 도달하였고 우크라이나를 휩쓸었지만, 소련군의 주력은 드니에페르 강 동쪽으로 철수하고 말았으며 키예프는 여전히 소련군이 장악하고 있었다. 남과 북에서 예상보다 작전성과는 저조하였다.

그러나 보크휘하의 중앙집단군은 눈부신 전과를 올리고 있었다. 제2기갑군(Guderian)과 제3기갑군(Hoth) '쐐기와 함정' 전법을 사용하여 공격 첫 주 만에 민스크(Minsk) 부근에서 거대한 포위망을 형성하여 포로29만 명, 탱크 2,500대, 포 14,00문을 노획하였고, 7월 초순에는 다시 스몰렌스크(Smolensk) 방면에서 새로운 포위망을 완성하여 포로 10만 명, 탱크 20,000대, 포1,900문을 노획하였다. 그 결과 모스크바로 통하는 직통로는 사실상 개방되었고 보크군은 18일 동안에 400마일을 진격하는 경이적인 공격력을 나타내었다.

그런데 모스크바 통로가 개방되었음에도 불구하고, 보크의 중앙집단군은 9월 초까지 6주일 동안을 스몰렌스크 지역에서 그냥 머물러 있었다. 왜냐하면 키예프 방면의 남측면이 노출되어 있었고, 너무나 신속한 진격으로 보급 추진이 뒤따르지 못했으며 기계화 부대의 50%와 보병의 65%가 정비 및 보충을 필요로 하였기 때문이다. 더구나 아직도 주공방향의 선정이 타 전선의 부진으로 미결상태에 있는 것도 이유였다.

이렇게 중앙집단군이 7월 중순 이후부터 정군하고 있는 동안 남쪽과 북쪽전선의 작전이 마무리되어 8월 말에는 국경지역 전투가 완료되었다. 이 10주간의 전투에서 소련군은 무려 100만에 달하는 병력손실을 입고 내륙 깊숙이 격퇴되었다. 그러나 독일군도 예기가 둔화되었고, 45만 명에 이르는 사상자를 내었다. 결국 소련군의 주력을 국경지역에서 포착 섬멸하고자 했던 독일군의 최초계획은 사실상 좌절된 셈이다. 독일군이 러시아군을 과소평가했던 결과였다.

(2) 키예프(Kiev) 포위전

국경지대 전투가 끝난 뒤에도 주공방향을 결정하는데 독일군의 수뇌부는 또다시 의견이 엇갈렸다. 대부분의 군 수뇌부는 곧바로 모스크바로 진격할 것을 주장했으나 히틀러는 우크라이나 쪽을 고집하였다. 결국 히틀러는 군부의 반대를 물리치고 8월 2일 키예프 포위전을 명하였다. 이를 위해 보크의 중앙집단군은 현 전선을 유지하는 한편, 가장 강력한 제2기갑군과 제2군을 남쪽으로 전향시켜야만 했다.

키예프 돌출부에 대한 독일군의 공격계획은 제6군이 정면에서 견제공격을 실시하고, 제1기갑군과 제2기갑군이 남과 북에서 협격, 돌출부대의 적을 포위 격멸하는 것이었다. 결국 9월 16일 키예프는 함락되었으며 포위망 안의 소련군은 26일 항복했다. 이로써 독일군은 중앙집단군과 남부집단군 사이에 쐐기처럼 박혀있던 대 돌출부를 제거하고 포로 665,000, 탱크 890대, 포 3,700문을 포획하는 대전과를 거두었다.

그러나 키예프 포위전은 전술적인 견지에서는 사상 미증유의 대승리였지만, 전략적으로 볼 때는 커다란 실책이었다. 이 전투로 소련군은 모스크바 전면의 방어진을 강화할 수 있는 귀중한 시간을 얻게 되었고 반대로 독일군으로서는 모스크바를 점령할 기회를 상실하게 된 것이다.

(그림 6-10) 역사상 최대의 포위전인 키예프 전투

키예프 포위전이 끝나고 히틀러는 모스크바 쪽으로 눈길을 돌렸다. 이에 따라 스몰렌스크에서 6주간 주저앉아 있던 보크군은 제2기갑군과 제2군을 재편입하고 제4기갑군을 북부집단군으로부터 증강 받아 10월 2일에 모스크바로 향한 대공세를 전개하게 되었다. 그러나 비가 내리고 기온이 급작스럽게 내려가 동계작전준비가 전혀 되어 있지 않았던 독일군 앞에 '동장군'과 '진흙장군' 이 들어 닥친 것이다. 더구나 신장된 병참선으로 보급은 악화되었고 피로에 지친 독일군 정면에 무진장한 인적자원으로 무장된 소련군이 끊임없이 투입되었다. 사태가 이렇게 되자 일부 지휘관들은 일단 부대를 철수하든지 아니면 정돈시켜 봄이 될 때까지 공격을 중지하자고 건의했지만 히틀러는 듣지 않았다. 혹한이 닥치기 전에 종료하겠다는 집념으로 모스크바를 향한 최후공세를 명령하였다.

월동준비를 하지 못한 독일군은 추위와 불면증에 시달렸고, 부동액이 없는 전차와 트럭은 한낱 고철에 지나지 않았다. 12월 5일 독일군의 장병과 기계가 더 이상 움직일 수 없는 상태가 되었을 때, 모스크바 시가지를 15마일 앞두고 결국 독일군의 진격은 저지되고 말았다. 마침내 12월 6일 쥬코프(Zhukov) 장군이 지휘하는 소련군 서부전선(West Front) 약 100개 사단이 반격을 개시한 것이다. 이제 독일군은 전 전선에서 무너지기 시작했다.

결국 독일군은 축차적인 철수와 적시 적절한 견제공격을 조화시키면서 이듬해 2월 중순까지 약 2달 반에 걸치는 철수작전을 전개한 끝에, 원래의 출발선까지 물러서고 말았다. 그리고 3월이 되자 전선은 고착되었다. 이 전투 이후 수많은 독일군 장성들이 허락되지 않은 철수를 감행했다는 이유로, 또는 모스크바 공격작전 실패의 문책으로 해임 또는 파면당하였다. 제2기갑군 구데리안, 제4기갑군 회프너가 파면되었고, 레에프, 룬트슈테트 등 2개 집단군 사령관도 경질되었다. 모스크바 전투의 결과 무적을 자랑하던 독일 국방군의 신화는 무참히 깨지고 말았다.

독일의 패배요인

① 소련군의 전쟁수행능력 과소평가

② 히틀러의 독선적인 전쟁지도와 군사작전에 과도한 개입 · 간섭

③ 신장된 병참선에 대한 적극적인 대비책 미비

④ 러시아의 혹독한 기후

재미있고 유익한 이야기 **아프리카 전선 (롬멜 & 몽고메리)**

연합군과 추축국들은 적국의 전쟁 자원 지대를 점령하고자 하였으며, 이는 아프리카 전선과 중동에서 현저하게 나타났다. 서부 사막 전역에서의 전쟁은 대부분 주민이 거의 없는 개활지에서 치러졌고, 다른 전역의 기준으로 볼 때 상대적으로 적은 수의 기갑부대 및 기동부대 간에 전투가 벌어졌다.

양 측 모두 사막의 혹독한 자연기후를 극복해야 했기 때문에 이곳의 승패는 보급품과 물자 등의 군수 지원에 의해 결정되었다고 할 수 있다.

아프리카 전선에서의 전쟁은 그라치아니 원수가 지휘하는 이탈리아군이 리비아에서 이집트로 서서히 이동하던 1940년 6월에 시작되었다. 영국의 처칠 수상은 3개 사단을 이집트로 보냈고, 그들은 수적으로 우세한 이탈리아군을 추격하고 퇴로를 차단하여 1941년 2월까지 13만 명의 이탈리아군을 포로로 잡았다. 히틀러는 동맹국 이탈리아의 패배에 따른 정치적 결과를 받아들일 수 없었기 때문에 아프리카에 군대를 파병하기로 결정하였다. 이 새로운 아프리카 독일 군단은 프랑스에서 기갑사단장으로 명성을 날린 롬멜 장군이 지휘하게 되었다. 최초 목표는 트리폴리타니아를 지키는 것이었으나, 롬멜은 더 큰 포부를 가졌다. 이집트의 수에즈 운하를 정복하고 중동의 석유를 확보하고자 한 것이다.

롬멜은 3월 31일 즉시 전형적인 공세를 취하도록 명령하였다. 세 번의 반복 공격으로 아프리카 군단은 2주 후에 이집트 국경까지 진격하여, 주요 항구인 토브루크를 포위하였다. 이 항구는 롬멜에게 핵심적인 목표였는데, 이곳을 확보하지 못하면 그의 병참선은 멀리 후방의 벵가지까지 물러나야 하기 때문이었다. 6월 15일 영국은 배틀액스 작전으로 항구를 탈환하고자 하였으나, 롬멜의 뛰어난 전술로 영국군은 격퇴되었다. 다시 영국군은 11월에 크루세이더 작전으로 기습에 성공하지만 롬멜의 재빠른 대처로 많은 희생을 치렀다.

1942년 초, 롬멜은 다시 아프리카 전선을 진격하였다. 롬멜은 자유 프랑스 군대와 영국군을 돌파하며 토브루크까지 함락시켰다. 그러자 영국은 미국으로부터 신형 셔먼 전차의 지원을 약속받고, 몽고메리 장군을 제8군 사령관으로 임명했다. 영국의 공군이 트리폴리로 향하는 독일 수송선을 공격하자 롬멜은 심각한 연료 부족 사태를 겪게 되었다. 그에 반해 영국은 남아프리카의 케이프 항로를 통하여 새로운 물자들이 순조롭게 이집트로 수송되면서 보급에서 결정적으로 유리해졌다. 몽고메리는 엘알라메인 전투를 시작하였고 기동전보다는 포병과 보병을 활용한 소모전을 벌였다. 1주일간의 전투 결과, 독일군 전차의 수는 35대로 줄어들었고, 롬멜은 히틀러에게 후퇴 요청을 한다. 그러나 후퇴승인을 받지 못한 롬멜군은 영국군의 공중 폭격과 추격 속에 4만 명이 전사하고 부상하거나 포로로 잡혔다.

11월 8일 연합군의 북서아프리카 상륙 작전인, 토치작전이 시작되었고, 연합군 공군에 의해 이탈리아로부터의 군수물자 수송이 대부분 막혀 악화되어가는 보급 상황에도 롬멜은 성공적으로 방어하였다. 그러나 히틀러는 롬멜을 본국으로 소환하였고, 주 관심 지역이 북아프리카가 아니었음에도 불구하고 히틀러는 아르님 장군에게 끝까지 싸우라고 고집하였다. 결국 추축군은 케이프 본으로 몰린 끝에 항복하였는데, 이는 27만 5,000명이 포로가 되는 이때까지 추축국 항복 중 가장 큰 규모였다.

제3절 연합군의 반격

(1) 스탈린그라드(Stalingrad) 전투

1942년 봄이 되자 히틀러는 전년도에 모스크바전투의 실패를 보상하고, 전쟁의 주도권을 되찾기 위하여 하계공세를 취하고자 하였다. 그러나 광대한 전선에서 어느 한 지역에 집중할 수밖에 없었다. 그 결과 히틀러는 남부에 눈길을 돌렸다. 즉 북부와 중부에서는 현 전선을 유지하도록 하고 캅카스(Kavkaz)와 스탈린그라드(지금의 볼고그라드)를 목표로 삼은 것이다.

군부의 반대에도 불구하고 히틀러는 소련군이 전년도의 대손실로부터 완전히 회복되지 못하였기 때문에 그들이 강화되기 전에 조속히 공격하여 1년 내로 동부전선을 타결 지어야 한다고 생각했다. 1943년에는 서부지역 연합군의 반격이 예상되었기 때문에 조급했던 것이다. 그리고 캅카스와 스탈린그라드를 점령한다면 소련의 유전을 박탈하는 동시에 고갈상태에 직면한 독일군의 유류난을 해소할 수 있다는 점을 들어 즉각 공세를 고집하였다.

하계공세를 위한 독일군의 공세계획은 4단계로 나뉘어 있었다. 독일군의 제1단계 공격은 6월 28일, 제2단계 공격은 6월 30일 시작되어 성공적으로 되었으나, 제3단계 공격은 제1기갑군과 제7군을 남쪽으로 전향함으로써 지대 내 소련군을 차단 포위하는 데 실패하였다. 제4단계 작전부터는 독일군의 계획이 일대 차질을 빚기 시작했다.

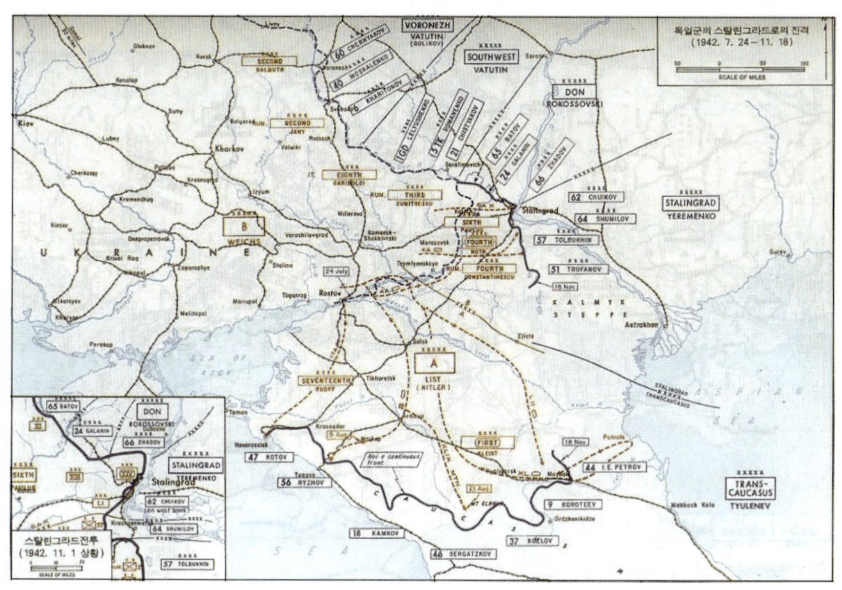

(그림 6-11) 독일군의 스탈린그라드 진격

원래 계획에 의하면 제3단계 작전수행 후 제4기갑군과 제6군은 스탈린그라드로 진격하도록 되어있었는데(제1기갑군이 당시에 고전하고 있어 지원하기 위하여) 제4기갑군을 남쪽으로 전향시켰던 것이다. 이러한 제4기갑군의 방향전환은 큰 실책이 되었다. 왜냐하면, 약 2주일 후에 제4기갑군이 스탈린그라드 쪽으로 돌아왔을 때, 소련군은 이미 강력하게 증강되어 있었기 때문이다. 더구나 유류 부족으로 기갑부대의 발이 묶여 스탈린그라드 점령의 기회는 사라지고 있었다.

스탈린그라드로 전진하던 B집단군은 유류와 탄약의 부족으로 신속한 진격이 어려웠다. 그러나 점진적이고도 집요한 공격을 계속한 결과 제6군은 마침내 8월 23일 스탈린그라드 북쪽의 볼가(Volga) 강에 도달하였고, 남쪽에서는 제4기갑군이 스탈린그라드 25마일 전방까지 육박하였다. 그러나 소련군도 필사적인 저항을 벌여 9월 말부터는 마침내 시가전이 되었다.

당시 독일군은 동부전선에서 우크라이나 도네츠 분지의 곡창 및 공업지대, 캅카스 유전지대를 점령하고, 소련의 동맥에 해당하는 볼가 강을 차단하고자 스탈린그라드에 맹공을 퍼붓고 있었으나, 독일군의 역량도 한계에 도달하였다. 확대된 전선을 유지하기 위해 동맹군 군대도 충당해야 했고, 병참보급은 날로 악화되어 갔으며, 10월 말 부터는 북아프리카의 전황마저도 불리해짐으로써 여러모로 곤경에 빠지게 되었다.

더구나 폭이 1마일이나 되는 볼가 강의 장애로 스탈린그라드에 대한 포위기동이 어려워 손실은 크고 효과가 작은 정면공격을 되풀이하고 있었다. 이제 히틀러는 스탈린그라드의 전략적 가치보다는 도시의 이름에 대한 증오심으로 반드시 탈취하려 하였고, 스탈린도 마치 스탈린그라드의 방어에 그의 운명을 걸다시피 하였다. 세계의 이목은 스탈린그라드에 집중되었고, 히틀러는 자기의 위신이 이 도시의 탈취 여하에 달려있다고 생각하게 되었다. 따라서 그는 동원할 수 있는 전 병력을 이 전투에 투입하도록 명령하였는데, 예비대가 부족한 독일군으로서는 양측방의 전선으로부터 병력을 계속 차출하였다.

그러나 스탈린그라드 수비를 담당한 츄이코프 장군의 소련 제62군은 완강한 저항을 계속하였다. 건물 하나하나, 골목 하나하나를 다투는 치열한 시가전이 9월 하순부터 11월 중순까지 계속되었다. 츄이코프 장군은 일찍부터 독일군 전술을 연구하여 그 약점을 간파하고 있었다. 그는 독일군과 싸우는 가장 좋은 방법은 근접전 방식임을 알고 휘하부대를 소규모로 분산 조직하여 독일군에 대한 근접전을 하도록 지시하였다.56) 이제 시가전은 그야말로 총구와 총구가 맞닿는 근접전이 되어버렸다.

한편 소련군 최고사령부의 주코프 장군은 냉철한 전략적 판단에 의하여 스탈린그라드의 어려움에도 불구하고 병력의 증원을 최소한으로 억제하면서 반격을 위한 강력한 예비대를 돈 강 만곡부에 연하여 스탈린그라드 양측방에 집결시켰다. 마침내 11월 9일 소련군은 대반격을 개시하였다. 11월 19일 소련군의 돈 전선(Don Front)군과 서남전선군은 북쪽에서, 11월 20일 스탈린그라드 전선군은 남쪽에서 약화된 독일군의 양측면을 향해 밀어닥쳤다. 그리고 11월 22일 이들은 스탈린그라드 서쪽 40마일 지점인 깔라쉬(Kalach)에서 합류함으로써 독일 제6군과 제4기갑군의 절반에 해당하는 28만 명이 포위되고 말았다.

이 반격전투에서 나타난 소련군의 능력과 전술은 탁월하였다. 독일군이 사용하던 '쐐기와 함정' 전법을 이번에는 소련군이 역으로 되갚은 셈이 되었다. 이제 독일군 제6군은 폭 25마일, 길이 40마일의 공간 안에 포위된 채 최후의 순간까지 저항해야 했다.

56) "독일군과 싸우는 가장 좋은 방법은 근접전이다. … 우리는 가능한 적에 가까이 접근해야 하며, 그렇게 한다면 적의 항공기는 아군의 전초부대나 참호에 폭격을 가하지 못할 것이다. 또한 독일군 병사는 그들 자신이 언제 어디서나 아군의 총구에 의해 겨누어지고 있음을 느끼게 될 것."이라는 츄이코프(Chuikov)의 전투방식은 독일군의 제공권을 무력화시키고 독일병사의 전의를 위축시키는 효과적인 근접전의 방법이었다. 위의 책, p.332 내용참조.

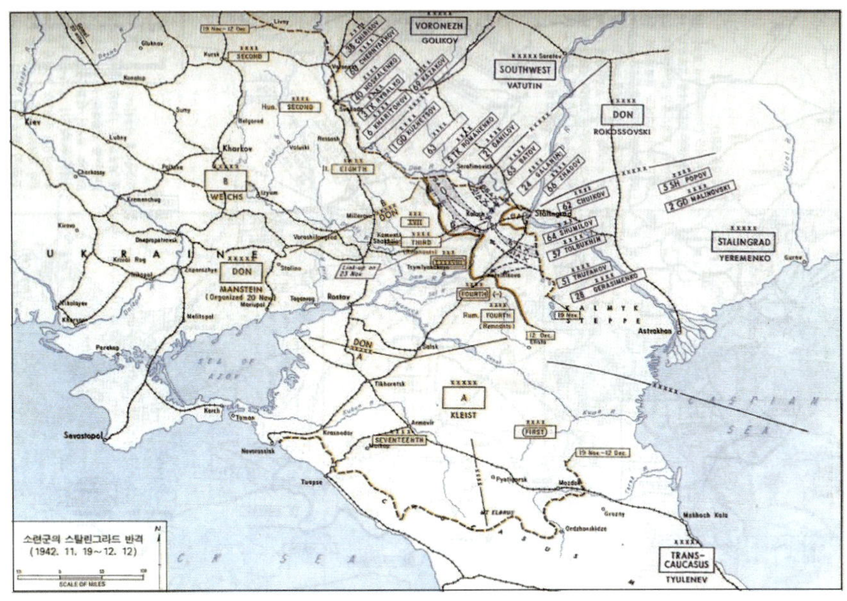

(그림 6-12) 소련군의 스탈린그라드 반격

히틀러는 독일군 가운데 가장 뛰어난 야전사령관인 만슈타인 장군의 지휘로 새로이 돈집단군을 편성하여 파울루스의 제6군을 구원하는 임무를 맡겼다. 그러나 히틀러는 돈집단군의 진격에 호응하여 제6군이 서쪽으로 돌파작전을 감행하도록 허가해 달라는 만슈타인 장군의 진언을 거절하였다. 히틀러는 볼가에서의 후퇴를 계속 거부했다. 하는 수 없이 만슈타인은 12월 12일 단독으로 구원작전을 개시했으나 목전에서 실패하고 서쪽으로 다시 후퇴하지 않으면 안 되었다.

그런데 이 후퇴는 새로운 위기를 조성하고 말았다. 만일 소련군이 로스토프(Rostov)에 도달하면 캅카스에서 작전 중인 A집단군이 차단당할 위험에 직면하였던 것이다. 따라서 만슈타인 돈집단군은 열세한 병력으로나마 압도적인 소련군의 공격을 저지하지 않으면 안 될 상황에 처하였다. 그러나 그것은 불가능했을 뿐만 아니라 제6군에 뒤이어 클라이스트(Kleist)군마저도 소련군에 포위되면 큰일이라 판단되어, 히틀러는 12월 29일 클라이스트군의 철수를 허가하였다.

그러나 이때 소련군은 로스토프로부터 불과 50마일밖에 떨어져 있지 않았고, 클라이스트군은 거의 350마일이나 떨어져 있어 철수의 성공은 가망이 거의 없었다. 만슈타인군이 압도적인 소련군의 공격을 받으면서도 로스토프를 필사적으로 확보하였고, 클라이스트군은 강행군을 실시하여 1943년 2월 1일 로스토프에 도달함으로써 아슬아슬하게 포위를 면했다. 기적처럼 성공한 이 철수작전은 만슈타인과 클라이슬러의 공적이 컸지만, 추위와 기아에 시달리면서도 희생적 저항을 계속했던 파울루스의 제6군이 없었더라면 불가능했을 것이다.

1월 8일 소련군의 최초 항복요구를 거절했지만 제6군은 더 이상 견디지 못하고 1월 31일 항복하였다. 24명의 장군을 포함한 91,000명의 독일군은 굶주림과 동상과 부상으로 만신창이가 된 채 영하 30도의 동토 위로 시베리아를 향해 끌려갔다. 이것이 2개월 전에 28만 명을 헤아리던 긍지 높은 제6군의 마지막 모습이었다.

독일군은 스탈린그라드 혈전에서 무려 60,000대의 차량, 1,500대의 탱크, 6,000문의 대포, 그리고 280,000명의 인원을 상실하였다. 그러나 이 전투가 지니는 의미는 그보다 훨씬 심각했다. 이 결전이야말로 2차대전 중 가장 결정적인 전투의 하나로 손꼽히고 있으며, 실로 이번 전쟁의 운명을 판가름하는 전환점이 되었기 때문이다.

스탈린그라드의 승리에 용기를 얻은 소련군은 계속 공세를 취하여 2월 16일에는 드니에페르 강선에 육박함으로써 돈집단군과 B집단군 사이에 100마일에 달하는 간격이 만들어졌다. 도네츠 분지 일대의 독일군이 차단될 위기에 빠졌다. 그러나 히틀러는 계속 현지 고수를 명령하였다. 이 때 만슈타인은 히틀러의 재촉을 묵살한 채 소수의 예비대를 가지고 반격의 시기를 기다리고 있었다. 그는 소련군이 곧 보급의 곤란으로 정군할 것으로 판단하였기 때문이다.

만슈타인의 예측대로 소련군의 공세가 주춤해지자 그는 2월 18일 스탈리노(Stalino) 방면에서 반격을 개시했다. 비록 소수의 병력으로 시작된 반격이었으나 완전한 기습이었다. 소련군은 대혼란에 빠져 8일간의 격심한 전투가 끝났을 때 전차 600대, 포 1,000문을 잃고 도네츠 강선으로 도로 물러서고 말았다. 만슈타인은 여세를 몰아 3월 11일에 하리코프를 재점령하였으나 워낙 병력의 열세로 더 이상의 진격은 불가능하였고, 전선은 곧 해빙기를 맞아 소강상태로 들어갔다. 이 반격작전은 8대1의 열세 속에서 오로지 만슈타인의 뛰어난 재능에 의해 달성된 성과로 사실상 동부전선에서 독일군이 거둔 마지막 승리였다.

(2) 쿠르스크(Krusk) 전투

1943년 봄에서 여름으로 접어들 무렵, 전투력을 어느 정도 회복한 독일군은 새로운 하계공세를 준비하였다. 히틀러는 이 공세를 통하여 동부전선에서의 주도권을 회복하고자 했다. 쿠르스크 주변의 거대한 돌출부를 공격하여 돌출부 내의 소련군을 차단 섬멸함으로써 소련군 전선에 간격을 만들고, 이 간격을 통하여 깊숙이 진격한다면, 전세를 다시 역전시킬 수 있을 것이라 기대했던 것이다.

그러나 1943년 여름, 소련군의 전투력과 잠재력은 절정에 달해 있었다. 그뿐만 아니라 소련군은 처음으로 대대적인 하계공세준비를 이미 완료하고 있었음에도 독일군이 먼저 공격하기를 기다리고 있었다. 소련군은 독일군의 주력은 물론 예비대까지 모두 소진케 한 후에 역습을 취하겠다는 계획을 갖고 있었다. 그리하여 쿠르스크 돌출부 내의 전 지역을 지뢰지대, 대전차호, 대전차포진지 등으로 구축된 3개의 중복된 방어선으로 요새화하고, 그 후방에는 역습을 위한 강력한 기갑부대를 대기시켜 놓았던 것이다.

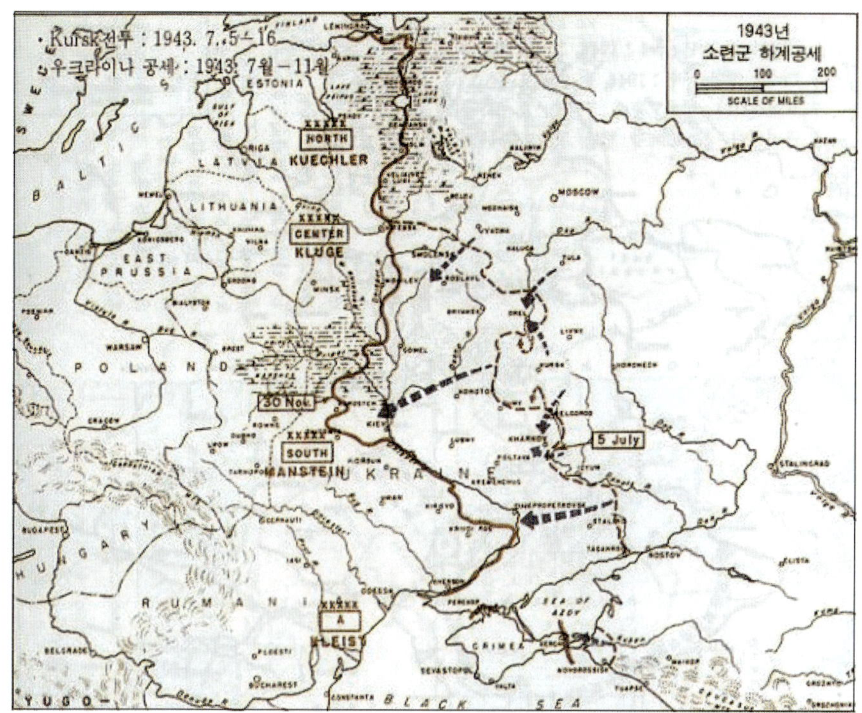

(그림 6-13) 소련군 하계공세 - 쿠르스크 전투

이처럼 철저한 준비를 한 소련군에 대하여 독일군은 7월 5일 공격을 개시하였다. 전통적인 양익포위 개념에 의하여 제9군과 제2군은 돌출부의 북쪽에서 공격하고 제4기갑군과 제8군은 남쪽에서 공격하며, 이때 정면에는 제2군이 견제공격을 실시하였다. 최초 3일간은 그런대로 공격이 진행되었으나 7월 9일 북쪽의 제9군의 진격은 저지되고 말았고, 남쪽의 제4기갑군도 비슷하였다. 독일군은 이러한 상황을 타개하려고 예비군까지 투입하였으나 소련군의 방어선은 철벽같았고 공세는 좌절되었다. 독일군은 비로소 함정에 빠졌다는 사실을 알고 이 작전의 전면 취소를 명하였지만 때는 이미 늦고 말았다.

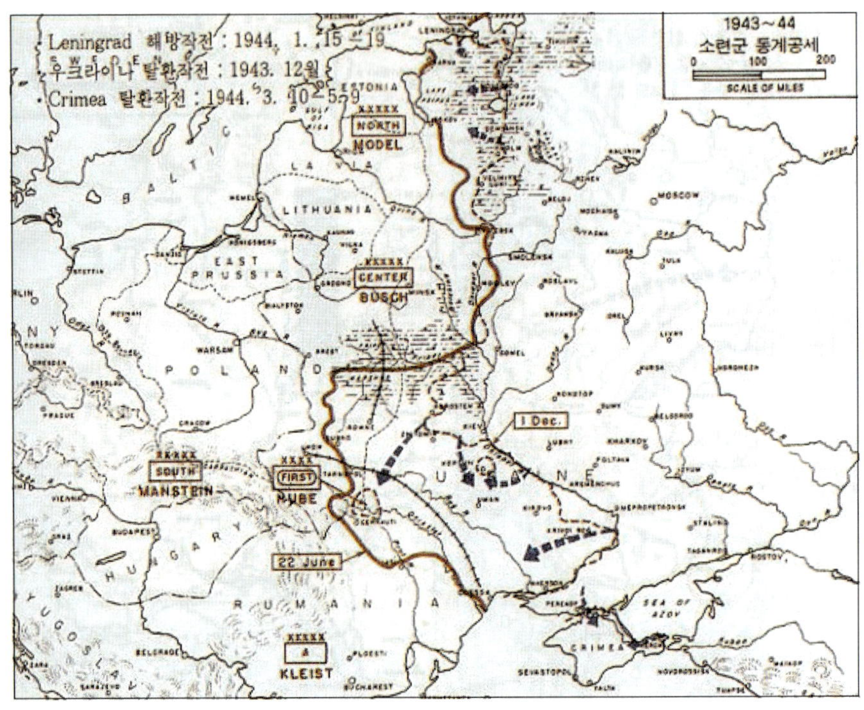

(그림 6-14) 쿠르스크 전투 이후 소련군의 반격

소련군은 이때를 놓치지 않고 공세로 전환하였다. 이미 예비대를 소진한 독일군의 전선은 둑 터진 강물이 되고 말았다. 쿠르스크 전투는 사상 최대 규모의 전차전이었으며 이 전투 이후 예비대가 극도로 부족한 독일군은 전 전선에 걸쳐서 소련군의 압도적인 공세에 밀려 철수에 철수를 거듭하게 되었다. 당시 독일군의 병력 난은 매우 극심했는데, 이 전투의 승리로 소련군은 총공세로 전환하였다. 11월 6일에는 키예프가 탈환되고 11말에는 우크라이나의 절반이 해방되었으며, 북쪽에서는 1939년 이전의 국경에 접근해 가고 있었다.

1943년 말 동부전선의 독일군은 겨우 300만 명 선을 유지하고 있었으나, 소련군은 570만 명의 병력을 확보하고 있었으며, 탱크와 대포에 있어서도 월등한 우세를 차지하고 있었다. 더구나 서부전선에서 미영연합군이 강화되고 있어 히틀러는 1943년 11월 3일 지령 제51호에 의하여 서부전선을 강화하기 시작했다. 그 결과 동부전선에서는 수세를 면치 못하게 되었고 1944년에는 완전히 소련군에 주도권을 빼앗기고 말았다.

비스툴라 강선에서 정군하고 있던 소련군은 1945년 1월 12일 전 전선에 걸쳐 공세를 재개하였다. 17일에는 바르샤바가 쉽게 함락되고, 소련군 주력은 중부 폴란드를 가로질러 독일의 심장부로 향하였다. 1일 평균 20 내지 25마일의 속도로 신속히 진격한 소련군 주력은 4월 6일 베를린을 향한 최종공세에 돌입하였고, 4월 24일에는 베를린을 완전히 포위하였다. 베를린 시내에서는 10일간의 혈전이 지속되었으나 4월 3일 히틀러가 자살하고 5월 2일 베를린 수비대가 투항하자, 드디어 독일은 5월 7일 항복하였다.

(3) 오버로드(Overlord) 계획과 노르망디 상륙작전

유럽 지역 전쟁에 있어서 연합국 지도층이 가장 중요하게 생각하고 있었던 과제는 역시 서부유럽에 대한 상륙이었다. 이 문제가 구체화되기 시작한 것은 1943년 1월의 카사블랑카 회담부터였으며, 그해 3월 해협횡단 침공작전 을 계획하기 위한 참모본부로서 COSSAC(Chief Of Staff to the Supreme Allied Commander)이 런던에 설치되었고, 후에 이 작전에 '오버로드(Overlord)'라는 암호 명칭이 붙여졌다.

COSSAC에서 최초로 작성된 오버로드의 작전개념은 프랑스를 해방하고 독일 본토로 진격하기 위한 대병력의 발판을 서부유럽 내에 확보한다는 것이었는데, 상륙예정지는 서부유럽 해안지역 가운데 6군데의 후보지를 놓고 검토한 끝에 노르망디(Normandy)해안으로 선정되었다. 노르망디는 해안조건이 좋고, 내륙통로도 양호하였으며, 특히 독일군의 방어태세가 비교적 약하다는 장점이 고려되었다.

오버로드 작전계획

- 예비단계 : 전략폭격을 비롯하여 적의 저항력을 약화시키고 상륙 예정지에 대한 기만방책을 구사
- 준비단계 : 공중폭격으로 교량 및 철도망 등을 파괴함으로써 독일군 예비대의 이동을 저지하고 상륙해안 일대를 고립
- 상륙공격단계 : 상륙해안에 대한 전술 폭격 및 함포사격을 실시하고, 3개 공수사단을 투하하여 노르망디 해안에 최초 5개 사단 및 추가 2개 사단 상륙
- 교두보 확장단계 : 해안교두보로부터 돌파를 실시하여 쌩로(St. Lo)에서 까앙(Caen)을 잇는 선까지 진출하며, 쉘부르(Cherbourg)항을 점령
- 근거지 확보단계 : 대규모 진격작전에 필요한 병력과 물자를 집적할 수 있도록 센 강~ 루아르(Loire) 강선까지 진출하여 충분한 공간 확보

오버로드 작전이 성공하기 위한 예비조치로서 빼놓을 수 없는 것은 전략폭격이었고, 이를 통해 연합군은 제공권을 장악하게 되었다. 이렇게 해서 준비가 갖추어진 5월 말 동원된 연합군의 총규모는 병력 2,876,000명, 각종 함선 5,300척, 항공기 12,000대에 달하였으니 실로 사상 최대의 작전이 되었다.

독일군의 상황은 서부전선 총사령부(OB West)를 룬트슈테트 원수가 지휘하고 있었고, 그 예하에는 서부유럽의 전 해안을 담당한 롬멜 원수의 B집단군과 비시 프랑스를 점령하고 있던 C집단군이 소속되어 있었다. 1944년 6월 현재, 룬트슈테트 휘하에는 58개 사단(기갑10, 보병17, 해안방어 및 교육사단 31)이 있었으나 질적으로 우수하지 못했으며, 무엇보다도 가장 큰 결함은 전략예비의 부족과 공군력의 열세였다.[57]

57) 예비대도 기용한 것은 10개 기갑사단 가운데 해안방면에 고정 배치된 7개 사단을 제외하면 3개 사단뿐이었으며, 파리 근방에 있었던 이 부대들마저도 히틀러의 사전 승인 없이는 움직일 수 없었던 것이다. 공군력의 경우도 겨우 400대의 가용전투기가 있었으나 부속

또한 해안방어를 계획함에 있어서 룬트슈테트와 롬멜은 전혀 상반된 견해를 가지고 있었다. 룬트슈테트는 강력한 예비대의 보유로 '전략적 기동방어'를 주장한 반면, 롬멜은 제공권이 없는 상황이므로 예비대의 이동이 불가능하여 기동방어를 할 수 없다고 반대하였다. 일단 연합군이 상륙한 다음에는 격퇴하기가 어려우므로 기갑부대를 포함한 모든 병력을 해안 가까이 배치하여 적의 상륙을 저지하는 '전술적 선방어'를 주장했다.

독일군 수뇌부에서도 의견이 엇갈렸는데, 궁극적인 결정권을 가진 히틀러는 롬멜의 견해를 지지하였다. 이리하여 중요한 항구는 보루화되고, 포대와 기관총좌는 콘크리트화되었으며, 지뢰, 철조망, 수중장애물 등 대대적인 해안 방어공사가 이루어졌다. 2,500마일에 달하는 해안선에 '대서양 방벽'을 쌓고 모든 전투력을 해안에 집중시키며 연합군의 상륙에 대비하고 있었다.

노르망디 상륙작전은 원래 D-day가 1944년 6월 5일이었다. 그러나 6월 4일 새벽 출격시간이 되자 기상이 악화되어 6월 6일로 연기하였다. 그런데 일기불순은 오히려 전화위복이 되었다. 독일군의 초계정들이 풍랑으로 모두 귀항한 탓에 연합군 선단은 노르망디 해안까지 발각되지 않고 도달할 수 있었던 것이다. 일단 상륙에 성공한 연합군은 교두보를 마련하고 D+6일에는 326,547명의 병력과 54,186대의 차량, 104,428톤의 보급품을 양륙하였다.

(그림 6-16) 노르망디에 상륙하는 연합군

품, 연료, 조종사의 부족으로 절반 정도만이 작전에 투입될 수 있었다. 이 뿐만 아니라 룬트슈테트는 공군과 해군지원부대들을 직접 통제할 수 있는 제도적 권한이 없었다. 위의 책, p.372.

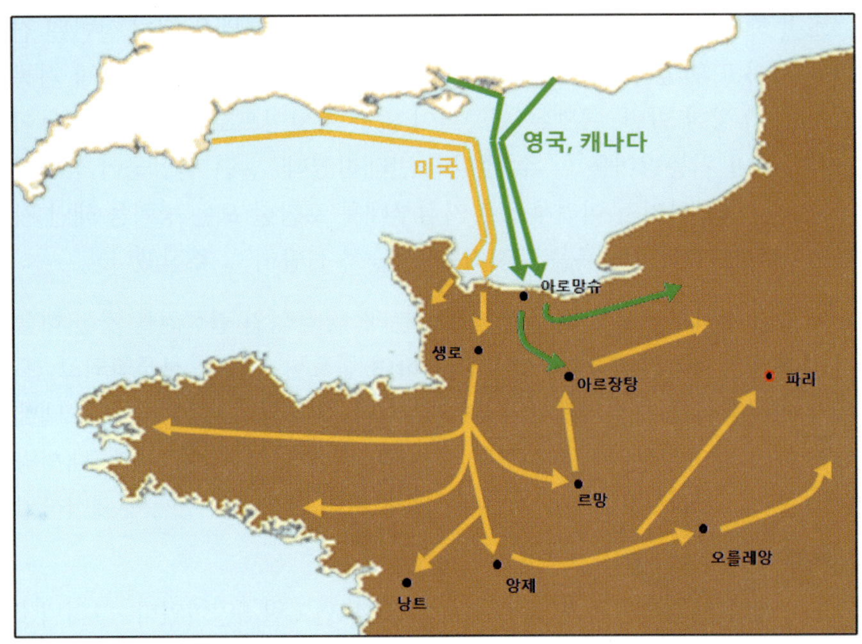

(그림 6-15) 노르망디 상륙작전 후 연합군의 진격로

이제 독일군이 연합군을 해안에서 몰아낼 수 있다는 희망은 사라졌고, 연합군은 내륙으로 밀려들기 시작했다. 독일군이 연합군의 상륙작전에 힘없이 무너진 이유는 독일군의 전투력이 전반적으로 열세했던 것이 가장 큰 원인이지만, 다음과 같은 몇 가지 요인들이 사태를 그르치게 만들었다. 첫째, 제공권과 제해권의 상실, 특히 연합군 공군의 폭격은 독일군의 병력이동을 방해하여 효과적인 반격을 불가능하게 했다. 둘째, 독일군은 연합군의 기만 방책과 그들 자신의 편견으로 적의 상륙지점을 빠드 깔레로 오판하였다. 셋째, 노르망디가 주공이라고 판명된 후에도 이를 격퇴할 만한 전략예비대가 부족하였던 것이다.

이렇듯 압도적인 전력적 우위를 바탕으로 7월 24일까지 교두보를 확장한 연합군은 대대적인 공격을 준비하고 있었다. 일일 평균 30,000톤의 보급품과 30,000명의 병력이 하선되었으며 패튼 제3군도 도착하였다. 그러나 독일 측은 내부적 혼란을 겪고 있었다. 룬트슈테트와 롬멜은 방어에 보다 용이한 센 강선까지의 철수를 히틀러에게 건의 하였다가 룬트슈테트는 해임당하고 롬멜도 의문의 공중공격을 받고 부상을 당해서 물러서고 말았다. 7월 20일에는 히틀러 암살 미수사건이 발생하여 국내가 소란해지고, 히틀러는 측근들마저 불신하여 군사작전은 그의 독단으로 이루어졌다.

확장된 교두보에서 만반의 준비를 한 연합군은 이제 프랑스 내륙으로의 돌파작전을 계획하고 '코브라'라는 명칭을 붙였다. 이 계획은 강력한 공중폭격과 제1군의 지상공격으로 독일군 방어선에 간격을 형성하고 제8군이 그 간격을 통하여 코브라의 머리처럼 뛰쳐나가는 것이었다. 코브라 작전은 7월 25일 09시 30분 공군의 융단폭격으로 시작되었다. 2,500대의 항공기가 길이 7마일, 폭 2마일의 면적에 4,000톤 이상의 폭탄을 투하하였으며, 11시부터 미군 3개 사단이 맹공을 가하여 돌파구를 형성하였다. 이 돌파구로 미 제8군단이 물밀 듯이 밀어닥쳐 브르타뉴 반도로의 통로를 열었다.

코브라 작전이 끝나 8월 1일 패튼의 제3군은 새로운 진격을 개시하여 3일에는 렌느(Rennes)를 점령하여 브르타뉴 반도를 고립시켰다. 이때 아이젠하워 사령부는 오버로드 계획을 일부 수정하였다. 원래 패튼 제3군은 브르타뉴 반도를 소탕하기로 되어 있었으나, 패튼으로 하여금 1개 군단만 브르타뉴 방면으로 보내고 주력(3개 군단)은 동쪽으로 급선회하여 센 강 서쪽지역을 조기에 확보하도록 하였다.

패튼은 거침없는 진격으로 8월 8일에는 100마일 후방의 르망(Le Mans)을 점령하였고, 이 때문에 독일군 좌익은 순식간에 절단되고 말았다. 패튼의 제3군이 프랑스 평원으로 돌진해 들어오자 클루게(Kluge)는 그 기세를 저지할 수 없다고 판단하고 히틀러에게 센 강선으로 후퇴하여 방어할 것을 건의하기에 이르렀다. 그러나 히틀러는 클루게의 건의를 묵살하고 8월 7일 특수기갑군(6개 사단)을 편성하여 기습공격을 실시했지만 연합군의 즉각적인 예비대 투입과 맹렬한 공중폭격으로 진격은 저지되고 오히려 포위되고 말았다. 그 결과 독일군은 50,000명의 포로와 10,000명의 사상자를 내고 조직적인 방어선을 구축할 수 있는 시간과 병력을 소진하고 말았다. 이후 독일군은 방어에 유리한 센 강을 힘없이 돌파당하고 국경선까지 패퇴하게 되었다.

연합군은 원래 오버로드(Overload) 계획을 완료하고 난 뒤에는 재편성과 병참문제 해결을 위하여 센 강에서 3개월간 정군할 예정이었으나, 독일군의 전력이 극도로 약화되고 연합군의 상황이 호조를 나타내자, 애초의 계획을 변경하고 독일 국경선으로 향하여 계속 진격하였다. 9월 14일경 연합군은 독일 국경선에 도달하였으며 아이젠하워는 계속적인 공세를 취하되 지세가 험한 남쪽보다는 방어선이 비교적 약한 북쪽으로 공격하는 것이 유리하다고 판단하고 몽고메리에게 주공을 맡겼다.

그러나 독일군의 필사적인 저항과 교량의 파괴로 영국군의 진격이 저지되고 3개월에 걸친 연합군의 대추격은 중지되었으며 10월에 이르러서는 전선 대부분이 교착상태에 빠졌다. 이때 히틀러는 반격지점으로 아르덴, 즉 벌지전투를 택하였다. 이 지역에 대한 연합군의 병력 배치가 미약했고, 특히 아르덴의 무성한 삼림은 독일군 기갑부대를 연합군의 공군으로부터 은폐를 제공해 줄 수 있으며, 독일군이 아르덴 정면으로 집결하는 동안 연합군에 의한 치명적인 타격을 피할 수 있다고 판단했기 때문이었다.

이를 위해 독일군은 11월 중으로 아르덴 동쪽 아이펠(Eifel) 삼림지역에 2개 기갑군과 2개 야전군으로 편성된 총 25개 사단을 집결시켰다. 독일군의 작전개념은 아르덴을 돌파한 후 서북쪽으로 진격하여 안트워프를 점령함으로써 바스토뉴와 브뤼셀 그리고 안트워프를 연결하는 선 이북의 연합군을 차단·섬멸하는 것이었다. 독일군은 연합군의 항공기가 활동하지 못하는 악천후를 이용 1944년 12월 16일 기습공격을 실시하였다. 연합군의 의표를 찌른 기습효과로 최초의 돌파는 성공하였다. 그러나 미군의 강력한 저항과 기상의 호전에 따른 연합공군의 활동재개로 독일군의 공격은 부진을 면하지 못하였고, 오히려 미 제1군과 미 제3군의 반격을 받고 독일군은 역포위될 뻔했다. 독일군 기갑부대는 겨우 포위망을 벗어나기는 했으나 큰 피해를 입고 본래의 공격개시선으로 후퇴하였다. 결국 히틀러는 그의 운명을 걸었던 최후의 대공세에서 완전히 실패하고 말았다. 이 전투에서 독일군은 70,000명의 사상자와 50,000명의 포로, 600대의 전차, 1,600대의 항공기 손실을 보았다. 이로써 독일 예비대는 완전히 소진되었다.

(4) 독일의 패망

사실상 독일군의 최후반격이라고 볼 수 있는 벌지전투에서 독일군이 대패하면서 전쟁의 승기는 연합군에게 기울어졌다. 연합군은 기세를 몰아 라인란트 작전, 루르포위전을 통해 서부전선의 독일군을 섬멸해가며 4월 중순에는 베를린 전방 60마일까지 진격해갔다. 독일군은 베르사유 체제를 통해 받았던 치욕을 되풀이할 수 없다는 일념으로 연합군의 무조건 항복요구에 거세게 저항했을 뿐 전세에 큰 영향을 줄 순 없었다.

무기력해진 독일군은 도처에서 항복했으며 전쟁의 주범인 히틀러가 4월 30일 베를린의 지하벙커에서 자살하면서 총통이 된 되니츠 제독은 요인들을 연합군에 파견하여 연합군의 무조건 항복문서에 서명하게 하였다. 이로써 1945년 5월 7일 유럽에서의 전쟁이 막을 내렸으며 이를 기념하기 위해 연합군은 5월 8일을 전승기념일로 선포하였다.

제 7 장 | 태평양 전쟁

제1절 전쟁의 발발과 일본의 공세

제2절 연합군의 반격

제7장

태평양 전쟁

제1절 전쟁의 발발과 일본의 공세

유럽에서 전쟁의 불씨가 되살아나고 있는 동안, 아시아의 한쪽에서는 일찍이 메이지유신을 통하여 근대화를 달성한 일본이 청일전쟁(1894~1895)과 러일전쟁(1904~1905)에 승리함으로써 동아시아 지역에서 패권을 장악하였다. 이어서 1910년에는 조선을 강제 합병하고, 1931년에는 만주사변을 일으켜 만주 지역 일대를 장악함으로써 일본 제국주의는 그 본성을 천하에 드러내었다.[58)]

결국 일본 제국주의의 야망은 중국 석권을 목표로 한 중일 전쟁과 이것을 시발로 대동아 공영권의 거대한 꿈을 실현하기 위한 아시아 태평양 지역에서의 또 하나의 세계대전, 태평양 전쟁을 유발하였다. 이렇게 됨으로써 세계는 유럽 지역과 아시아-태평양 지역에서 역사상 유례없는 세계대전의 전화 속에 빠지게 된 것이다.

(1) 중일 전쟁

일본은 청일전쟁(1894~1895)과 러일전쟁(1904~1905)에서 승리함으로써 극동지역에서 패권적 지위를 확보하고 1931년 만주사변을 일으켜 중국에 대한 그들의 침략의도를 노골적으로 나타내었다. 그리고 1932년 2월 18일, 괴뢰정권 만주국을 수립하고 국제연맹이 이에 항의를 제기하자[59)]

---

58) 육군을 주축으로 한 일본의 군벌세력은 1931년 봉천사변을 계기로 권력을 장악하는 데 성공하였으며, 이후 일본은 중국에 대한 침략의도를 드러내기 시작하였다. 1932년 2월에는 드디어 그들의 괴뢰국 만주국을 수립하자 국제연맹은 이 문제에 대해 항의를 제기하였으며, 이에 일본은 국제연맹을 탈퇴함으로써 국제연맹의 권위에 치명적 상처를 입혔다. 육군사관학교 전사학과, 위의 책 p.262.

59) 일본에 의한 만주국의 수립을 국제사회는 전적인 침략행위로 보았다. 미국은 만주국의

국제연맹을 탈퇴하였다.

이에 중국에서는 반일(反日)운동이 극대화되고 상하이를 중심으로 유혈 사태가 빚어지자, 일본은 이를 진압한다는 구실로 일본군 7만 명을 상하이에 상륙시켰다. 당시 중국의 장제스 정부는 일본의 이러한 침략행위에 조직적으로 대응하였고 일본은 무력에 의한 중국의 강제점령을 위해 1937년 2월 중일 전쟁을 일으켰다. 일본은 히틀러에 의해 유럽이 혼란스러운 시기에 선전포고도 없이 중일 전쟁을 시작했던 것이다.

일본은 30만의 정규군과 일본군 장교가 지휘하는 만주민 및 몽골인 부대 15만 명, 그리고 200만 명 정도의 예비군을 보유하고 있었으며, 당시 세계 3위의 막강한 해군력과 육군 및 해군항공대가 이를 지원하고 있었다. 이에 비하여 중국군은 약 200만 명으로 추산되고 있었으나 그중에 무장을 제대로 갖춘 부대는 불과 10만 명 미만이었다. 더구나 장제스군은 외부로부터의 원조로 보급문제를 해결하고 있었고, 해군과 항공력은 거의 전무한 상태였다.

일본은 주공을 만주국 방향에서, 조공은 상하이방면으로 정했다. 이 계획은 이미 점령하고 있었던 만주지방의 기지를 활용할 수 있는 이점이 있고, 장제스군이 중국 서부산악지대로 철수하기 전에 포위할 가능성도 갖고 있었다. 먼저 1937년 8월 포두를 점령한 일본군은 9월부터 남진을 개시했다. 그러나 철도를 따라 3갈래로 뻗은 이 진격은 중국군의 완강한 저항과 주로 야간에 통신망과 보급로를 차단하는 게릴라의 활동으로 11월에 이르

독립을 인정하기를 거부하였으며 일본이 국제협약을 위반하고 있다고 비난하였다. 국제연맹은(League of Nations)은 영국의 로드 리턴(Lord Lytton)이 책임을 맡는 한 위원회에 여기에 대한 조사를 지시했고 그 위원회는 보고서에 일본에 대하여 격렬히 비난했으며 국제연맹은 그 위원회의 보고서를 42:1(일본만이 반대)로 승인하였다. 그러나 일본의 방위성(War Minister)장관 사다오 아라키(Sadao Araki)는 "그것은 동양의 평화를 위해 일본이 수행한 성스러운 임무다."라고 주장하면서 국제연맹은 이러한 임무를 인정하지 않고 있다고 비난하였다. The editors of Time-Life Book, *Japan at War*, (New Jersey: Silver Burdett Company, 1980), p.16.

러 지지부진한 상태에 빠지고 말았다.

8월에 시작된 상하이에서의 전투는 예상외로 격렬하였다. 독일식으로 훈련된 장제스군의 정예 88사단이 일본군의 지원 병력이 도달할 때까지 일본군 상륙부대를 상하이에 묶어 놓았다. 그러나 지원부대가 도착하자 일본군은 마침내 상하이 교두보를 확보하고, 12월 13일에는 남경을 점령하였다. 그동안 일본군 항공기들은 중국의 여러 도시들에 대하여 무자비한 폭격을 가했다.

그러나 중일 전쟁을 단기간에 종결하려는 일본의 의도는 좌절되었다. 장제스군은 시간을 벌기 위해 공간을 포기하면서 결정적 전투를 회피했기 때문이다. 상하이를 상실한 것이 커다란 타격이 되기는 했지만, 장제스군은 대부분의 항구와 4개의 대외보급로를 장악하고 있었다. 하이퐁에서 쿤밍에 이르는 철도와 랑군에서 라쉬오를 거쳐 쿤밍에 도달하는 철도 및 도로, 그리고 러시아에 이르는 2개의 도로가 그것이다.

일본군은 1938년 5월에 서주를 점령하고, 6월에는 한구를 통하는 철도를 봉쇄하기 위하여 정주로 진격하기 시작했으나 장제스군이 황하의 제방을 무너뜨려 수렁에 빠지고 말았다. 그러나 일본군이 8월에 40,000명의 병력을 홍콩으로부터 20마일 북방에 상륙시켜 광동을 점령함으로써 주요보급로가 차단되어 9월에 장제스는 한구를 포기하였다.

그 후 장제스는 산업시설들을 내륙지역으로 소개하고 초토화 작전을 전개하는 한편, 수도를 중경으로 옮겼다. 일본은 1938년 말까지 중국의 주요지역을 장악했지만 중국군의 저항은 계속되었다. 게릴라의 활동은 계속 격화되어가고, 주민들의 적개심과 저항은 깊어만 갔으며, 미국은 점점 더 많은 원조를 장제스군에게 제공하였다. 2년 만에 중일 전쟁을 종결하고자 했던 일본 측 기도가 좌절되자 1939년 일본은 더 이상 중일 전쟁에 묶여 있어서는 안 된다고 판단하여 최소의 군사력으로 중국 내 전략적 요충지를 점거하는 봉쇄전술로 전환하였다. 중국의 해안지대를 점령하여 대 중국 보급로를 봉쇄하는 전략으로 전환한 것이다. 그러나 중국은 그들 특유의 끈질긴 저항을 종전 시까지 계속하였다.

(2) 진주만 기습

일본이 1931년 만주를 침략하고, 1937년 중일 전쟁을 일으키며 세력을 확장해 나가자 미국은 1940년 1월, 대일 수출금지조치를 취하였다. 나중에는 일본상품의 수입거부, 미국 내 일본인의 자산동결, 그리고 영국, 네덜란드, 중국과 더불어 ABCD(America-British-Chinese-Dutch) 봉쇄선을 구성하여 일본을 압박하였다.

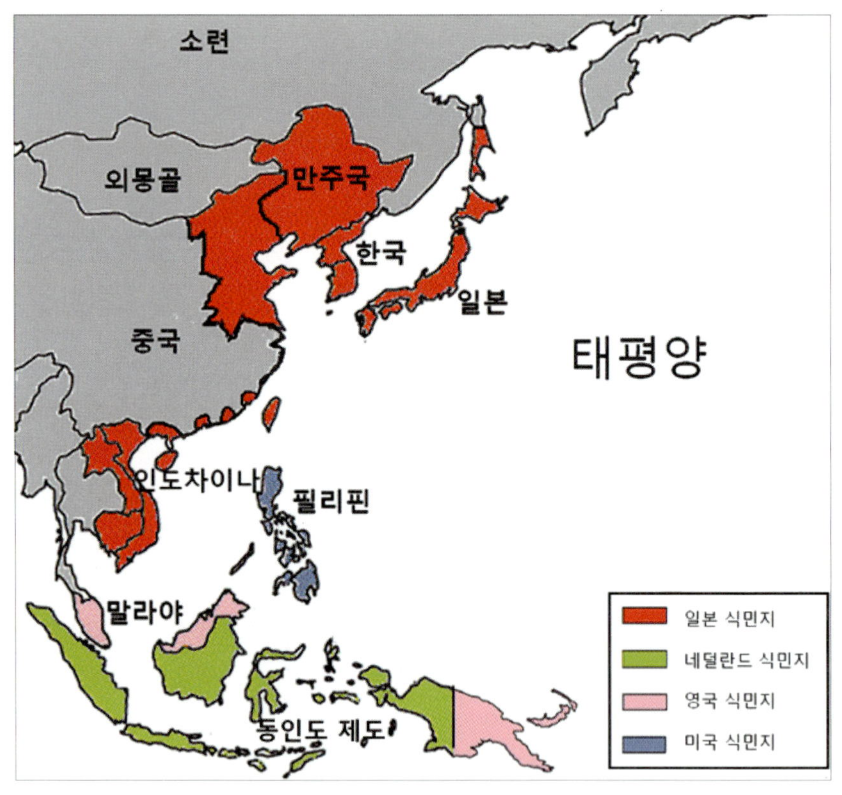

(그림 7-1) 동아시아 세력도

이렇게 되자 일본은 고무·석유·주석 등 전쟁물자 생산에 필요한 원료수입의 길이 막히고 말았다. 이에 일본은 그들의 국수주의적 대외팽창의 야망을 포기하든가, 아니면 일전을 벌여 봉쇄를 타파하고 남방자원지대를 점령, 자급자족의 길을 모색하는 수밖에 없었다.[60] 결국 일본은 일면 미국과 외교적 교섭을 전개하면서 전쟁을 준비하였다. 1941년 유럽에서의 전쟁은 일본의 동맹국 독일에 유리하게 전개되어 가고 당시에 제반 상황이 일본에 유리해지고 있다고 판단하여[61] 태평양 전쟁 개시의 최적 시기를 1941년 말로 선정하였다.

1941년 12월 당시 일본군은 240만의 정규군과 7,500대의 항공기, 250척의 주력함선을 보유하고 있었으며, 600만 톤 규모의 수송선이 이를 뒷받침하고 있었다. 또한 당시 일본군의 전략적 배치상황도 대단히 유리하였다. 그러나 당시 미국은 병력 150만, 항공기 1,000대, 전함 347척, 수송선 총 1,000만 톤 규모였다. 더욱이 대부분의 전쟁 물자를 유럽방면으로 유출하고 있어 태평양 지역의 군비는 일본이 유리하였다.

그러나 전쟁잠재력 측면에서 볼 때, 미국을 비롯한 서방열강의 연합군

---

60) 1941년은 유럽 지역에서 일본의 동맹국 독일이 5월 10일부터 6월 25일까지 프랑스를 석권하였고, 1941년 6월 22일부터 시작된 독일의 대소 공격이 9월 말까지 순조롭게 진행되어가고 있었다. 영국은 본토와 아프리카에서 사활을 건 싸움에 매달려 있었고, 미국은 아직도 전시체제로 전환되지 않아 전쟁동원에는 상당한 시일이 요할 것이 분명하였다. 반면에 일본은 즉시 가용한 현용전투력이 월등하게 우세했고 4년 반에 걸친 중일 전쟁을 통하여 군사적 성공의 자신감을 갖게 되었다. 전반적인 상황으로 보아 당시 일본은 태평양 지역에서 상당히 유리한 입장에 있다고 판단하였다. 육군사관학교 전사학과, 위의 책, pp.395~396 내용참조.

61) 일본은 그들의 생활권과 해외무역을 유지하는 데 있어서 천연자원이 절대적으로 필요했지만, 아시아 지역의 부(富)는 모두 서방국가들이 장악하고 있었다. 고무, 주석, 텅스텐, 보크사이트 등이 풍부한 미얀마, 말레이는 영국이 장악하고 있었고, 인도차이나의 천연고무는 프랑스가, 동인도의 거대한 유전지역은 네덜란드가 장악하고 있었다. 많은 일본인들은 동양에서 자신들이 가장 앞서있고 그래서 아시아의 번영은 그들이 지도해 나가야 한다고 믿고 있었다. 1940년 당시 일본 정치가들은 이러한 경제적 확장과 번영을 '대동아 공영권'이라고 불렀다. Authu Zich, *The Rising Sun*, (New Jersey: Silver Burdett Company, 1977), p.19.

사력과 대결하여 장기전을 벌일 수는 없었다. 따라서 신속하고도 결정적인 공격으로 초반에 승세를 굳히고, 연합국이 반격으로 나오기 전에 전쟁을 종결하는 것이 최선이라고 판단했다. 기습에 의한 개전과 속전속결에 입각한 단기결전의 전략을 선택해야 한다고 생각했던 것이다. 결국 일본의 전쟁목표는 미국이나 기타 연합국의 패망보다는 '대동아 공영권'의 실현이라는 한정된 목표를 설정했다.

일본이 진주만을 공격하기로 한 것은 미태평양 함대를 최소한 3개월 내지 6개월간 무력화시켜 남방자원지대를 점령하고 외곽방어선을 구축하는 데 방해를 받지 않으려는 데 목적이 있었다. 연합함대사령관 야마모토 제독은 미태평양 함대의 위협을 제거하지 않고는 전쟁을 제대로 이끌어 갈 수 없다고 믿었으며, 이를 위해서 그는 항모 중심의 기동부대를 편성 진주만을 기습 공격하기로 하였다.

그러나 진주만은 일본으로부터 약 3,500마일이나 되어 미군에게 발각되지 않고 접근하기란 어려운 일이었다. 그래서 야마모토는 함대를 끌고 인도차이나 해역에서 기동훈련을 실시하면서 세계의 이목을 말레이 방면으로 집중시켰고, 이러한 가운데 나구모 중장이 지휘하는 제1항공함대는 쿠릴열도의 히토가푸에서 출항하여 발각될 염려가 적은 북태평양 항로를 통하여 이동하였다.

당시 하와이에는 쇼트 장군이 지휘하는 59,000명의 지상군이 있었고, 킴멜 제독이 지휘하는 태평양함대는 항모 3척, 전함 9척, 중순양함 2척, 경순양함 18척, 구축함 54척, 잠수함 22척을 보유하고 있었으며, 항공기는 육, 해군이 합쳐서 450대가 있었다. 그러나 쇼트 장군과 킴멜 제독 간에는 통합지휘가 이루어지지 않고 있었고, 이미 11월 27일 전쟁경보가 하달되어 있었음에도 불구하고 두 지휘관은 즉각적인 전투태세에 돌입하는 대신 훈련강화만을 지시하고 경계문제도 서로 상대 쪽만을 믿고 있었다.

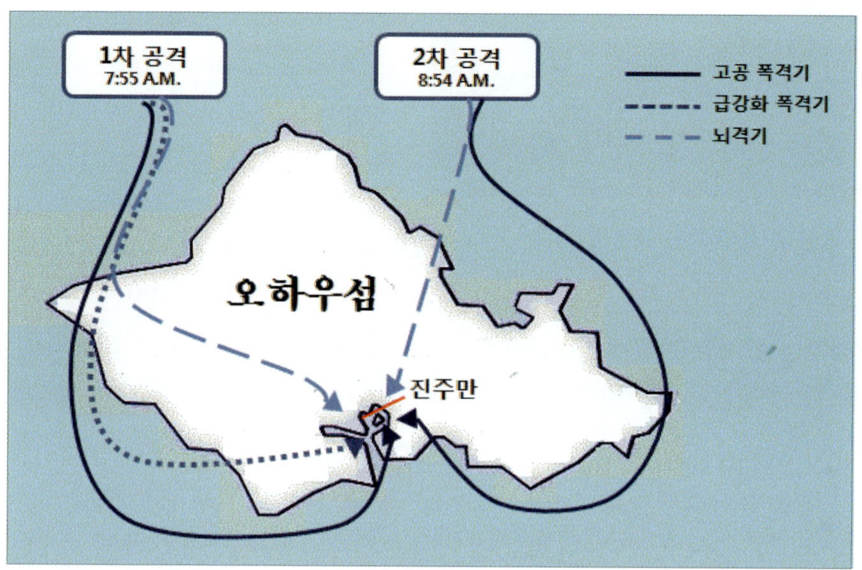

(그림 7-2) 일본의 진주만 공격

일본 제1항공함대의 이동은 순조롭게 진행되어 12월 7일 06:00시에는 오하우(Ohau) 섬 북쪽 200마일 해상에 도착하였고, 함재기들은 제1제파, 제2제파로 나누어 2차에 걸쳐 공격을 실시했다. 제1제파는 183대로 항만 내에 정박 중인 함선과 비행장, 해군공장을 공격하고 물러나자, 제2제파 180대가 다시 한 번 진주만을 휩쓸었다. 그 결과 전함 8척을 포함한 18척의 함선이 격침 또는 대파되었고, 항공기는 347대가 폭파 및 파손되었다.[62]

반면에 일본군은 불과 29대의 항공기와 5척의 소형 잠수함, 1척의 대형

62) 진주만 기습에 의한 미국 측의 공식적 피해 내용은 야마모토 제독이 예상했던 것을 훨씬 넘어섰다. 그러나 그 결과는 더욱 심각하였다. 그의 해군 동료인 오니시 제독의 말에 의하면, "하와이 작전은 미국을 반신불수로 만들었다."라는 것이다. 18척의 함선이 격침 또는 파손되었고, 300대 이상의 항공기가 지상에서 파괴되었다. 나중에 15척의 함선은 인양되어 수리되었으나 347대의 비행기 중 절반 이상은 완파되었고 2,403명의 미국인이 사망했으며 1,178명이 부상당했다. Stanley Weintrub, *Long Day's Journey into War*, (New York: Truman Talley Books Dutton, 1941), p.631.

(그림 7-3) 불타는 태평양 함대

잠수함을 잃었을 뿐이었다. 이로써 일본은 태평양 지역의 안전과 제해권을 확보하였다. 진주만 기습은 사상 최초의 도양기습(渡洋奇襲)이었으며, 항공모함을 이용한 공중공격이라는 신기원을 이룩한 것이다. 이로써 해전 양상의 새로운 국면이 전개되기 시작했으니 종래의 거함거포주의(巨艦巨砲主義)는 그 빛을 잃고 항공모함이 해상의 새로운 왕자로 등장한 것이다.

하지만 일본군은 선박수리소 및 450만 배럴이 저장되어 있던 유류저장고 등을 폭파하지 못했고 당시 미 항공모함은 훈련을 위해 출항해 있어 전혀 피해를 받지 않았다. 이 때문에 미국은 진주만을 빠른 시일 내에 복구할 수 있었으며 이 사소한 간과가 향후 전쟁에 끼칠 영향에 대해선 그 누구도 예측하지 못했을 것이다.

제2절 연합군의 반격

일본군의 진주만 기습은 실로 놀라운 성공을 안겨주었다. 일본군은 본인들이 계획하였던 시간을 효과적으로 벌었으며 그 시간을 이용, 남방자원권을 손쉽게 수중에 넣었다. 하지만 일본군의 진주만 기습은 전술적인 측면에서는 대성공이었지만 전략적으로는 결코 바람직한 결과를 가져오지 못했다. 왜냐하면, 진주만 공격의 일전으로 일본은 태평양의 제해권을 장악했지만, 이것은 아직도 대전의 참여에 소극적이고 사분오열되어 있던 미국의 여론을 결정적으로 자극함으로써 미국이 전 역량을 전쟁에 집중하는 계기를 마련했던 것이다.[63] 당시 미국을 뒤덮었던 '진주만을 상기하라'는

63) 12월 9일 저녁 라디오 방송을 통하여 루스벨트 대통령은 미국민들에게 확신에 찬 어조로 이제 미국인들은 일어나야 하며, 적과 싸우지 않으면 안 된다고 호소했다. Stanley Weintrub, *Long Day's Journey into War*, (New York: Truman Talley Books Dutton, 1941), p.645.

구호는 바로 이것을 단적으로 상징하는 것이다. 즉, 일본은 전투에서는 이겼으나 전쟁에서는 지게 될 최악의 수를 두고 만 것이다.

(1) 미드웨이(Midway) 해전

진주만 피습으로 대부분의 전함을 손실한 미국은 세계 최대의 전함을 보유하고 있는 일본의 해군력에 대한 열세를 만회하기 위하여 항공모함을 중심으로 한 기동함대를 편성하고, 잠수함의 보조 하에 유격전법으로 대응하였다. 마침내 이러한 대책이 적중하여 미국은 산호해 해전을 성공적으로 수행했으며, 일본의 주변 방어선 각 기지에 대해서도 수차에 걸쳐 적지 않은 타격을 입힐 수 있었다.

특히 1942년 4월 18일에는 두리틀(Doolittle) 장군이 지휘하는 B-25폭격기 16대가 항공모함 호넷에서 출격하여 일본의 수도 동경을 폭격한 사건은 일본의 전승 무드에 찬물을 끼얹고 미군의 사기를 크게 높였다.[64] 이 폭격의 피해는 크지 않았지만, 심리적 측면에서는 대단하였고, 이 때문에 일본은 주방어선을 확대하기로 하였으며 그들의 주공방향을 남쪽으로부터 동쪽으로 전환시키게 되었다.

이 무렵 미드웨이가 일본 연합함대의 공격목표로 선정되었다. 당시 미 해군의 항공모함 전부가 산호해 방면에서 작전 중이었기 때문에 미드웨이 방면이 비어 있을 것으로 야마모토 제독은 판단하였다. 미드웨이를 점령한다면 일본 본토의 안전을 도모할 수 있고 미 태평양함대를 결전으로 유인할 수 있을 것이며, 만일 이 결전에서 승리한다면 협상에 의한 종전도 가능하리라 생각했던 것이다.

---

64) 1942년 4월 Jimmy Doolittle 장군이 지휘하는 16대의 B-25폭격기가 항모 호넷호에서 발진하여 64발의 500Lb 폭탄을 일본 본토에 투하함으로써 일본 군부에 크나큰 수치심과 우려를 심어 주었고, 진주만 공격을 성공적으로 지휘한 야마모토 제독은 미국의 항공모함이 태평양에서 유일하고 진정한 위협임을 알게 되었다. Bill Fawcett, *How to Lose a Battle : Foolish plans and Great Military Blunders*, (New York: William Morrow Paperbacks, 2006), pp.269~270.

(7-4) 항공모함 호넷(좌)과 미드웨이 섬(우)

그리하여 야마모토 알류샨(Aleutian) 방면으로 양공을 취하면서 연합함대의 주력을 미드웨이로 향하도록 했다. 야마모토 제독은 개전 후 처음으로 전 해군력을 총동원하여 이 작전에 임했다. 연합함대의 총규모는 항공기 250대를 탑재한 항모 5척과 전함 11척, 순양함 14척, 구축함 58척, 잠수함 17척 및 기타 수십 척의 보조함선으로 구성되었다.

한편 미국은 일본 측의 암호를 해독해 냄으로써 일본 측의 기도를 간파하고[65] 산호해 방면의 전 해군을 미드웨이로 집결시켜 만반의 태세를 갖추었다. 미군은 엔터프라이즈, 호넷, 요크타운 등 3척의 항공모함과 순양함 8척, 구축함 14척, 잠수함 25척을 동원하였고, 함재기 225대와 미드웨이 기지에는 130대의 육상항공기가 출격준비를 하고 있었다. 그러나 일본은 이러한 사실도 모르고 접근하고 있었다.

1942년 6월 4일 새벽 6시 30분, 미드웨이 서북쪽 230마일 지점에서 출격한 일본함재기 108대가 미드웨이 기지를 습격했다. 그러나 미군은 미리 대비하고 있었기 때문에 제1파 공격은 별 성과를 거두지 못하고 돌아갔다. 제2파 공격대가 발진하기 직전 정찰기가 미 항모 발견신호를 보내왔으므

---

65) 미국의 USN은 지휘관 Joseph Rochefort의 지도 아래, 일본 측의 암호해독을 위해 끊임없이 노력한 결과 1942년 여름, 드디어 성공하게 되고, 일본의 다음 목표가 미드웨이라는 것을 알게 되었다. Bill Fawcett, 위의 책, p.273.

로 장착했던 폭탄을 어뢰로 바꾸는 작업을 하고 있는데, 갑자기 구름 속으로부터 미 항공기 편대가 내습하였다. 일본 함대는 대혼란에 빠졌으며, 아카기, 카가, 소류 등 3척의 항모는 순식간에 대파되었고 발진 대기 중이던 함재기의 폭탄과 어뢰가 연쇄 폭발되었다. 이 3척의 항모는 다음 날 미 잠수함의 어뢰를 맞고 결국 격침되었다. 그러나 남아있는 항모 히류로부터 출격한 일본 함재기가 요크타운을 대파하고 엔터프라이즈에 엄청난 손실을 가했으나 히류 역시 엔터프라이즈로부터 출격한 함재기의 공격을 받고 침몰하였다.66)

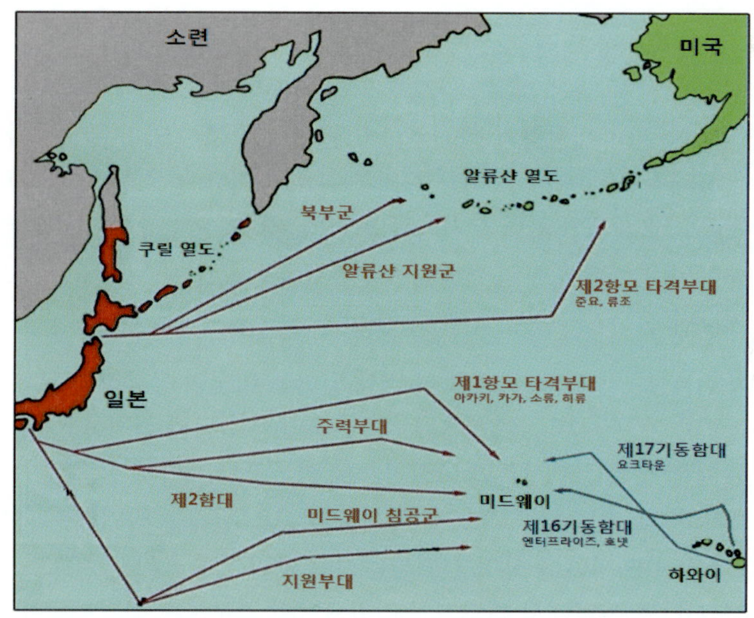

일본함대 기동로 미국함대 기동로

(7-5) 미드웨이 해전 상황도

66) 요크타운호는 3일 후 예인 도중에 일본 잠수함의 공격을 받고 침몰하였다. 육군사관학교 전사학과, 위의 책, p.414.

미드웨이의 역사적인 대해전은 6월 4일 불과 하루 동안에 결판이 났다. 나구모의 항공함대가 전멸하자 야마모토 제독은 나머지 전 함대를 철수시켰다. 양군의 피해를 보면 일본이 항모 4척과 250대의 함재기를 잃었고, 미국은 1척의 항모와 147대의 항공기를 잃었다. 미드웨이 해전은 태평양 전쟁에 있어서 결정적인 전투의 하나였으며, 결국 일본은 미군의 반격에 대비할 강력한 제공, 재해력을 상실하고 말았다. 이로부터 태평양의 세력 판도는 점차 미국 측에 유리하게 기울어져 갔다.

(2) 오키나와 전역

미드웨이 해전을 기점으로 차츰 그 기세가 꺾인 일본군은 이어서 벌어진 과달카날 전투, 솔로몬 제도 소모전, 필리핀 전역, 이오지마 전투[67] 등에서 내리 패하면서 태평양의 제해권을 미군에게 완전히 넘겨주게 된다. 태평양의 제해권을 손에 넣은 미군은 일본 본토 공격에 눈을 돌리고 이를 위한 첫걸음으로 선택한 곳이 오키나와였다. 오키나와는 전술적 요충지로 이를 미군이 점령하면 일본의 남방군을 본토로부터 고립시키고 일본 본토를 향한 거대한 전진기지를 구축할 수 있었다.

1945년 4월 1일 새벽, 50,000여 명에 달하는 미군이 상륙하여 교두보를 마련했으며 이튿날부터 본격적으로 섬을 장악하기 위해 진격하였다. 오키나와도 기존에 치렀던 전투와 마찬가지로 일본군의 게릴라 전술로 인하여 돌파하기 까다로웠으나 신무기를 앞세운 미군의 진격을 막기에는 역부족이었고 5월 우시지마 중장이 지휘하는 일본군의 최후공세는 실패로 돌아갔다. 오키나와 전역에서 미군이 승리함으로써 일본군은 재기불능이 되었으며 미군은 일본본토 침공을 위한 발판을 마련하게 된다.

약 3개월에 걸친 오키나와 전투로 미군은 49,000여 명의 병력 및 400여

---

67) 영화 '아버지의 깃발', '이오지마에서 온 편지' 등으로 널리 알려진 전투로 불과 한 달간의 전투 동안 24,891명의 손실을 당해 미군 역사상 동일전장에서 최대피해를 받은 곳으로 기록되었다. 육군사관학교 전사학과, 위의 책, p.432.

척의 함선을 손실했으며 일본군은 120,000여 명의 병력손실을 입었다. 하지만 미군은 오키나와 전투를 마친 후 계속되는 전투에서 승전은 했으나 누적되는 피해에 부담을 느끼게 되었고, 이는 미군의 새로운 방법의 일본 공습을 예고하였다.

(3) 일본의 패망

미군은 태평양 전쟁의 종결을 위해 일본 본토에 상륙작전을 계획하였고 일본 본토에 끊임없는 폭격을 가하였다. 미군이 계획한 상륙작전은 두 가지였는데 이를 시행한다고 가정하였을 때 전쟁은 해를 넘길 것이고 최소 1,000,000명의 병력이 투입되어야 했다. 이에 미군은 피해를 최소화하고자 새로운 방법의 일본공습을 생각하였고 그것이 바로 원자폭탄이었다.

미군은 일본이 포츠담 선언을 거부하자 원자폭탄 투하를 결심하였고 8월 6일과 9일 각각 히로시마와 나가사키에 원자폭탄을 투하하였다. 폭탄의 위력은 지금껏 인류가 경험해보지 못했던 결과를 안겨주었고 일본의 전의를 상실하게 하는데 이보다 더 효율적인 것은 없었다. 결국 지리멸렬하게 끌어왔던 태평양 전쟁의 유럽전선이 종전되고 3개월 뒤인 8월 15일에 일본 천황의 무조건항복 수락으로 제2차 세계대전의 모든 전쟁이 막을 내렸다.

재미있고 유익한 이야기 **원폭투하의 진실**

제2차 세계대전이 다 끝나갈 무렵 미국은 1945년 8월 6일 히로시마 시에 첫 원자폭탄을 떨어뜨렸고 8월 9일 나가사키 시에 두 번째 폭탄을 떨어뜨렸다.

원자폭탄 두 개를 떨어뜨리기 전까지 6개월간 미국은 일본인들이 거주하는 도시 67개에 전략상 집중하여 폭격하였다. 영국, 중화민국과 함께 미국은 포츠담 선언에서 일본에 무조건 항복하라고 강요하였으나 일본은 항복하지 않았다. 1945년 8월 6일 월요일 미국 대통령 해리 S. 트루먼이 명령하여 원자폭탄 “리틀 보이(Little boy)”가

히로시마에, 3일 후 8월 9일 "팻 맨(Fat man)"이 나가사키에 투하됐다. 이 원자폭탄 두 개는 인류사 최초로 전쟁에서 일반 시민 수십만 명 학살에 쓰인 원자폭탄이었다. 원자폭탄 투하가 결정된 히로시마는 당시 일본군 제2사령부이면서 통신 센터이자 병참기지였으므로, 군사상으로 일본의 중요한 근거지였다.

원폭 투하의 대상이 된 일본의 도시는 여러 곳이 있었으나 니가타와 교토, 히로시마, 고쿠라, 나가사키의 다섯 도시로 좁혀졌다. 그러나 니가타는 외부의 표적과 더 떨어져 있어서 제외되었다. 1945년 5월 10~11일 동안 로버트 오펜하이머를 주축으로 로스알라모스 연구소의 원자 폭탄 투하 목표 도시 설정 위원회의 기준은 이러하였다.

- 1 목표: 도시는 지름 3마일 이상인 큰 도시이면서도 중요한 역할을 하는 도시
- 2 목표: 도시에 원폭 투하를 할 시, 효과적인 손해를 입힐 수 있는 도시

일설에는 문화재 보호를 위해 교토를 제외했다고 하나 후에 공개된 미군 사료에 의하면 문화재 보호를 위해 폭격을 하지 않는다는 내용은 전혀 없었다. 제1순위 목표 도시 선정 시 교토가 빠진 이유는 교토에 원폭을 투하하면 일본이 소비에트 연방 측으로 돌아설 가능성을 염려한 정치적 판단이었다. 히로시마를 폭격한 후 트루먼은 일본이 항복하지 않을 시 원자 폭탄 투하는 계속될 것이라고 경고했고 당시 일본 제국 안에서는 본토 결전 주장과 항복이라는 대립이 맞서는 사이 결국 두 번째 원자폭탄의 투하가 결정됐다. 투하할 도시는 고쿠라로 선정됐지만 폭격을 시행하던 당시 고쿠라는 구름에 가려 시야가 확보되지 못했으며 연료마저 부족하여 오키나와로 가는 길목에 있던 목표도시인 나가사키에 원폭을 투하했다.

히로시마와 나가사키 원폭 투하 후 미국은 그 해 8월 셋째 주에 한 기, 9월과 10월에 각각 세 기를 추가로 투하하려는 계획을 세웠다. 맨해튼 프로젝트 총책임자 레슬리 그로브스 장군이 8월 10일 미군 참모총장 조지 마셜에게 '다음 투하는 8월 17일 혹은 18일 뒤에 날씨조건이 만족되는 대로 이루어져야 한다.'라는 제안을 했다. 조지 마셜은 이 제안을 지지한다는 내용을 담았지만 동시에 '대통령의 허락이 있을 때까진 그 시기에 투하하지 못할 것'이라는 답변을 보냈다. 또한 다운폴 작전 계획 수립이 시작되기 전 이미 미국 육군성에서는 일본이 항복하지 않는다는 가정하에 어떤 식으로 본토공습을 시행할지 의논하였다. 그러나 나가사키 원폭 투하 6일 후 8월 15일 일본 제국은 연합군에 무조건 항복을 선언했으며, 9월 2일 항복 문서에 사인하면서 공식적으로 태평양 전쟁과 제2차 세계대전의 종전을 알렸다. 한편 독일은 이미 5월 7일 유럽에서 항복을 선언했다. 이 원폭 투하로 인해 전후 일본은 비핵 3원칙을 수용했다. 일본이 항복을 선언하자 곧 추가 원폭 투하 여부 의논은 종식됐다. 일본이 예상보다 빨리 항복하는 바람에 대한민국 임시정부는 제2차 세계대전에 정식으로 참전하지 못하고 결국엔 비공식 참전국이 되었다. 또 9월에 연합국(영국, 미국, 중화민국, 소비에트 연방)이 일본을 분할 점령할 목적이 있었는데 이 역시 무산되고 말았다.

제 8 장 | 베트남 전쟁

제1절 베트남 전쟁

제2절 베트남 전쟁 시 한국군 파병

제8장

베트남 전쟁

제1절 베트남 전쟁

(1) 제1차 베트남 전쟁

제2차 세계대전 종전이 임박한 1945년 7월 포츠담에서 미 · 영 · 소 3국의 정상이 전후 처리를 협의하였다. 이 과정에서 베트남 주둔 일본군의 무장해제를 위해 북위 16도선을 경계로, 북부는 중국군이 남부는 영국군이 진주하기로 결정하였다. 하지만 북부의 국민당 세력은 공산당 세력에 밀려나가게 되었고 호찌민이 그 공백을 대신하게 되었다. 한편 프랑스는 중국 및 영국과의 협상을 통해 두 나라 군대와 교대한 후 베트남 전역을 재점령했다.

베트남 독립을 주장하며 행정기관을 장악하고 있던 호찌민 세력과 프랑스의 충돌은 필연적이었으며, 1년 이상을 끌어온 그들의 협상은 무위로 돌아갔다. 마침내 1946년 12월 19일 호찌민군이 프랑스군을 기습공격 함으로써 제1차 베트남 전쟁이 발발했다. 그러나 빈약한 군사력의 호찌민 세력은 막강하고 우수한 장비를 갖춘 프랑스군의 상대가 될 수 없었다. 호찌민군은 할 수 없이 하노이를 포기하고 중국 국경에 인접한 산악지대로 피신하여 장기적인 저항에 돌입했다. 그러한 과정에서 명분 없는 전쟁을 치르게 된 프랑스군은 정치적 타결을 모색하면서 1949년 3월 바오다이(Bao Dai)를 수반으로 하는 통일정부를 수립하지만, 베트남 사람들은 바오다이가 일본에 이어 프랑스의 꼭두각시가 된 것으로 보고 있었다. 결국 제1차 베트남 전쟁은 중국과 소련이 지원하는 호치민군과 미국을 비롯한 자유진영이 지원하는 프랑스군과의 이념전쟁으로 발전하였다.[68]

1953년 5월 프랑스의 나바르(Henri Navarre)가 프랑스군 사령관으로 부임했는데, 당시 프랑스군 전력은 38만 명 이상이었지만, 대부분 병력은 주요지역과 시설경계를 위해 분산되어 있었기 때문에 기동예비전력이 없었다. 반면 호찌민군은 전력을 계속 증강해 전장의 주도권을 장악하고 있었다.

이러한 상황에서 나바르 장군은 지금까지의 수세 전략을 폐기하고 공세적인 전략을 채택하였다. 이를 위해 베트남 각 지역에 분산된 프랑스군을 철수시켜 기동예비로 전환하였다. 그 대신 서북부 라오스와 국경지역에 위치한 디엔비엔푸(Dien Bien Phu)[69]에 거점을 마련하여 하노이 삼각주 지역과 서북부를 연결하는 축을 마련하고, 두 개의 방향에서 서북부 산악지역의 호찌민군을 공격하여 분리시킨 후 각개격파하는 전략을 수립하였다. 프랑스군이 디엔비엔푸를 계속 확보하게 되면, 베트남군의 근거지인 북부 산악지대의 홍(Hong) 강 삼각주 지역을 분리하고, 북부 라오스 지역에 대한 베트남군의 침입을 봉쇄할 수 있으며, 차후 공세적인 기동전략을 구사할 때, 작전기지로 활용할 수 있는 이점이 있었다.

그림 8-1 디엔비엔푸 위치

나바르 장군의 전략에 따라 프랑스

68) 미국은 프랑스의 베트남 지배를 탐탁하게 여기지는 않았지만, 1949년 10월 중국의 공산화에 이어 1950년 6월 한반도에서 한국전쟁이 발발하자, 공산주의 세력의 팽창과 도미노(Domino)현상을 우려하여 프랑스에 군사원조를 제공하면서 공산주의 팽창을 저지하도록 했다.

69) 디엔비엔푸(Dien Bien Phu)는 하노이에서 서쪽으로 300km, 라오스 국경으로부터 16km 떨어진 지역으로 조그만 촌락이었으나, 베트남 서북부와 라오스를 연결하는 전략적 요충지였다.

군은 1953년 11월 디엔비엔푸에 비행장을 구축한 후, 증강된 연대 규모의 병력을 공수하여 강력한 요새진지를 구축했다. 호찌민군이 공격을 시작했던 1954년 3월 초, 그곳의 프랑스군은 16,200여 명으로 보병 17개 대대 및 10개 독립중대, 포병 3개 포대, 공병 1개 중대, 전차 1개 중대(10대), 1개 비행중대(전투기 6대) 등으로 강화되어 있었다.

그림 8-2 디엔비엔푸 프랑스 거점

또한 프랑스군은 디엔비엔푸 기지 외곽에 독립적으로 사주방어가 가능한 49개의 거점을 구축하고 몇 개의 거점을 묶어 강력한 요새를 구축했다. 당시 디엔비엔푸 거점은 난공불락의 요새같이 보였다. 그렇게 되자 이제 프랑스군은 호찌민군이 이곳을 공격해주면 그들을 찾아다닐 필요도 없이 이곳에서 섬멸할 것이라는 자신감에 차 있었다. 베트남 국방상 보응웬지압은 프랑스군이 선택한 이곳 디엔비엔푸에서 결전하기로 결심했다. 보응웬지압의 생각은 평야지역에서 결전을 하는 것보다는 적의 지원거리가 먼 디엔비엔푸가 낫다는 것이었다. 1953년 11월 말, 지압은 동북부 산악지대에 은거하고 있던 3개 보병사단과 1개 포병사단을 디엔비엔푸로 이동하도록 명령했다.[70]

70) 당시 프랑스군의 통신정보기관은 호찌민군 4개 사단에 이동명령이 하달된 사실을 확인

(그림 8-3) 산악지대에서 물자를 옮기는 호찌민군

호찌민군의 처지에서 보면, 디엔비엔푸 전투는 나라의 운명을 건 결전이었다. 천신만고 끝에 제316사단이 1953년 12월 10일 도착했고, 나머지 2개 보병사단도 12월 말까지 도착했다. 호찌민군의 공격준비는 철저했다. 우선 식량은 하노이에서 이곳까지 인력에 의한 쌀 운반조가 편성되어 개인당 15~25kg의 쌀을 짊어진 수십만 명의 남녀 노무자들이 밤을 이용해 이동했다. 하지만 운반 도중 식량으로 사용된 쌀은 목적지에 도착하자 최초 출발 할 때의 1/10에 불과하였다. 평균 2kg 정도의 쌀을 전선에 보급하기 위해 그들은 1,000km 이상을 걸었던 것이다. 포병사단의 105mm 야포, 12.7mm 대공기관총 등 중장비와 탄약 또한 프랑스군에게 관측당하지 않게 병사들이 지고 이동하였는데, 도로가 없는 상태라 프랑스군은 방심하고 있었다.

호찌민군은 수많은 주민들의 자발적인 협조로 군·관·민을 총동원해 1954년 3월 10일까지 3개 보병사단이 디엔비엔푸 외곽의 산악기지로부터 프랑스군의 진지 200m 직전방까지 땅굴과 교통호를 구축해 접근하였다.[71] 105mm 야포 20문, 포탄 150,000발, 12.7mm 대공기관총 100정

하고, 자신들의 계산대로 되어가고 있다고 안도했다. 호찌민군의 주력이 500~600km를 이동하는 동안 자신들의 항공력으로 호찌민군은 보급 및 수송이 한계에 부딪혀 자멸하게 될 것으로 보았다.

71) 도로가 없는 지역에서 포병의 이동이란 이루 말할 수 없는 난관이다. 그것도 순수한 인력

등 1개 포병사단의 중화기와 탄약도 모두 고지 전사면에 위치시킨 후, 1954년 3월 13일 야간에 기습적인 공격을 감행하였다.

호찌민군은 공격을 개시한 지 6일 만에 프랑스군 외곽의 핵심지점 3개를 점령하였다. 방심했던 프랑스 진영은 경악했고, 프랑스군 포병단장은 자결했다. 이어서 3월 30일 제2단계 총공격이 시작되었다. 호찌민군은 주변 고지로부터 무수히 갈라지는 땅굴과 교통호를 추가로 구축하면서 전진했다. 호찌민군의 압도적인 병력의 집중, 막대한 화력지원, 그리고 땅굴과 교통호를 이용한 침투식 접근으로 프랑스군 거점들은 하나씩 점령되었다. 더구나 프랑스군이 믿었던 항공지원도 무위였다. 당시 프랑스군의 항공전력 300여 대 가운데 전투기는 80여 대가 전부였는데, 장거리의 비행거리 때문에 충분한 지원이 곤란했고, 호찌민군의 대공포는 끊임없이 사격을 퍼부었다. 그 결과 프랑스군 항공기는 48대가 격추되고, 18대는 지상에서 파괴되었으며 167대가 피해를 보았다.

4월 5일경, 프랑스군은 4개 방어진지를 제외한 대부분의 진지를 호찌민군에게 빼앗겼다. 그러나 프랑스군의 저항도 치열했기 때문에 호찌민군도 20,000여 명의 병력손실을 입어서 일단 공격을 중단할 수밖에 없었다. 그러나 프랑스군은 외부와 지원이 차단된 상태였기 때문에 시간은 호찌민군 편이었다. 호찌민군은 병력을 보충하고 전열을 재정비하여 5월 5일, 제3단계 총공격을 감행했다. 마침내 1954년 5월 7일 호

(그림 8-4) 디엔비엔푸 점령 후 깃발을 세우는 호찌민군

으로 700m 이상의 산악고지 넘어가는 도로를 구축하면서 이동시켰으며, 도중에 비행기 소리가 나면 즉각 작업을 중단하였고, 야포가 굴러떨어지면, 병사는 몸으로 굴러오는 포를 막았다고 한다.

찌민군 제308사단이 마지막 남은 프랑스 진지를 점령함으로써 결전은 끝났다. 프랑스군은 항복하였고, 11,000명의 부상자를 포함한 프랑스군은 포로가 되었다.

디엔비엔푸 전투에서 호찌민군은 50,000명 중에서 8,000명의 전사자와 15,000여 명의 부상자가 발생하여 1/2에 가까운 인명피해를 보았고, 프랑스군은 전사 2,293명, 부상 5,134명, 포로 11,000명으로 호찌민군의 피해보다 적었다. 그러나 전략적으로 볼 때는, 호찌민군의 완승이었다. 프랑스군은 명분 없는 전쟁에서 "게릴라 수준에 불과하다."라고 비하했던 호찌민군에게 패배함으로써 베트남에서 더 이상 싸울 의지를 상실했다. 프랑스는 "언제라도 협상에 임할 준비가 되어 있다."고 밝혔고, 호찌민 역시 협상할 용의가 있다고 화답했다.

5월 8일부터 제네바에서 인도차이나 문제가 논의되었는데, 회담에서 베트남 측은 "즉각 휴전하고, 인도차이나에 남아있는 프랑스군은 즉각 철수하여, 인도차이나 3국은 각각의 총선거를 통해 재통일이 이루어져야 한다."고 주장했다. 회담 결과 7월 20일 양측은 합의에 도달했는데, 합의된 내용은, "베트남 북위 17도선을 따라 남북으로 분할해, 북쪽은 호찌민 정부가 통치하고, 남쪽은 프랑스가 세운 바오다이 체제를 유지하되, 2년 후인 1956년 7월까지 남·북 총선거를 실시해 통일정부를 수립한다."는 것이었다. 이것은 사실상 프랑스의 항복과 같은 내용이었다. 이로써 1946년에 시작된 제1차 베트남 전쟁은 호찌민의 승리로 8년간의 전쟁이 막을 내렸다.

(2) 제2차 베트남 전쟁

1954년 10월 9일, 제1차 베트남 전쟁에서 패배한 프랑스의 마지막 부대가 하이퐁(Hai Phong)에서 떠남으로써 프랑스의 베트남 지배는 끝을 맺었다. 그러나 프랑스는 1956년 남·북 총선거를 실시해 통일된 베트남 정부를 수립한다는 제네바 협정의 이행과 국제적 신의에는 아랑곳없이 모든 것을 미국에 맡긴 채 떠나 버렸다. 당시 총선거가 실시된다면 호찌민 세력

(그림 8-5) 제네바 협정으로 분단된 베트남

이 압승을 거둘 것은 뻔했고, 그것은 공산화를 의미하는 것이었다. 그 결과 베트남 문제를 떠맡은 미국은 베트남 사태를 그대로 방치할 수 없었다. 베트남의 공산화는 라오스와 캄보디아는 물론 동아시아 전역으로 파급될 위험성이 있었기 때문이다. 결국 미국은 남베트남에 강력한 반공정부를 수립해 공산주의 팽창을 저지해야 했다.

남베트남에 가장 강력한 반공정부를 수립하기 위해서는 참신한 인물이 필요했다. 프랑스가 내세운 바오다이는 한계가 있었기 때문이다. 이러한 요구에 부합되는 인물로 응오 딘 지엠(Ngo Dinh Diem)이 부상되었다. 지엠은 프랑스의 탄압에 반발해 미국으로 망명했다가 1954년 6월 제네바 협정이 체결되기 직전에 귀국하여 바오다이 정부의 수상을 역임했던 인물이다. 지엠은 미국의 지원 아래 실권을 장악하고, 1955년 10월, 베트남 공화국의 초대 대통령이 되었다.

지엠은 초기에 미국의 지원을 등에 업고 강력한 지도력을 발휘하면서 남베트남에 새로운 질서를 만들어 갔다. 그러나 얼마 후 지엠은 족벌정치를 강화하기 시작하였고, 토지개혁, 정착촌 건설 등도 주민들의 의사를 무시한 채 너무 성급하게 추진하였다. 그 결과 관리들의 부패가 만연해지자 반대세력들이 힘을 얻기 시작했다. 지엠 정부의 독재와 부패에 대한 불만이 높아지는 동안 남부의 공산주의자들은 그들이 장악하고 있는 지역에서 국가에 준하는 행정체제를 구축하고, 지역별로 자위대를 만들어 베트콩(Viet Cong : 일명 VC)으로 발전하게 되었다.

이어서 1960년 12월에는 공산주의자들이 주도하는 지엠 반대세력들이 모여 남베트남 임시정부 수준의 민족해방전선(NLF : Nation Liberation

(그림 8-6) 호찌민 통로

Front)을 결성했다. 한편 남베트남 공산주의자들의 요청에 따라 북쪽의 호찌민 정부도 남베트남의 반정부세력을 지원하기로 하고, 라오스와 캄보디아 국경선의 산악 지역을 통과하는 비밀통로 즉 '호찌민 통로'를 구축하기 시작했다. 이 통로를 통하여 북베트남의 군수물자와 요원들을 남베트남에 지원하였는데, 이에 미국도 본격적인 개입을 시작하였다. 그 결과 1957년 소수의 미군 특수부대가 파견되고, 1962년 2월에는 베트남 군사 원조사령부(MAC-V)가 설치되었다.

남베트남에 대한 미국과 하노이의 지원이 경쟁적으로 확대되면서 베트남의 상황은 전쟁과 유사한 수준으로 변화되기 시작했다. 1963년 12월에 하노이 정부는 정규군의 남파와 미군에 대한 직접공격을 결의했다. 그때쯤 미국정부도 '베트남 전쟁의 미국화'로 베트남 문제를 미국이 직접 떠안기로 결정했다.[72] 당시 미국의 원조도 매년 4억 달러 정도가 제공되어 지엠 정부 재정의 2/3를 점유함으로써 사실상 미국이 남베트남을 끌어가고 있었다.

72) 케네디 정부가 들어서면서 베트남에 대한 미국의 군사적 개입은 급물살을 타게 되었다. 1961년 말까지 베트남에 파병된 미국 병력은 3,200명으로 증강되었다. 1962년 2월 8일 미국원조사령부(US Military Assistance Command, Vietnam)를 설치하고, 하킨스(Paul D. Harkins) 대장을 사령관으로 임명했다. 그때부터 파병된 미군의 역할은 베트남을 돕는 것이 아니라, 주도적으로 작전을 수행하는 작전사령부 역할을 하게 되었다. 최용호, 위의 책, p.82.

사이공 정부를 믿을 수 없었던 미국은 1964년 1월에는 북베트남에 대한 정찰비행과 남베트남 특공대의 북부 해안지역 기습공격과 같은 비밀작전을 승인하였고, 5월에는 한국을 비롯한 자유우방 25개국에 존슨 대통령의 서한을 보내 '남베트남 지원'을 요청했다.73)

미국의 본격적인 개입에도 불구하고, 남베트남의 상황은 악화되기만 했다. 1964년 초에는 농촌의 절반이 베트콩 영향력 아래 편입되었으며, 막대한 예산을 투자한 전략촌74)은 와해될 위기에 있었다. 베트남의 상황이 계속 악화되자, 1964년 4월, 하킨스 대장의 뒤를 이어 웨스트모랜드(William C. Westmoreland) 대장이 베트남 미군사령관에 임명되었다. 이를 계기로 미군부는 미군이 베트남에서 공격적인 역할을 보다 확대할 것을 주장하면서, 북베트남의 공습과 하이퐁 입구를 봉쇄하

(그림 8-7) 통킹 만 사건과 영향

---

73) 위의 **책**, p.97.

74) 미국의 군사적 개입과 역할이 계속되면서, 1963년 봄에는 전략촌(Strategic Hamlet)계획이 시행되었다. 그것은 분산된 작은 마을들이 베트콩의 온상이 되고 있었기 때문에 요새화된 대형 전략촌을 만들어 농민들을 이주시킨다는 계획이었다. 그러나 이 계획은 현실적으로 문제점이 많았다. 첫째로 농민들 대다수가 본인들의 의사와 관계없이 반강제적으로 이주했으며, 둘째로 농민들이 새로운 촌락에서 집을 짓는 데 미국이 무상으로 원조하게 되었지만 부패한 관리들이 **중간**에서 착복하는 바람에 농민이 자력으로 집을 지어야 했고, 셋째로 실적 위주의 졸속행정으로 농민의 불만을 가중시켜 결국 실패했다. 그러나 이 문제에서 미국 측이 간과한 것은 "농민들이 베트콩에 동조하는 것은 베트콩의 강요에 굴복해서가 아니라, 지엠 정권에 대한 반발로 인해 스스**로** 베트콩을 지지하고 있다"는 사실이며, 물리적으로 주민들과 베트콩을 분리시킨다는 데만 초점이 맞추어져 있었다는 것이다. 위의 책, pp.83~84.

기 위한 기뢰부설 등을 건의했다. 이러한 군부의 강경책을 '의회의 동의를 얻을 수 없다.'는 이유로 주저하고 있을 때, 통킹(Ton Kin)만 사건이 발생했다.

통킹 만 사건은 1964년 8월 2일, 통킹 만의 공해상을 순찰 중이던 미 구축함 매독스(Maddox)호가 북베트남의 어뢰정 공격을 받으면서 시작되었다. 미국은 매독스호를 지원하기 위해 구축함 한 척을 추가로 파견했는데, 그 배도 북베트남 함정의 공격을 받았다. 이에 미국은 이를 기회로 보복공격을 명령하여 미국의 함재기가 하이퐁 근처의 해군기지 4개소와 빈(Vinh)의 유류저장시설을 폭격했다. 그리고 8월 7일, 베트남에서 군사행동에 관한 백지위임을 의회에 요청했고, 의회는 존슨의 요청을 만장일치로 가결하였다. 이와 같은 '통킹 만 결의안'은 존슨정부가 지상군을 투입해 베트남 전쟁에 본격적으로 개입할 길을 열어주었다.

미국 정부와 의회의 이러한 단호한 조치에 당황한 하노이 정부는 미 지상군이 투입되기 전에 사이공 정부를 붕괴시킨다는 목표 아래 이미 구축되어 있던 '호찌민 통로'를 이용해 정규군을 신속히 남파했다. 이때부터 '호찌민 통로'가 세계의 주목을 받게 되었다.

통킹 만 사태 이후 미군에 대한 베트콩의 공격은 계속되고 있었지만, 존슨정부는 중국과 소련을 의식하고, 또한 1964년 11월에 예정된 대통령 선거로 인해 즉각적인 보복조치를 취하지 못하고 있었다. 그러나 대통령 선거에서 승리한 존슨은 1개월간에 걸쳐 베트남 문제를 원점에서 재검토하기로 했다.

제2기 존슨정부의 결론은 2단계에 걸친 '단계적 확전론'이었다. 즉 "제1단계로 라오스의 호찌민 통로에 대한 공중공격과 북베트남에 대한 비밀작전을 강화하며, 제2단계로 북베트남에 대한 공중폭격, 즉 북폭을 강화한다."는 것이다. 이에 따라 존슨은 1964년 12월 1일, 제1단계 작전 시행을 승인하고, 제2단계 작전 시행 시기는 차후에 검토하기로 했다. 이렇듯 베트남 전쟁과 관련하여 존슨정부가 아직도 확고한 결정을 내리지 못하고 제한적이며 미온적인 조치에 머물러 있는 시기에 충격적인 사건이 발생하여 전쟁의 전환점을 만들었다.

그림 8-8 제2차 베트남 전쟁 상황도

1965년 2월 7일, 중부 고원지대 뻘래이꾸(Plei Ku)에 있는 미군 공군기지가 베트콩에 의해 공격당한 것이다. 이로 인해 미군 8명이 전사하고, 100여 명이 부상당했으며, 80여 대의 항공기가 피해를 보았다. 존슨은 이를 계기로, 통킹 만 사태 이후 자제했던 북폭을 승인했다. 미국의 북폭이 계속되는 가운데 북베트남의 보복공격이 이어졌는데, 2월 10일, 미군이 숙소로 사용하고 있는 꾸이년(Quy Nhon)호텔이 베트콩에 의해 폭파되어 미군 23명이 사망하고, 21명이 부상당했다. 이러한 피의 악순환 강도가 점점 더 높아갔고 존슨은 2단계 확전계획을 승인하기에 이르렀다.

존슨정부의 2단계 확전계획에 의한 북폭에도 하노이 정부의 전쟁수행의지는 전혀 변화가 없었다. 미국의 단계적인 확전조치는 상대방에게 치명타를 가하지 못한 채 시간만 끌게 되어 상대방이 대응책을 강구할 수 있는 여유를 주게 되었다는 비판을 면할 수 없었다. 이제 남아있는 카드는 지상군 파병이었다. 1965년 3월 8일, 미국은 공군기지 방호를 명분으로 한 해병 2개 대대의 파견을 시작으로, 5월에는 육군이 파병됨으로써 파병된 미군병력은 75,000명에 이르렀고, 이제 베트남 전쟁은 미국의 전쟁으로 변화되었다.

1965년 7월, 존슨은 '베트남 전쟁의 미국화'를 공식적으로 결정하고, "웨스트모랜드 사령관의 5만 명 증파요청을 승인하는 동시에 앞으로도 요청이 있으면, 받아들이겠다."라고 발표했다. 또한 존슨정부는 베트남 파병에 대한 국내의 이해와 지지를 구하는 한편, 사이공 정부에 대한 국제적 지지도 호소했다.[75] 미국의 이 같은 노력으로 1965년 말까지 2만여 명의 한국군과 오스트레일리아 및 뉴질랜드군이 파병되었으며, 1966년에는 타이, 필리핀, 대만, 스페인 등으로부터 파병이 이어졌다. 그러나 존슨정부는 당시 군부가 강력히 주장했던 북진작전, 즉 북위 17도선을 돌파하여 하노이로 진격하자는 요구를 거절하고, 지상전은 남베트남 지역에 한정했다. 한

75) 미국이 국제적 연대에 발 벗고 나설 수밖에 없었던 것은 전쟁의 명분 확보와 동시에 사이공 정부의 무능함 때문이었다. 사이공 정부의 지도자들은 자신들의 정치적 책략에만 몰두한 채, 국제적 지지를 얻는데 무관심했으며, 모든 것을 미국에 맡겨버렸던 것이다. 위의 책, p.102.

국에서 경험했던 중국의 개입을 두려워했기 때문이었다. 그러나 전투병력 증파는 승인했다. 1965년 말까지 184,300명이었던 미군은 1966년 말에는 38만여 명을 넘었고, 1968년에는 54만 8천여 명에 달하였다. 한국을 비롯한 7개국에서 파병된 병력도 7만여 명에 달했고, 사이공 정부군도 1970년에는 100만 명을 넘게 되었다. 반면 남파된 하노이군과 민족해방전선의 정규군은 가장 많을 때가 30여만 명 정도였으며, 비정규군을 모두 합해도 60만 명을 넘지 못했다.

한편 지엠의 실각 이후, 혼미를 거듭하던 베트남 정국도 1965년 6월 이후는 군부 쿠데타의 악순환이 어느 정도 안정을 찾았다. 1967년 9월 대통령 선거에서 티우(Nguyen Van Thieu)가 대통령에, 수상이었던 끼(Nguyen Cao Ky)가 부통령에 동반 당선됨으로써 비교적 안정된 정부를 유지하게 되었다. 베트남 정국의 안정과 함께 미군과 한국군 등 연합군의 적극적인 작전과, 전략촌 계획의 단점을 보완한 평정계획이 성과를 나타내고 있었으며, 북베트남군과 NLF는 점차 불리해지고 있는 현 상황을 전환할 수 있는 결정적 계기가 필요하였다.

그러나 베트남 전쟁을 승리로 이끌 수 있다는 미국의 자신감은 1968년대 초, NLF와 하노이 정규군의 '뗏(Tet) 공세'로 무너지고 말았다. 베트남 전쟁이 확전을 거듭하고 있던 1968년 1월 말, 베트남 최대의 명절인 뗏(설)을 맞이하여 연합군은 예년과 같이 임시휴전이 발효될 것으로 판단했다. 이에 따라 베트남군의 많은 병력이 고향을 향해 휴가를 떠나고, 우방국 병력들도 느긋한 휴식을 즐기고 있었다.

반면에 공산국 측은 사전에 치밀한 대공세를 준비하고 있었다. NLF와 하노이 정부군은 취약시기인 30일 새벽과 31일 새벽을 기해 베트남 전 지역의 도시를 중심으로 일제히 공세를 감행했다. 그것은 이제까지 유례를 볼 수 없는 대규모의 공세였다. 예를 들면, 사이공에서는 베트콩이 미국 대사관 구내까지 침투했다가 물러나는 등, 사이공 시내에 대한 공세가 24시간 동안 계속되었고, 중부 후에(Hue)는 베트콩과 하노이군에게 피탈되어

25일간 격렬한 시가전을 벌여 겨우 탈환할 수 있었다. 당시의 공세에서 미국 1,100여 명과 남베트남 정부군 2,300여 명이 전사했으며, 민간인 사망자도 12,000여 명에 이르렀다. 그러나 NLF와 하노이군도 4만여 명 정도가 전사했다.

뗏 공세는 군사적 측면에서만 본다면 NLF와 하노이 정부군이 패배한 결과였다. 그러나 곧 이길 것이라던 미군이 아시아의 약소국에 고전을 거듭하고 있다는 사실이 TV뉴스를 통해 생생하게 전달됨으로써 미국의 국민들과 세계인들에게 이 전쟁의 실상을 새롭게 인식하게 하였다. 그로 인해 미국의 언론과 국민들의 비난이 빗발쳤고, 나아가 국민들은 존슨정부에 등을 돌리고 반전데모에 나섰다. 상황이 이 지경에 이르자 존슨정부는 베트남 정책을 재검토하고, 전쟁을 축소하는 방향으로 전환할 수밖에 없었다.

이에 따라 존슨은 1968년 3월 31일, "북폭을 중지하고 1968년 대통령 선거에 출마하지 않겠다."라고 선언하기에 이르렀다. 이어서 존슨은 하노이 정부에 대해 "미국은 언제 어디서나 평화협상에 임하겠다. 미국의 제안에 즉각 동의해 줄 것을 촉구한다."라고 했다. 또한 소련과 영국에도 협상의 성사를 위해 협조해달라고 요청했다. 이 선언은 결국 미국이 베트남에서 군사적 승리를 포기하고 북베트남과의 협상으로 문제를 해결하겠다는 것을 의미하며 패배를 인정하는 것이었다. 이러한 미국의 제안에 대해 하노이 측은 거절할 이유가 없었다.[76]

(그림 8-9) 미국에서 일어난 반전시위

76) 존슨의 발표 3일 후인 4월 3일, 하노이 정부는 "미국의 제안을 수락한다."라고 발표했다. 이에 따라 1968년 5월 10일, 파리에서 예비접촉을 가졌으며, 13일에는 제1차 본회담이 열렸다. 그러나 협상은 진척되지 않았다. 미국은 북폭의 중지를 조건으로 하노이 측의 양보를 요구했고, 하노이 정부는 북폭의 완전한 중지를 전제조건으로 내세웠기 때문이었다. 따라서 지상전투는 더욱 가열되기만 했다. 위의 책, p.107.

1968년 11월, 미국 대통령 선거에서 존슨이 지원하는 민주당 후보를 물리치고, 공화당의 닉슨이 당선됨으로써 미국의 베트남 정책은 "미군이 패배했다."는 인상을 주지 않으면서 미군을 베트남에서 서서히 철수시키고, 그 공백을 사이공정부군으로 대체하는 것이었다. 결국 미국은 이제까지 추구했던 '베트남 전쟁의 미국화' 정책으로부터 탈피하여 '베트남 전쟁의 베트남화' 정책으로 선회한 것이다. 또한 닉슨은 그해 7월 5일 괌에서 '닉슨 독트린'을 발표했는데, 그 내용은 "앞으로 미국은 국지전 개입을 제한하며, 자국의 방위는 자국이 책임져야 한다."는 것이었다. 이와 같은 정책에 따라 1968년 말 54만 8천여 명이었던 주월 미군은 1969년에 48만 명, 1970년에 34만 명, 1971년에 15만 6천 명, 1972년 말에는 29,655명으로 점차 줄어들었다.

미국의 베트남화 정책에 따라 1967년 63만 명이었던 남베트남군은 1968년에 82만 명, 1970년에는 100만 명을 넘게 되었다. 남베트남군의 장비 또한 어느 선진국 군대 수준에 못지않았다. 그러나 훈련이 부족했고, 무엇보다 "내 나라는 내 힘으로 지킨다."는 의지가 부족했다.

1969년 8월부터 닉슨의 안보담당 보좌관 키신저는 하노이 정부와 비밀리에 접촉을 계속했다. 그러나 양자의 견해 차이로 별다른 성과를 거두지 못했다. 하노이 정부의 주장은, "남베트남에서 모든 외국군은 철수해야 하며, 하노이 정부군은 외국군이 아니기 때문에 철수할 필요가 없다. 남베트남의 티우정부는 불법단체이기 때문에 이를 해체하고, NLF를 포함하는 정파들로 남베트남 임시정부를 수립해야 한다."라는 것이었다. 반면에 미국은 "남베트남 임시정부군 외에 모든 외국군대 철수와 남베트남 문제에 대한 하노이 정부의 개입중단, 그리고 남베트남을 독립된 국가로 인정, 새로운 총선거실시" 등을 주장했다.

이처럼 양측의 견해가 좁혀지지 않자, 하노이 정부는 협상보다는 무력에 의한 해결을 시도했다. 지압을 중심으로 하노이 지도자들은 "무력에 의한 통일이 가능하다."라고 확고하게 믿고 있었으며, 1972년 3월 지압은 북베트남의 15개 사단 중 12개 사단을 투입해 "춘계대공세"를 감행했다. 이에 닉슨은 북폭으로 맞섰다. 당시 닉슨이 하노이 폭격을 승인할 수 있었던 것은 중국과 긴장완화를 위한 노력이 결실을 보았기 때문이었다. 미국의 하노이 폭격에 대해 중국과 소련이 형식적인 비난에 그치자 세계정세의 변화를 실감한 하노이 측은 티우정부의 존속을 인정하며 다시 협상의 테이블로 돌아왔다.

1972년 10월에 이르러 양측 간에 협상의 초안이 거의 완성되었으나 이번에는 남베트남 측이 완강히 반대했다. 이에 미국은 티우정부를 달래기 위해 다량의 최신무기를 제공하면서 휴전 후 재건을 위한 상당량의 원조를 약속했다. 그러자 이번에는 하노이 측이 미국의 무기제공을 트집 잡고 협상이 결렬되었다. 이에 닉슨은 또다시 하노이 및 하이퐁 지역에 대규모 폭격을 단행하여 하노이 대표를 회담장으로 불러내었다. 티우 역시 모든 것을 미국의 원조에 의존하고 있는 처지라 더 이상 미국의 요구를 거절할 수 없었다. 드디어 1973년 1월 23일 평화협정이 가조인되고, 1월 27일에는 정식으로 조인되어 1월 28일부로 발효되었다.

파리 평화협정이 발효됨에 따라 미국의 개입 후 10년 가까이 계속되었던 제2차 베트남 전쟁은 막을 내리게 되었다. "공산주의 팽창을 저지하며, 우방국 베트남을 돕는다."는 명분으로 파병되었던 미국과 한국군을 비롯한 연합군은 "평화협정 발효 후 60일 이내에 철수를 완료한다."라는 협정의 조항에 따라 1973년 3월 26일까지 철수하였다. 이제 베트남은 자신의 나라를 자신의 힘으로 지켜야만 하게 되었다. 그러나 파리 평화협정은 전쟁의 종결이 아닌 새로운 전쟁의 시작일 뿐이었다.

(3) 제3차 베트남 전쟁[77)]

1973년 1월, 파리 평화협정이 체결되자, 협정의 이행 여부를 감독하기 위해 캐나다, 헝가리, 인도네시아, 폴란드 정부 대표로 구성된 국제 감시위원단이 파견되었다. 그러나 이들에게는 조약위반을 제재할 수 있는 수단이 없었다. 파리 평화협정은 당사자의 의지와 관계없이 미국의 강요로 체결된 조약이었다. 결과적으로 파리 평화협정은 전쟁을 문서 상으로 종결시켰을 뿐이며, 사실상은 미군 철수를 위한 명분에 불과했다. 실제로 전투는 곳곳에서 계속되고 있었지만 보다 큰 문제는 다른 곳에 있었다.

20년 가까이 미국의 경제에 의존해 왔던 남베트남 경제는, 미국이 철수하자 시장은 위축되었고, 사회 혼란은 가속화되었다. 또한 고질적인 부정부패와 매관매직이 성행하였고, 미국이 지원해준 최신 군사장비와 소총은 암시장으로 팔려나가 베트콩의 주장비로 사용되고 있었다. 평화협정 체결 후 미국의 지원도 급감하였고, 설상가상으로 1974년 8월 닉슨이 '워터게이트(Water Gate)사건'으로 물러나자, 남베트남의 티우는 가장 중요한 후견인을 잃게 되었다.

평화협정이 체결될 당시 남·북 베트남의 군사력은 얼핏 외형상으로는 비슷했다. 그러나 당시 남베트남에는 미군이 철수하면서 넘겨준 최신장비와 함께 110만 명의 병력, 세계 4위를 자랑하는 공군력 등 막강한 전력을 보유하고 있었다. 따라서 낡은 재래식 장비와 빈약한 보급체계를 가지고 있는 북베트남과 NLF의 전력은 결코 비교될 수 없는 수준이었다.[78)]

77) 최용호, 위의 책, pp.114~120.

78) 전쟁의 승패는 병력이나 장비에 의해서만 결정되는 것이 아니다. 그래서 손자도 전쟁의 승패를 비교할 때, 道天地將法 다섯 가지 요소를 비교해야 한다고 했다. 병력과 장비는 법의 일부에 지나지 않는다. 상하가 마음이 하나가 되는 도가 더욱 중요하며, 지휘관의 자질 즉 장 또한 중요한 것이다. 천지 역시 중요하나 누가 이를 잘 이용하느냐에 달린 것이다. 이렇게 본다면, 남베트남이 결코 우세하다고 볼 수 없는 것이다.

(표 8-1) 평화협정 체결 직 후 남 · 북베트남의 군사력

<table>
<tr><th colspan="2">구분</th><th>병력 수</th><th>편제 및 장비</th></tr>
<tr><td rowspan="3">남베트남군</td><td>계</td><td>1,100,000</td><td rowspan="3">11개 보병사단, 공수사단, 해병사단
전차 600대, 장갑차 1,200대
항공기 1,270대, 헬기 500대
함정 1,500척</td></tr>
<tr><td>정규군</td><td>573,000</td></tr>
<tr><td>지방군,
민병대</td><td>527,000</td></tr>
<tr><td rowspan="3">북베트남군</td><td>계</td><td>1,000,000</td><td rowspan="3">15개 보병사단
전차 및 장갑차 600대
항공기 342대</td></tr>
<tr><td>정규군</td><td>470,000</td></tr>
<tr><td>베트콩,
기타</td><td>530,000</td></tr>
</table>

파리 강화협정이 체결되자, 북베트남은 미국의 재개입만 없다면, 대망의 통일을 이룰 수 있다는 신념을 갖게 되었으나, 8년간에 걸친 미국의 북폭으로 대부분의 산업시설이 파괴되고, 국토는 황폐해졌으며, 국민들은 굶주림에 시달리고 있었다. 그러나 이와 같은 어려움에도 불구하고, 하노이 정부는 남부의 세력 강화를 위해 전력을 다했다. 호찌민 통로를 넓히고, 많은 인력과 물자를 남으로 내려 보냈다. 한편 티우정부 역시 남부지역에서 곳곳을 점령하고 있는 NLF와 북베트남군 점령지역을 묵과할 수 없어, 국지전은 곳곳에서 계속되었다.

1974년 10월 북베트남 노동당 중앙관리위원회는 총공세를 결의하고, 그에 앞서 시험적으로 사이공 북방 135km 지점의 푸옥롱(Phuoc Long) 성을 공격하기로 했다. 푸옥롱 성을 목표로 선정한 이유는 그곳이 전략적

으로 중요한 곳은 아니었으나, 남베트남군의 방어력이 미약했으며, 캄보디아 국경과 인접해 있어 점령이 용이했기 때문이었다. 그러나 하노이 정부의 보다 큰 목적은 시험공세를 통해 미국의 재 개입 가능성을 확인하고, 남베트남군과 자신들의 전투능력을 비교해 보기 위함이었다. 1974년 12월, 북베트남군 2개 사단이 이곳을 공격하자, 남베트남군은 역시 북베트남군의 적수가 되지 못했다.79)

푸옥롱 성 공격을 통해 자신감을 얻은 하노이 정부는 1975년 1월 8일, "현재의 유리한 상황을 이용해 남부를 해방한다."는 최종결정을 내렸다. 이에 따라 공세를 시작한 북베트남군은 3월 8일부터 남베트남 전 지역에서 기만공격을 하다가 3월 10일, 3개 사단을 집중하여 중부 전략적 요충지인 부온마투옷(Buon Ma Thout)을 기습적으로 점령했다. 중부 전략요충지 부온마투옷이 점령되자, 티우 대통령은 중부의 산악지역을 포기하고, 해안으로 철수해 인구 밀집지역을 집중적으로 방어하기로 하였다. 이에 따라 북쪽의 제1군단은 산악지역에서 철수하여 다낭(Da Nang)과 쭈라이(Chu Lai)를 확보하게 하고, 제2군단으로 하여금 부온마투옷을 탈환하라고 명령했다.

대통령의 지시가 하달되자, 제1군단은 철수를 시작했고, 제2군단도 중과부적으로 철수하게 되었다. 선두부대가 철수를 시작하자, 군인들은 자신들의 가족과 가재도구를 챙기기에 급급하였고, 민간인들 역시 서로 살길을 찾아 피난길에 나섰다. 피난대열의 모습은 시장터를 방불케 했고, 그러한 와중에 베트콩들이 기습을 가해오자 아수라장이 되고 말았다. 결국 남베트남군은 제대로 된 전투 한번 치르지 못하고 2개 군단이 붕괴되고 말았으며, 대부분의 장비는 유기한 채 극소수의 병력만이 해상으로 철수하였다.

북베트남이 단 한 차례의 공세로 막강한 위용을 자랑하던 남베트남군 2개 군단을 제압하자 오히려 하노이의 지도자들이 깜짝 놀랄 정도였다. 이

79) 1975년 1월 초까지 성(省) 전체를 점령한 북베트남군은 통**일**에 대한 자신감과 함께 "미국은 더 이상 자신들의 전쟁에 개입하지 않을 것"이라는 확신을 갖게 되었다.

제 하노이 정부는 더 이상 시간을 끌 이유가 없었다. 하노이 정치국은 전략을 바꾸어 5월 중순의 우기가 시작되기 전에 사이공을 함락시키기로 결정했다. 이에 따라 북베트남군은 4월 초부터 사이공을 향해 남진하기 시작했다. 그들은 남베트남군이 버리고 간 차량과 민간인 버스, 트럭, 승용차 등을 모두 이용하고 부족한 운전병은 포로 중에서 뽑아 충당했다고 한다.

수만 대의 차량이 남쪽을 향해 남하하자, 사이공은 대혼란에 빠지고, 미군 비행기는 사이공 정부의 주요한 관리들과 가족들을 철수시키기 시작했다. 이에 티우 대통령은 4월 21일, 대통령직을 부통령에게 인계하고 사임했으며, 대통령을 인수한 부통령 역시 4월 27일 사임하였다. 결국 온건파인 민 장군이 대통령직을 위임받고, 미군 철수를 요구한 후 하노이 측과 협상을 시도했으나, 하노이 측은 대꾸도 하지 않았다. 모든 부대가 사이공 주변에 도착하기를 기다리던 북베트남군은 17사단을 투입해 4월 26일부터 사이공을 공격하기 시작했다.

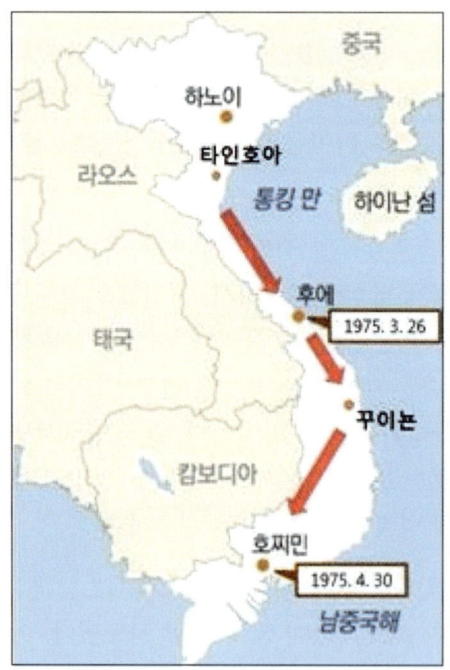

(그림 8-11) 북베트남의 1975년 총공세

전선에서 철수해 온 남베트남군 7개 사단이 최후의 투혼을 발휘해 싸웠으나, 4월 28일, 남베트남군 참모총장 비엔 장군이 혼자만 살기 위해 군복을 벗어 버리고, 미 대사관으로 달아나 헬기를 이용해 탈출했다. 남베트남군의 최고 책임자인 비엔 참모총장의 비겁한 탈출과 함께 남베트남군의 저항도 종말을 고하였다. 미 대사관에 남아있던 미 해병대가 4월 30일 아침 헬기를 이용해 철수하자, 북베트남군은 날이 밝으면서 T-34전차를 앞세워 공격을 개시했다. 북베트남과 최후까지 협상을 시도하던 민대통령은 할 수 없이 1975년 4월 30일 10:20에 라디오 방송을 통해 무조건 항복을 선언했다. 전쟁의 대가는 너무나 엄청났다. 인명피해만 해도 사이공 정부군 11만 명이 전사하고, 50만 명 가까이가 부상당했으며, 민간인 사망자도 41만 명 이상으로 추산되었다.

하노이 정부도 1975년, 정부군과 베트콩을 포함해 110만여 명이 사망하고 60만여 명이 부상당했다고 발표했다. 여기에 산업시설 파괴까지 고려한다면, 베트남 전역은 황폐해졌다고 해도 과언이 아니다. 무력에 의해 통일을 달성한 북베트남은 국가 통합을 위해 NLF와 남베트남 임시혁명정부와 같은 기구들을 무력화시키고, 1976년 7월 2일, 북베트남이 주도하는 '베트남 사회주의공화국(The Socialist Republic Vietnam)'에 흡수 통합하였다.

* 베트남 전쟁의 교훈

인류의 역사는 도전과 응전의 과정이었고, 항상 원인과 결과가 나타나는 과정이었다. 그러한 측면에서 베트남 전쟁은 우리에게 많은 것을 시사하고 있다. 베트남 민족은 해방과 독립을 위하여 어떻게 싸웠으며 그 싸움의 주체는 누구였는가? 싸움에는 항상 주체가 존재해야 이길 수 있다는 말이 맞는 것이라면, 북베트남이 베트남 전쟁의 주체가 되었던 것도 사실이었다. 그러한 면에서 볼 때, 남베트남이 패망한 것은 베트남 전쟁의 진정한 주체가 되지 못했다는 사실이 가장 큰 원인이었을 것이다. 다음과 같이 정리해 볼 수 있겠다.

① 역사의 주인의식이 충만한 집단이 항상 전쟁에서 승리하였다는 사실을 역사는 항상 예외 없이 이야기해 주고 있다. 그것은 로마가 그러하였고, 고조선, 고구려가 역시 그러하였다. 로마가 세계적 제국으로 발돋움할 수 있었던 것은 로마시민의 투철한 애국심과 주인의식이 살아 있었을 때였고, 로마제국이 멸망하였던 것도 로마시민들의 애국심과 주인의식이 퇴색했기 때문이었다. 고조선이 멸망한 것도 적을 눈앞에 두고 항전파와 항복파가 서로 싸웠던 결과였으며, 고구려가 동아시아의 강대국이 될 수 있었던 것도 그러한 민족적 주체성이 원동력이 되었고, 나중에 망한 것도 결

국은 집안싸움으로 주인들이 갈라졌기 때문이었다.

② 국민들에게 신뢰받지 못하는 정부는 국민을 통합하고 국가적 역량을 결집해 대내외적 도전을 극복할 수 없으며 그 반대로 국민들로부터 신뢰받은 정부는 어떠한 어려움도 극복해 내고 새로운 역사를 창조해 낼 수 있다는 것이다. 남베트남 정부는 출범하는 과정에서 미국의 강력한 지원과 후원을 받았다. 그러나 지엠(Ngo Dinh Diem)은 독재와 족벌정치, 부정부패로 국민들의 신뢰를 잃고 많은 반대세력을 만들어 국가를 혼란에 빠뜨렸다. 반면에 호찌민은 베트남 민족의 해방과 독립을 위해 평생을 헌신함으로써 반대편 국민들로부터도 지도자의 존경을 받으며 투쟁했다. 결국 그는 3차에 걸친 베트남 전쟁을 승리로 이끌었으며, 그것은 북베트남 정부와 그가 베트남 국민으로부터 신뢰를 받았기 때문이었다.

③ 남베트남의 집단 이기주의가 결국 나라를 패망시켰다는 것을 들 수 있다. 남베트남 국민들은 종교인은 종교인대로, 군인은 군인들대로, 일반 국민들은 국민들대로 자신들의 개인과 그 개인이 포함된 집단 이기주의에 함몰되어 집단시위와 쿠데타 등으로 국가의 운명을 좌초시키고 말았던 것이다. 결과적으로 대부분의 남베트남 사람들은 남베트남 정부에 대한 실망의 대안으로 북베트남과 NLF를 지지했고, 그러한 가운데 자신들의 집단 이기주의에 빠져서 그들의 정체성을 상실하고 말았다. 말하자면 국가적 중심점이 사라져 버렸고 그것이 결국 나라를 잃게 만들었던 것이다.

④ 무사안일에 빠진 남베트남 군대의 모습이다. 1973년, 평화협정이 체결된 후 미국을 비롯한 연합국 군대가 철수할 당시, 남베트남 군대는 미군이 철수하면서 넘겨준 최신장비와 함께 100만 명이 넘는 지상군, 세계 4위를 자랑하는 공군력 등 막강한 군사력을 보유하고 있었다. 따라서 당시 낡은 구식장비와 빈약한 보급체제를 가지고 있는 북베트남과 NLF의 전력으로는 결코 비교할 수 없는 수준이었다. 그러나 1975년 1월, 북베트남의 공세가 시작되자, 남베트남군은 전투다운 전투도 제대로 해보지 못한 채, 불과 4개월 만에 최후를 맞이하였다. 그 원인은 여러 가지가 있으나 남베트남 군대가 안일에 빠져 확고한 전투의지를 갖지 못하였기 때문이었다.

⑤ 베트남 전쟁을 실제로 주도한 프랑스와 미국의 전쟁 명분의 문제다. 정치나 전쟁에 있어서 실제로 싸우는 조직이나 자원도 중요하지만, 우선 명분이 있어야 하는 것이다. 명분은 보이지 않는 것이지만 그것 없이는 정치도 전쟁도 제대로 치를 수 없는 무형의 자산이다. 그런데 프랑스와 미국은 베트남에서 전쟁을 해야 하는 명분이란 측면에서 호찌민과 비교가 될 수 없었다. 그것은 정의(正義)전쟁과 부정의(不正義)의 전쟁보다도 더욱 큰 명분이 베트남 민족의 해방과 독립이라는 명분에 빛을 잃지 않을 수 없던 것이다. 결과적으로 베트남 사람들의 처지에서 본 베트남 전쟁은 '민족의 해방과 독립을 위한' 투쟁이었던 것이다.

재미있고 유익한 이야기 **베트남 독립의 아버지 호찌민**

우리에게 '독립의 아버지'로 조선의 독립을 위해 목숨을 바친 김구 선생이 있다면 베트남에는 독립의 아버지라 불리는 호찌민이 있다.

19세기 중반 프랑스인들은 베트남의 가톨릭교도들을 보호한다는 명목 아래 베트남을 침공하여 식민지 인도차이나를 건설했다. 프랑스인들은 자본주의 방식에 따라 대규모 고무농장 등에 자본을 투입하여, 베트남 사람들의 사고방식을 바꾸고자 하였다. 이에 호찌민의 아버지와 호찌민은 의식 있는 유학자로 식민지 관료체제에 들어가지 않고 베트남을 식민지 상황에서 독립시키기 위해 노력했다. 1911년 떠돌이 생활을 시작하여 세계 곳곳을 돌아다니다가 미국 대통령 윌슨이 민족자결주의를 선언하자, 호찌민이 베트남 독립을 요구하는 청원서를 들고 연합국 지도자들을 직접 찾아가 편지를 보낸 일화는 그가 얼마나 추친력 있고 과감했는지 보여준다.

제1차 세계대전 중 프랑스에 강제 징집되어 유럽전선에 파병되었던 수만 명의 베트남 청년들과, 식민 종주국 프랑스에 유학했던 베트남 젊은이들이 자유주의 또는 사회주의 사상의 영향을 받고 돌아옴으로써 베트남에도 공산주의자 또는 민족주의자들이 나타나기 시작했다. 이에 따라서 호찌민도 차츰 피폐한 노동자의 삶에 대해서 눈뜨기 시작했고 프랑스 공산당 대표로 참석하여 연설을 하기도 하는 등 사회주의 운동에 몸담게 된다. 1945년 일본이 연합군에게 무조건 항복을 선언한 후 인도차이나 공산당은 호찌민을 주석으로 내세우는 내각을 구성하고 바딘 광장에서 독립선언서를 낭독한다. 하지만 1954년 제네바 협정에 의해 베트남이 남북으로 갈라지게 되고 호찌민의 열정은 다시 통일을 향해 뛰기 시작하였다. 이해관계가 대립된 전쟁이 한반도에서 발발했듯이 베트남에서 또한 베트남전쟁이 발발하였다. 호찌민은 조국이 통일된 것을 보고 싶었으나 그를 괴롭히던 폐결핵에 의해 1969년 9월 2일 79세를 일기로 숨을 멈추었다.

제2절 베트남 전쟁 시 한국군 파병

(1) 한국군 파병의 배경

베트남 전쟁의 한국군 파병에 대한 일반적인 관심은 크게 두 가지로 구분된다. 하나는 한국군의 베트남 파병은 미국의 요구에 따라 어쩔 수 없이 이루어진 것이라는 관점과, 또 하나는 베트남의 파병은 실제로 한국정부의 집요한 요청이 미국의 필요성에 부합한 것이라는 것인데, 실제로는 후자라고 보아야 한다. 국가건설과정에서 미국의 지원과 원조가 절실했던 한국정부는 미국의 지원을 확대하려는 방법으로 국군의 파월을 제안했다는 해석이 보다 설득력이 있기 때문이다.

물론 베트남 전쟁에 한국군을 파병하게 된 직접적인 계기는 1964년 5월 9일 미국의 존슨 대통령이 한국을 포함한 25개 자유 우방국에 보낸 남베트남 지원요청 서한을 접수하면서부터였다. 그러나 동남아시아 지역에 한국군을 파병하기 위한 시도는 1954년부터 시작됐다. 1950년 북한의 남침을 자유 우방의 도움으로 물리칠 수 있었던 한국의 이승만 대통령은 1954년 1월과 6월에, 미국에 대해 "인도차이나 지역에 한국군 1개 사단을 파병하겠다."라고 제안했다.

이어서 프랑스가 베트남에서 철수한 후인 1955년 10월 지엠(Ngo Dinh Diem)의 남베트남 정부가 수립되자, 이승만의 반공외교는 적극성을 띠었다. 양국의 정상은 상호방문을 실시하면서 유대를 굳건히 했으며, 당시 이승만 대통령은 "지엠 정부가 요청한다면 한국군을 파병해 남베트남을 돕겠다."고 발표했다. 이승만의 거듭된 파병제안은 현실성과 구체성이 없는 제안으로 당시 미국의 정책과 부합되지 않는 대미협상용 카드였다. 따라서 이승만의 제안은 실현되지 못했다.

그러나 한국군의 베트남 파병이 보다 구체화된 것은 1961년 박정희정부가 등장하면서부터였다. 당시 박정희정부의 최대과제는 미국과 안보 동맹

체제를 더욱 강화하여 북한의 위협에 대처하는 것과 경제적 낙후성을 극복하는 것이었다. 이를 위해 박정희정부는 경제개발의 자금을 확보하는 것이 무엇보다 시급하였고, 미국과의 안보유대를 보다 강화하는 것이 또한 중요하였다. 그런데 당시 이러한 문제를 해결할 수 있는 과제 중에 한일 국교정상화는 과거사에 대한 일본의 사과문제와 독도문제가 가로막고 있었고, 베트남 파병은 미국의 정책과 부합을 이루지 못하는 문제점이 있었다.

그러나 1964년 3월, 미국은 존슨정부가 베트남 사태에 보다 적극적으로 개입할 것을 공식적으로 결정함으로써 미국은 베트남 사태에 대처하기 위해 보다 많은 우방국을 끌어들여 국제사회의 참여와 지지를 끌어내는 'More Flags' 정책으로 전환했다. 이에 따라 1964년 5월 미국은 한국 등 25개 우방국들에 남베트남 지원을 요청함으로써 한국군의 베트남 참전은 구체화되기 시작하였다. 초기 미국정부가 한국에 보낸 서한에는 '1개 이동외과 병원'을 파병해 주도록 요청하고 있었다.

존슨 미 대통령으로부터 '남베트남 지원'을 요청하는 서한을 접수한 박정희 대통령은 김성은 국방장관에게 미국의 요청을 검토하도록 지시했다. 그러나 당시 한국정부는 존슨의 서한을 접수하기 전부터 파병을 기정사실로 하고, 파병의 구체적인 방안을 검토해 두고 있었다. 따라서 존슨의 서한은 이를 공식화하는 명분 쌓기에 불과하였다. 당시 한국정부의 입장에서 볼 때, 미국 정부가 요청한 '1개 야전병원'은 전투 병력의 파병이 아니었고 인도적 차원인 것이었다. 그러나 당시 한국정부는 해외파병에 관한 경험이 전혀 없었고, 베트남의 작전실태에 대해서도 알고 있는 것이 거의 없었기 때문에 매우 귀중한 기회였다.

베트남에 대한 한국군 파병의 명분은 '공산침략을 받는 베트남 사태는 한국의 안보와 직·간접적으로 연결되어 있다'는 국가 안전보장의 측면과, '6·25 전쟁 시 도움을 준 자유 우방에 보답한다'는 국제적 신의의 측면이었다. 따라서 이러한 명분에 대부분의 국민은 물론, 정치권에서도 공감을 하였으며, 국가적인 분위기에 맞추어 국방부는 파병을 위한 조치를 구체화해 나갔다.

(2) 한국군 파병과 활동

◦ 제1차 파병 : 이동외과병원, 태권도 교관단

(그림 8-12) 베트남에 파견된 태권도 교관

최초 파병에 해당하는 이동외과병원은 130명 규모의 의료진과 10명으로 편성된 태권도 교관단을 포함하여 140명 규모였다. 이어서 국방부는 1964년 6월, 주일 미군사령관에게 "이동외과병원과 태권도 교관단을 파견하겠다."는 사실을 통보하고 7월 9일 김종오 합참의장이 주한 미군사령관 하워즈(Hemilton H. Howze) 대장을 방문해 구체적인 파병절차를 협의했다. 이어서 정부는 1964년 7월 15일 남베트남 정부로부터 한국군 파병을 요청하는 서한을 접수하고, 7월 31일에는 '파병동의안'을 국회 본회의에 상정하여 만장일치로 가결되었다.

파병을 위한 부대편성과 훈련을 마친 제1차 파병단(이동외과병원과 태권도 교관단 140명)은 1964년 9월 11일 해군 LST편으로 부산항을 출항하여 10여 일간의 항해 끝에 남베트남 수도 사이공(Saigon)에 도착하였다. 이동외과병원은 남베트남 육군 정양병원이 위치한 붕따우(Vung Taw)에서 시무식을 하고, 태권도 교관단은 남베트남 육군보병학교와 육군사관학교 및 해군사관학교에 각각 3명씩 배치되어 태권도를 가르치기 시작했다.

◦ 제2차 파병 : 건설지원단

한국에서 이동외과병원과 태권도 교관단 파병을 위해 동분서주하고 있던 1964년 8월 초 '통킹 만 사건'이 발생했다. 통킹 만 공해 상에 있는 미해군함정을 북베트남 어뢰정이 공격한 이 사건을 계기로 미국은 선전포고는 하지 않았지만, 북베트남을 공식적인 적으로 간주하게 된다. 며칠 후 미국 항공모함이 북베트남 내의 유류저장소를 집중해 폭격했으며, 이어서 8월 7일 미 의회는 '통킹 만 결의안'을 가결해 대통령에게 베트남 전쟁 수행에 관한 전권을 부여하였다. 이로써 베트남에 대한 미국의 군사개입은 급물살을 타게 되었다.

베트남 전쟁이 확대되어 가면서, 미국은 전쟁의 명분을 쌓기 위해 보다 많은 자유우방의 지원을 끌어들이고자 했다. 그 무렵, 1964년 12월 18일, 주한 미 대사 브라운(Winthrop G. Brown)은 박정희 대통령을 예방하고, 남베트남에서 후방지원을 담당할 비전투부대의 파병을 요청하는 존슨 대통령의 친서를 전달했다. 박 대통령은 김성은 국방장관을 불러서 '이미 예상했던 일인 만큼' 신속히 부대를 편성해 파월 준비를 하고, 국회의 동의를 구할 준비를 하라고 지시했다.

최초 미국 측에서 요구한 제2차 파병의 규모는 한국군 공병 1개 대대와 의무지원단(야전병원)을 구성하는 1,000명 규모의 순수 비전투부대였으나, 자체 경계에 필요한 보병대대를 추가 편성함으로써 부대규모가 2,000명으로 확대되었다. 1965년 1월 남베트남 정부로부터 파병요청서가 전달되었고, 이어서 추가파병 동의안이 국회에서 가결되자, 국방부는 부대편성에 착수했는데, 부대명칭은 비둘기부대로 명명했다.

이렇게 편성된 비둘기 부대는 선발대가 1965년 2월 부산항에서 출발하여 사이공에 도착했고, 본대는 3월에 인천항을 출항해 미 제7함대 소속 함대와 함대기의 호위를 받으며 사이공에 도착했다. 비둘기 부대는 사이공 시민들의 환영을 받으며 시가행진을 하면서 주둔지인 지안(Di An)으로 이동한 다음 각종 공병지원과 대민사업에 착수했다.

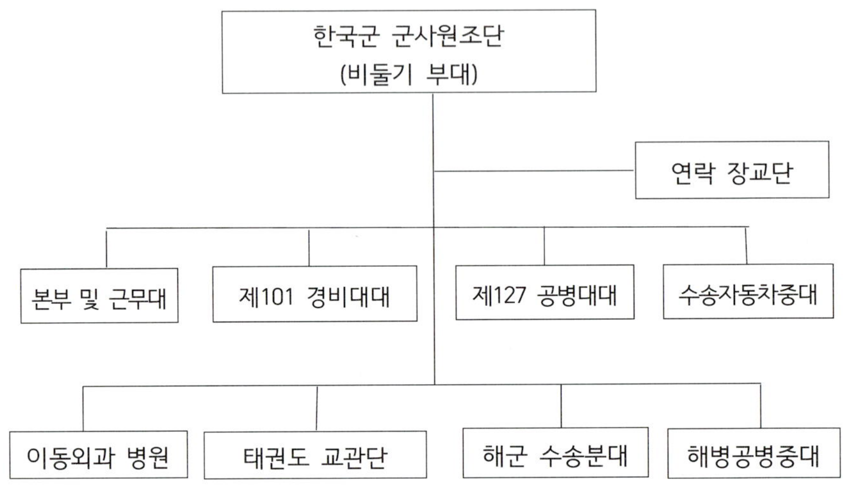

(표 8-2) 비둘기 부대 최초편성

◦ 제3차 파병 : 수도사단(맹호부대), 제2해병여단(청룡부대)

1964년 8월 통킹 만 사건 이후 미국의 지상군 파병은 예상되어 있었다. 단지 그 시기가 문제였다. 미 합참은 첫 번째 지상군 전투부대 파병을 위해 “베트남에서 보다 적극적인 작전을 위해서는 미군 2개 사단과 한국군 1개 사단의 파병이 필요하다.”는 내용으로 존슨 대통령에게 건의했다. 이를 전후하여 한국군 전투부대 파병문제는 외교채널을 통해 제안과 토의가 활발히 진행되었는데, 한국정부의 전투부대 파병의사는 1965년 5월의 한미정상회담을 통해 공식화되었다.

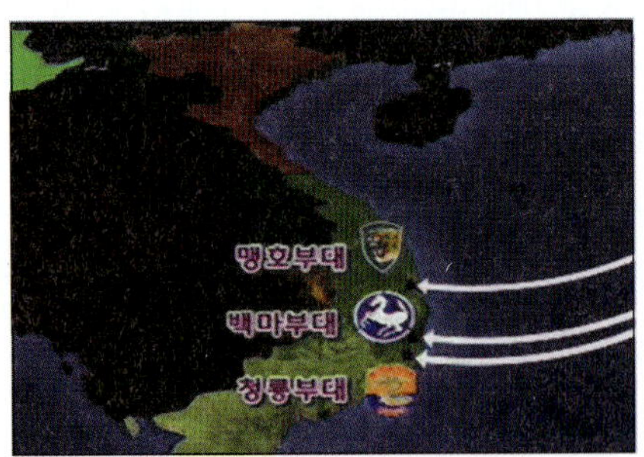

(그림 8-13) 주요 한국군의 베트남 상륙

당시 정상회담 시, 박 대통령이 미국 측과 논의된 내용을 요약하면, 첫째, 주한미군은 현 수준 유지와 철수가 필요한 경우 반드시 한국 측과 사전 협의한다. 둘째, 한국군 방위에 충분한 수준의 한국군을 유지한다. 셋째, 한국의 경제사정을 고려하여 군사원조 이관 계획을 재검토한다. 넷째, 한국에 대한 군사 및 경제 원조를 확대한다. 다섯 째, 개발차관으로 1억5천만 달러를 우선 반영한다. 마지막으로 주둔군 지위협정(SOPA)체결을 원칙적으로 동의한다는 내용이었다. 결과적으로 박 대통령은 '베트남에 전투부대를 파병해 달라'는 미국 측의 요구를 수용하면서, 미국으로부터 경제적 지원과 안보지원을 얻어냈던 것이다.[80)]

1965년 6월, 남베트남 정부는 한국정부에 1개 사단규모의 전투부대 파병을 공식 요청했으며, 한국정부는 한·미 정상회담에서의 공동성명을 근거하여 전투부대 파병결정을 주한 미군사령관에게 통보하고 본격적인 파병준비에 들어갔다. 전투부대 파병은 당시 정부가 심혈을 기울여 추진하고 있는 가장 핵심적인 정책이었다. 그러나 당시 반대도 상당했지만, 결국 파병동의안은 국회에서도 통과됨으로써 국방부는 파병준비에 착수했다. 파병부대는 육군 수도사단(-)과 제2해병연대로 선정되었고, 육군과 해병대는 파병장병 선발에 나섰다. 그리고 주월 한국 군사령관을 겸하게 될 수도사단장에는 채명신 소장이 선임되었다.

제3차 파병의 한국군 주둔지역은 수도사단(-1)을 꾸이년(Quy Nhon) 일대에 배치하고, 해병연대(파병 시는 해병여단으로 증편)는 캄란(Cam Ranh)에 배치하였다. 나중에 부대명칭을 육군 수도사단은 '맹호부대'로, 해병부대는 '청룡부대'로 호칭하게 되었다. 그리고 이번의 파병에서 획기적인 것은 한국군이 독자적인 작전통제권을 행사할 수 있게 되었는데, 그 결과는 엄청난 것이었다. 미국의 지원을 받아 파병된 한국군의 용병시비를

80) 한국은 이를 통해 당시 국가적인 주요사업인 제1차 경제개발계획의 차질 없는 마무리와 제2차 경제개발계획을 순조롭게 추진할 수 있는 여건을 조성했으며, 불안했던 안보태세를 확고히 구축할 수 있었다. 위의 책, pp.163~164.

차단할 수 있었고, 독자적인 전술로 작전성과를 증대시키며 국위를 선양할 수 있었던 것이다.

◦ 제4차 파병 : 제9보병사단(백마부대)

1965년 7월, '베트남 전쟁의 미국화'를 공식적으로 결정한 존슨정부는 1965년 말까지 184,300여 명에 달하는 미군을 남베트남에 파병했다. 또한 동맹국인 한국이 1개 사단, 오스트레일리아가 1개 대대를 파병했다. 그런데도 베트남의 상황은 점점 악화되고 있었다. 베트남의 상황을 호전시키기 위해서는 보다 획기적인 병력증원이 필요했다. 그러나 미군 병사들의 희생 증가에 따른 미국 내 반전여론은 가열되고 있어 추가 파병은 어렵게 되었다. 이러한 상황에서 존슨정부는 한국군 전투부대의 추가적인 증파를 요청했다.

당시 주월 한국군의 입장에서도 한국군이 독자적인 작전권을 행사하면서 효율적인 지역평정 임무를 수행하기 위해서는 1개 군단 정도의 병력을 유지할 필요성이 있었다. 그리고 한국정부도 "5만 명까지는 무리가 없다."라고 판단하고 있었기 때문에 1개 사단의 증파는 어려움이 없었다. 더욱이 한국정부는 제4차 파병을 계기로 미국으로부터 국가안보에 대한 공약을 보다 명확하게 재확인하면서, 경제적 실익을 더 얻어내야 할 필요가 있었기 때문에 미국의 요청을 기다리는 입장이었다.

미국의 추가 파병요청은 러스크 국무장관이 1965년 12월, 유엔총회 참석차 미국을 방문한 이동원 외무장관에게 한국군 증파를 공식 요청했다. 이어서 1966년 1월 험프리 부통령이 특사로 방한하여 박정희 대통령에게 전투부대의 증파를 요청하였고, 브라운 주한 미 대사는 어느 때보다 강도 높은 대한방위공약을 재확인하면서 다음과 같은 내용의 「브라운각서(Brown Memorandum, 1966. 3. 4.)」를 한국정부에 보내왔다.

「브라운각서」의 주요내용

군사협조(Military Assistance)

1. 향후 수년 내에 한국군 현대화를 위해 상당량의 장비를 제공한다.
2. 베트남 파병에 소요되는 장비와 일체의 경비를 부담한다.
3. 추가 파병되는 병력 대체를 위한 소요장비, 훈련경비, 소요재정을 부담한다.
4. 대간첩작전 능력개선을 위한 공동연구 결과 소요되는 요구충족에 기여한다.
5. 한국의 탄약 증산을 위한 병기창 확장용 시설을 제공한다.
6. 서울과 베트남 주둔 부대 간의 원활한 통신을 위해 전용 통신시설을 제공한다.
7. 베트남 주둔 한국군 지원을 위해 C-54 수송기 4대를 한국공군에 제공한다.
8. 군사원조계획(MAP) 잉여물자 매각대금을 활용, 한국군 개선 소요재원을 제공한다.
9. 주 베트남 한국군 전원에게 합의된 해외근무수당 경비를 제공한다.
10. 베트남 전 사상자의 보상금을 2배로 인상한다.

경제협조(Economic Assistance)

1. 1개 예비사단, 1개 예비여단 및 지원부대의 동원 · 유지에 소요되는 예산을 방출한다.
2. 한국군 2개 사단이 베트남에 파병되어 있는 동안 군원이관을 중지한다.
3. 파병된 한국군에 소요되는 물자를 한국에서 구매하며, 미군과 남베트남군의 물자 중 결정된 품목과 기타 소요되는 품목을 최대한 한국에서 구매한다.
4. 수출 진흥을 위한 전 분야에서 기술협조를 강화한다.
5. 약속한 AID 차관에 추가해 한국의 경제개발을 위한 차관을 제공한다.
6. 한국의 남베트남 수출 지원을 위해 1천 500만 달러(Program Loans)를 제공한다.

한국정부는 브라운각서를 통해 그동안 미국 정부에 요구했던 내용이 대부분 관철되었기 때문에 더 이상 지체할 이유가 없었다. 추가 파병을 위한 협상이 마무리됨에 따라 정부는 3월 2일, 파병 동의안을 국회에 제출했으며, 추가파병 동의안이 가결되자 국방부는 파병부대를 야전군 예비인 제9사단과 수도사단 제26연대를 선정했다. 1966년 10월 제9사단이 파병되어 맹호부대가 배치된 꾸이년(Quy Nhon)의 남쪽지역인 닌호아(Nihn Hoa) 일대에 배치됨으로써 주월 한국군은 군단급 부대로 증강되었다.

제4차 파병 이후에도 미국은 한국군의 추가파병을 요청했다. 그러나 1966년 미국 정부의 한국군 추가파병 요청에 대한 한국정부의 반응은 부정적인 것이었다. 특히 1968년 1월 북한의 청와대 습격 미수 사건과 동해에서의 미 정보 수집함 푸에블로호가 북한에 의해 나포되는 사건이 발생하는 과정에서 박 대통령은 추가파병 불가방침을 확고히 했다. 베트남에서의 뗏 공세 이후 미국여론이 악화됨으로써 미국의 베트남 정책도 새로운 전기를 맞게 되었다. 더구나 주한미군 1개 사단(7사단)이 철수하게 됨으로써 정부도 더 이상 주월 한국군의 철수를 미룰 명분이 없었다.

1973년 1월 23일 베트남 평화협정이 조인되고 28일 08:00부로 발효됨에 따라 남베트남에 파병된 외국군의 철수가 시작되었다. 한국군은 1973년 1월 30일 선발대 125명이 항공기를 이용해 철수했고, 11개 제대로 편성된 본대는 2월 3일부터 3월 14일까지 역시 항공기를 이용해 귀국했다. 그리고 3월 23일 후발대 118명이 복귀함으로써 8년 6개월 동안 베트남 전쟁에 파병되었던 한국군의 철수가 완료됐다.

(표 8-2) 연도별 참전병력 현황

구 분	총 계	정규군					기 타
		계	육군	해군	공군	해병대	
1964	140	140	140				
1965	20,541	20,541	15,973	261	21	4,286	
1966	45,605	45,605	40,534	722	54	4,295	
1967	48,839	48,839	41,877	735	83	6,144	
1968	49,869	49,838	42,745	785	93	6,215	31
1969	49,755	49,720	42,772	767	85	6,096	35
1970	48,512	48,478	41,503	772	107	6,096	34
1971	45,663	45,632	42,354	662	98	2,558	31
1972	37,438	37,405	36,871	411	95	28	33

(3) 한국군 파병의 의의

베트남의 전장 환경은 미군이 제1차 및 제2차 세계대전을 통해 경험했던 유럽의 전장과는 전혀 다른 것이었다. 연평균 34℃를 오르내리는 열대기후와 정글로 뒤덮인 험준한 산악과 늪은 연합군이 싸우기 힘든 자연조건이었으며, 더구나 적과 아군을 구분할 수 없는 게릴라전이 혼재된 전장상황은 베트남인들의 저항정신과 어울려 최악의 작전환경을 만들었다. 그뿐만 아니라 주민들의 신임을 잃은 남베트남 정부는 전쟁수행의 주체가 되기에는 너무나 허약하였다. 이러한 상황에서 한국군은 독특하고 효과적인 작전개념과 전술로 훌륭하게 잘 싸웠다.

베트남 전쟁의 독특한 작전 환경 속에서도 미군은 대체로 정규전 개념에 의한 작전수행을 고수하였다. '수색 및 격멸(Search & Destroy) 개념'에 입각하여 적을 탐색하고 찾아내어 격멸하는 작전형태를 취하며 싸웠다. 그러나 한국군은 6·25전쟁 당시의 게릴라전 경험을 살려 주민들 속에 숨어있는 베트콩을 주민과 분리시켜 격멸하는 '분리-차단-격멸(Separation-Interception-Destroy)'의 3단계 작전개념에 의해 작전을 수행하였다. 이와 같은 한국군의 작전개념은 주민과 게릴라의 관계를 '물과 물고기(水魚之)' 의 관계로 보는 모택동의 유격전 개념을 베트콩에 역이용한 것이었다.

한국군의 이러한 작전개념을 수행하는 데 있어서 가장 중요한 방식은 주민 속에 섞여 있는 베트콩과 주민을 분리시킨 후 그들이 주민과 접촉을 하지 못하도록 차단하는 것이다. 이를 위해 한국군은 주민들의 거주 지역 외곽에 중대전술기지를 설치하고 이 기지를 중심으로 수색정찰과 매복 작전 등을 통

(그림 8-14) 베트남 파병 한국군

해 주민과 베트콩을 차단하고 평정지역을 넓혀가는 것이었다. 이렇게 한국군이 작전성과를 거두기 위해서는 지역 주민들의 협조가 필수적이었으며, 이를 위해 적극적인 민사작전을 병행해 나갔다.

한국군의 중대전술기지는 베트콩에 의해 각개격파될 취약성을 갖고 있었지만, 이를 위해 한국군은 이러한 취약성을 보완하기 위해 기지별로 연대 규모의 적 공격을 48시간 이상 저지 할 수 있는 각종 대책을 강구했다. 첫째, 각 중대 기지는 아군 포병의 화력지원 거리 내에 위치시켜 화력으로 보호하고, 둘째, 기지 외곽에는 여러 겹의 철조망과 지뢰지대를 설치하며, 기지 내부는 교통호와 참호 및 유개호로 연결된 강력한 요새를 구축했다. 셋째, 고립방어에 필요한 탄약과 보급품을 충분히 비축했다. 이러한 중대전술기지는 한국군의 3단계 작전개념을 뒷받침하는 핵심적인 시설이 되었다.

1964년 9월부터 1973년 3월까지 8년 6개월에 걸친 국군의 베트남 파병은 국방 및 안보분야 뿐만 아니라, 당시 한국의 경제개발을 중심으로 한 근대화 과정에서 결정적인 역할을 함으로써 우리의 현대사에 전환점을 제공하였다고 볼 수 있다. 당시 박정희정부는 국군의 파병을 통해 정치적 기반을 다진 것은 물론이거니와 미국이 주도하던 안보동맹관계를 상호관계로 발전시킬 수 있었다. 또한 미국의 적극적인 지원과 전쟁특수를 극대화함으로써 산업화를 위한 자본을 뒷받침하는 데 획기적인 도움을 받았던 것이다.

국군의 파병에 따른 경제적 이익은 미국의 군사원조와 전쟁특수 등을 통해 대략 50억 달러 정도로 추정할 수 있다고 한다. 우리나라가 일본으로부터 한일 국교정상화 시 받은 대일청구권 자금이 8억 달러에 불과했다는 사실과, 1963년 당시 대한민국의 연간 총 수출액이 1억 달러에도 미치지 못했다는 사실을 고려하면, 베트남 파병으로 얻어낸 경제적 이익이 얼마나 엄청난 것이었는지 알 수 있을 것이다. 물론 5,000여 명의 전사망자와 11,000여 명의 부상자, 그 후 지금도 고생하고 있는 수많은 고엽제 참전용사들을 생각하면 가슴 아픈 일이지만 베트남 전쟁이 대한민국 근대화의 밑거름이 된 것은 틀림없다고 하겠다.

제 9 장 | 중동지역의 전쟁

제9장

중동지역의 전쟁

제1절 이스라엘 건국과 전쟁의 배경

(1) 아랍과 유대의 갈등

이스라엘 민족이 조국을 잃고 유랑민(Diaspora)이 된 것은 A.D. 70년 로마의 황제 티투스(Titus)가 예루살렘을 파괴하고 이스라엘인들을 그곳에서 추방한 때부터였다. 당시 추방당한 이스라엘인들은 아시아, 유럽, 아프리카, 후일에는 북아메리카에 이르기까지 전 세계에 흩어져 살게 되었고, 그들의 옛 땅에는 새로이 들어선 아랍인들이 점유하여 살게 되었다. 세계 각지에서 유랑생활을 하면서도 이스라엘인들은 그들이 신의 '선민'이며, 언젠가는 그들의 구세주(Messiah)가 나타나 약속된 땅 '시온(Zion)' 에 이스라엘 국가를 이루어 줄 것이라는 종교적 믿음을 갖고 있었다.

19세기 들어서 팔레스타인에는 43개 정착민촌에 9만여 명의 이스라엘인이 살게 되었는데, 이러한 이스라엘인의 증가는 팔레스타인 아랍원주민들과의 대립을 불가피하게 만들었다. 아랍인들은 이들 새로운 침입자에 대한 테러와 습격을 감행하였고 그 결과 이스라엘인들 역시 1909년부터는 집단농장 안에 '하쇼메트(Hashomet : 경비대)'라는 자위기구를 탄생시켰으니 그것이 바로 이스라엘군의 시초였다.

이와 같이 이스라엘인의 민족국가 건립의 태동은 본격적인 시오니즘 운동으로 나타났지만, 아직도 그것이 현실화되기에는 너무나 멀었다. 이러한 때에 이들의 이상을 현실로 이끌어 준 중요한 사건들이 있었으니 그것이 바로 제1차 및 제2차 세계대전이었다. 대전 기간 중 이를 둘러싼 열강들의 이해관계가 시오니즘 운동을 국제적 현실로 이끌어 준 것이다.

제1차 세계대전이 연합국 측의 승리로 끝난다면 이는 곧 중동지역에 대한 오스만 제국의 지배권이 종식됨을 의미하는 것이었다. 그러나 열국의 제국주의적 정책에는 이러한 이스라엘인들의 이상이나 아랍원주민들의 민족주의적 열의 따위는 안중에도 없었다.

영국은 그들의 국가이익을 보존하기 위하여 제1차 대전이 한창이던 1915년 오스만 제국의 지배하에 있는 아랍인들의 민족주의 운동을 자극하고 오스만 제국의 대항 세력으로 만들기 위하여 '맥마흔 각서'에 대한 약속을 하였다.[81] 아랍제국이 오스만 제국에 대하여 군사행동을 일으킨다면, 영국은 아랍민족의 독립을 승인한다는 것이었다. 그러나 영국은 이를 배신하는 또 하나의 밀약을 프랑스 및 러시아와 체결하였고,[82] 1917년에는 팔레스타인에 이스라엘인들을 위한 이스라엘 국가건설을 돕겠다는 '밸푸어 선언'을 약속하였다.[83] 영국의 이러한 배신적 조치는 그 후 중동문제를 더욱 복잡하고 난해하게 만들었다.

제1차 세계대전이 연합국의 승리로 종결되면서, 밸푸어(Balfour) 선언이 국제적으로 인정을 받게 되었고, 이 선언의 취지를 살리는 명분으로 팔

---

81) 맥마흔 각서는 이집트 주재 영국 고등판무관 맥마흔(McMahon)이 아랍의 정치 지도자 후세인 빈 알리와 교환한 소위 '후세인-맥마흔 각서'를 말한다. 내용은 아랍인들이 오스만 제국에 대하여 군사행동을 일으킨다면 그 대신 영국은 메카의 종주가 제안한 경계범위내의 아랍민족의 독립을 승인한다는 것이었다. 위의 책, p.16.

82) 1916년 5월 영국과 프랑스 간에 소위 '사이크스-피코조약(Sykes-Picot Agreement)'이라는 3자협정(러시아도 개입)이 성립되었다. 그 내용은, 아라비아 반도의 독립은 인정하되, 시리아 대부분과 레바논은 프랑스가 지배하고, 이라크 중부와 하이파 항구 일대는 영국이 지배권을 확립하며, 이라크 북부와 시리아 남부는 프랑스 세력하의 자치정부를 인정하고, 트란스 요르단과 네게브 등에 대해서는 이집트와 마찬가지로 영국의 독점적 우월권을 각각 인정한다는 것이었다. 즉 아라비아 반도만을 제외한 모든 아랍영토를 제국주의 열강들이 임의로 분할점령하기로 결정한 것으로 이는 아랍민족에게는 명백한 배신적 행위였다. 위의 책, p.20.

83) 벨푸어 선언(Balfour Declaration)은 1917년 영국정부가 팔레스타인에 유대인을 위한 어떠한 민족적 모국(A National Home for Jewish People)의 건설을 위해 최선의 노력을 경주한다는 약속이 담겨있었다. 이것은 '맥마흔 각서'의 내용과 전면적으로 배치되는 것이다.

레스타인은 30여 년간 영국의 위임통치령이 실시되었다. 그러나 바로 이 무렵, 팔레스타인 지역의 이스라엘인 이민이 급격히 증가하면서 곳곳에서 아랍원주민과의 폭력적 충돌이 시작되고 있었다. 당시 팔레스타인을 향한 이스라엘민족의 급격한 이민증가의 계기가 된 것은 물론 밸푸어 선언이지만, 그 바탕을 이룬 원인은 당시 각국에서 일고 있었던 반유대주의(Anti-Semitism)와 시오니즘에 불타는 젊은 이스라엘인들의 민족적 자각이었다.

결국 팔레스타인 지역은 여전히 제국주의에서 벗어나지 못한 영국의 식민통치로 인해 희생될 운명에 처하였으며 거대한 화약고가 되고 말았다. 이는 전후 베르사유 체제가 남긴 또 하나의 과오가 되었다.

(2) 전쟁의 배경

전후 지속된 분쟁소요에 영국은 향후 전쟁을 수행하기 위해서는 아랍과 이스라엘 어느 쪽도 외면할 수 없는 형편이었다. 그래서 영국 정부는 중동에서 정치·군사적 이익을 상실하지 않으면서 두 민족 간의 격렬한 충돌을 방지하기 위해 1937년 7월 「팔레스타인 분리안」을 제의하였다. 그러나 이 제의는 아랍인들의 격렬한 반발을 초래하였다.

1938년 여름, 팔레스타인 분리안에 격분한 아랍인들의 폭동사태는 최고조에 달하였고, 폭도들은 한때 예루살렘 구시가지를 완전히 점령하기도 하였다. 이에 이스라엘인들은 자위를 위한 무장집단이었던 하가나(Haganah)를 명실상부한 군대로 갖추어 나갔다. 당시 유럽의 정세는 제2차 세계대전이 불가피한 상황이었으므로 영국은 이제 팔레스타인 문제를 분쟁의 진정한 해결이라기보다 제2차 세계대전의 수행이라는 각도에서 고려하게 되었다. 전쟁을 수행함에 있어서 중동지역의 석유자원과 전략적 가치는 너무나 중요하였고, 이를 확보하기 위해서는 아랍인들의 지지가 절대적으로 중요하였다. 한편 이스라엘인들이 가진 반(反)나치의식을 고려할 때, 그들의 희망을 다소 저버린다 하더라도 연합국 측에 협조하지 않을 수 없으리라 판단했다.

이와 같은 판단 아래 영국 정부는 1939년 5월 아랍의 요구를 대폭 참작하여 「맥도날드 백서」를 발표했다. 그 내용은 향후 5년간 이스라엘인의 팔레스타인 이민은 매년 1만 명 선으로 제한하고, 그 이후는 아랍의 동의에 따라 결정하되 여하한 경우도 이스라엘인의 수가 아랍인의 3분의 1을 초과하지 않도록 하고 토지매입을 제한하며, 앞으로 10년 이내에 아랍인과 이스라엘인이 같이 참여하는 독립 팔레스타인 국을 세울 수 있도록 노력한다는 것이었다. 이 백서는 아랍인의 지지를 얻고 팔레스타인의 평화와 안정을 회복하고자 하는 것이었지만 결과적으로 다시 한 번 이스라엘인과 아랍인의 신뢰를 동시에 짓밟고 양자 간의 적의와 증오를 가중시켰다.

당시 시온주의 지도자 와이즈만이 영국수상 체임벌린에게 보낸 대독전쟁에 대한 전 세계 이스라엘인들의 협조 메시지가 발표되자, 당시 18~50세 사이의 이스라엘인 13만 6천 명이 지원병으로 등록하였고, 이들 중 약 2만 7천여 명의 팔레스타인 거주 이스라엘인들이 영국군으로 참전하였다. 이들 이스라엘인들은 독자적인 이스라엘인 부대로서 편성되고 이스라엘 장교에 의해 지휘되었으며, 1944년에는 그들만의 여단이 편성되어 이탈리아 전선에 투입될 정도로 그 규모도 커졌다. 이 당시 연합군의 일원으로 대독전선에서 싸웠던 이스라엘 군인들은 후일 팔레스타인 안에서 아랍인들을 상대로 싸우며 훈련된 이른바 팔마(Palmah)와 함께 신생 이스라엘군의 2대 지주가 되었다.[84]

이와 같은 군사적 노력과 아울러 이스라엘 조국건설을 위한 정치 외교적 노력도 끊임없이 지속되었다. 각국의 이스라엘인들은 이스라엘 국가 건설

84) '팔마(Palmah)'는 최초의 전문적인 군인집단으로서, 제2차 세계대전의 발발과 함께 다수의 유대인 젊은이들이 영국군에 종군하게 되고 백서 정책에 따라 팔레스타인 내 무장조직이 약화되자, 이스라엘 지도자들에 의해 약화된 이스라엘 사회의 자위력을 강화하고, 장차 필요하게 될 독립적인 정예무장집단의 모체조직으로 형성된 것이다. 이 팔마군은 1948년 독립전쟁 때에는 수개의 여단으로 증가하여 신생 이스라엘군의 근간을 이루었다. 김희상, 위의 책, pp.48~49.

의 필연성과 정당성을 언론과 집회 등을 통하여 선전하였고, 또한 대독전쟁 수행에 있어 그들의 공헌도를 높여 강대국 정치지도자들의 호의적 태도를 구하였다. 특히 나치의 이스라엘 유대인 말살정책은 연합국 측에 널리 소개되어 이스라엘 국가 건설의 필요성을 어느 때보다 공감하게 하였다. 그래서 이스라엘 국가건설에서 기초가 되는 가장 필요한 것은 국민의 확보 즉 이스라엘 이민의 증가였는데, 나치 독일의 유대인 살육정책은 인류의 인도주의적 동정심을 자극하여 이스라엘인들의 팔레스타인 이주를 차마 거부할 수 없게 만들었다.

'이스라엘 민족의 고향'을 건설한다는 이들의 열망은 전후 미국 대통령 트루먼에 의해 받아들여져 1945년 8월 유럽 지역에서 박해받던 이스라엘인 10만 명에 대한 특별이민이 허용되었다. 이렇게 되자 1946년 10월 중순 네게브(Negev) 사막에는 단 하룻밤 사이에 무려 11개의 새로운 촌락들이 생겨나는 진풍경이 나타나기도 했다. 1947년 말에 이르러서는 이미 63만 명에 달하는 팔레스타인 거주 이스라엘인집단을 형성하자 세계의 그 누구도 이들의 존재를 무시할 수는 없었다.

1947년 영국은 팔레스타인 지역을 이스라엘과 아랍, 영국이 각각 지배하는 3개의 지역으로 구분하되 앞으로 4년간은 영국이 전체적인 통치를 담당한다는, 즉 과거의 분리안에 근거한 소위 모리슨-그래디(Morrison-Grady)안을 제의하였지만, 아랍 측은 물론 이스라엘 측에 의해 즉각 거부되었다. 영국은 이 문제를 UN에 상정하였고, 이후 팔레스타인 문제는 지금까지와는 전혀 다른 차원에서 이루어지기 시작했다. 1947년 11월 29일 UN총회에서 결국 팔레스타인을 이스라엘국가와 아랍국가로 분리한다는 안이 압도적 지지로 통과되었다.

이스라엘인들은 2천여 년을 이어온 민족적 숙원 '조국건설'을 이룩할 수 있게 되었지만, 팔레스타인인들은 2천여 년 동안 그들 조상 전래의 땅이었던 터전을 외지인들에게 빼앗기는 것이었다. UN에서 투표가 있던 바로 그날 아랍인들은 이스라엘인들에 대해 대대적인 공격을 개시하였고, 결국 내전상태로 발전하였다. 이러한 와중에서 이스라엘 국민정부는 영국군의 철수와 동시에 5월 14일 독립을 선언하였다.

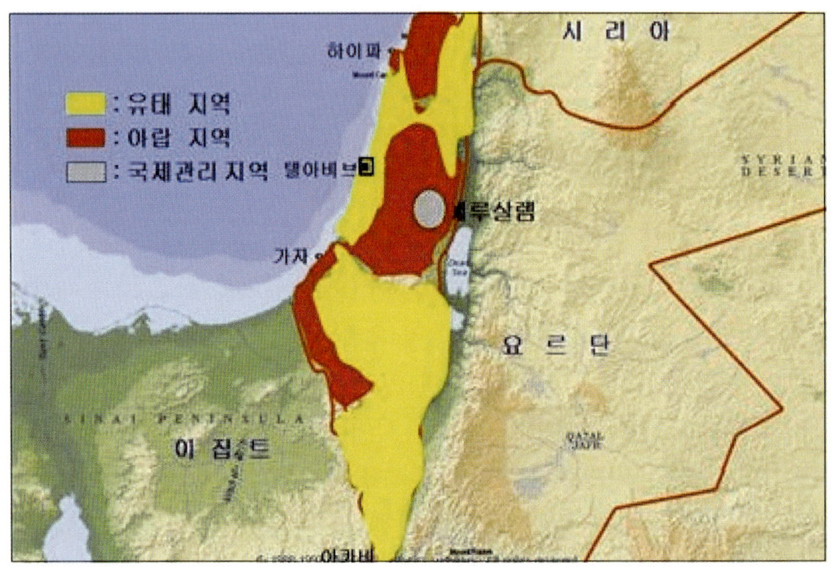

(그림 9-1) 이스라엘의 건국

제2절 중동 전쟁

(1) 제1차 중동 전쟁

◦ 아랍의 선제공격과 이스라엘의 반격

1948년 5월 15일 영국의 팔레스타인에 대한 지배가 종식되면서, 미 대통령 트루먼은 즉각 신생 이스라엘의 국가주권을 승인하였고, 소련을 비롯한 여러 나라들도 뒤를 이어 승인하였다. 그러나 적대감에 가득 찬 아랍 국가들에 둘러싸인 이스라엘은 심각한 위기에 직면하고 있었다. 당시 3만 명 이상의 아랍군이 이스라엘 영토를 포위하고 있었는데, 남쪽에는 1만 1천여 명의 이집트 사단이, 북부에는 2천 명의 레바논군과 수미 상의 아랍해방군이, 동쪽에는 4천 명의 시리아군과 7천 명의 이라크군이 전개하고 있었고, 아랍군 중에서도 최정예로 알려진 요르단의 '아랍군단(Arab Legion)' 5천 명이 예루살렘을 포위 압박하고 있었다. 그러나 아랍 측은 동맹국들 간의 상호불신과 이해의 상충, 그리고 나태한 전의 등으로 통합작전은 제대로 되지 않았고, 유기적이고 적극적인 작전행동도 보이지 못하고 있었다.

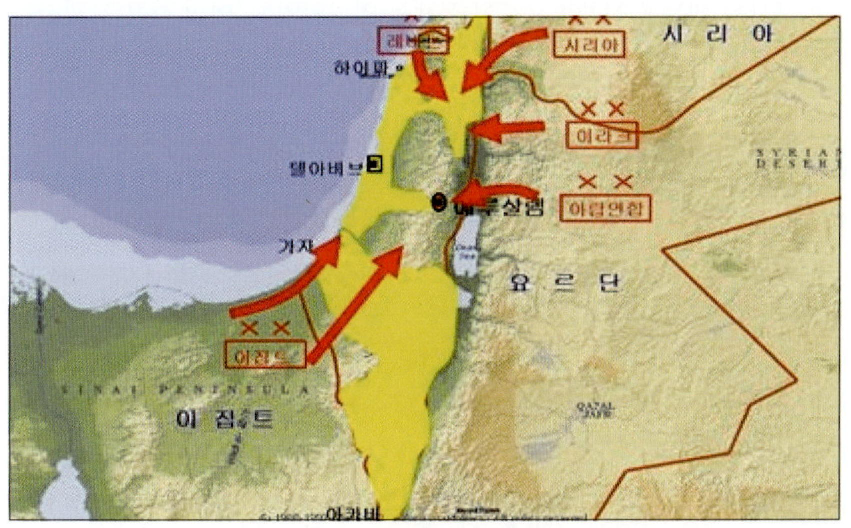

(그림 9-2) 아랍의 선제공격

이스라엘은 해외로부터 무기와 장비를 도입하고, 전쟁자금을 지원받으며 전력정비도 극도로 진척해 나갔다. 이스라엘군 창설이 선포되어 기존의 각종 군대조직이 통합되고 중앙방위사령부가 설치되었으며, 해외로부터의 무기반입노력이 계속되어 공군의 창설도 진행되었다. 해군 역시 불법이민을 돕기 위해 사두었던 선박에 적당한 포와 무기를 장비하여 전투용 함정으로 개조한 후 사용하였다. 당시 UN은 즉각적인 휴전을 요청하였는데, 아랍 측은 처음에는 UN의 휴전요구를 거절하다가 6월 11일 결국 1개월간

이라는 조건부로 제1차 휴전이 성립되었다. 그러나 이것은 결국 이스라엘 측에 전력증강의 시간을 벌어 준 결과가 되었다.

제1차 휴전이 끝나면서 다시 전투가 재개되었고, 이스라엘군은 이제부터는 반격작전으로 전환하였다. 그들은 우선 예루살렘의 확보를 목표로 공세적으로 나갔으며, 작전의 주도권도 확보하게 되었다. 7월 15일 다시 UN 안전보장이사회는 제2차 휴전을 결의하였다. 그러나 양측은 휴전기간에도 전력증강에 주력하였다. 당시 이스라엘군은 내선 상의 이점을 이용하여 신속한 군사적 행동을 전개함으로써 전세는 역전되었고, 아랍 측은 붕괴하기 시작하였다.

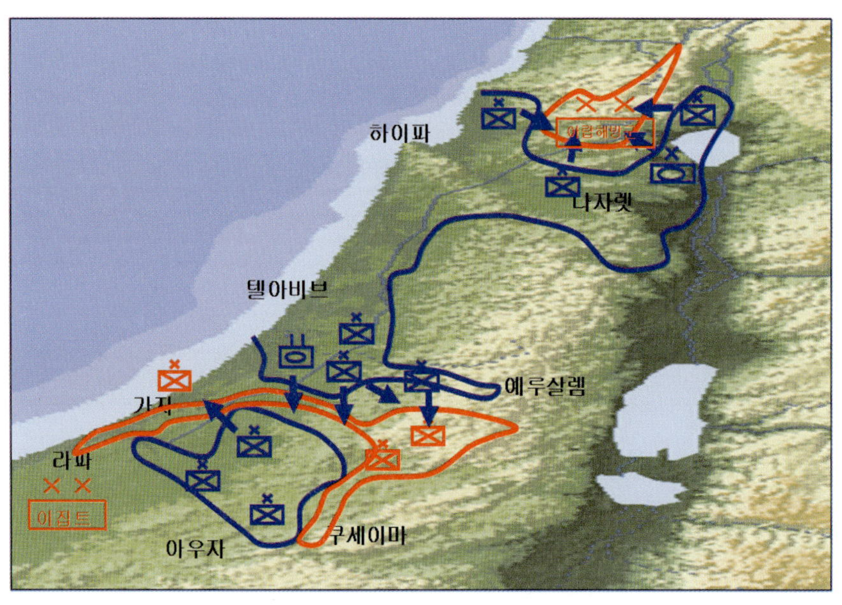

(그림 9-3) 이스라엘의 반격

이스라엘군은 UN의 간섭이 있기 전에 최단시간 안에 모든 군사적 목적을 달성하려고 노력하였으며, 가장 적극적이고 절대적인 최우선의 공세는 1차적으로 이집트군을 격파하는 데 두었다. 이스라엘군은 네게브 사막의 중앙을 통과하는 고대 로마 제국시대의 군용도로를 찾아냈다. 공병대가 이 도로를 보수하여 중형전차를 비롯한 중차륜차량이 통과하는 상상도 못 할 작전으로 이집트 주력부대의 병참선을 차단하면서 이집트 영토 내로 진격을 시작하였다.

전세가 불리하게 되자 이집트는 1949년 1월 7일 휴전을 요청했다. 긴 협상 끝에 이집트가 2월 24일 이스라엘과의 정전협정에 서명하자, 다른 아랍 국가들도 그 뒤를 따랐다. 이렇게 이스라엘의 독립선언과 더불어 전개된 이스라엘의 독립전쟁은 종결되었다. 이 전쟁은 다수의 주변 아랍 국가들이 이스라엘 국가의 존재가 제대로 알려지기도 전에 말살시켜 버리겠다는 의도의 선제공격으로 벌어진 전쟁이었다. 그러나 이스라엘 측에서 볼 때는 국가의 탄생과 동시에 벌인 너무나 절박한 자위의 전쟁이었고, 결사적인 생존의지를 표출시킨 전쟁이었던 것이다. 이스라엘은 이 전쟁을 통하여 4천여 명의 군인과 2천여 명의 시민을 잃었고, 소모된 전비도 5억 달러에 이르렀다. 그러나 이스라엘은 이 전쟁을 통하여 보다 안정된 영토와 더욱 단결되고 잘 훈련된 국민부대를 보유하게 되었다.

(2) 제2차 중동 전쟁 (수에즈 전쟁)

1949년 이스라엘과 아랍사이에 휴전조약이 성립되고 UN 안전보장이사회에서 'UN 휴전감시단'을 파견함으로써 이 지역에 평화를 확립하고자 하였지만, 그것은 새로운 대립의 출발이었다. 이스라엘 국가를 말살하려고 했던 아랍 측의 실패감은 팔레스타인 아랍인들뿐만 아니라 전체 아랍인들의 민족적 자존심을 크게 손상시켰다. 아랍 측의 증오와 복수심은 최초 이스라엘 상품에 대한 보이콧(boycott) 운동으로 나타났다. 이것은 단순히 아랍이 이스라엘 상품을 구입하지 않겠다는 것이 아니라, 이스라엘과 거래하는 모든 회사의 상품은 아랍에서 배척하겠다는 것으로 이스라엘의 경제적 발전을 방해하고 이스라엘에 고통을 주겠다는 것이었다.

아랍은 보이콧 운동과 함께 수에즈운하를 봉쇄함으로써 이스라엘로 통하는 모든 선박과 화물의 이동을 금지하는 조치를 강구하였다. 이러한 와중에 수에즈 주둔 영국군이 철수하였던 것이다. 1956년 여름 나세르는 미국으로부터 아스완댐 건설을 위한 재정지원을 획득하고 프랑스 무기구입의 선포로 이스라엘에 대한 군사적 우위를 획득하였으며, 티란 해협을 봉쇄하여 이스라엘의 목을 조이면서 그는 일약 아랍세계의 영웅이 되어가고 있었다.

그러나 나세르정부가 아스완댐 재정지원의 조건으로 미국이 기대했던 친미노선을 견지하지 않고 공산권 무기구입 제한이나 군사제휴 금지를 거부하기 시작하자, 이에 실망한 미국이 아스완댐 지원을 철회하였고, 프랑스도 이스라엘에 무기를 판매하기 시작하였다. 이렇게 되자 나세르는 이에 반발하면서 1956년 7월 수에즈운하 국유화를 선언하였다. 이에 수에즈 운하 주식회사의 공동 대주주인 영국과 프랑스는 군사적 개입을 통해서라도 이를 저지하기로 하였다. 당시 이집트는 이미 1955년 9월 이래 대규모 공격무기를 도입하기 시작하였고, 그해 10월에는 시리아와 군사협약을, 1956년 10월에는 요르단과 군사협약을 체결함으로써 이집트, 시리아, 요르단 3개국의 군대가 이집트인의 공통사령관 지휘 아래에 들어가 이스라엘이 완전히 포위될 수 있었다. 이런 상황에서 영국과 프랑스의 군사행동 결정은 이스라엘이 개전하는 결정적 기회를 부여하였다.

제2차 중동 전쟁의 전장이 된 시나이 반도는 면적 약 23,200 제곱마일(약 6만km^2)로서 지형적 특성에 따라 대체로 북부, 중부, 남부의 3개 지역으로 구분되는데, 북부는 지중해에 연한 해안평원과 작은 모래언덕으로 이루어져 있고 교통망도 잘 발달되어 있다. 그러나 중부는 대부분이 사막과 암산들로 이루어져 도로망이 매우 빈약하다. 또한 남부지역은 산악지대로 2,000m가 넘는 거대한 적갈색의 바위산으로 이루어져 있고 사람의 생존은 물론 군사작전도 거의 불가능할 정도다.[85)]

---

85) 시나이 반도 남단의 '아카바' 만에 연해 있는 시나이의 산맥은 바다로부터 급경사를 이루고 있고 해안도로마저 극히 험난한데, 그 최남단에 전략요충지 '샤름엘세이크(Shram el

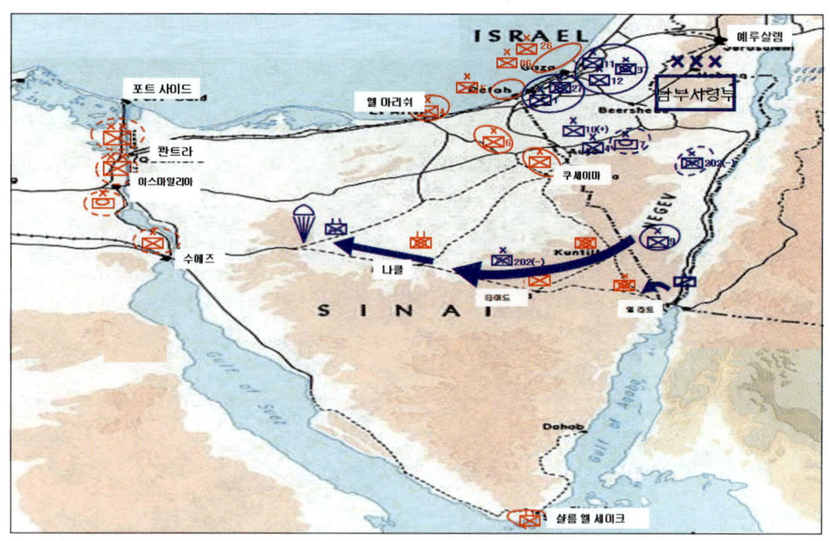

(그림 9-4) 제2차 중동 전쟁 I

이스라엘은 이미 1955년 10월부터 이집트의 봉쇄를 무력으로 타개할 결심을 굳게 하고 있었는데, 실제로 유효한 작전준비는 '다얀' 총참모장이 '벤구리온' 수상으로부터 1956년 10월 작전명령 '카데쉬(Kadesh)'[86]를 수령하면서부터 시작되었다. 이 작전은 궁극적으로 티란(Tiran) 해협의 통제지점을 확보하고 이집트의 봉쇄를 해제하는 데 목적이 있었으며, 그러기 위해서는 가능한 신속히 시나이 반도를 완전히 점령해야 했다. 이와 같은 목적을 달성하기 위해서 주력을 이집트 쪽 남부전선에 집중하여 속전속결하고, 전쟁초기는 시리아와 요르단이 있는 북부와 동부는 전략적 수세를 취하면서 영국과 프랑스군의 전력을 최대한 활용한다는 방침을 세웠다. 그러기 위해서는 가장 중요한 것은 속도였으며, 전쟁을 신속히 종결하기 위한 방법은 우회포위였다.

Sheikh)'가 있어 건너편 아라비아 반도의 서단과 그 사이에 있는 '티란' 섬과 함께 홍해에서 아카바 만으로 들어가는 입구를 통제하고 있다. 김희상, 위의 책, pp.159~160.

86) 카데쉬(Kadesh)란 이스라엘인이 '약속의 땅'을 찾아 사막을 방황할 때에 가장 오래 머물렀다는 성서 상의 지명이다.

이러한 방침 아래에 이스라엘은 개전의도를 은폐하기 위해 노력하는 한편, 그들의 행동을 의심하고 개전의도를 추측하는 사람들에게는 요르단을 공격하려 하는 것처럼 보이게 하였다. 그렇게 함으로써 이집트에 대한 기습을 달성하려 하였다. 그래서 예비군을 동원할 때도 마치 요르단에 대한 대규모 보복공격용인 것처럼 소문을 퍼뜨리며 가상적인 군사행동을 실시하였고, 시나이 지역에 투입될 부대마저도 마지막 순간까지 요르단과의 국경에 있는 집결지를 떠나지 않고 있었다. 그 결과 이스라엘의 기만작전은 완전히 성공하였다.[87)]

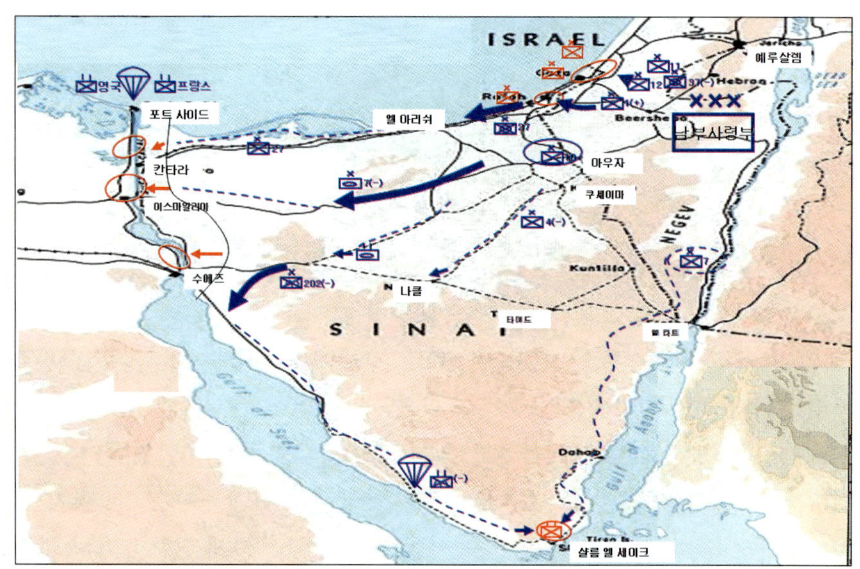

(그림 9-5) 제2차 중동 전쟁 Ⅱ

1956년 10월 초순 이스라엘군 총참모장 모세 다얀은 이스라엘 공군으로 하여금 이집트 비행장을 기습하고, 이와 동시에 이집트군 주력이 배치

87) 당시 미국 대통령 아이젠하워도 두 차례의 전문을 통해 이스라엘에 요르단 공격을 포기하도록 권해왔을 정도였다. 이스라엘의 완벽한 기만계획은 이집트뿐만 아니라 우군인 미국마저도 기만할 수 있었던 것이다. Moshe Dayan, *Dairy of Sinai Campaign* (New York : Harper & Publisher, 1966), p.72.

된 전략적 요충 '엘아리쉬(El Arish)'에 제202 공수여단을 투하시켜 이집트군 주력의 병참선을 차단하며 전면공격을 감행함으로써 일거에 전세를 결정하겠다는 야심적인 작전계획을 세워 놓고 있었다. 최대한 희생을 줄이고자 수정 보완된 작전계획은 10월 29일 17:00에 공격을 개시하되 3단계로 나누어 수행하는 방향으로 영국과 프랑스군의 개입시간계획과 잘 조화된 것이었다. 1단계는 10월 29일 오후 제202공수여단은 시나이 전략 요충인 미틀라 통로 일대에 투하되어 이를 점령하고 2단계는 10월 31일까지 중부축선상의 관문 쿠세이마(Kusseima)를 점령한 후 본격적인 공격작전의 준비태세를 갖추며, 샤름엘세이크(Sharm el Sheikh)를 점령하기 위해 나키브(Nakeb) 일대에서 해안도로를 따라 전진을 계속한다.[88] 그 후 일단 영·불군이 투입되면 3단계 작전에 돌입하여 수에즈 운하에서 10마일 동측의 모든 시나이 반도를 석권하고 티란 해협을 확보하며, 가자(Gaza) 지구를 확보하는 것이었다.

이스라엘의 기본적인 작전계획은 크게 변경되지 않았지만, 일부 수정이 있었는데, 개전 직전인 28일 확인된 항공사진에 따라 제202 공수여단의 공수투하지점은 파커 기념비 일대로 수정되어 실시되었다. 그러나 이집트군의 저항은 아무 데서도 없었다. 그것은 이스라엘군의 기도비닉이 성공하기도 하였지만, 이집트군이 도전하려 들지 않았기 때문이다. 파커 기념비 일대에 투하된 대대와 연결할 임무를 띤 나머지 202공수여단은 기만을 위해 최후의 순간까지 요르단과의 국경선에 머물러 있다가 낙하산으로 공중투하된 대대가 목표 상에 착륙한 직후 시나이 국경을 돌파하여 24~36시간 안에 연결하도록 하였다.

그러나 이때 이스라엘로서 극히 우려스러운 사태가 발생하였다. 이스라

---

88) 여기서 제2단계까지의 이스라엘군의 주임무란 단순히 전쟁상태를 만들어 놓고 3단계작전인 시나이 점령작전을 준비하는 것이었다. 이렇게 전쟁상태만 조성하여 놓으면, 영·불군은 '이집트·이스라엘간의 분쟁을 종식시키고 이 지역의 안정을 회복하기 위해서' 라는 명분으로 분쟁쌍방에게 수에즈운하로부터 각각 10마일씩 물러설 것을 통보하면서 30일까지는 직접 병력을 투입하기로 약속되었던 것이다.

엘의 작전이 시작되자, 미 대통령 아이젠하워는 이스라엘에 즉각 정전을 요구함과 동시에 긴급히 UN 안전보장이사회를 개최하고 모든 무력행사의 금지를 요구하였던 것이다. 결국 영국과 프랑스에 의하여 이스라엘 규탄 및 종전결의가 실패하게 되자 미국과 소련 등은 이 문제를 UN총회에 제기하여 '즉각 정전과 휴전선 후방으로의 철수'를 강력히 요구하였다. 만약 현재 상태에서 휴전이 이루어진다면 이스라엘로서는 그동안의 노력이 무산되는 것이었기에 이스라엘은 보다 빠른 시간 내에 작전을 종결하도록 최선을 다해야만 했다.

이스라엘의 군사작전은 처음부터 군사적 상황 그 자체보다도 UN에서의 정전 압력이 본격화되기 전에 전쟁목적을 이루어야 한다는 시간적 제약에 더 많은 영향을 받고 있었다. 11월 3일 유엔 총회가 개최되고, 이집트가 먼저 UN의 정전결의에 동의하였다. 그러나 "휴전의 실시와 감독을 위해 UN 긴급군을 48시간 내 창설하자"는 캐나다의 제안이 통과되는 시기에 이스라엘은 이미 시나이 반도의 대부분을 점령하고 있었다. 이스라엘은 샤름엘세이크도 함락하자 UN과 미국과 소련의 압력으로 전쟁은 더 이상 계속할 수 없었고, 더구나 이스라엘 작전은 이미 종결되어 더 이상 계속 할 필요도 없었다. 11월 6일 영국, 프랑스 그리고 이스라엘이 동의함으로써 휴전이 성립되었다.

이스라엘은 UN의 압력으로 그들이 점령한 모든 지역에서 철수할 것을 약속하였다. 이렇게 됨으로써 시나이 반도에서의 포성은 일단 멎게 되었으나 그것은 전쟁 당사국 간에 논의하여 합의된 것이 아니라, UN에 의해 주도된 것으로 문자 그대로의 '휴전'인 것이다. 즉, 문제가 해결된 것이 아니라 모든 것을 다음으로 연기한 것에 불과하였다. 말하자면 제3차 중동 전쟁의 발발 가능성을 안고 전쟁을 잠시 중지하는 것이라고 할 수 있다.

그리고 이 전쟁은 군사적 승리가 반드시 정치적 승리를 가져오는 것이 아니라는 사례를 보여주었다. 이 전쟁이 끝난 뒤 이스라엘군이 시나이 반도에서 철수하게 된 것은 UN과 각국의 압력에 의한 것이었다. 그 대신 이스라엘은 아카바 만 일대 항해의 자유와 이스라엘에 대한 테러의 종식을 보장할 것을 요구하였고, 표면상 그것이 받아들여져서 유엔긴급군(UNEF)이 편성되었다. 가자 지구와 샤름엘셰이크를 통제하고 또 이들이 이집트와 이스라엘간의 국경선에 배치되어 감시를 하게 되었지만, 이것이 전적으로 이스라엘의 안전을 보장해 주는 것은 아니었다. 왜냐하면 이러한 일련의 조치들이 아랍 민중의 반대여론을 무마한다는 명분으로 시행되었지만 그 존속여부는 나세르의 결심에 좌우되었기 때문이다.

전후의 이러한 정치적 결과는 결국 나세르에 대한 아랍인들의 충성심과 정치적 권위를 높여주게 되었다. 전쟁으로 파괴된 아랍 측의 장비와 군대는 소련의 적극적인 지원으로 단시간 내에 회복되고 개선되었으며, 지금까지 중동지역을 지배해 왔던 영국과 프랑스가 합세해서 병력을 투입하였지만, 그들이 얻은 것은 결국 아무것도 없었다.

이번 전쟁을 군사적인 측면에서 볼 때, 이스라엘은 기습을 달성하고 100여 시간 내에 시나이반도 전체를 석권했다. 그러나 그것은 영 · 불군의 개입에 힘입어 가능한 것이었다. 만약 영 · 불군의 개입이 없었더라면 전쟁은 다른 양상이 되었을 것이다. 그리고 군의 사기와 전투의지라는 측면에서도 이스라엘군과 이집트군은 너무나 대조적이었다. 이집트군은 이스라엘군과 달리 전반적으로 사기가 저하되어 있었고, 근접전투에서 취약했으며, 전의도 낮았기 때문에 실패했다는 점을 상기해야 한다. 또 한 가지 빼놓을 수 없는 것은 전쟁 지도자의 사고방식과 작전지도능력 역시 전쟁 승패를 가름하는 중요한 요소라는 것이다.

(3) 제3차 중동 전쟁 (6일 전쟁)

제2차 중동 전쟁이 종식되고 난 후에도 아랍과 이스라엘 간의 적대상태는 해소되지 않았지만, 그래도 1960년대 전반까지는 서로가 자제하면서 결정적 위기를 조성하지는 않았다. 그러나 1960년대 후반에 들어서면서 상황은 급격하게 변화하였다. 1956년 이집트의 나세르는 전쟁 후 수에즈 운하 국유화에 성공하고 아랍민족주의 기수가 되었으나, 나세르의 지나친 이집트 중심주의가 아랍세계의 반발에 직면하고, 경제개발계획이 실패로 돌아감으로써 나세르의 이미지는 크게 손상되었으며 이스라엘 역시 국내적으로 혼란과 분열에 직면하였다.89) 더욱이 당시의 국제정치적 상황은 중동의 긴장상태를 조성해 나가고 있었다.

이러한 국내외적 상황에서 이집트와 이스라엘은 대외적 돌파구가 필요하였고, 미·소 강대국 간의 국제정치적 대결은 이러한 위기를 더욱 조성하여 나갔다. 그러나 당시 나세르가 취한 대이스라엘 강경정책은 중동의 위기를 새로운 전쟁으로 이끌어 가는 결과를 초래하였다. 다시 말하자면, 1960년대에 들면서 이집트와 이스라엘의 국내적 상황은 평화보다는 대외적 위기와 분쟁의 상황조성이 필요하였고, 국제적 상황은 미국의 봉쇄정책(Containment Policy)과 소련의 팽창정책(Expansion Policy)이 이 지역에서도 치열한 대결상황을 빚어가고 있었다. 당시 이스라엘에 대한 미국의 군사적·정치적 지원과 이집트에 대한 소련의 지원은 경쟁적으로 증폭되어 갔던 것이다.

이러한 모든 상황들은 이스라엘과 이집트 양국 간에 잠재된 국경선 및

89) 나세르는 제2차 중동 전쟁에서 군사적으로는 이스라엘에 여지없이 패배하였으나 정치적으로는 수에즈운하의 국유화에 성공하였고, 영국군을 몰아냈으며, 국내의 외국인 토지를 몰수함으로써 아랍민족주의의 영웅이 되었다. 그리고 1958년 1월, 압도적 다수의 지지로 시리아와 통합하여 통일아랍공화국을 만들고 그 초대 대통령이 되었다. 그 후 그는 아랍은 물론 제3세계의 지도자로 부상하였다. 그러나 그러한 영광은 오래 지속되지는 않았다. 시리아를 이집트의 속방처럼 취급함으로써 시리아가 이에 반발하여 탈퇴하였고, 통일아랍공화국 가입을 고려하던 이라크와 요르단이 물러나자, 아랍통합의 기세는 붕괴되기 시작하였다. 그뿐만 아니라 1960년부터 시작된 제1차 경제개발 5개년 계획이 사실상 실패하자, 이집트의 국제적 신용은 추락하였고, 1965년부터 시작하게 된 제2차 5개년 계획이 연기됨으로써 극심한 실업문제나 사회적 불안이 조성되어 나세르의 정치적 권위가 위협을 받게 되었다. 이러한 위기상황에서 나세르는 이스라엘과의 긴장상태와 국내 정치적 통제가 필요하였다. 한편 이스라엘도 조국건설이라는 강한 집념 속에 살아온 구세대 건국자들과 신세대간의 사고방식과 이념의 차이에서 오는 내부적 분열에 직면하였고, 경제발전의 중단과 실업문제로 국내적 어려움에 직면하고 있었다. 위의 책, pp.276~283.

난민문제, 테러활동과 보복, 요르단 강 수자원문제, 이집트의 수에즈운하 봉쇄 등에 얽혀 양측의 위기를 더욱 상승시켰다. 게다가 1967년 4월 초, 갈릴리 호 부근을 경작 중이던 이스라엘 농부에 대한 시리아의 포격과 이 포격을 제압하고자 출동한 이스라엘군의 대응이 확대되어 대규모 공중전으로 이어졌고, 그 결과 시리아의 MIG-21기 6대가 격추되어 사태를 급격히 악화시켰다.

더욱이 이 시기에 소련은 5월 13일 나세르에게 "이스라엘이 5월 17일 시리아를 침공하려고 계획했으며, 이를 위해 이스라엘은 시리아와의 국경선 일대에 11~13개 여단을 배치하고 있다."는 허위정보를 제공하면서 이집트의 개입을 계속 촉구하였다. 그리고 소련으로부터 막대한 군사적 · 경제적 지원을 받고 있던 시리아도 자신의 정보망에 의하면 이스라엘이 18개 여단을 집결 중이라고 이집트에 통보하였다.

이에 나세르는 5월 14일부터 시나이 방향에 병력을 집중시켰다.[90] 나세르가 매스컴으로 유엔군 철수를 요구하자, 당시 유엔 사무총장 우탄트는 이를 유엔총회에 상정하지도 않은 채 시나이 전 지역에서의 유엔군을 철수해 버림으로써 이집트군이 신속히 가자와 샤름엘세이크를 점령해 버렸고, 3일 후 나세르가 아카바 만을 봉쇄함으로써 중동은 전쟁 직전의 상태로 진입하게 된 것이다. 더욱이 5월 30일에 이르러 요르단군이 '아랍연합군사령부'의 지휘 하에 들어가는 충격적 사건이 발생하였고, 이에 따라 요르단의 기갑부대도 이스라엘의 국경지대로 이동하기 시작하였다.

이제 이스라엘은 또다시 1956년처럼 군사적으로 아랍 각국에 의해 포위상태가 되고 있었다. 6월 1일 이스라엘은 전쟁을 위한 거국내각을 구성

90) 나세르가 소련의 허위정보를 사실이라고 믿을 수 있었던 것은, 이스라엘이 지금 당장은 아니더라도 가까운 시일 내에 군을 동원해 시리아에 대규모 공세를 실시할 수도 있고, 그럴 바에는 그가 주도권을 행사함으로써 그들의 계획을 혼란시키는 것이 낫다고 믿었기 때문이다. 그리고 1967년 5월 당시 아랍 측이 이스라엘보다 무기에서 앞선다고 판단했고, 잘만 하면 이제야말로 1956년에 받았던 모욕을 되돌려 줄 수 있을 것으로 생각했던 것이다. 위의 책, pp.293~295.

하고 다얀 장군을 국방상으로 임명하였다. 6월 4일 이스라엘 내각은 최종적으로 전쟁은 피할 수 없는 것으로 확정하고, 그것도 조속하게 시행해야 하므로 바로 다음 날 아침 아랍 측을 기습 공격하였다.

전반적으로 볼 때, 양적인 면에서 아랍 측의 군사력은 이스라엘보다 훨씬 우세하였다. 그러나 장비의 질과 운용능력, 무기의 적합성이라는 측면에서 볼 때는 달라질 수 있었다. 공군에 있어서 이스라엘은 미라주(Mirage)-ⅢCJ라는 최신 초음속요격전투기를 92대나 갖고 있었고, 전차도 고도의 창의성으로 이집트의 신형전차에 대응하였으며 필요에 맞게 적절히 무기를 개조하여 이스라엘화하였다. 그러나 아랍 측은 다량이긴 하지만 적합하게 조화되지 못한 군장비를 보유하고 있는 데다 그것을 적절히 활용할 수 있는 기술적·전술적 능력도 부족하였다.

또한 아랍군은 그들의 방대한 군사력에 비하여 효과적으로 통합 지휘할 수 있는 통합지휘체제가 미비하였고 그럴 능력도 없었다. 그런가하면 부대와 부대 상호간에는 통신의 결핍으로 원활한 협조가 곤란하였고, 상하급 부대 간에 명확한 계획도 없었다. 상급사령부는 그러한 계획마저 조변석개로 변경하여 하급부대는 사막을 헤매고 다녀야만 했다. 더구나 식량과 연료도 제대로 준비되지 않았고, 동원된 예비군은 실탄도 없이 총만 지니고 다니기도 했다. 모든 것이 이스라엘군과 너무나 대조적이었다.

(표 9-1) 아랍 측과 이스라엘군의 6일 전쟁 개전당시 전력

국가별		병력 수	육군	주요전투장비
아랍 측	이집트	정규군: 19만 예비군: 12만 계: 31만	2개 기갑사단 6개 보병 및 기계화사단 1개 팔레스타인 보병사단	전차: 1300여대 장갑차: 1100여대 항공기: 656대
	시리아	정규군: 7만 예비병력: 4~5만	2개 기갑여단 2개 기계화보병여단 5개 보병여단	전차: 500여대 항공기: 40대
	요르단	정규군: 5만~5.4만	2개 기갑여단을 포함한 11개 여단	전차: 300여대 항공기: 20대
	이라크	정규군: 8만		전차: 300여대 항공기: 200대
	사우디	정규군: 3.4만		항공기: 600대
	레바논	정규군: 1.1만		전차: 150여대 항공기: 50대
이스라엘		총 27.5만 (정규군 7.1만)	27개 여단 (제1선부대) 14개 여단 (제2선부대)	전차: 450여대 경전차: 150여대 자주포: 250대 항공기: 500대

이스라엘의 전략개념은 '공세적 방어'와 '속전속결'로서 수에즈 분쟁 시와 큰 변화가 없었다. 그들의 국토는 전투종심이 얕고 3면이 적에게 포위되고 있으며, 주요 전략목표가 되는 후방시설도 적의 공중공격으로부터

10분 내외의 거리에 위치하고 있어 적의 선제공격에 취약하여 조기경보가 불가능한 상태에 있기 때문이었다. 그러므로 전쟁목표는 전 아랍 각국의 군을 파괴하여 그들의 전의를 분쇄하는데 두면서, 작전의 최우선 목표는 이집트군의 파괴에 두고, 차후에 요르단과 시리아를 차례로 격멸할 수 있도록 하였다. 내선의 이점을 이용한 각개격파인 것이다. 그러기 위해서는 선제공격이 감행되어야하고, 기습이 달성되어야 하며, 이를 위한 기만방책이 필요했다. 이와 같은 전략개념은 이스라엘군이 갖는 우수한 정보력에 기초하여 달성되었다.

이스라엘의 선제공격은 1967년 6월 5일 월요일 이른 아침, 4대씩 편대를 이룬 공격기들이 지중해의 수면에 닿을 듯이 낮게 날아가는 항공기습으로 시작되었으며, 이집트의 공군력은 불과 3시간 후에 괴멸되었다. 대부분은 지상에서 그대로 격파되어 이스라엘 공군의 기습은 완전히 성공하였고, 전쟁개시 후 수 시간 내에 제공권은 이스라엘이 장악하였다. 그것은 사막의 기갑전을 중심으로 한 전반적인 전쟁의 승패를 결정한 것이나 다름없었다.

제1차 공격이 성공하자 이제는 이집트 내의 모든 비행장과 레이더 및 SAM-2 기지 등에 대해 맹폭격을 감행하여 소수의 SAM-2 기지를 제외하고 23개에 달하는 레이더 기지들을 파괴했다. 이런 식으로 10시 35분경까지 공격이 계속되어 이제 이집트 내의 비행기는 거의 없을 것으로 판단되었다. 그런 후 이스라엘은 일부 비행기로 시나이로 진격하는 기갑부대를 지원하면서 나머지 공군전력으로는 요르단과 시리아를 온종일 공격한 결과 요르단과 시리아의 공군도 간단히 궤멸되었다. 이러한 이스라엘 공군의 승리는 세밀하고 명확한 정보를 바탕으로 잘 계산된 준비와 훈련, 이를 통한 무기와 인간의 완벽한 조화, 그리고 사명감과 조국애의 결과였다.

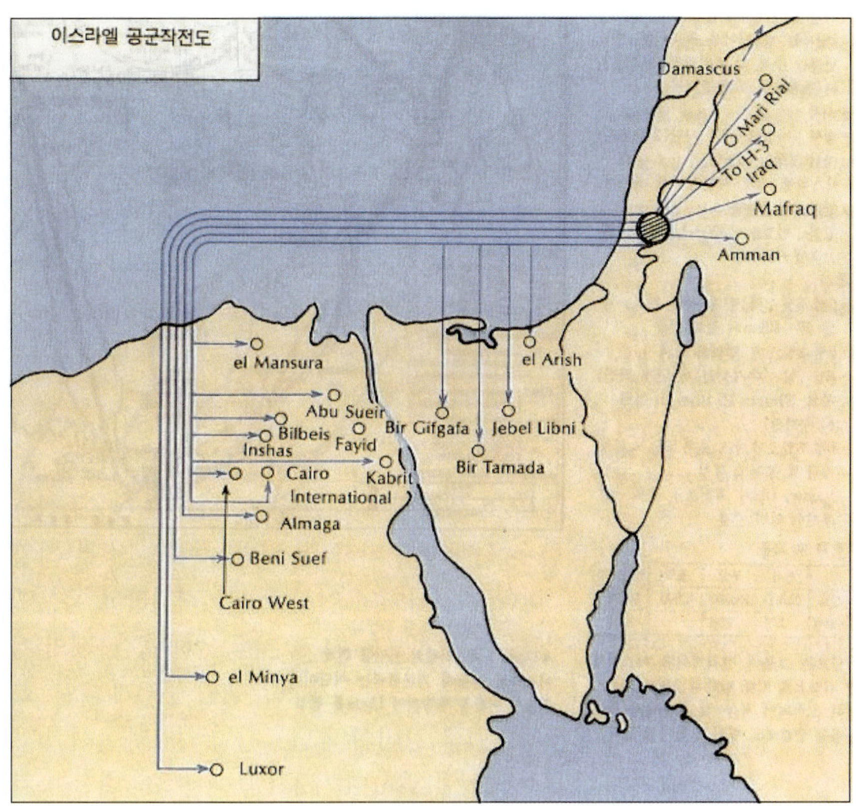

(그림 9-6) 이스라엘 공군작전도

지난 제2차 중동 전쟁 후 이스라엘군의 철수에 뒤이어 진주한 이집트군은 이 사막에다 어떠한 적의 공격도 격퇴하고 나아가 공격의 발판이 될 수 있는 강력한 군사거점을 형성하기 위해 총력을 경주하였다. 소련 기술자들의 설계와 소련의 주도적 도움에 힘입어 거의 전 반도는 난공불락의 요새로 바뀌어가고 있었으며 요새와 요새지역은 투입된 부대의 지원을 위하여 많은 도로들이 신설되고 보강되었다. 또한 나세르는 그의 총병력 9개 사단 21만 명 중에서 7개 사단 12만 명의 병력과 900대 이상의 전차와 240밀리 방사포를 비롯한 각종의 소련제 최신무기들을 배치하고 있었다.

그런데 이집트군은 절대적인 융통성이 전제되어야 하는 수세공격의 전략개념을 가지고 있으면서도 강력한 요새진지에 의존하는 고착된 방어전술을 시행하려는 개념상 모순을 안고 있었다. 또한 그들은 주요 기갑 및 기계화 부대들을 너무 남부축선 상으로 치우쳐 배치하고 있었는데 이것은 이스라엘군이 지난 1956년 전쟁과 동일하게 남북축선상에서 일련의 공격행동을 개시할 것처럼 주공 방향을 기만한 결과였다. 이렇게 됨으로써 결과적으로 이집트는 막강한 샤잘리 특수임무부대와 제 6기계화보병사단의 부대들을 남북축선의 이스라엘군 독립여단에 견제되어 고착되어 있었고, 나중에 배후가 차단되어 궤멸되고 말았던 것이다.

이스라엘 작전계획의 주안은 이집트만 무력화하면 기타 아랍국들은 자동으로 붕괴될 것이라는 데 두고 가능한 최대한의 병력을 시나이에 집중투입하는 것이었다. 이러한 작전개념에 따라 이스라엘 최고사령부 자할(ZAHAL)은 남부사령부로 하여금 시나이의 이집트군을 격파하고 샤름엘세이크를 점령하여 티란 해협을 확보하도록 하고, 이를 위해 총 11개의 기갑 및 기계화 보병 여단 중 6개 기갑여단, 총 4개 공수여단 중 3개 여단, 그리고 4개 보병여단, 6개 포병여단을 가비쉬의 남부사령부에 배속시켰다. 또한 전략지역 방어와 보급지원 등을 위하여 제2선 부대는 6개 여단이 가비쉬의 지휘 하에 들게 되었다.

이에 따라 가비쉬는 6만 5천 명의 병력과 650대의 전차를 보유하게 되었는데 이 병력들로 3개 우그다(Ugdah : 이스라엘에는 사단이란 편제가 없고, 여단이 기본 작전단위이다. 그러나 필요에 따라 간단히 모여 '우그다'라는 사단급 특수임무부대를 만들어 운용했다.)와 또 2개 독립여단을 형성하였다. 가비쉬의 구상은 1개 여단으로 네게브 남부의 이집트부대를 견제하고, 나머지 전 부대를 북부전선에 집중시켜 2개 사단으로는 요새화된 적진지에 대하여 좁은 정면에 대한 돌파를 실시하는 것이다. 그리고 후속부대로 초월공격을 함으로써 일거에 북부의 이집트군 주력을 분쇄한 후 신속히 전과를 확대하고 추격을 실시하여 전 시나이를 점령한다는 것이었다.

가비쉬는 예하 사단장에 역전의 지휘관들인 탈(Tal)과 샤론(Sharon), 그리고 요페(Yoffe)를 임명한 다음, 탈 사단을 이집트 제7사단 전면에, 샤론 사단을 제2사단 전면에 배치하고, 요페사단은 그 사이에 투입하여 차단과 초월공격의 임무를 수행하게 하였다. 계획은 전반적으로 3개 단계로 구분할 수 있는데, 첫 단계는 제1방어선의 돌파단계였다. 제1단계인 돌파가 완료되면 제2단계인 추격 및 포위작전으로 돌입하고, 이어서 소탕 및 종결작전이라고 할 수 있는 제3단계 작전을 시행한다는 것이다.

먼저 돌파 최초의 단계에서 격렬한 전투를 치르고 이스라엘로 하여금 이 전쟁에서 승리의 문으로 들어서게 한 것은 북부축선을 공격한 탈사단의 라파 돌파작전이었다. 라파는 시나이의 행정수도일 뿐만 아니라 교통의 요지이며 시나이의 관문이기도 하다. 이러한 요지를 방어하기 위해 이집트군은 참호와 토치카, 철조망, 지뢰 및 포병탄막 등으로 방어선을 구축하고 있었으며, 여기서 이집트 제7사단의 보병여단들이 JS-3을 포함한 100여 대의 전차지원 하에 방어임무를 수행하고 있었다.

당시 방어선 최전면에는 30~200m의 종심으로 일련의 지뢰지대가 부설되었으며, 그 후방에는 또 하나의 다른 지뢰지대가 설치되어 있었다. 또한 각 여단마다 6~12문씩의 대전차포를 주요 전차 접근로에 배치해 두었고, 이들 보병의 뒤에는 강력한 포병여단이 전개하였다. 그리고 그 서쪽 제라디(Jerardi)에는 또 다른 이집트 보병여단이 동서 6마일에 걸쳐 총 30여 개의 벙커를 중심으로 난공불락의 요새를 이루고 있었다.

1967년 6월 5일 가비쉬는 14일간 계속해서 무선침묵상태를 유지하고 있던 이스라엘군에게 '15분 후 무선개방'을 지시하였다. 그리고 08:00시가 되면서 마침내 그는 모든 예하부대들에게 공격개시의 명령을 하달하였다. 먼저 139마일에 달하는 국경지대의 남쪽 쿤틸라 일대에서 이스라엘군의 독립여단이 공격을 시작하였다. 그러나 이 공격은 적극성 없이 실시되었다. 이 독립여단의 공격목적은 단순히 이 지역에 대치하고 있는 이집트의 샤잘리 특수임무부대와 제6기계화보병사단의 공격을 억제하고, 이 부대들이 중부축선 상으로 증원하는 것을 방지하기 위한 것이다. 이스라엘은 이미 전쟁 전부터 수많은 모의대포와 전차를 이 지역에 제작 배치하였음은 물론 후방의 학교 기간요원이나 개척단원들을 집결시켜 대규모 병력이 있는 것처럼 기만했다. 실질적으로 1개 여단의 전투부대밖에 없는 이 지역에 사단규모 이상의 부대가 집결하여 강력한 공세를 계획하고 있는 것처럼 시위하였다. 그래서 이 독립여단의 계산된 선제공격은 아주 성공적이었다. 그 결과 이집트군은 이스라엘군의 공격을 저지했다는 사실에만 만족했을 뿐 인접부대에 대한 증원은커녕 강력한 반격 한번 못해본 채 결정적인 시기를 허송하고 말았다.

쿤틸라에서의 견제공격과는 달리 시나이 동북부에서는 이스라엘의 성패를 가름하는 맹렬한 돌파전이 전개되고 있었다. 탈사단은 라파 부근의 잘 구축된 요새진지에 의지하고 있는 이집트 제7사단의 방어진지를 돌파하고 있었고, 샤론사단 역시 움가타프와 아부아게일라 일대의 이집트 제2사단의 요새지대를 돌파하기 위한 준비공격을 시작하였으며, 요페의 1개 기갑여단 역시 그들의 차단임무를 달성하기 위해 빌라판을 향하여 모래언덕을 전진하기 시작하였다. 이 공격은 그 시기나 장소 등 모든 면에서 완전한 전략적 기습이었다. 바로 그 시각 아랍연합군사령관 아메르 원수는 공군사령관을 대동하고 군용기 편으로 시나이의 빌타마다로 가는 중이었고, 시나이의 사단장급 이상 전 지휘관들은 아메르 원수와의 회의를 위해서 빌타마다에 집결해 있는 중이었다. 그러므로 그들은 기습당했을 뿐 아니라 고위지휘관들이 자기위치에 있지 못한 채 공격을 받았다. 또한 이집트군은 남부축선으로 돌파해 온 수에즈 분쟁 시의 경험에 지나치게 영향을 받고 있었다. 북부 및 중부축선 상에 너무도 완벽하게 구축해 놓은 높은 요새지대 때문에 사실상 방심하고 있었으므로, 그들은 이스라엘군의 최초 공격단계에서 중부 및 북부에 병력을 집중하리라고는 생각하지 못했던 것이다.

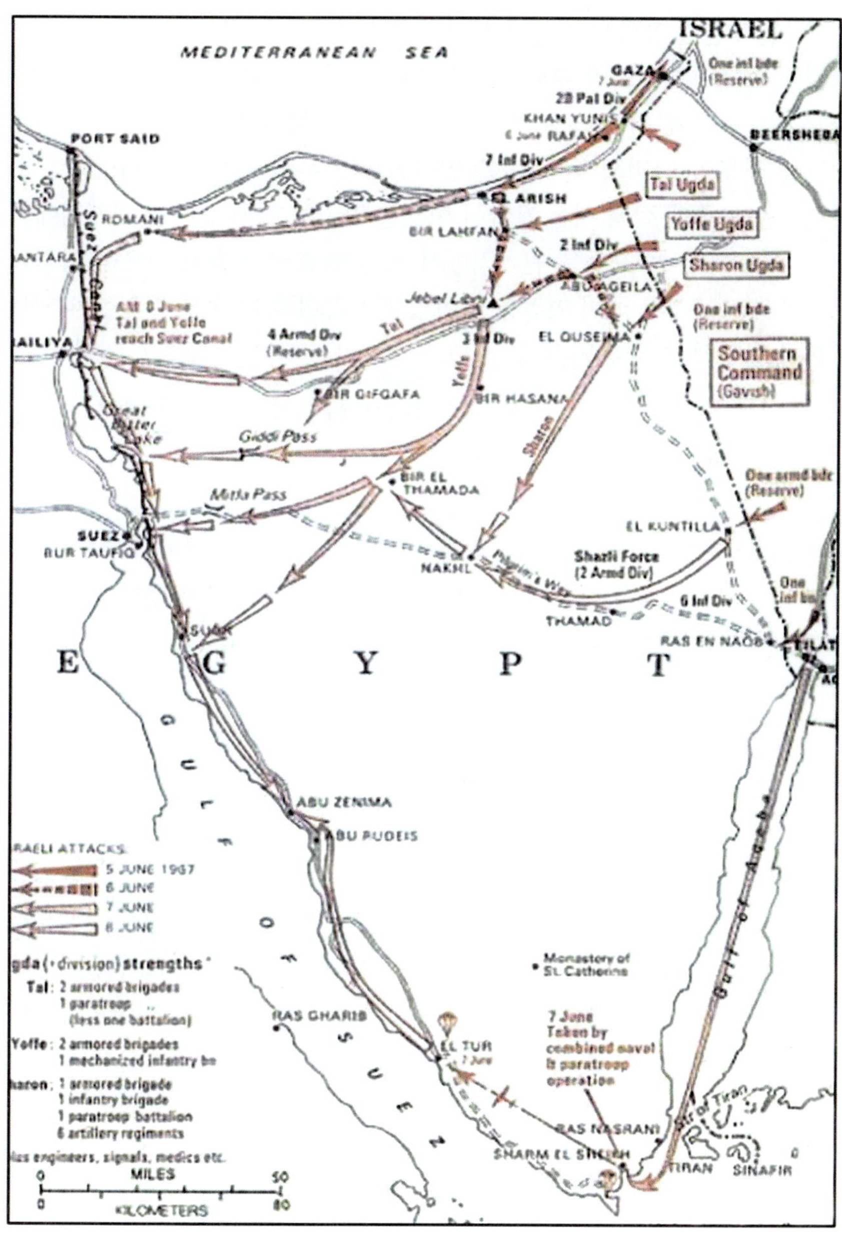

(그림 9-7) 제3차 중동 전쟁 - 이집트 전역

제 1단계인 돌파작전에 이어 시나이 점령을 위한 추격 및 포위작전을 수행했다. 탈은 이제 그의 부대를 둘로 나누었다. 그라나이트 특수임무부대와 공수여단은 칸타라(Quantara)와 수에즈 운하로 전진시키고 2개 기갑여단을 비롯한 나머지 전 사단은 빌라판으로 우회 남진하기 시작하였다. 진격하는 도중에 접적 시는 가급적 희생을 피하기 위해 전차는 원거리에서 적을 쏘게 하였다. 그들은 원거리에서 적을 명중시킬 수 있었으나 이집트군으로서는 그것이 극히 어려운 일이었으므로 이후 이 전투로 인한 피해는 완전히 일방적인 것이 되었다.

한편 탈의 지시를 받는 라폴 공수여단은 화요일 아침에는 가자 지구의 이집트군 소탕을 지원하고 있었으나 복귀하여 북부축선상의 진격을 시작하였다. 바다와 남쪽 모래언덕 사이에 낀 좁은 통로인 이 북부축선은 이곳으로부터 150km 거리에 있는 수에즈운하 일대에 이르기까지 줄곧 곧게 뻗은 아스팔트 도로였다. 그라나이트 특수임무부대와 같이 행동하는 이들은 자주포대대의 지원 하에 거침없는 전진을 계속하였다. 탈사단과 요페사단이 이와 같이 화려한 진격을 계속하고 있을 때 샤론 사단은 이집트 방어선의 또 하나의 주요한 요새지역인 쿠세이마 일대를 공략하고 있었다. 그리고 6월 7일 수요일에 있었던 또 하나의 극적인 작전은 샤름엘세이크 점령작전이다. 티란 해협의 봉쇄는 이미 두 번째나 이스라엘로 하여금 개전을 결의하게 한 근본적인 원인이 된 곳이다. 1956년의 전쟁 시 이스라엘은 길도 없는 험한 아카바 만 해안로를 따라 진격한 제9여단과 엘투르에 투하된 공수부대의 협공작전으로 이곳을 점령한 바가 있었다. 그러나 이번엔 또다시 멀고 긴 장거리를 돌파한다는 것은 부적합할 뿐만 아니라 상황이 허락하지 않았다. 증강된 1개 여단의 이집트군이 지키고 있는 요새화된 진지를 점령한다는 것은 매우 치밀한 준비와 정교한 작전이 필요한 어려운 문제였다. 그래서 먼저 공군에 의한 맹폭격으로 이집트군의 전력과 전의를 약화시킨 다음, 부근에 있는 2개 공수대대를 투하하여 해군이 양륙시킨 전차부대의 지원 하에 이집트군을 구축하기로 하였다. 그러나 정작 작전이 개시되었을 때 이 작전은 가장 흥미 없는 것이 되어버렸다.

이곳에 배치된 이집트군은 시나이 반도 북방의 전세가 불리하고 수에즈 운하지역의 퇴로가 위협을 받자 1956년의 경험을 되살려 신속히 철수해 버렸던 것이다. 제일 먼저 이곳에 도착했던 이스라엘 해군 부대는 이 기지가 텅텅 비어 있음을 발견하였다. 샤름엘세이크 점령작전은 싱겁게 끝나고 말았다.

전쟁이 발발한 후 소련이 신속하게 아랍의 결정적 패배 이전에 유엔을 통한 정전 압력을 가할 수 없었던 것은 미국에 의하여 유엔의 신속하고 효과적인 조치가 지연되고 봉쇄된 때문이지만, 그에 못지않게 전쟁 초기 '승리하고 있다는' 아랍의 과도한 선전으로 인하여 그들이 적절한 판단을 하지 못한 데다 이스라엘의 진격이 너무도 신속했기 때문이었다. 이 덕분에 이스라엘군은 아랍군을 결정적으로 패배시켰을 뿐만 아니라 1백만 여의 아랍인이 거주하고 있는 4만 7천 제곱마일(이스라엘 본토가 8천 제곱마일이므로 거의 6배)의 새로운 영토를 획득하였다. 1967년 6월 5일부터 10일 밤 작전이 종결될 때까지의 불과 6일 만에 이 지역에 있어서의 제반상황, 곧 정치적 군사적 상황뿐만 아니라 경제적 사회적 여건까지의 모든 것들이 거의 혁명적으로 변화되었다. 많은 사람들은 이 짧은 시간에 이루어진 경이적인 전과에 찬탄하지만, 사실 이 전쟁은 순수하게 군사작전 면에서 볼 때 '비단 승리했을 뿐만 아니라 전사에 유례가 없는 완전에 가까운 성공'이었다. 현대의 대표적 군사학자의 한 사람인 앙드레 보프르(Andre Beaufre) 장군의 표현대로 '거의 기적적'인 것이었다. 이로써 10여 년간에 걸친 소련과 공산진영의 지원 하에 건설되어 온 방대한 아랍의 군사력은 그들이 가볍게 보던 소수의 이스라엘군에 거의 궤멸적인 타격을 받았다. 이번의 6일 전쟁에서 이스라엘의 승리는 결국 군의 질이 승리의 관건이 되었다고 볼 수 있다. 이스라엘군은 그들의 전력을 이루는 3가지 기둥, 즉 탁월한 공군력, 정예의 기갑부대, 신속한 동원태세가 뛰어났고, 명확한 정보를 바탕으로 이를 이스라엘이 처한 상황에 조화되게 운용한 덕분이라 하겠다. 전후 이스라엘군을 방문한 앙드레 보프르 장군은 이들 모든 것이 적극적인 공세행동과 기습, 결단과 속도, 항공우세, 예하지휘관에 대한 분권적인 지휘권 이양과 열렬한 정신, 그리고 병참지원의 우수성에 있다고 설명하였다. 이러한 판단은 세계 대부분의 군사 전문가들도 동의하고 있는 셈인데, 곧 한마디로 이스라엘군의 질적 우수성과 그들 지휘관들의 현대전에 대한 고도하고 확고한 지식과 창조적인 활용능력 덕분이라는 말이기도 하다. 6일 전쟁은 이스라엘로 하여금 6일 만에 중동에서 자기의 취약점을 전례 없는 군사적 우위의 위치로 바꾸어 놓은 전환점이 되었다.

(5) 제4차 중동 전쟁 (10월 전쟁)

1967년 6월 전쟁에서 이스라엘은 신속하고 결정적인 승리를 하였지만, 팔레스타인 전쟁 이후 생겨난 아랍 피난민 수의 증가와 아랍민족의 실지회복에 대한 집념과 복수심이 증대됨으로써 두 민족의 분쟁이 더욱 가속화될 개연성을 내포하고 있었다. 골란 고원을 탈취당한 시리아는 40마일 폭의 평원을 앞에 두고 그들의 심장부가 이스라엘군의 위협에 노출되었고, 요르단은 예루살렘 성지를 이스라엘의 지배하에 버려두어야 했으며, 이집트의 경우에는 군사적으로 불리한 전략적 처지에 놓이게 된 것은 고사하고, 자신의 경제적 정치적 생존과 발전 자체가 위협받게 되었다. 또한 이스라엘과의 투쟁을 범아랍주의(Pan-Arabism)에 주요한 수단으로 삼아 아랍세계를 이끌어 온 나세르의 정치적 카리스마와 권위는 깊은 손상을 입고 붕괴되었고. 그와 함께 아랍인 전체, 특히 이집트인들의 자존심과 명예 역시 심한 모욕을 받게 되었던 것이다. 이러한 것들은 어떠한 형대로든 복수가 이루어지지 않으면 안 될 것이었다. 즉 1967년의 전쟁의 결과로 이루어진 치욕적인 현상을 타파하고자 하는 아랍의 열망은 잠재워질 수 없었고, 승자 이스라엘의 지나친 자신과 교만은 현상 유지의 형태로 지속하게 되었다. 또 한편, 6일 전쟁 이전까지만 해도 그런대로 국제적 동정을 받아오던 이스라엘은 이제 오히려 침략을 자행하는 강국으로 인상이 바뀌어 반(反)이스라엘 움직임이 제3세계를 중심으로 형성되어 있었고, 국제적으로 어느 때보다도 아랍의 입장이 동정을 받는 유리한 상황으로 전개되고 있었다. 소련의 전폭적인 지원 하에 이집트의 군사력은 급격히 재건되어 1968

년 봄에 이르러서는 전쟁 전을 능가하는 7개 사단 10만 명의 병력을 수에즈 운하 서안에 집결할 수 있게 되었다. 이때부터 다시 투쟁과 전쟁의 길로 나아가고 있었다.[91] 지난 6일 전쟁 후 채택된 휴전안, 즉 아랍 측이 이스라엘의 생존권을 인정하고, 수에즈 운하 및 티란 해협 자유 항해권을 보장하는 대신, 이스라엘을 점령지역에서 철수하고 팔레스타인 난민문제를 공정하게 해결한다는 결의안은 실현되지 않았다. 이스라엘 측은 승자의 유리한 입장에서 이스라엘의 생존권 문제와 점령지 철수를 일괄적으로 아랍과 직접 협상을 통해 해결하고자 하는데 반해, 아랍 측은 아예 이스라엘의 생존권을 인정하려 하지 않았고, 점령지역에서의 철수만을 주장함으로써 쌍방간에 협상은 전혀 진전이 없었다. 당시의 국제정세도 화해모드로 변함에 따라 중동문제가 강대국의 개입에 의해 해결되지 못하고 기정사실로 될 가능성에 대한 아랍 측의 불안감이 증대하게 되었다. 여기에 아랍 측의 실지회복 집념은 더욱 강렬해져 중동에서의 전운은 감돌고 있었다.[92]

1970년 9월, 이집트의 나세르 대통령이 심장마비로 52세의 일기로 사망하고, 친서방적이고 온건하며 융통성 있는 인물 사다트가 신임대통령으로 취임함으로써 이제 중동지역은 전쟁보다 평화정착의 가능성이 보다 높아지는 것 같아 보였다. 사실 사다트는 취임 후 적극적으로 외교적 해결을 위해 노력하였다. 그러나 그의 노력도 하등의 진전을 보지 못하자 드디어 사다트도 전쟁을 결심하게 되었으며, 그러한 상황에서 당시 소련은 이집트에 해군기지 설치를 허용하는 대가로 이집트가 요구하는 전쟁준비의 지원을 약속하면서 이번에는 전쟁 물자들이 보다 풍부하고 신속하게 이집트에 지원되었고, 이집트의 군사적 능력은 크게 향상되었다. 물론 전투능력의 향상을 위해서는 최신의 무기와 장비를 갖추는 것도 중요하지만, 이에 못지않

91) 나세르는 "우리들은 이제 다시 재무장하였으므로 우리들은 이제 조금도 양보하거나 주저하지 않고 이스라엘을 봉쇄하고, 그리고 공격하여 와해시켜 버릴 것"이라고 하거나 "이스라엘과는 평화도 협상도 있을 수 없으며 결코 이스라엘이란 나라 자체를 인정하지도 않을 것"이라는 식의 나세르 특유의 호언을 시작하였다. 김희상, 위의 책, p.567.

92) 정채화 외, 『전쟁사』(경기 고양 : 법률시대, 2006), pp.184~185.

게 훈련수준을 높이고 병사의 질과 사기를 앙양하는 것이 중요하다. 그래서 이집트는 군의 사기와 상하 간의 일체감을 함양하고 전군에 반유태주의 교육을 실시함으로써 이스라엘에 대한 적개심을 고취하였다. 그뿐만 아니라 도하훈련, 요새 파괴훈련, 대전차 방어훈련, 야간훈련 등을 강화하였고, 이스라엘 측의 수비용 모래방벽을 뚫는 실전적 훈련까지 실시하였다. 이렇게 됨으로써 이집트군은 몇 년 사이에 완벽한 현대군으로 탈바꿈하게 되었다. 한편 이러한 군사적 준비와 더불어 정치적 · 외교적 노력도 병행하여 나갔다. 사다트는 1967년 전쟁의 경험에 비추어 아랍 전체의 역량을 집중할 필요성과 통합작전의 중요성을 절감하고, 이 목적을 위해 많은 노력을 기울였다. 이집트는 주변 아랍국들과의 관계를 개선하고 이스라엘 공격의 일반계획을 확정하였다. 그뿐만 아니라 기습달성을 위하여 주도면밀한 기만계획을 준비해 나갔다. 그런데 이스라엘은 이해하기 어려울 정도로 아랍의 전쟁 준비태세에 무관심했다. 그들은 자신의 군사력을 과신하고 교만에 빠져 있었기 때문이었다. 1967년 6일 전쟁 시와 비교해서 이스라엘 전략개념이 가장 극적으로 변화된 것은 과거의 '공세방어' 개념에서 '수세반격' 개념으로 바뀌었다는 것이다. 이것은 바로 선제에 의한 '예방전쟁'을 포기하겠다는 것이고, 그렇게 되었을 때, 상대국에게 어쩔 수 없이 제1격의 선택권을 주겠다는 것을 의미한다는 것이다. 군사적 견지에서 볼 때, 상대방에게 제1격의 선제허용은 명백히 치명적인 위험이 아닐 수 없는 것이다. 이러한 문제점에도 불구하고 이스라엘의 전략개념이 바뀐 것은 어느 정도 전략적 종심을 갖게 됨으로써 적이 기습공격을 해온다 하더라도, 어느 정도 충격을 완화할 수 있는 충분한 공간을 확보하고 있었기 때문이다.

이스라엘이 상대방에게 제1격의 선제를 허용할 수밖에 없는 '수세반격' 개념의 전략을 채택한 또 다른 이유는 심리적인 이유와 정치적인 이유를 들 수 있다. 심리적 이유란 아랍에 대한 멸시와 자신에 대한 지나친 과신을 말한다. 또 하나 정치적 이유란 과거 두 차례에 걸친 선제공격으로 이스라엘이 국제사회에서 침략자로 낙인찍힌 상황이라 이번에는 부득이 선제공격을 선택할 수 없는 입장에 선 것이다. 이러한 이유들로 인하여 선제공격을 적에게 허용하는 입장에서 이스라엘은 적의 선제공격에 대비했는데, 수에즈 운하 방면에서의 준비된 방어선 바레브선[93], 골란고원의 3선에 걸친 대규모 대전차 방어진지 및 수많은 요새들을 준비했다. 즉, 먼저 적의 공격을 이 축성방어 요새선에서 최대한 저지 · 견제하고, 이때 후방에는 강력한 기동예비대를 두어 반격 · 격퇴하며, 그러는 동안 예비역을 동원하여 공세 이전한다는 것이었다. 이번 전쟁을 준비하면서 아랍은 소위 피점령지 수복이라는 데 전쟁목표를 두었다. 즉 시나이를 회복하는 데 한정하였다. 그런데 사다트가 개전을 결심하게 된 데는 보다 정치적인 목적이 있었다. 군사력에 의해 서부 시나이에서 이스라엘 군사력을 패퇴시켜 우선 이스라엘이 고수하고 있는 외교 정책의 3대 지주, 즉 불패의 군사적 능력, 국경선의 확보, 그리고 정치적 양보를 탈취해 낸다는 것이다. 이러한 판단을 전제로 이집트는 다음과 같은 몇 가지의 방침을 세웠다. 하나는 시리아와 통합된 양면작전을 실시한다는 것이었다. 제1차 및 제2차 중동 전쟁에서 아랍측은 전략적 포위라는 중요한 이점을 갖고 있으면서도 그것을 활용하지 못하고 오히려 이스라엘에게 내선 상의 이점만을 주고 말았던 것이다. 그것은 작전의 주도권을 확보하지 못하였기 때문이며, 작전의 주도권을 확보하지 못한 것은 연합작전에 실패한 것이 중요한 이유가 되었다. 그중에 가장 중요한 것은 공격개시 일자 및 시간의 통일이었다. 수없이 많은 토의를 계속하여 작전계획을 다듬고 작전개시일자를 10월 6일로 결정하였다. 우선 이때는 달밤으로 교량가설이 용이할 것이고, 운하의 해류가 도하에 가장 적합한 날이며, 동시에 이날은 유태교의 종교적 성일(聖日)인 속죄일(Yom Koppur)이기 때문에 많은 이스라엘 군인들이 휴가 등으로 부대를 떠나 있을 것이라는 점이었다. 그리고 이스라엘은 이때가 무슬림들의 종교적 성월(聖月)인 '라마단'이므로 신앙심이 깊은 그들이 이날은 공격하지 않을 것

93) 바레브(Bar-Lev) 방어선은 수에즈 운하 동쪽 수로를 따라서 15m 높이의 제방을 쌓고, 거기에 약 40여개의 철제 벙커를 구축하여 9m가 넘는 화강암 흙모래 등을 덮은 다음, 주변에 지뢰와 네이팜탄을 발사할 수 있는 파이프 망을 개설하는 등 현대판 마지노선을 만든 것이다; 그러나 이 바레브선은 하나의 전초진지로서 불과 1개 여단규모의 병력이 주둔해서 경계임무를 수행하고 있었으며, 주진지는 10~15m 후방에 있었다.

으로 생각하리라는 점도 고려되었다. 94)

또 하나의 중요한 결정은 전쟁을 수행함에 있어 6일 전쟁처럼 이스라엘의 페이스에 말려들지 않고, 아랍의 입장에 유리한 형태의 전쟁방식을 강요한다는 것이었다. 그것은 이스라엘에 유리한 단기결전을 피하고 장기지연전을 획책함으로써 이스라엘에 소모전을 강요하고자 하는 데 의미가 있었다. 이와 같은 방침에 따라서 이집트군은 기습공격이 성공하더라도 전선과 병참선을 신장시키지 않고 공중전은 회피하며, 지상군에 대한 이스라엘 공군의 공격에 대해서는 방공망, 소위 '방공우산'으로 방호하고, 기갑 지상부대의 접근은 대전차 방어부대로 대처하기로 하였다. 어떤 의미에서 1973년 전쟁의 백미는 아랍의 기습을 위한 기만행동이었다 해도 과언이 아니다. 이집트군은 결코 제1격은 허용할 수 없는 것이며, 특히 기습은 절대적으로 받아서는 안 될 것이라는 판단에 따라서 이번에는 반드시 기습적인 선제공격을 시행하기로 결정하였던 것이다.

아랍 측은 이를 위해 온갖 방법을 동원하여 이스라엘을 기만하는 데 주력하였다.95) 1973년 10월 6일(토요일) 이스라엘군의 수뇌들이 아랍의 공격예정시간을 놓고 토의하고 있던 14시 05분, 수에즈 전선에서는 갑자기 200여 대의 항공기가 운하를 건너 시나이 반도 깊숙이 날아 들어갔고 뒤를 이어 아랍포병의 수천 톤의 포탄이 이스라엘군 머리 위에 쏟아져 내렸다. 이와 함께 양개전선의 아랍군이 전진을 개시하였다.

그런데 기습공격을 받은 이스라엘인들의 태도는 놀라거나 당황하는 빛을 찾을 수가 없이 소집에 임하였고, 동시에 해외의 유대인들도 즉각 지원

94) 공격개시시간은 태양을 등지고 공격할 수 있는 아침시간을 희망하는 시리아 측의 입장과 공격개시 후 밤 시간을 활용할 수 있도록 저녁시간에 공격하기를 희망하는 이집트 측의 요구를 고려하여 결정하였다.

95) 아랍의 기만계획은 장기간에 걸쳐 일관성 있고 다양하게 구사되었다. 공격일자를 10월 6일로 한 것도 중요한 기만정책의 하나였지만, 이스라엘의 관심을 줄이기 위해 동원훈련을 반복하였는가 하면, 공격준비를 은폐하기 위해 운하의 서쪽 둑을 높이는 등 군사보안을 철저히 하였다. 위의 책, pp.607~611 내용참조.

행동을 개시했다. 그들은 아랍이 선제공격을 해왔지만 허약하고 훈련도 안된 상태로 이스라엘의 방어선을 손쉽게 돌파하리라는 것은 생각도 하지 않았다. 그러나 이스라엘 공군기들은 예상외로 고전하고 있었다. 준비된 이집트군은 간단히 수에즈 운하를 도하하였다. 한편 시리아군도 헤르몬 산 요새를 점령하고 골란고원 내부로 침투해 오기 시작하였다. 당시 이스라엘은 정규군 7개 여단만으로 아랍의 15개 사단을 저지하고자 한다는 계획 그 자체가 무리였고, 그것은 바로 교만의 결과였다. 또한 이스라엘의 수에즈 전선은 시나이 사막이 충분한 중심을 제공해 주고 있었지만, 골란고원은 이스라엘의 심장부에 근접해 있었다. 다얀 국방상과 엘자이르 총참모장은 우선 골란 전선에 전력을 집중하고 수에즈 전선은 견제행동만 하고 있다가 최악의 경우 바레브 방어선을 포기하고 기디 및 미틀라 통로에 제2방어선을 구축하여 방어한 다음 골란 전선이 호전되면 즉각 수에즈 전선으로 병력을 집중하기로 하였다.

골란고원은 요르단 강의 티베리우스 호수로부터 800~1,000m 위로 급격히 솟아오른 고지대이다. 북부는 2,814m 높이를 자랑하는 헤르몬 산과 용암지역으로 차량통행이 거의 불가능하고, 남부는 요르단 강과 티베리우스 호수에 인접하여 있는 산악지대와 몇 개의 작은 구릉들을 제외하면 기갑부대 작전이 용이한 지역이다. 지난 1967년 6일 전쟁 시 이스라엘은 골란 고원의 중요성을 감안하여 전쟁 막바지에 36시간의 치열하고도 신속한 작전으로 이 지역을 점령하고 전략적 고지인 헤르몬 산의 남쪽 봉우리를 확보함으로써 이 지역의 군사적 우위를 확고히 하였다. 이로써 이스라엘은 시리아를 감제하는 위치에 서게 되었다.

6일 전쟁 후 이스라엘은 전략개념이 '수세반격'이라는 형태로 바뀌면서 수에즈 운하를 연하여 소위 바레브선을 구축하고 골란고원에도 3선의 방어지대를 형성하였다. 그리고 방어선 후방에는 신속한 전투력 전용의 도로망을 건설함으로써 작전의 융통성과 역습활동을 보장할 수 있게 하였다. 그러나 문제점은 북부 쿠네이트라(Kuneitra) 주변은 이러한 방어체제가 거의 완벽하게 되어 있었지만, 기갑부대 작전에 유리한 라피드(Rafid) 남쪽은 대전차호도 없이 허술하게 방치하였던 것이다.

또한 23,600 제곱마일의 시나이 반도가 이스라엘에 주는 전략적 이점은 넓은 사막지대에 못지않게 아주 중요한 자연방벽이 있다는 점이다. 그중에 하나는 깊이 15m 폭 150m 총연장 160km가 되는 수에즈 운하였다. 수에즈 운하 동쪽은 지중해를 연한 해안평원과 고원 및 구릉지대가 뒤섞여 있는 시나이 중부지역과 험한 산악지대인 남부지역으로 형성되어 있다. 그러나 1967년의 6일 전쟁 후 이스라엘은 많은 도로를 건설하였는데, 운하에서 약 65km 동쪽에 위치한 제2의 자연방벽에 해당하는 구릉지대에 동서로 가로지르는 기존의 4개의 통로 외에 남북으로 잇는 수개의 도로를 건설했다. 그런데 비터(Bitter) 호 서쪽은 폭 5km 내외의 경작지대가 펼쳐 있고 운하 주변에 각종 나무가 자라고 있으며, 이 지역에는 나일 강 계곡으로부터 정교하게 구성된 관계수로들이 조밀하게 뻗어 있어 기동에 장애가 되고 있었다.

이스라엘의 운하방어계획의 핵심은 바레브(Bar-Lev)선에 기초를 둔 방어작전과 기갑부대에 의한 역습 혹은 반격이 결합된 것이었다. 이 바레브선은 6일 전쟁 당시 남부군사령관이었던 가비쉬(Yeshaya Gavish)에 의하여 고안되어 라빈(Yizhak Rabin)의 뒤를 이어 총참모장이 된 바레브(Chaim Bar-Lev)의 결단에 의하여 건설되었다. 그러나 이 방어선은 샤론 장군과 탈 장군 등 수많은 관계자와 논쟁을 거치는 동안 적지 않은 변화를 거쳐야 했다.[96]

---

96) 이 논쟁의 마무리를 지은 사람이 바로 당시 43세로 총참모장에 오른 바레브 중장이었다. 그의 결정에는 상기한 군사적 이유 외에도, 1956년 수에즈분쟁 후의 시나이 철수라는 쓰라린 경험의 반작용에 의한 여론과 심리적 이유도 적지 않았고, 무엇보다도 1968년 이래 계속된 소위 소모전이란 이름의 포격전에 대응하고자 한 의사가 더 컸다. 어쨌든 이 결과 이스라엘은 흔히 또 하나의 마지노선에 비유되는 강대한 방어요새선의 건설에 착수하였다. 이 작업은 축성지휘관으로 임명된 아단(Avraham Adan) 준장의 지휘 하에 수에즈 운하를 따라 지중해에서 수에즈 만에 이르기까지 총 26개의 요새를 구축함으로써 불과 3개월 만에 완성되었다. 이것은 처음 당시는 모래주머니(sand bag)를 쌓아올려 만들었는

1973년 10월 6일 바레브선에 투입되었던 예루살렘 여단 제2대대에도 이날 18시경 이집트의 공세가 있을 것이라는 정보는 하달되어 있었지만, 그날 아침까지도 전쟁의 그림자는 별로 눈에 띄지 않았고, 운하의 서안에서는 다른 날과 같이 이집트의 농부가 아침 길을 가고 있었다. 운하에는 사람들이 한가로이 낚싯줄을 드리우고 있었으며, 그 어느 때보다도 조용하고 평화로웠다. 그러나 정오경부터 이집트 측의 동정이 눈에 띄게 달라지기 시작하더니 14시 05분이 되자, 갑자기 날카로운 금속성 굉음을 울리며 150여 대의 MIG기들이 운하를 건너 시나이로 깊숙이 침투해 갔다.[97] 이러한 항공 기습공격에 이어 이집트군의 야포와 박격포 등 1,500 내지 2,000여 문의 각종 포가 일제히 사격을 개시하였고, FROG 지대지 미사일 여단도 미사일을 발사하였다. 무려 105,000발 이상의 포탄이 불과 53분 동안에 운하 동안(東岸)에 퍼부어졌다. 요새 위에 퍼붓던 포병의 공격준비사격이 연신되면서, 8천여 명의 이집트 보병들이 작은 고무보트와 도하용 목제 보트를 타고 운하를 건너기 시작하였다. 보병의 도하는 운하 서쪽에 미리 준비하여 두었던 높은 누벽 위에 올라선 전차로부터 직접적인 화력지원을 받았다. 요새 내의 이스라엘군들은 사거리 내에서 도하하고 있는 이집트군에 맹렬한 사격을 퍼부으려 했지만 건너편 누벽 위에서 쏘아 대는 전차포탄 때문에 고개를 제대로 들 수가 없었다. 일단 운하를 건너온 이집트군은 로프나 대나무 사다리 등을 이용하여 방벽을 기어 올라가서 이스라엘의 요새들을 우회한 다음, 증원이 예상되는 이스라엘 기갑 부대를 막기 위하여 사막 내부로 뚫고 들어갔다. 이집트군은 이스라엘군의 요새를 피해 전진해 들어갔다. 이러는 동안 이집트의 공병대는 고압 펌프를 운하에 띄워 놓고 제방의 모래를 씻어 내리는 한편 신형 PMP 부교를 가설해 나갔다. 이 부교는 재래식 방법으로는 2시간이 걸릴 작업시간을 단 30분으로 단축시켜 주었고, 고압펌프를 사용한 이 새로운 방식은 이스라엘이 상상도 하

데 1970년 8월 휴전이 성립됨과 동시에 철근콘크리트로 강화하여 1971년 봄까지는 강력한 지하요새가 이루어졌다.

97) 위의 책, pp.724~727.

지 못하는 방법으로 돌파구를 만들어 나갔다. 다소의 난관이 없었던 것은 아니지만, 이집트는 개전 후 불과 9시간 만에 운하의 둑에 총 60여 개의 돌파구를 형성하고 10개의 부교와 50개의 문교를 가설하였다. 이제 이스라엘이 마지노선에 비유하면서 자랑하던 바레브선의 요새들은 분쇄되었고, 이스라엘군의 제2선 전차대들은 각 지역별로 조각조각 분산되어 전멸의 위기에서 허덕이고 있었다.

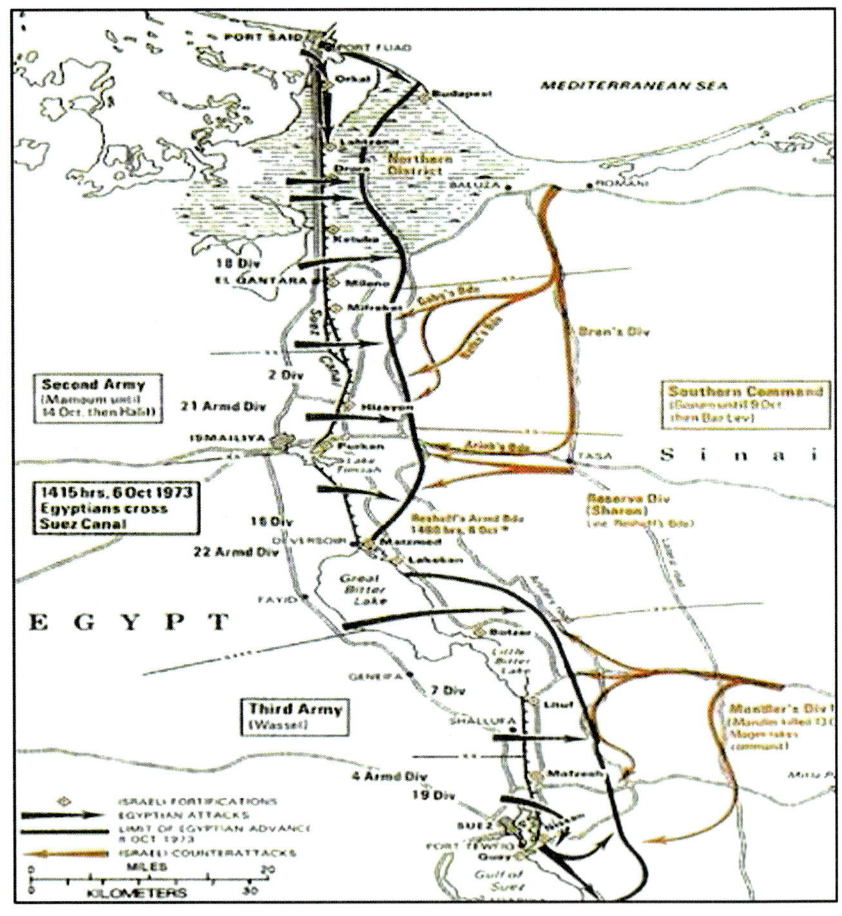

(그림 9-8) 제4차 중동 전쟁 - 수에즈 전역 I

이렇게 되어 이집트군은 상승(常勝) 이스라엘군의 높은 콧대를 꺾고 바레브 요새지대의 방어선을 돌파하며 교두보를 건설하기 시작하였다. 그들은 이스라엘이 예상했던 것보다 훨씬 단축된 시간 내에 운하 둑을 절개하여 통로를 개척하고 부교를 가설하였으며, 뿐만 아니라 그 자신들도 상상할 수 없었을 만큼 경미한 피해만으로 도하작전 임무를 완수하였던 것이다. 이집트군은 최초공격을 개시한 지 24시간 안에 전차를 포함한 제2제파 보병사단들 모두가 도하를 완료하였고, 일부 제3제파 부대들도 도하하기 시작하였다. 10월 8일 아침 이스라엘군의 반격이 시작될 무렵에는 제2 및 제3군의 제3제파 주력들이 운하를 건너가고 있었고, 곳곳에 사단별로 분산 형성되어 있던 교두보들이 점차 확대되고 있었다. 그리고 제1선에는 대규모의 대전차보병부대들이 투입되어 이들을 보호하며 이스라엘 전차들의 접근을 고대하고 있었다. 이제 그들은 과거의 '형편없는' 이집트군이 아니었다.

10월 7일 오후 이스라엘 남부사령관 고넨은 이집트군의 도하와 이스라엘군의 위기가 계속되는 가운데, 이제 막 소집되어 도착하기 시작한 예비역들을 투입하여 전선을 재정비하였다. 최북단 지중해 연안의 좁은 정면에는 메이건(Magen) 장군이 지휘하는 특수임무부대가 있어서, 주로 이 지역에 활동하는 이집트 특공대들을 소탕하고 이집트군의 정면공격에 대비하게 하였으며, 그 남쪽 북부지역에는 아단 소장이 방어하고 있었다. 중앙에는 용감하나 고집불통의 완고한 샤론의 사단을 투입하고 맨들러는 남부지역만을 책임지게 하였다. 당시 이스라엘 기갑부대는 특유의 공세적 행동을 펼쳐 보였지만, 이집트 보병의 대전차 매복공격을 감당하지 못한 채 속수무책으로 붕괴되어 갔다. 격전은 계속되었으나 이집트군의 공격은 전차부대뿐만 아니라 기계화 보병들도 대전차화기로 이스라엘군을 압박하였다. 최대사거리 3,000m로 알려진 이집트의 새거(Sagger) 대전차 미사일은 대전차 전투에서 그 위력이 증명되었다. 이스라엘군 공격의 실패는 이집트군에 자신감을 심어주었고, 이스라엘군도 이제 사태를 명확히 인식하도록 해주었다.

10월 9일부터는 전면적인 대규모 작전은 줄어들고, 양측은 각기 자신의 전력강화에 힘을 다했다. 이스라엘은 파괴된 전차를 수리하고 부대를 재편하면서 신속히 예비역을 소집하고 새로운 장비를 보충하기에 바빴다. 그런데 당시 이해하기 어려웠던 것은 이집트군의 행동이었다. 전날까지의 격전으로 거의 궤멸적인 타격을 받은 이스라엘군은 이집트군의 전면공세를 감당할 수 있는 능력이 없었는데, 만약 이때 이집트가 주력 기갑부대를 투입하여 강력한 공격을 계속했더라면 시나이 내륙 깊숙이 전진할 수 있었을 것이다. 당시 이집트 총참모장 샤즐리 장군은 이스라엘군의 방어능력이 강화되기 전에 공격의 주도권과 승세를 휘몰아 한 차례 더 대규모 공세를 감행하자고 주장하였지만 이 제의는 국방상 이스마일에 의해 거부되었다. 이집트 국방상 이스마일은 이번 전쟁의 제한적 성격과 개전을 결의한 사다트의 숨은 뜻을 잘 알고 있었으므로 그는 현재까지만 으로도 원래의 개전 목적은 어느 정도 달성했다고 보았다. 초기전투에서 입은 이집트군의 손실도 상당하여 보다 안전한 작전과 확고한 승리를 추구하기위해서는 운하 서안에 대기하고 있는 2개 기갑사단을 좀 더 대기시켜 둠으로써 장차 작전의 융통성을 확보할 필요가 있다고 판단하였던 것이다. 그래서 이집트군은 패주하는 이스라엘군을 추격하는 대신 교두보를 다소 확장하고 방어선을 강화하는 정도로 그쳤다. 그것은 결국 내륙진공의 호기를 아쉽게도 그냥 흘려보내고 만 것이다.

이스라엘은 시나이 전선이 어느 정도 안정되자, 이번 전쟁의 일차적 목표를 우선 시리아군의 격멸에 두고 즉각 동원된 예비군의 주력을 이 지역에 투입하였다. 10월 8일 이스라엘군은 시나이 지역에서 총반격을 개시하여 시리아군의 선봉을 격파하고 전차 1천여 대를 파괴 또는 포획하였으며, 10일에는 초전에서 상실했던 대부분의 지역을 탈환하는 데 성공하였다. 골란 전선의 반격작전에서 주도권을 장악한 이스라엘군은 시리아의 수도 다마스쿠스로 진격을 개시하여 다마스쿠스 전방 26km까지 진출하였다.

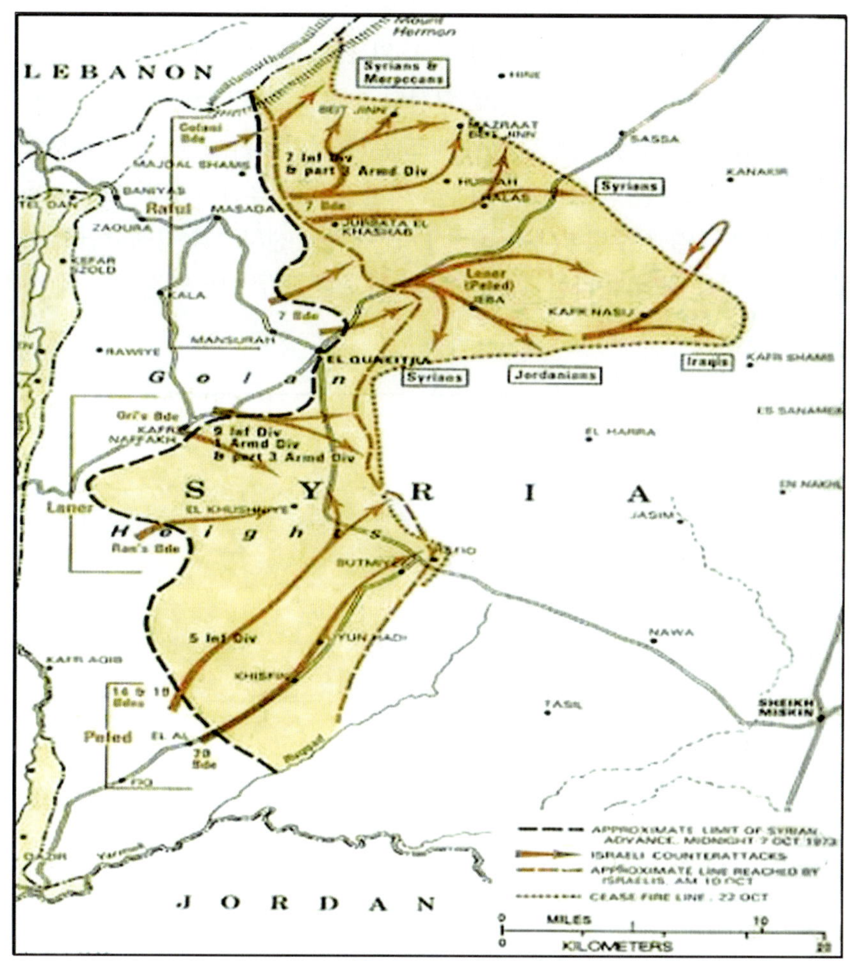

(그림 9-9) 제4차 중동 전쟁 - 골란 전역

그러나 이스라엘군은 보급상의 난점도 있었고, "더 이상 다마스쿠스에 접근하지 말라."라는 소련의 경고도 있었지만, 중립적인 요르단을 자극하지 않기 위해 요르단의 암만(Amman)과 다마스쿠스 가도를 차단하지 않음으로써 골란 전선은 대체로 현 상태를 유지하였다.

일차로 골란 전선을 안정시킨 이스라엘군은 3개 사단을 시나이 전선으로 전환시켜 반격작전을 개시하였다. 10월 15일 야간을 이용하여 이스라엘군은 전차 7대, 병력 200명으로 구성된 소규모 특공대를 이집트군 제2군 및 제3군 간격으로 침투시켜 수에즈 운하 서안 이집트 령에 교두보를 구축하고, 이집트군 후방지역의 대공 미사일망을 유린하였다. 대공세를 개시한 이스라엘군 주력부대는 10월 17일 대규모 전차전을 감행하면서 이집트군 전선을 중앙 돌파한 후 특공대가 확보한 교두보와 연결하는 데 성공하였다.

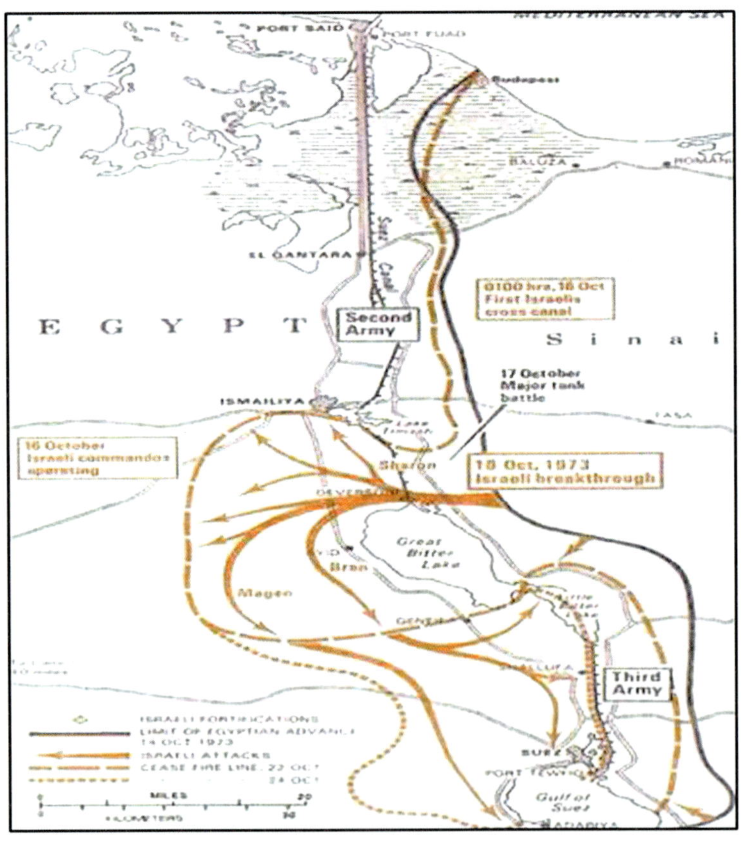

(그림 9-10) 제4차 중동 전쟁 - 수에즈 전역 Ⅱ

10월 18일 이집트군은 이 교두보를 분쇄하기 위해서 남북 양면에서 역습을 시도하였으나, 오히려 이스라엘군의 매복 작전에 걸려 큰 손실을 보고 실패하였다. 이날 다시 시나이 반도 공격을 재개한 이스라엘군은 19일부터 이집트 제2군 및 제3군을 분리하기 위한 돌파구 확대를 실시하여 22일에는 수에즈 시까지 진출하고 이집트 제3군을 완전히 고립시킬 때까지 진격하였다. 위기에 직면한 이집트 측은 제3군을 구출하기 위하여 잠정 휴전안을 받아들여 잠시 휴전에 들어갔으나 이스라엘군이 이집트 제3군을 포위해 버리자, 이집트군은 할 수 없이 10월 24일 휴전을 받아들였다.[98]

17일간의 격렬한 전투 끝에 이스라엘은 또다시 승리를 획득하였다. 그러나 그 결과는 아랍 측도 심대한 군사적 손실을 당했지만, 이스라엘 역시 막대한 손실을 겪어야 했다. 10월 전쟁을 통하여 이스라엘군은 아랍 항공기 425대를 격추시켰으나, 대신 110여 대의 항공기를 상실하였다. 지상전에서는 1,900여 대의 아랍전차를 파괴시켰으나 대신에 840여 대의 손실을 입었다. 6일 전쟁 때에 비하면 엄청나게 큰 손실을 입었다고 볼 수 있다. 특히 대공화기 SAM-6에 의하여 100여 대의 이스라엘 항공기가 격추되었고, RPG-7과 PUR-64(Saggar)와 같은 대전차무기에 의하여 많은 전차를 잃었다.[99]

양측 간에 일련의 협상이 진행된 후 1974년 1월 양국의 합의가 이루어지고 양군의 분리가 시작되었다. 2월 21일에는 수에즈 서안의 모든 이스라엘군이 철수를 완료하였다.

양국 간에 합의된 병력분리에 관한 내용은 대략 다음과 같은 것이었다. 우선 수에즈 운하 동안지대 18마일을 3등분하여 서로부터 이집트군·UN군·이스라엘군에게 각각 6마일씩으로 부여하고, 중앙의 완충지대는 6,400여 명의 UN군이 주둔하도록 하였다. 그리고 그 좌우측은 각각 이집트군과 이스라엘군이 동수의 경계병력(보병 7개 대대 7천 명과 전차 1개

98) 정채하 외, 위의 책, p.408.
99) 위의 책, pp.408~409.

대대 30대, 그리고 6개 포대 36문으로 이루어진)을 허용하되, 이 양측지역은 UN군의 사찰대상으로 두었다. 그리고 완충지대로부터 동서 30km 내에는 SAM을 배치할 수 없도록 하였다.

이번 전쟁에서 이집트는 다시 수에즈 운하를 되찾게 되었고 라스수다르 유전지대를 회복하게 되었다. 이는 사다트에게는 귀중한 승리임에 틀림없었고 이집트 국민들 역시 비록 제한되고 작은 것이긴 하지만 모처럼의 승리에 환호했다. 그리고 이집트 포로들도 과거와 같이 비굴하지 않고 당당했다. 그들은 최선을 다해 싸웠다고 생각했으며 이번 전쟁은 이스라엘과 무릎을 맞대고 앉을 수 있게 한 가장 중요한 요인이 되었을 것이다.

그런데 시리아는 입장이 달랐다. 시리아 정부는 3월 1일 이스라엘과의 병력분리를 거부하고 그달 중순에는 8일간이나 계속된 포격전을 재개하였으며 4월 14일에는 헤르몬 산을 탈취하기 위한 휴전 이후 최대의 백병전이 전개되기도 하였다. 결국 키신저의 끈질긴 조정에 의해 5월 29일 병력분리에 관한 합의가 이루어지고 31일에 휴전협정이 조인되었다. 이 합의결과 이스라엘군은 새로이 점령한 지역은 모두 반환하였으나, 1967년의 휴전선과 완충지대를 그대로 회복하였다.

사실, 이번 전쟁에서 아무것도 얻은 것이 없이 굴욕적 패배만을 맛본 시리아의 입장은 이집트와 달라서 골란고원의 긴장은 풀어질 줄을 몰랐다. 그리고 이것은 곧바로 시리아와 이스라엘의 군비증강으로 연결되었다.

이스라엘군의 전력 강화대책은 무기뿐만이 아니라, 이번 전쟁의 경험을 거울삼아 체제와 군사적 사고방식에도 넓게 적용되었다. 상황판단에서 중요한 실책을 범하였던 첩보조직은 전후 재편성되어 6일 전쟁 당시와 같은 능력을 되찾을 수 있었고, 예비역 동원의 속도를 향상시키기 위하여 11월 중에는 전례 없는 동원훈련을 실시하기도 하였다. 그리고 두 번 다시 아랍에 기습적 제1격을 허용해서는 안 된다는 생각에서 앞으로의 전쟁에서는 반드시 과거와 같이 이스라엘군이 선제공격을 실시한다는 것이다. 만약 그것이 국제 정치적 여건으로 바람직하지 않을 경우에는 미리 예비역을 동원하여 먼저 전쟁준비를 완료한 후 적으로 하여금 공격해 오도록 유인하는 방법까지 연구하였다.

이와 달리 이집트의 경우 적어도 군비증강에 관한 한은 매우 다른 양상을 보였다. 전후 사다트의 친 서방자세와 대소 관계의 악화로 전쟁 중 상실한 것으로 알려진 850여 대의 전차와 SAM-6 등을 충분히 보충 받지도 못하였고, 한때 MIG-21 전투기나 T-62 전차를 비롯한 수많은 소련무기의 거의 절반이 부품부족으로 가동되지 못한다는 설까지 나왔다. 이에 사다트는 새로운 무기 공급원으로서 특히 프랑스를 비롯한 서방제국에 눈길을 돌리기 시작하였다.

이와 같이 살펴보면 쌍방이 함께 엄청난 희생과 전비를 낭비하고 끝낸 이번 제4차 중동전의 결과란, 시나이 사막에서 다소간의 점령지 변한 것 외에는 아무런 궁극적인 문제해결도 못한 채 종식되었다는 점에서 외형상 과거와 동일하다. 그래도 그 어느 때 보다도 평화정착의 가능성이 엿보였다는 점, 특히 첫걸음이라 할 수 있는 쌍방 간의 직접협상을 통하여 병력분리가 이루어졌다는 사실에서는 적지 않은 의미를 찾을 수 있다고 하겠다.

재미있고 유익한 이야기 **영웅인가, 역적인가**

엘리 코헨(Eli Cohen, 1924년 12월 16일~1965년 5월 18일)은 이스라엘의 스파이이자, 이스라엘에 6일 전쟁의 승리를 안겨 준 안 보이는 대표적인 인물이다. 처음에는 이집트에서 HUMINT로 첩보활동을 하면서 이집트와 서방국가들 간의 외교활동을 방해하는 수산나 활동을 전개하였지만 실패하였다. 이후 이스라엘에서 첩보훈련을 받은 뒤 이집트로 다시 파견되지만 전쟁이후 영구 추방된다. 엘리 코헨은 처음 walk-in 했지만 이스라엘 정보부가 거절하였고 시간이 흐른 뒤에 그의 진가를 알아본 정보부가 다시 찾아와 첩보원 역할을 권했다. 그는 철저한 스파이 훈련을 거쳐 시리아에 파견되어 고위층과 우애관계를 맺고 정보수집활동을 시작하였다. 하지만 정보 수집에 있어서 일반적인 방첩활동인 정보기관에 관련된 첩보에 머무르지 않고 군대와 지도층에게도 접근하여 폭넓은 정보를 수집하였다. 이런 정보들은 모두 이스라엘 정보국에 보고되어 요르단 강 상류의 흐름을 돌리려는 시리아의 계획과 팔레스타인 해방 기구(PLO)의 북이스라엘 공격계획을 무산시켰다. 그러나 이스라엘의 유능한 스파이 엘리 코헨은 시간이 지날수록 자만심에 빠져들게 되고 부주의하게 정보를 보내게 되었다. 결국 소련 당국의 협조를 얻은 시리아 정보부의 방어 활동에 의해 체포되고 이중 공작원이 되어 시리아를 위해 일할 것을 지시받았다. 하지만 애국심이 투철했던 유대인답게 끝끝내 거부하고 공개 처형을 당한다. 더욱이 코헨의 가치는 그가 죽은 후 발발한 이스라엘과 시리아의 전투에서 드러났다. 죽기 전에 방문했던 골란 고원은 이스라엘 정착촌 위 해발 1,000m에 있는 고지대인데 이곳은 시리아의 입장에서 이스라엘을 견제할 수 있는 중요한 위치였고 이스라엘의 입장에서는 눈에는 보이지만 섣불리 공격할 수 없는 곳 이었다. 또한 이스라엘 내 물 공급의 30%를 제공하고 있었기 때문에 매우 중요한 위치에 있었다. 이런 골란고원을 코헨이 방문했을 때 이스라엘의 눈에 띄게 하기 위하여 나무를 심어서 이스라엘의 표적이 될 수 있게 만들었고 이스라엘은 전투에서 승리할 수 있었다. 사실 엘리 코헨은 스파이 중에서도 특수한 스파이라고 할 수 있다. 왜냐하면 그는 일반적인 방첩활동이나 첩자에 그치지 않고 직접 정책을 제시하고 방향을 바꾸는 역할까지 한 스파이이기 때문이다. 어떻게 보면 미션 임파서블이나 007 같은 영화에 나왔던 스파이가 현실에 등장했다고도 볼 수 있을 것이다.

제 10 장 | 걸프 및 이라크 전쟁

제10장

걸프 및 이라크 전쟁

제1절 걸프 전쟁

(1) 전쟁의 배경

제1차 세계대전이 끝나면서 오스만 제국이 무너지자 과거 오스만 제국이 지배하던 지역에서는 독립 국가가 등장하기 시작했다. 이때 오스만 제국의 지배를 받던 지역 중 가장 동남쪽에 있던 3개의 나라가 결합해서 이라크를 수립했다. 3개의 국가가 모여 한 나라를 수립했다는 것은 다른 말로 다양성을 안고 있다는 뜻이다. 실제로 이라크 국가 수립 당시 다양한 인종적, 종교적 집단들이 모여 있었는데, 이후 그 다양성은 이라크에서 발생하는 많은 문제들의 원인이 되었다.[100)]

건국 후 처음 12년 동안 이라크는 영국의 지배를 받았는데, 이때 영국은 이라크 내 수니파와 손을 잡고 있었다. 과거 오스만 제국은 자신들과 같은 종파를 믿는 이라크 내 수니파들을 관리로 임명했었는데, 영국 또한 국가 행정의 경험이 있는 이들을 이용하는 것이 편했기 때문이다. 이라크는 1932년에 공식적으로 독립을 이루었지만 실제로 영국의 간섭은 계속되었다. 영국의 지배는 과거 오스만 제국의 지배보다 더 가혹한 것이었다. 영국의 지배에서 벗어나길 바라는 사람들을 중심으로 독립운동이 일어났으나 영국에 의해 무수한 인명피해를 내며 실패를 거듭하곤 했다. 마침내 1958

---

100) 이라크는 약 75% 정도의 아랍민족과 18% 정도의 쿠르드족, 그 외 서너 개의 소수민족들로 구성되어 있다. 전체 이라크인 중 95%가 이슬람교도인데, 이 중 60%는 시아파 이슬람교도들이며 쿠르드족 전체를 포함해 40%는 수니파 이슬람교도들이다. 따라서 이라크 인구는 기본적으로 3가지 집단으로 구성되어 있다고 말할 수 있다. 북부의 수니파 쿠르드족, 북부와 중부의 수니파 아랍인, 그리고 중부와 남부의 시아파 아랍인들이다. 데이비드 다우닝 저, 지소철 역,『2003 이라크 전쟁』(서울 : 도서출판 디딤돌, 2004), p.20.

년 군사 쿠데타를 통해 영국의 영향력에서 벗어날 수 있었다.

그 쿠데타를 지지한 사람들 중 상당수는 아랍 민족주의 정당인 바트 당 출신이었지만, 이후 차례로 권력을 잡았던 두 정권은 바트 당원이 아닌 군인들이 이끌었다. 1968년, 마침내 바트당은 또 다른 쿠데타를 통해 권력을 잡게 된다. 그 정당에서 이름은 별로 알려지지 않았지만 영향력은 막강했던 사무 부총장이 바로 서른한 살의 수니파 이슬람교도 사담 후세인이었다. 바트당이 정권을 잡은 지 몇 주 지나지 않아 사담 후세인은 이라크에서 가장 막강한 권력자가 되었다. 1969년 공식적인 부통령이 된 후세인은 보안경찰과 다른 많은 정부 부서들을 장악하였다. 후세인은 이들 부서의 중요한 자리에 전부 자신의 가족과 친구들 또는 열성적인 지지자들을 앉혔다. 후세인은 바트당을 대표하는 위치에 있었지만, 그의 권력이 막강해지면서 바트 당원들을 이용해 자신의 명령을 실행에 옮기게 만들었다. 그의 생각에 반대하는 사람은 누구든 체포되어 고문을 당하거나 감옥에 투옥되었으며 심한 경우 죽임을 당하기도 했다. 후세인은 이라크의 언론마저 완전히 장악하여 자신의 이미지를 이라크의 아버지이며 모든 아랍인들의 영웅으로 만들어 나갔다.

1979년, 이라크의 이웃 국가인 이란에서는 혁명이 일어나 시아파 이슬람 근본주의자들이 정권을 잡게 되었는데, 이들은 반서구적 정책을 분명히 했다. 그들은 서구를 모방한 현대화와 서구의 사상들이 이슬람의 원리와 전통을 훼손한다고 믿었다. 특히 이슬람 사회에서 억압받고 있는 여성의 권리를 향상시키라는 서구의 강요와 이슬람의 종교적 가치들을 무시하는 서구의 시각에 분노했다. 이러한 이슬람 근본주의자들이 이란에서 정권을 잡고 서구에 대항하자, 미국을 비롯한 유럽의 강대국들은 자신들의 시각도 인정할 줄 아는 현대화된 아랍인들 중에서 동맹자를 찾고자 했는데, 그 적임자가 바로 후세인이었다.

1980년, 후세인은 이란과 전쟁에 돌입했다. 그는 이란의 이슬람 근본주의자들이 이라크 남부의 시아파 반란 세력을 부추길지 모른다고 우려했고,

또 이란의 석유를 손에 넣고 싶어 했다. 9년에 걸쳐 계속된 전쟁 내내 미국과 그의 동맹국들(특히 수니파 이슬람을 믿는 사우디아라비아와 쿠웨이트)은 후세인을 격려하고 지원했다.

결국 이란-이라크 전쟁(1980~1988)은 승패를 가리지 못하고 끝이 났다. 제2차 세계대전 후 조성되었던 세계적 냉전체제는 1989년 12월, 미소 양국이 냉전체제의 종식을 선언함으로써 바야흐로 국제정세는 화해의 방향으로 나아가기 시작했지만, 중동지역은 그렇지 않았다. 이라크 후세인 대통령은 지난 8년간의 이란-이라크 전쟁에서 막대한 손실을 입고, 쿠웨이트와 사우디아라비아에 수십억 달러의 빚을 지게 되어 파산상태에 처했다. 이라크는 서구와 그 동맹국들을 대신해 전쟁을 치렀기 때문에 그들의 그 빚을 없던 것으로 해 주리라 기대했다. 그러나 그들은 이라크의 요청을 거부했고, 이에 분노한 후세인은 석유부국 쿠웨이트와 사우디아라비아를 병합하여 경제 사정을 개선시키려 시도하였다. 결국 쿠웨이트를 침공해 그곳의 막대한 석유 자원을 장악하여 이라크의 경제력을 회복하기로 결심했다.

1990년 7월 말, 후세인은 5개 사단 10만 여의 병력을 이라크-쿠웨이트 국경에 배치하였다. 8월 2일 쿠웨이트에 전격적으로 침공하였고, 이어서 사우디아라비아에 대한 공격태세를 갖추었다.

(2) 전쟁의 경과 및 의의

이라크의 불법적인 침략에 대하여 유엔 안전보장이사회는 이라크군이 쿠웨이트로부터 즉각 철수할 것을 촉구하였고, 미국은 이라크군의 사우디아라비아 공격을 저지하기 위해서 부대를 페르시아 만으로 집결시켰다. 그러나 후세인은 국제사회의 반응에는 아랑곳하지 않고, 쿠웨이트를 이라크의 19번째 주로 편입한다고 발표하였다. 이에 미 항모전대와 지상군, 다수의 공군기들이 이 지역으로 이동하였고, 영국, 프랑스 등 다수의 서방 국가들이 전투 병력을 파병하고 다국적군을 구성하며 이에 대응하였다.

이와 같이 이라크가 쿠웨이트를 침공하고 합병함으로써 미군을 주축으

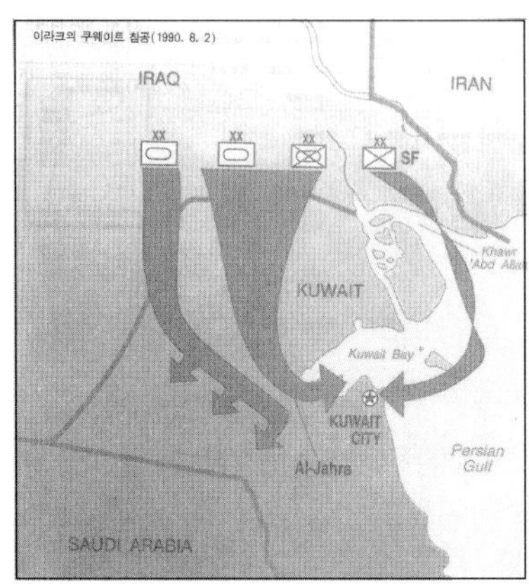

(그림 10-1) 이라크의 쿠웨이트 침공

로 편성된 다국적군과의 전쟁으로 확대되고 페르시아 만 지역에서 발생했다고 하여 걸프 전쟁이라고 부른다. 다국적군 편성을 주도한 미국은 어떤 일이 있어도 제2의 베트남 전쟁과 같은 결과를 초래해서는 안 되고 신속한 군사작전으로 결정적 승리를 거두어야 한다는 개념으로 출발했다. 다국적군은 동맹군도 아니고 공식적인 연합사령부도 없었지만, 실질적으로는 미 중부군 사령관 슈워츠코프 대장의 지휘를 받았다.

한편, 이라크의 후세인 대통령은 쿠웨이트로부터 철수하라는 유엔 결의안을 무시하고 쿠웨이트를 이라크의 19번째 주로 편입한 후 국경지역에 40만 명 이상의 병력을 집결시켰다. 그러나 이라크군은 9월 중순 이후 사우디 침공은 단념하고 수세로 전환하였으며, 다국적군의 공격에 대비하여 사우디 국경을 따라 벙커와 흙벽 등을 설치하였다. 최전방에 50만 개의 지뢰를 매설하고 그 후방에는 기름호를 파놓아 다국적군이 접근할 때는 원격조정으로 불바다를 만들 계획을 준비하는 등 미국을 중심으로 한 다국적군과의 본격적인 일전을 준비하였다.

유엔이 제시한 철수시한을 그대로 넘기자, 다국적군은 드디어 1991년 1월 17일 사막의 폭풍작전을 개시했다. 이때부터 2월 28일까지 6주 동안 진행된 작전은 약 1,000여 시간의 공중폭격과 100시간의 지상전으로 펼쳐졌다.[101] 작전 초기에 다국적군은 압도적인 공군력을 투입하여 이라크 미사

101) '사막의 폭풍작전'은 지상군의 손실을 줄이기 위해 초전에 공군력을 대량 투입하겠다는 개념으로 미국의 기술력과 군사력의 모든 장점을 최대한 활용하는 데 주안을 두고 실시되었는데, 대략 4단계로 구분할 수 있다. 제1단계는 이라크에 대한 전략항공작전, 제2단계는 쿠웨이트에 대한 항공작전, 제3단계는 이라크 지상군의 무력화와 쿠웨이트 전역의 고립화, 제4단계는 쿠웨이트에서 이라크군을 축출하기 위한 지상작전이다. 1, 2, 3단계

일 기지, 지휘통제소, 통신시설, 발전소, 비행장, 활주로, 격납고, 무기 공장, 교량 등 주요군사거점을 매일 수천 번씩 폭격을 가했다. 세계전 사상 그 유례를 찾아볼 수 없을 만큼 성공적이었던 이 폭격으로 이라크 전투력은 지상전을 전개하기에 앞서 약 50% 이상 감소했다.

지상전은 2월 24일 새벽에 시작되었는데, 목표는 쿠웨이트에서 이라크군을 몰아내고 주력부대인 '공화국 수비대'를 격멸하는 것이었다. 이를 위하여 슈워츠코프는 이라크군이 전혀 예상할 수 없는 방향에서 주공을 실시하는 계획을 세웠다. 계획의 골자는 이라크군의 방어가 집중된 사우디-쿠웨이트 국경지역은 견제하면서 20만 명 이상의 병력을 사막지역으로 우회하여 이라크 영토로 깊숙이 진격하고 공화국 수비대를 격멸한다는 것이었다. 이기동은 고대 알렉산드로스 대왕 이래 명장들이 사용한 전법으로, 슈워츠코프는 바로 이러한 고전적 전법에 따른 작전 계획을 수립했다.

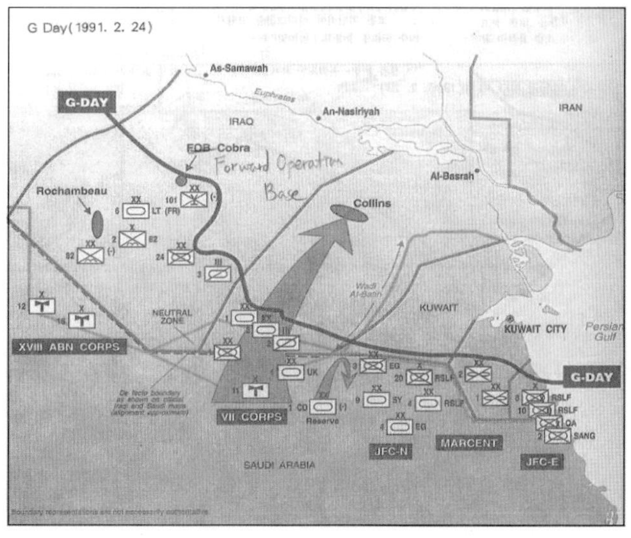

(그림 10-2) 걸프 전쟁 - G Day

가 공군력에 의존하는 폭격이라면, 4단계가 본격적인 지상작전으로 볼 수 있다. 사막의 폭풍작전은 개전초기에 공군력을 최대한 활용해 병력의 손실을 최소화하는 데 중점을 두고 있다. 육군사관학교 전사학과, 『세계 전쟁사』, pp.533~534.

이러한 개념으로 슈워츠코프는 후세인이 전방방어에 몰두하고 있을 때 지상군 주력부대를 은밀히 서쪽으로 이동시켰다.(대우회기동) 이 이동은 공중작전 엄호 하에 철저한 보안을 유지하는 가운데 하루 24시간씩 2주 동안 계속되었는데, 300마일의 거리를 제한된 도로를 이용하여 병력과 물자를 수송한 다음 다국적군은 전투준비를 완료했다. 한편, 슈워츠코프는 이라크군을 기만하기 위하여 쿠웨이트 해상 밖에 많은 해병병력을 주둔시켜 상륙작전을 연습시키자(기만작전), 후세인은 다국적군이 쿠웨이트 남쪽에서부터 상륙작전을 시도하리라고 믿었다.

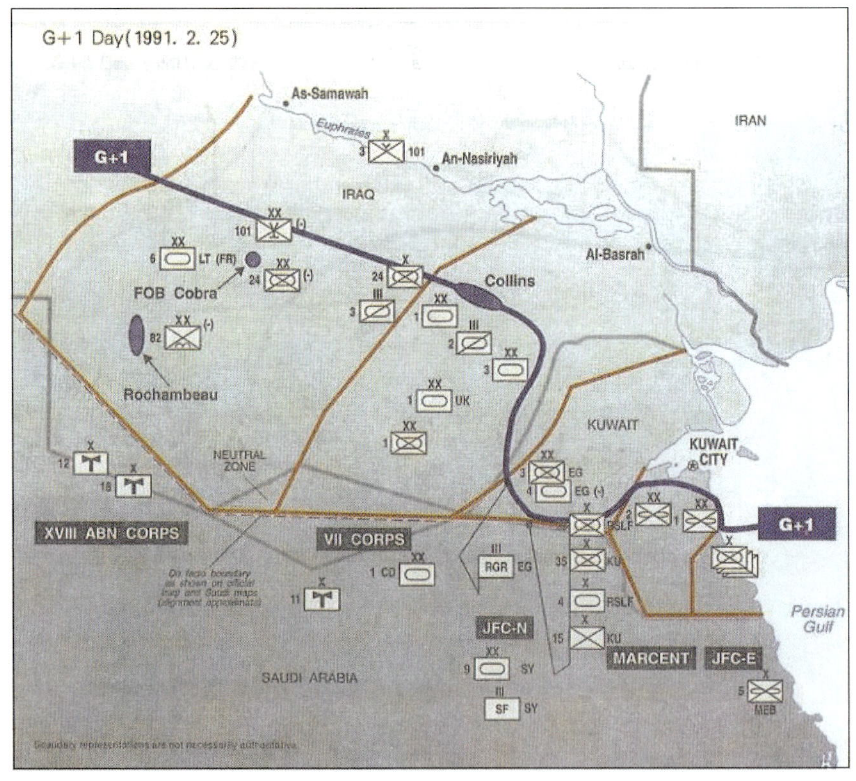

(그림 10-3) 걸프 전쟁 - G+1 Day

지상작전이 개시되면서 서쪽 사막지역에서부터 기갑부대와 공수부대에 의한 기습공격은 순식간에 이라크군 보급선과 퇴로를 끊는 데 성공했고, 뒤통수를 얻어맞은 이라크군은 이내 붕괴하기 시작했다. 사기가 떨어질 대로 떨어진 그들은 별로 저항도 못하고 항복함으로써 2월 27일 다국적군은 쿠웨이트를 해방시켰다. 후세인은 유엔결의안의 모든 사항을 수락함으로써 걸프 전쟁은 종결되었다.

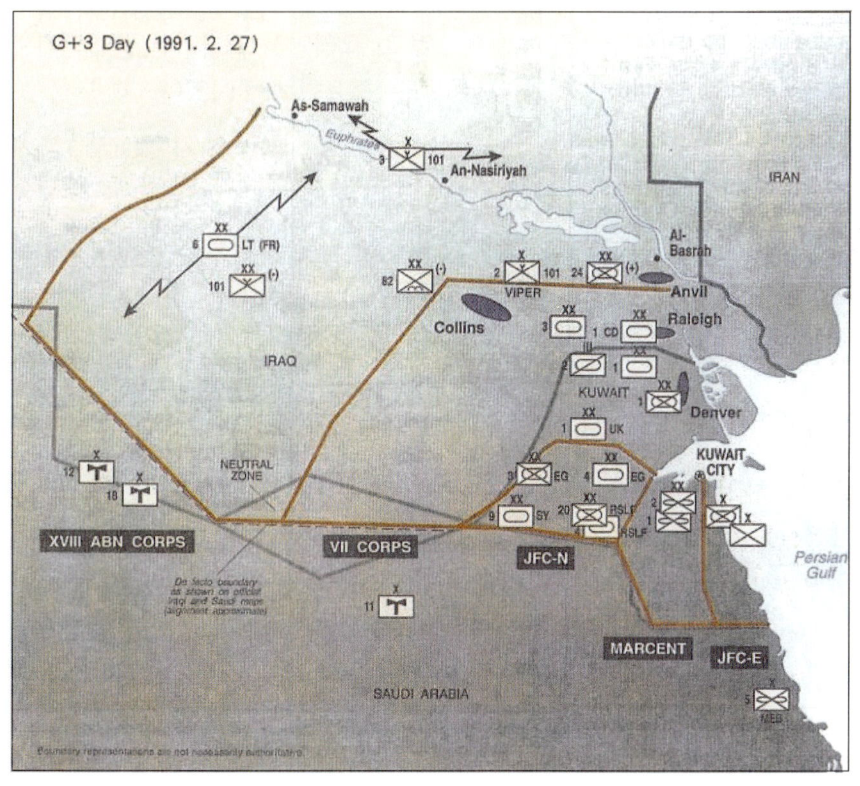

(그림 10-4) 걸프 전쟁 - G+3 Day

걸프 전쟁에서 다국적군의 승리는 제3물결시대의 군사력으로 제2물결시대의 군사력을 상대로 싸운 일방적인 게임이었다. 그러면서도 다국적군은 졸속하게 싸움에 빠져들지 않고 확실하게 전투력의 우세를 확보하기까지 기다렸다가 공격을 실시하였다. 싸우기 전에 이겨놓고 싸워야 한다는 간단한 원리가 잘 적용된 대표적 전쟁이었다. 걸프전쟁은 다국적군 입장에서 살펴볼 때 정보화 시대의 첨단병기를 잘 운용하여 전쟁사상 인명피해가 가장 적으면서 대승리를 거둔 전쟁이었다. 이라크군 전사자가 10만 명인데 비하여 다국적군 전사자가 225명에 불과했다.

걸프 전쟁이 시사하는 가장 의미 있는 교훈은 첨단병기가 위력을 발휘하는 현대전의 진면목을 여실히 보여주었고, 그러면서도 이러한 현대전에서 고전적 전법을 활용한 승리가 가능하다는 중요한 사실이었다.

슈워츠코프는 우회기동을 결심한 이유를 다음과 같이 설명했다. "그것은 적진 깊숙이 들어가 적 전열을 흔들어 놓고 적 보급선을 차단할 수 있기 때문이다. 전쟁에서는 이길 수 있는 위치에 있으면 이길 수 있다. 우리가 걸프전에서 적용한 것은 고전적 개념에 충실한 우회기동이었다. 그것은 고대 알렉산드로스 대왕 이래 대부분의 명장들이 적용한 고전적 전법이었다."

그리고 앞으로의 전쟁은 이러한 방식으로 수행되어야 한다는 것을 미국이 여실히 보여줌으로써 세계 각국은 새로운 전쟁수행 방식을 준비하는 군사혁신을 서두르지 않으면 안 되게 되었다. 걸프 전쟁은 미국이 베트남 전쟁 이후 뼈저린 반성과 자기혁신의 결과였음이 틀림없는 것이다. 이러한 측면에서 모든 현대국가의 군도 첨단과학기술에 기초한 정보화된 기술군으로 다시 태어날 수 있도록 뼈를 깎는 군사혁신을 추진해 나가고, 다가올 미래전에 대비한 노력을 계속해야만 할 것이다.

제2절 이라크 전쟁

후세인은 세계가 이라크의 쿠웨이트 침략(1990년 8월)에 대해서 비판이야 하겠지만, 어떤 행동을 취하지 않으리라 예상했다. 그러나 많은 국가들이 유엔의 이름으로 미국 지휘 아래 대규모 연합군을 결성해 걸프전을 일으켰다. 결국 1991년 2월에 후세인 군대는 축출되었다. 이 전쟁으로 약 10만 명가량의 이라크 인들이 사망하거나 부상당했다. 그러나 정작 전쟁을 일으킨 장본인인 후세인은 무사했고 더구나 정권을 잃지도 않았다.[102]

평화 조약의 의무 조항에 따라 후세인은 진행 중인 핵무기, 화학무기, 생물학 무기 개발을 중단하고, 기존에 보유하고 있던 무기들을 전부 폐기하는데 동의했다. 또한 그는 약속을 잘 이행하고 있는지 확인하기 위한 유엔의 무기 사찰단 조사도 허용하였다. 그리고 무기 사찰단의 확인이 끝날 때까지 이라크는 경제 제재조치를 받아야만 했다. 그 결과 식량과 의약품을 구입하는 데 필요한 금액만큼만 석유를 수출할 수 있었고, 그 이상의 석유수출은 금지되었다. 이런 무기 사찰과 경제 제재를 통해 연합국 측은 후세인의 세력을 약화시키고 그가 또다시 이웃 국가들을 위협하지 않기를 바랐다.

그러나 7년여 동안 후세인은 갖은 방법을 다 써서 무기 사찰단의 활동을 방해하여 결국 1998년에 사찰단이 이라크에서 철수하였다. 이런 비협조적인 태도 때문에 많은 서방 국가들의 지도자들과 유엔의 조사자들은 후세인이 아직도 뭔가를 숨기고 있다고 생각하여 이라크에 대한 제재를 계속하였다.

2001년 9.11사태를 겪은 후 미국은 '테러와의 전쟁'을 선포하고 그 전쟁의 일환으로 이라크를 공격하기로 하였다. 당시 국제사회는 전쟁을 찬성하는 목소리도 있었지만 세계 곳곳에서는 거센 반전운동도 일어났다. 그러나 2003년 3월, 미국과 영국은 많은 논란에도 불구하고 이라크에 군대를 파

102) 유엔에서 후세인 정권을 무너뜨리자는 결의를 하지도 않았고, 이라크에 반대했던 아랍 국가들도 이웃의 아랍정부가 서구의 힘에 의해 뒤바뀌는 모습을 보고 싶어 하지도 않았기 때문이다.

견하기로 결정했다.[103] 이 전쟁은 이라크 영토 안에서만 3주 남짓 계속되었다. 전쟁 전의 논란이 많았던 길고도 긴 기간에 비하면 전쟁은 짧게 끝난 셈이다. 당시 미국과 영국의 전쟁목적은 사담 후세인이 이끄는 이라크 정부의 전복이었으며, 그 목적은 결국 달성되었다고 할 수 있다.

(1) 미국 신보수주의자들의 부상

1990년에 들어 미국에서는 네오콘으로 알려진 영향력 있는 정치인 집단이 주목을 받게 된다. 이 정치 집단에는 도널즈 럼즈펠드, 딕 체니, 폴 월포위치, 리처드 펄과 같은 인물들이 속해 있는데, 그들 대부분은 과거에 공화당 행정부에서 일했다. 그들은 미국과 소련 두 강대국으로 상징되던 냉전이 끝난 후 미국이 세계 유일의 초강대국으로 부상했으므로, 이러한 세계정세의 변화에 맞추어 국제 관계를 미국 중심으로 다시 세워야 한다고 주장한다. 네오콘들은 미국이 걸프전을 치르는 동안 좀 더 단호한 입장을 취해야 했으며, 유엔이나 연합군에 참가한 다른 국가들의 말에 흔들리지 말고 후세인을 축출했어야 한다고 믿고 있었다. 이들은 필요하다면 무력을 써서라도 후세인을 권좌에서 끌어내리고 싶어 했다. 또한 이들은 지속적인 연설과 논설, 편지들을 통해 당시의 대통령이던 민주당 출신 빌 클린턴에게 이 정책을 시행하도록 촉구했지만, 클린턴은 후세인을 제거하는 데 별다른 노력을 하지 않았다. 그러나 2001년, 조지 부시가 대통령이 되자, 많은 네오콘들이 중요한 자리를 차지했다. 초기에 부시는 망설였지만 결국 네오콘의 손을 들어 주었으며, 그렇게 만든 결정적인 계기는 2001년 9월 11일에 발생한 테러리스트들의 공격이었다.

---

103) 당시 유럽에서는 영국만이 유일하게 미국의 편을 들었고, 프랑스와 독일을 비롯한 많은 국가들은 미국의 결정에 반대했다. 미국 내에서도 찬성과 반대로 의견이 나뉘었다. 전쟁을 지지하는 사람들은 테러리즘에 대항하는 정당한 전쟁으로 생각한 반면, 반대하는 사람들은 미국의 이라크 침공은 세계평화를 위협하는 행위로 간주하였고, 미국이 세계 최강대국이라는 점을 이용하여 미국경제의 핵심인 석유를 쟁취하고자 하는 행위로 보았다. 존 캐디서 저, 강규형 역, 『9·11 충격과 미국의 거대전략』, (서울 : 나남출판, 2004), pp.9~164 내용참조.

2001년 9월 11일의 테러공격은 아프가니스탄에 근거지를 둔 알카에다라는 테러리스트 조직이 저지른 것이었다. 미국이 선포한 테러와의 전쟁의 첫 번째 조치로서, 조지 부시 대통령은 9월 17일 아프가니스탄 침공 계획을 승인했다. 같은 날 그는 이라크 침공계획을 수립하라고 국방부에 명령했다. 그러나 이라크는 9·11 테러와는 아무런 상관이 없었다. 2002년 1월, 미국은 아프가니스탄을 점령했고, 알카에다는 뿔뿔이 흩어졌다. 그달에 행한 의회 국정 연설에서 부시는 이라크와 이란, 북한이 '악의 축'을 결성해 세계평화를 위협한다고 비난했다.[104] 6월에 행한 또 다른 연설에서는 미국이 그런 국가들에 대해 선제공격을 할 것이라고 말했다. 이즈음 부시 정부는 이라크가 새로운 정책의 첫 번째 표적이 될 것을 명확히 했다.

당시 국제 사회는 후세인에 대하여 뭔가 조치를 할 필요가 있다는 점에서는 대부분 동의하고 있었다. 영국 정부는 미국의 입장을 지지한 반면, 프랑스와 독일, 러시아, 중국 등 다른 주요 국가들은 아직까지는 봉쇄만으로도 충분하다고 주장했다. 9월에 후세인은 공격을 피하기 위해 유엔 무기 사찰단의 복귀에 동의했다. 이후 몇 달 동안 사찰단이 대량 살상 무기들을 찾아내기 위해 이라크를 뒤졌지만 증명하지는 못했다. 그리고 무기

---

104) 2002년 1월 29일 조지 부시 미국 대통령은 의회 국정 연설에서 다음과 같은 발언을 한다. "우리는 화학무기, 생화학 무기, 핵무기들을 손에 넣고자 하는 테러리스트들과 정권들이 미국이나 세계를 위협하지 못하도록 막아야 합니다. 이 중 몇몇 정권들은 9·11 이후 조용히 지내고 있지만 우리는 그들의 본성을 잘 알고 있습니다. 동아시아의 북한은 미사일과 대량 살상 무기로 무장한 정권입니다. 또, 이란은 이런 무기들을 무슨 수를 써서라도 손에 넣고 싶어 하는 테러를 수출하고 있습니다. 이라크 또한 미국에 대한 적대감을 보란 듯이 드러내며 테러를 지원하고 있습니다. 이런 국가들, 그리고 그들과 연합한 테러리스트들은 악의 축을 형성하며 세계 평화를 위협하기 위해 무장하고 있습니다. 이 정권들이 노골적으로 대량 살상 무기 획득을 위해 애쓰면서 세계는 점점 더 심각한 위협을 받고 있습니다. 또한 이들 정권은 테러리스트들에게 이런 무기를 제공할지도 모릅니다. 또 그들은 우리의 동맹국들을 공격하거나 미국을 협박할 수도 있습니다. 저는 위험이 점차 증가하고 있는데도 아무 일도 하진 않은 채, 큰일이 벌어질 때까지 무작정 기다리지는 않을 겁니다. 저는 위기가 한 걸음 한 걸음 다가오고 있는 것을 옆에 서서 그냥 지켜보고만 있지는 않을 것입니다. 또한 미국은 가장 위험한 정권들이 가장 파괴적인 무기들로 우리를 위협하도록 내버려두지 않을 것입니다."

가 없다는 확신도 심어주지 못했다. 그러는 사이 미국과 영국 정부는 이라크와 인접한 쿠웨이트에서 군사력을 증강하기 시작했다.

미국과 영국은 군사적 행동을 적극적으로 주장하였다. 전쟁을 찬성하는 사람들은 몇 가지 근거를 내놓았다. 우선 후세인은 팔레스타인의 자살 폭탄 테러 조직들에 자금을 제공하여 테러리즘을 지원했고, 대량 살상 무기들을 개발하고 있다는 혐의를 받고 있었다. 그런 무기들을 테러리스트들에게 넘겨줄 경우 그 테러리스트들이 서구를 공격할지도 모른다는 위험성을 가장 큰 이유로 들었다. 또한, 대량 살상 무기를 개발하려는 시도를 중단하지 않음으로써 후세인은 많은 유엔 결의안들을 의도적으로 위반하고 있었다. 그의 이러한 행동을 내버려둔다면 유엔의 권위가 훼손될 것이라는 점을 들었다. 그리고 후세인은 잔인한 독재자이며, 이란과 쿠웨이트 등 다른 국가들을 침략했으므로, 그가 없으면 세계는 더 살기 좋은 곳이 될 것이라고 했다.[105)]

전쟁이 임박해지자 세계 곳곳에서 대규모의 반전 시위들이 벌어졌다. 유엔에서는 후세인에게 무력을 사용하려면 새로운 유엔 결의안이 필요하다는 주장들이 제기되었다. 그리고 영국 정부도 자국민 중 상당수가 유엔의 인정을 받은 전쟁만을 지지할 것이란 점을 알고 있었기 때문에, 결의안 설정에 동의했다. 하지만 얼마 지나지 않아 대부분의 유엔 회원국들이 무력 사용을 위한 결의안에 찬성하지 않는 것이 밝혀졌다. 프랑스뿐 아니라 러시아까지도 무기 사찰단이 조사를 완전히 마치기 전에 군사적 행동을 승인하는 어떠한 결의안에 대해서도 거부권을 행사할 것임이 분명해졌다. 그러나 미국과 영국은 더 이상 유엔의 승인을 구하지 않고 전쟁을 시

105) 그들은 후세인을 제거하고 민주적인 이라크를 건설한다면 다른 중동 국가들도 민주적이며 개방적이고 서구 사회에 좀 더 우호적인 국가들로 변할 수 있는 계기가 될 것이라고 하였다. 이보다 더 근본적인 이유는 후세인 정권이 무너지고 미국에 우호적인 정권이 세워진다면 그곳의 막대한 석유 자원을 이용하는데 지금보다는 편리해진다는 점이다. 어찌 보면 이라크인을 위해서라기보다는 미국을 위해 후세인을 제거하는 것이 바람직하다고 판단한 것이다.

작하자는 결정을 내렸다. 영국에서는 이에 대한 항의로 서너 명의 장관이 사임했다.[106)]

미국과 영국은 몇몇 다른 국가들에서 정치적 지지를 받아 군대를 구성했다. 1991년의 걸프전 때도 그랬듯이 참전한 군대를 '연합군'이라고 불렀다. 하지만 상황은 그때와 달랐다. 이번에는 연합군이 거의 미국과 영국의 군대만으로 구성되었기 때문이다. 2002년 여름 이후 걸프지역에서 미국과 영국의 병력 수는 꾸준히 증가했으며, 전쟁이 시작된 2002년 3월 20일에는 약 13만 명의 지상군이 이라크 침공을 준비하고 있었다. 이 지상군은 가장 현대화된 탱크와 장갑차들을 갖추고 있었고, 세계가 일찍이 본 적이 없을 정도로 가장 우수한 공군력과 통신체계의 지원을 받고 있었다.[107)]

당시 미국은 전 세계 군사비 지출의 40% 이상을 차지하고 있었으며, 사담 후세인을 축출하기 위해 집결한 군대도 군사 강국에 걸맞게 세계 어떤 국가의 군대와도 상대되지 않을 정도로 우월한 군사력을 자랑하고 있었다.

---

106) 2002년 9월 24일, 토니 블레어 총리는 하원 의회의 비상회의에서 연설을 했는데, 후세인이 엄청난 위협을 가하고 있음을 증명하는 내용을 담고 있었다. 연설 중에 인용된 몇 가지 '사실들'은 당시에 많은 논쟁을 불러 일으켰다. "지금까지 후세인이 유엔에 협력할 기회는 수도 없이 많았습니다. 하지만 그는 그렇게 하지 않았습니다. 왜 그랬을까요? 오늘 우리가 공개한 보고서에 그에 대한 해답이 있습니다. 그 이유는 바로 후세인이 화학 무기, 생물학 무기, 핵무기 개발 프로그램을 실제로 진행하고 있고 그 프로그램은 아주 구체적이며 점차 발전되어 왔기 때문입니다. 현재 이라크에 내려진 봉쇄정책은 효력을 발휘하지 못하고 있습니다. 대량 살상 무기 프로그램도 중단되지 않았습니다. 그 프로그램은 말 그대로 가동되고 있는 것입니다. 이 보고서를 준비한 합동 정보 위원회의 정보에 의하면 이라크가 화학 무기와 생물학 무기들을 보유하고 있으며, 후세인은 계속해서 그 무기들을 생산해 왔고, 실제로 화학 무기와 생물학 무기들의 사용을 위한 군사적 계획들을 세워 놓고 있을 뿐만 아니라, 그 무기들은 45분 안에 발사 준비가 완료될 것이라고 합니다. 또한 후세인은 핵무기까지 손에 넣고자 적극적으로 움직이고 있다고 합니다. 저는 분명하게 말씀드릴 수 있습니다. 이렇게 제멋대로인 후세인을 두고, 이렇게 구체적인 정보가 입수된 상황에서, 그렇게 우리가 이성적으로 앞으로의 상황을 추정할 수 있는 능력이 있으면서도 아무런 행동도 하지 않는 것이 과연 현명한 일일까요?"라고 연설했다. 위의 책, pp.32~33.

107) 위의 책, p.40.

숫자상으로 보면, 연합군 한 명이 대략 2~3명 정도의 이라크군인들을 상대해야 하는 것으로 보이지만, 이라크군이 가지고 있는 무기와 탱크, 통신장비들은 낡았고, 공군은 사실상 존재하지 않았다. 이라크군에는 고작 가까운 곳의 목표물이나 맞출 수 있는 미사일이 몇 기 있을 뿐이었다. 또한 이라크군은 그들 중 일부는 자신들의 나라가 침공당한 것에 대해 분개했겠지만, 전투를 치르거나 사담 후세인을 위해 목숨을 바칠 만큼 투지를 불태우는 사람들은 드물었다. 모든 면에서 보건대, 이라크 전쟁은 근본적으로 상대가 되지 않는 싸움이었다.

(2) 전쟁의 경과 및 교훈

2003년 3월 20일 이른 새벽에 개시된 첫 번째 공격은 페르시아 만에 배치된 미국 군함의 크루즈 미사일들이 수도 바그다드의 목표물들을 공격하는 것으로 시작되었다. 전쟁이 시작되기 전, 미군 사령관들은 '충격과 공포(shock and awe)'를 느끼기에 충분할 정도로 파괴적인 공중 공격을 가할 것이라고 발표했다. 미군과 영국군은 민간인 사상자를 최소화하기 위해 정확도가 훨씬 향상된 '스마트' 폭탄을 사용하여 목표물만을 정밀하게 공격했는데[108], 이런 공격방식을 택한 데에는 두 가지 이유가 있었다. 첫째, 후세인 정부와 관련된 것만을 목표로 삼아 공격하는 것이 바람직하다고 생각했다. 위협을 느껴 항복해야 할 대상은 후세인과 그의 군대이지 이라크 국민들은 아니었기 때문이다. 둘째, 전 세계적으로 이라크 침략에 대해 좋지 않은 인식이 퍼져 있는 마당에 민간인 희생자들까지 나오게 된다면 미국과 영국의 입장에서도 좋을 것이 없었다. 그래서 영국과 미국은 신중하게 전쟁을 수행하고 있다는 모습을 보여주어 국제사회의 지지를 얻어야만 했다.

108) 그러나 영 · 미 연합군이 바그다드 외곽의 작은 도시와 시골 지역을 공격할 때는 사정이 달랐다. 전 세계 매스컴들도 이 공격에 별로 신경 쓰지 않았고, 공중 공격도 신중하지 않았다. 이들 지역에서는 특별한 목표물을 공격하기보다는 이라크군이 있다고 생각되는 곳이라면 어디든지 미 · 영 연합군 소속의 공군이 가차 없이 맹렬한 폭격을 가했다. 당연히 많은 수의 사상자가 발생했다. 위의 책, p.42.

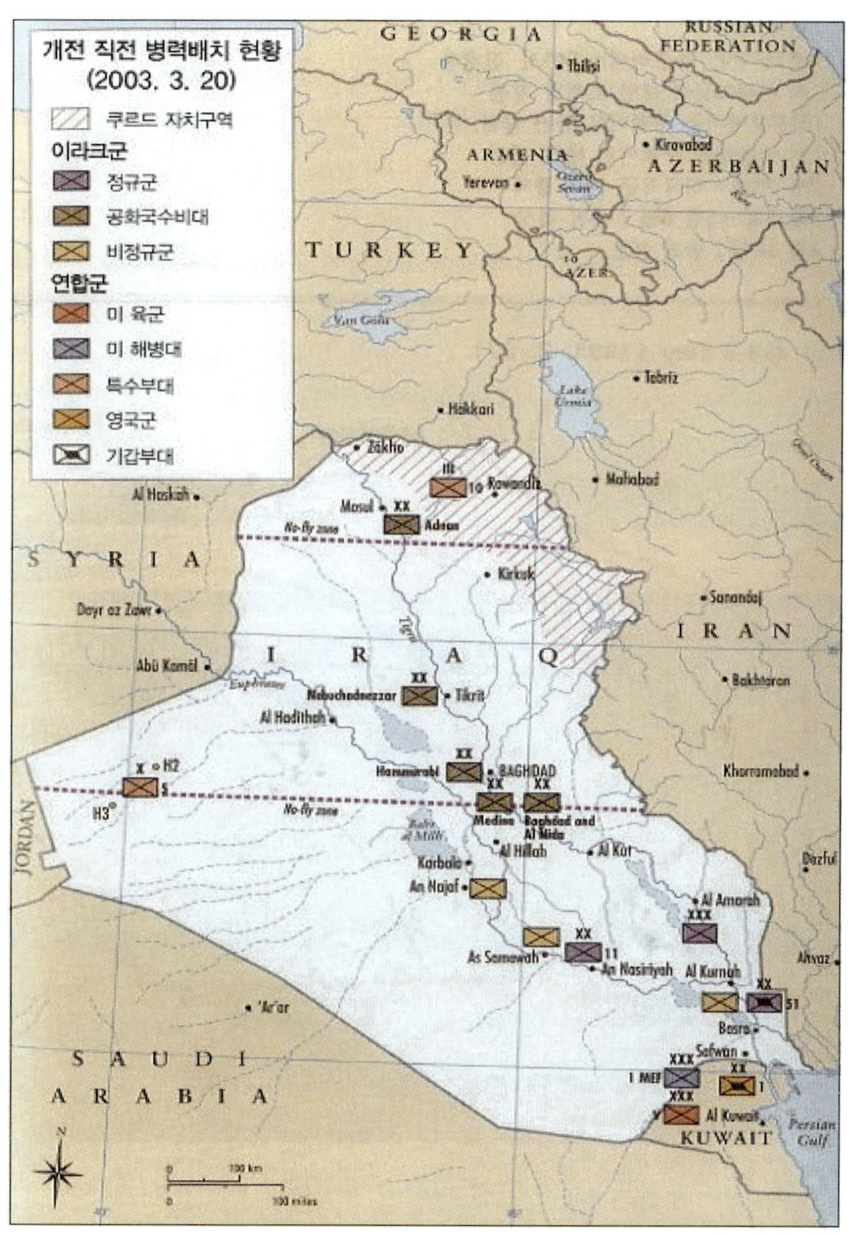

(그림 10-6) 이라크 전쟁 - 개전 직전 병력배치 현황

최초 미 · 영 연합군의 계획은 북쪽과 남쪽에서 동시에 이라크로 진입하는 것이었지만 인접국 터키가 마지막 순간에 자국 영토에서 공격하는 것을 허용하지 않아 계획대로 시행할 수 없었다. 연합군은 3월 20일 아침 일찍 쿠웨이트에서 국경을 넘어 이라크를 침략했으며, 3개의 주력부대가 지상전에 참가했다. (1)우측에서는 미군의 지원을 받는 영국군이 이라크의 제2도시인 바스라와 알포 반도를 향해 북쪽과 북동쪽으로 진격해 들어갔다. 이들의 주요 목표는 이라크 남부의 유전들과 항구들을 점령하는 것이었다. (2)중앙에서는 미 해병대가 투메일라 유전과 티그리스 강가의 계곡을 향해 북쪽으로 진격했고, (3)좌측에서는 미 육군이 사막을 가로질러 유프라테스 강가의 계곡을 향해 북서쪽으로 공격해 들어갔다. 중앙과 좌측을 맡은 미군의 최종 목적지는 바그다드였다.

지상전이 시작된 후 며칠 동안 미군과 영국군은 저항을 거의 받지 않았다. 미 · 영 연합군은 알포 반도를 점령하고 바스라 시를 포위하였다. 일요일인 3월 23일 무렵에는 미군이 나자프 부근까지 진격해 들어갔다. 나자프에서 1/3 정도만 더 가면 바그다드를 점령할 수 있는 상황이었다. 이때 까지만 해도 전쟁은 빨리 끝날 것처럼 보였다. 하지만, 이후 며칠 동안에는 진격속도가 늦어지더니 급기야는 사실상 정지 상태에 이르렀다.

이렇게 진격이 지연된 데에는 두 가지 이유가 있었다. 우선, 전에 없이 사나운 모래폭풍이 일어나, 앞장 선 부대들에 군사 물자를 보급해 주기 힘들어졌다. 또 이라크군의 본격적인 반격도 시작되었다. 이라크의 최정예 부대들은 바그다드를 둘러싸고 이라크의 중앙지역에 배치되어 있었는데, 미군은 나시리야와 나자프 같은 유프라테스 강가 계곡에 위치한 도시들에서 강력한 반격을 받게 되었다. 도시에서 시가전이 벌어지자 미군의 장점인 기술적 우세와 공군의 지원이 그다지 위력을 발휘하지 못했다. 오히려 지형이나 건물의 위치 등을 잘 알고 있는 이라크군이 유리했다.

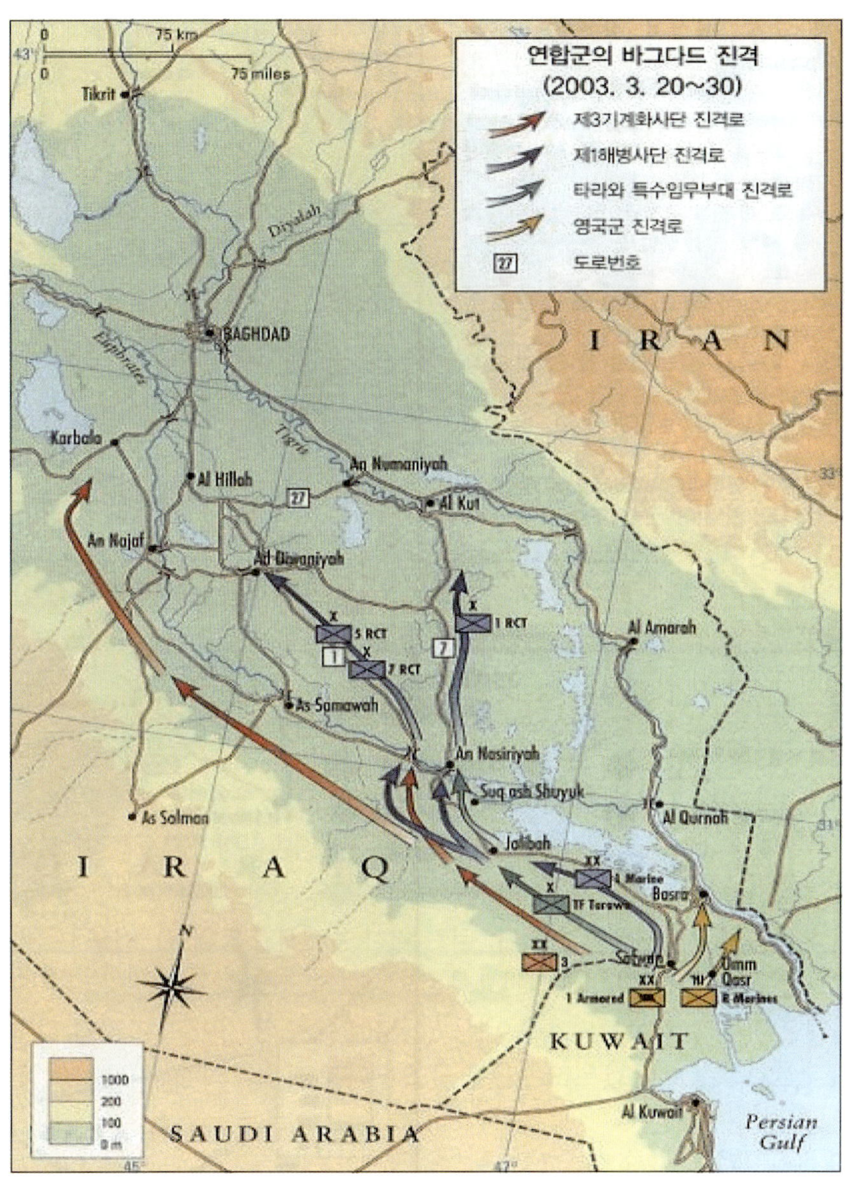

(그림 10-7) 이라크 전쟁 - 연합군의 바그다드 진격 I

지상에서 미 · 영 연합군은 두 가지 어려움에 부딪혔다. 우선 바그다드로의 진격이 별다른 성과를 보이지 않았고, 민간인 희생자가 속출하자 전 세계가 연합군을 비난했던 것이다. 3월 26일 바그다드의 한 시장에 가해진 폭격으로 약 20명의 민간인들이 죽고, 그보다 훨씬 많은 민간인들이 중상을 입은 사건은 그야말로 세계를 충격으로 몰아넣었다. 전 세계의 신문과 TV는 그 만행을 헤드라인 뉴스로 다루었다. 그로부터 이틀 후에 자행된 폭격으로 50여 명이 목숨을 잃었는데, 이 역시 중요 뉴스로 전 세계에 퍼져나갔다. 민간인 희생자들과 관련된 처참한 사연들이 보도되기 시작했다.[109)]

이라크 주변 국가들은 모두 이슬람을 믿는 국가들이며, 그들 정부 대부분은 사담 후세인과 연합국과의 전쟁에서 연합국의 입장을 공개적으로 지지하기를 꺼렸다. 그들이 꺼린 데에는 두 가지 이유가 있었다. 첫째, 그들은 후세인이 없는 이라크가 국가 붕괴를 맞거나 이슬람 근본주의로 전향할지도 모른다고 우려했는데, 어느 쪽이든 아랍 전체의 안정을 해치게 될 것이기 때문이다. 둘째, 국민들 사이에 깊이 뿌리내린 반미 감정 때문이다. 이런 정서는 대부분 아랍과 이스라엘의 분쟁에서 미국이 이스라엘을 지지했기 때문에 생긴 것이었다.

그러나 아랍의 작은 두 나라만이 미 · 영 연합군을 지원했다. 쿠웨이트는 연합군에게 군사기지를 제공했다. 이집트, 사우디아라비아, 요르단과 같은 아랍 국가들은, 미국의 원조에 의존하고 있고 속으로는 후세인이 없어지길 원했지만 전쟁 지원을 거부했다. 터키 역시 북대서양 조약 기구(NATO)의 회원국이었지만 연합국의 지원요청을 거부했다. 터키정부는 이라크가 해체되면 이라크 내 쿠르드 족들이 독립 국가를 수립할 것이고, 그러면 터키 내 쿠르드 족들도 똑같은 요구를 할지 모른다는 점을 우려했다.[110)]

---

109) 이라크 전쟁은 역사상 가장 언론보도가 활발했던 전쟁이었다. 세계 여러 나라의 언론인들이 전쟁 내내 바그다드에 머물러 있으면서 바그다드의 상황을 생생하게 전달했다. 또한 700여 명의 언론인들이 각각 다른 연합군 부대들에 배속되어 연합군과 함께 움직였다. 이들은 군인들과 위험을 함께하며 동고동락하면서 활동했고, 어떤 언론인들은 독자적으로 활동하는 경우에는 종종 생명까지도 위태로운 지경에 처하기도 했다.

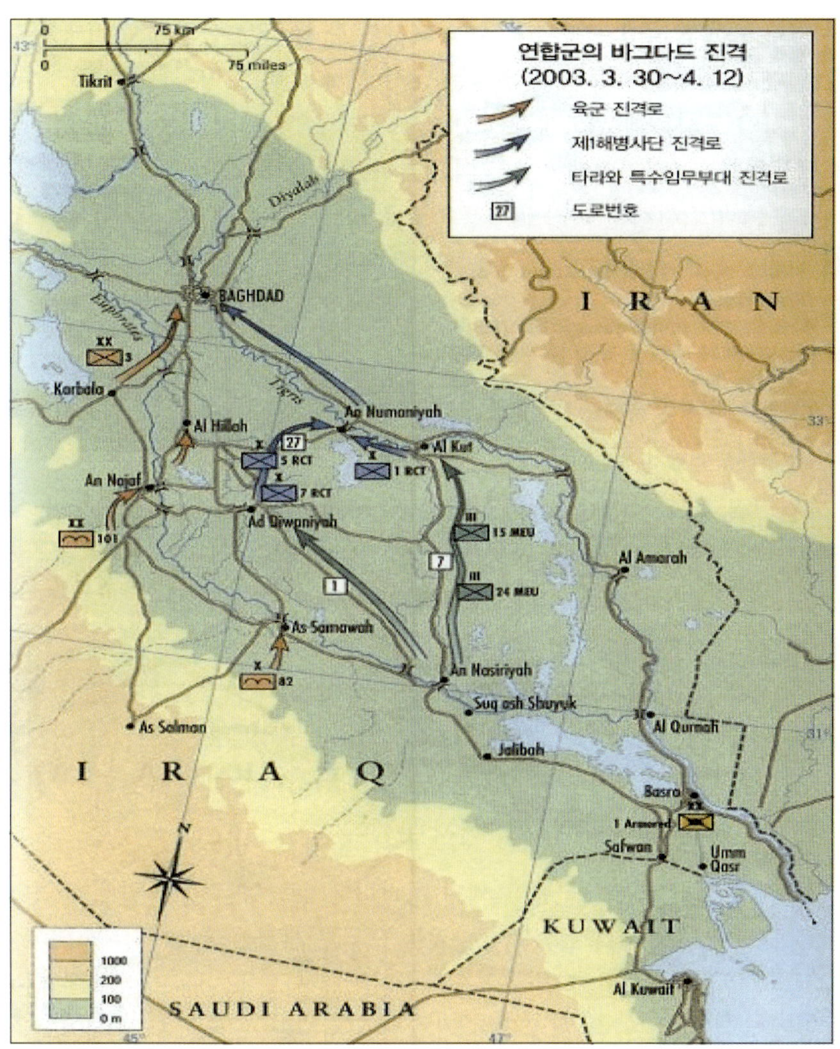

(그림 10-8) 이라크 전쟁 - 연합군의 바그다드 진격 Ⅱ

110) 또 다른 이유로 후세인의 종말을 우려한 두 국가가 있었다. 이란과 시리아이다. 이란은 부시 대통령이 언급한 '악의 축'에 속한 국가였으며, 시리아는 미국으로부터 테러리즘을 지원하고 있다는 비난을 받아왔다. 이들 정부는 모두 후세인에 대한 애정은 없었지만, 자신들이 다음 목표물이 되지 않을까 하는 우려 때문에 현실 유지를 원했던 것이다. 위의 책, p.50.

3월 29일에서 30일 사이의 주말 동안 모래 폭풍은 잠잠해져 미국 군대 중 앞에서 공격을 주도하는 부대는 다시 보급을 받게 되었으며, 유프라테스 강가의 도시들에서 전개되던 이라크군의 공격은 약화되었다. 미군은 다시 진격했고, 4월 3일에는 바그다드에서 48km 떨어진 지점까지 도달했다. 이 당시의 진격은 이라크의 통신 시설과 부대들에 대한 무차별 폭격과 함께 이루어졌다. 후세인의 정예 부대에 어떤 명령이 떨어졌는지는 정확히 알 수 없지만, 6만 명의 막강한 이라크 공화국 수비대는 무력한 것으로 드러났다. 많은 이라크 장교들과 사병들은 전쟁에서 패했다는 것을 깨닫고 부대를 탈영해 집으로 향했다. 바그다드로 향하는 길목에는 아무런 장애물도 없었다.

4월 3일, 대규모 공중 폭격으로 바그다드의 전기 공급이 끊겼으며, 그 다음 날에는 미군이 국제공항을 장악했다. 이제 바그다드는 사실상 포위되었고, 미군 탱크 부대들은 처음으로 그 도시에 직접 포격을 가했다. 4월 6일, 멀리 남쪽에서는 영국군이 마침내 바스라 시 중심으로 진격해 들어갔다. 폭격이 계속되는 동안, 소규모의 부대들이 도시 안으로 침투해 이라크군의 저항 정도를 시험해 보았다. 4월 8일, 미 해병대가 후세인이 버리고 간 대통령 궁들 중 한 곳에 진지를 세웠다. 하지만 그때까지도 적이 금방 와해될 것이라고는 아무도 예상하지 못했다.

4월 9일 아침에 연합군은 후세인 정권이 사라졌다는 것을 알게 되었다. 그 정권의 대변인, 장관들, 정부 관료들 모두가 사라졌다. 그들은 전쟁에서 패했다는 사실을 깨닫고 연합군과 억압당했던 자국 국민들의 보복을 피해 도망갔던 것이다. 많은 사람들이 거리고 뛰쳐나왔고, 독재자 후세인의 동상은 사람들이 환호하는 가운데 TV카메라 앞에서 끌어 내려졌다. 후세인의 패배에 대해 이라크인들이 느끼는 감정은 종잡을 수가 없었다. 여기저기서 후세인의 패배를 환영했지만, 저항 운동도 계속되었다. 또 후세인이 다시 돌아올지도 모른다는 우려 때문에 드러내놓고 기뻐하길 꺼리는 분위기도 역력했다.

(그림 10-9) 바그다드 시가전

바그다드와 바스라에서 경찰 대부분이 후세인 정권과 함께 종적을 감췄다. 미국과 영국 정부는 그들을 대처할 계획을 세우지 않았기 때문에 곧바로 문제가 생겼다. 연합군의 병력으로 치안과 방범을 감당하기에는 그 수가 턱없이 모자랐고, 그로 인해 순식간에 약탈이 벌어졌다. 이라크 패잔병들이 버리고 간 총기들은 일반인들이 자신의 가족과 재산을 보호하기 위해 가져가거나, 범죄자들의 수중에 들어가 약탈과 범죄에 이용되었다. 법과 질서를 회복하는 일은 너무도 어려웠다. 미국과 영국의 지도자들은 전쟁만을 생각했다. 전쟁 이후의 문제에 대해서는 아무런 대책이 없었기 때문에, 이라크의 무법천지 상황에 신속하게 대처하지 못했고 또 적당한 대처가 없자 상황은 더욱 악화되는 악순환이 반복되었다. 연합국이 해결해야 할 또 다른 과제는 이라크의 기초 시설 복구와 식량 및 의료품의 전달, 새로운 이라크 정부의 수립 등이었다. 이외에도 여러 가지 면에서 미국과 영국이 전쟁이 끝난 후의 상황에 대해 준비하지 않았다는 점이 입증되었다.

4월 14일까지 이라크 북부의 도시들인 키르쿠크와 모술, 티크리트도 미군의 수중에 떨어졌다. 키르쿠크와 모술을 함락하는 과정에서 쿠르드 족 전사들은 눈부신 역할을 했다. 일단 대규모 전투가 끝나자, 연합국 군대들은 후세인 정권의 지도자들을 수배하기 시작했다. 후세인은 그런데 12월이 되어서야 티크리트의 남쪽에 있는 작은 마을에서 체포되었다.

3주간의 전쟁에서 158명의 미국과 영국 군인들이 사망했고, 약 5,000명 가량의 이라크인들이 사망했는데 그중 절반은 민간인이었다. 또 미군은 750기의 크루즈 미사일을 발사했고, 미·영 연합공군은 3만 번 이상 출격했다. 이 전쟁으로 이라크는 엄청난 피해를 감수해야 했다. 그 동안 이라크를 지배하던 후세인은 주변에 잦은 전쟁을 일으켜 국제사회의 골칫거리가 되었으나, 2003년 이라크 전쟁으로 그러한 사태는 막을 내렸다.

전쟁은 끝났지만 전쟁 전 찬반을 놓고 발생했던 대립은 평소 동맹관계를 유지해 오던 국가들 사이에 쉽게 풀리지 않는 불신을 남겼다. 영국과 미국 정부는 프랑스와 독일, 러시아를 비롯한 여러 국가들에 실망했다고 말하며, 미국과 영국이 다른 국가의 도움이 절실히 필요한 때에 그 국가들은 외면만 하고 있었다고 주장했다. 프랑스를 포함해 전쟁에 반대한 국가들은 미국과 영국이 다수국가의 의견을 무시한 것에 대해 비난했으며, 유엔의 승인도 없이 전쟁을 일으켜 유엔의 권위가 손상되었다고 항의했다.

이라크의 평화 재건 과정에 대한 의견은 정치적인 모습을 띠고 있었지만, 미국과 영국은 전쟁을 치른 것은 자신들이고, 따라서 평화 재건 과정 역시 자신들이 맡아야 한다고 주장하며 그 제안을 받아들이지 않았다. 그 밑바탕에는 각국의 경제적 이익과 관련된 생각이 깔려 있었다. 미국과 영국은 이라크의 석유를 장악[111)]하고 재건 사업을 통해 통제적 이익을 얻기를 희망했고, 프랑스와 러시아는 전쟁 전에 후세인 정권과 대규모 석유 생산 계약을 체결했기 때문에 이라크에 어떤 정부가 새로 들어서든지 그 계약의 유효성이 인정되길 원했다. 하지만 미국과 영국이 이라크를 물리적으로 점유하고 있었다는 점이 평화 재건을 위한 업체 선정에 영향을 끼쳤다.[112)]

전쟁이 할퀴고 지나간 이라크의 내부에는 언제 터질지 모르는 긴장감이 흐르고 있었다. 우선, 연합국 점령군들과 이라크 국민들의 관계가 좋지 않았다. 또한 과거에 충돌했던 경험이 있는 이라크 내의 종족과 종파, 정치적 이해 집단들이 후세인 독재 아래에서는 힘을 얻지 못하다가 이제는 자신들에게 불리한 일이 생길 경우 언제든 의사를 표현하여 이라크의 어지러운 상황은 좀처럼 가라앉지 않았다. 특히 미국에서는 연합군이 이라크인들로부터 '해방자'로 환영받을 거라고 믿고 있었다. 하지만 현실은 분명히 연합군의 희망과는 달랐다. 많은 이라크인들은 연합군이 후세인을 제거해 준 것에 대해서는 고마워하면서도, 한편으로는 연합군을 침략군으로 바라보면서 적개심도 갖고 있었다. 또한 연합군이 빨리 질서를 회복하고 기초 시설을 정상화시키지 못하자, 어느새 고마워하는 마음은 사라지고 분노가 커지기 시작했다. 당연히 점령에 대한 저항도 계속되었다.[113)]

---

111) 1980년 후세인은 이웃 국가인 이란을 상대로 전쟁을 벌였고, 그 전쟁은 약 9년 동안 계속되었다. 기나긴 이 전쟁이 승패를 가리지 못하고 막을 내리자 이라크는 경제적으로 파산상태가 되었다. 그래서 사담 후세인은 1990년 8월에 석유자원이 풍부한 쿠웨이트를 침공하여 경제를 회복시키려 했다. 하지만 그로부터 6개월 후, 유엔의 승인 아래 미국이 주도하여 결성한 연합군에게 걸프전에서 패배함으로써 이라크는 쿠웨이트에서 축출되었다.

112) 전쟁이 끝나고 며칠 되지 않아 첫 번째 대규모 재건 사업 계약이 체결되었는데, 딕 체니 부통령이 과거에 경영 책임자로 있던 미국의 핼리버튼 사가 사업자로 선정되었다. 그 이후 몇 달 동안 전쟁에 반대한 국가의 기업들이 이와 비슷한 재건 사업 허가를 신청했지만 받아들여지지 않았다.

113) 연합군은 저항군으로부터 매일같이 공격받았고, 순식간에 전쟁 후에 사망한 미군의 수가 전쟁 중에 사망한 미군의 수보다 많아졌다. 미군의 사망자 수만 증가한 것은 아니었다. 빈번하게 발생하는 폭탄 테러로 수백 명의 이라크인들도 함께 목숨을 잃었다. 처음에 미국과 영국은 그 저항이 후세인 정권의 잔당들이 마지막으로 몸부림치는 것이라고

몇 개월에 걸쳐 치러진 이라크 전쟁에서 우리는 몇 가지 교훈을 얻을 수 있다. 첫째, 유엔은 몇몇 주요 국가들이 대다수 회원국의 뜻에 반대할 경우 별다른 힘을 쓸 수 없는 무력한 기구라는 점이다. 그리고 전쟁을 주장한 국가들에서도 대다수 국민들은 분명히 전쟁에 반대했지만, 최종적인 결정에 영향을 미치지는 못했다는 점이다. 둘째, 전쟁 그 자체만을 보면, 제공권을 장악하는 것이 군사적 성공에 필수적이란 사실이 다시 한 번 증명되었다. 21세기 정보화시대에 새로운 첨단 전쟁 방식이 등장했고, 현대 무기들은 10년 전만 하더라도 거의 상상조차 할 수 없었을 만큼 민간인 희생자 수를 줄일 정도로 진보했다. 하지만 아직까지도 모래 폭풍처럼 단순한 기후 현상이 첨단 기술을 갖춘 군대를 어려운 상황에 빠지게 할 수 있다는 점도 함께 보여 주었다. 셋째, 전쟁이란 그 동기가 아무리 선하다 할지라도 기한을 연장하면서까지 무리하게 점령을 할 경우, 원망의 목소리를 듣게 된다는 점이다.

전체적으로 볼 때, 이라크 전쟁으로 미국의 힘이 어느 정도인지는 확실히 증명되었다. 이제 미국은 수백 년 동안 그 어떤 국가도 해보지 못했을 정도의 막강한 영향력을 행사하며 국제 문제들을 좌지우지할 수 있게 되었다. 미국은 마음만 먹는다면 어떠한 전쟁에서도 승리할 수 있을 것처럼 보인다. 그것은 미국군대가 그동안 뼈를 깎는 군사혁신을 한 결과라고 할 수 있다. 그러나 미국이 그런 우월성을 평화로운 방법으로 나타낼지 여부는 21세기 초 인류의 미래를 결정할 가장 중대한 정치적 문제가 될 것으로 생각된다.

주장했지만 몇 달이 지나면서 후세인에 반대했던 이라크인들조차 국외에서 유입된 이슬람 전사들과 함께 점령 반대 시위와 공격에 가담하고 있는 것으로 드러났다. 위의 책, p.62.

재미있고 유익한 이야기 **오퍼레이션 '넵튠 스피어'**

오퍼레이션 넵튠 스피어(Operation Neptune Spear)는 2011년 5월 2일에 실행된 미국의 작전으로 한 명의 테러범을 사살하기 위해 시행된 작전이다. 그 한 명은 바로 코드네임 제로니모, 오사마 빈 라덴이다.

2001년 9월 11일은 알카에다에 의한 테러공격을 받은 날로 미국에는 독립 후 최초로 본토를 공격받은 치욕스러운 날이었다. 이에 미국은 테러의 배후로 지목된 오사마 빈 라덴을 잡기 위해 총력을 기울였다. 이는 미국의 부시정부에 이어 오바마 정부에서도 변함없는 국가안보가 최우선 과제였기 때문이다. 이에 미국은 수년간 빈 라덴의 행적을 추적했고 드디어 그의 행방을 찾아냈다.

2011년 5월 2일 01:00 시에 작전이 시작되었고 미 해군특수전개발단(DEVGRU) 대원이 작전을 수행했으며 오바마 대통령은 백악관 상황실에서 위성 생중계로 작전을 지켜봤다.

작전이 시작되자 파키스탄의 육군사관학교가 위치한 아보타바드에 요원들이 침투하였고 그곳에 은신하고 있던 빈 라덴을 사살하였다. 작전에 소요된 총시간은 40여분. 작전 후 빈 라덴의 시신은 생명 안면 인식시험과 유전자 검사를 통해 본인임을 입증하였고 시신은 USS 칼 빈슨 함에 실려 아라비아 해에 수장되었다. 수장이유는 그의 추종자들이 후에 빈 라덴의 매장지를 성지화하여 테러활동에 악용할 수 있다는 견해에 근거하였다.

작전 이후 알카에다는 빈 라덴의 암살을 인정했으며 미국에 핵 공격을 포함한 테러를 이용, 보복하겠다고 천명했다.

향후 이 작전은 파키스탄 정부에 통보하지 않고 시행하여 많은 빈축을 샀으나 현대 평화를 위협하는 가장 큰 세력을 제거했다는 데 큰 의의가 있다고 하겠다.

부록 / 참고문헌 / 찾아보기

부록 1. 용어 해설

- 간과(看過): 어떤 문제나 현상 따위를 대수롭지 않게 대강 보아 넘김.
- 갑주(甲冑): 갑옷과 투구를 아울러 이르는 말.
- 강화(講和): 싸우던 두 편이 싸움을 그치고 평화로운 상태가 됨.
- 게릴라: 일정한 진지 없이 불규칙적으로 벌이는 유격전. 또는 그런 전법.
- 격납고(格納庫): 비행기나 비행선을 넣어 두거나 정비하는 건물.
- 견제(牽制): 아군의 공격이 수월하도록 적의 일부를 다른 곳에 묶어 두는 전술적 행동.
- 곡창지대: 쌀 따위의 곡식이 많이 나는 지대.
- 공방전: 서로 공격하고 방어하는 싸움.
- 공병(工兵): 군에서, 축성(築城) · 가교(架橋) · 건설 · 측량 · 폭파 따위의 임무를 맡고 있는 병과. 또는 그에 속한 군인. 건설 공병과 야전 공병이 있다.
- 공수부대: 공수 착륙이나 공중 투하로써 전투 지역 또는 적 후방에 투입하여 작전을 수행하게 할 목적으로 편성한 부대.
- 공화국(共和國): 주권을 가진 국민이 직접 또는 간접 선거에 의하여 일정한 임기를 가진 국가원수를 뽑는 국가형태.
- 관측(觀測): 육안이나 기계로 자연 현상 특히 천체나 기상의 상태, 추이, 변화 따위를 관찰하여 측정하는 일.
- 교두보(橋頭堡): 교량(橋梁)을 엄호하기 위해 축조(築造)한 보루(堡壘).
- 교량(橋梁): 강이나 내 등을 사람이나 차량(車輛)이 건널 수 있게 만든, 비교적 큰 규모(規模)의 다리.
- 교전(交戰): 서로 병력을 가지고 전쟁을 함.
- 교통호: 참호와 참호 사이를 안전하게 다닐 수 있도록 판 호.
- 구축(構築): 어떤 세력 따위를 몰아서 쫓아냄.

- 구축함: 해군(海軍) 함선(艦船)의 한 가지. 어뢰(魚雷)를 주무기(主武器)로 하여, 주로 적의 주력함이나 잠수함(潛水艦) 따위를 공격(攻擊)함.
- 국민개병 제도(國民皆兵制度): 국민 모두가 병역의 의무를 지는 제도. 우리나라에서는 1948년에 제정된 병역법에 의하여 일정한 연령에 달한 남자는 누구나 정해진 기간 동안 군복무를 치러야 한다. 일부 국가에서는 여자도 포함된다.
- 국수주의(國粹主義): 자기 나라의 역사, 문화, 국민성 등과 같은 전통이 다른 나라보다 뛰어난 것으로 믿고, 그것을 유지하고 발전시켜 나가기 위해 다른 나라나 민족을 배척하는 경향.
- 군비(軍備): 전쟁을 수행하기 위하여 갖춘 군사 시설이나 장비.
- 군수물자: 전투 식량, 군복, 병기 따위의 군대에 필요한 물품이나 재료.
- 군수산업: 국가 방위에 쓰는 군수품을 생산하는 모든 산업.
- 궁시(弓矢): 활과 화살
- 궤멸(潰滅): 무너지거나 흩어져 없어짐. 또는 그렇게 만듦.
- 극동(極東): 유럽에서 본 이름으로, 유럽에서 비교적(比較的) 먼 아시아 대륙(大陸)의 동부(東部)와 그 주변(周邊)의 섬들을 가리키는 말.
- 기갑부대: 화력과 기동성에 역점을 둔 육군 지상부대.
- 기동(機動): 전쟁이나 전투 수행에서 적보다 유리한 위치를 차지하기 위하여 부대를 이동시키는 작전 행동.
- 기동력: 전투 상황에 따라 재빠르게 병력이나 무기, 장비 따위를 이동시킬 수 있는 능력.
- 기만방책: 남을 속여 넘기는 방법
- 낙후(落後): 문화나 기술, 생활 등의 수준이 뒤떨어짐.
- 난공불락(難攻不落): 공격하기가 어려워 좀처럼 함락되지 않음.
- 내선 작전(內線作戰): 외부로부터 포위 태세로 전진해 오는 적과 대적하는 작전. 신속한 기동과 통신, 병참선 등 집중 및 분산의 이점을 활용할 수 있다.

- 네오콘: 미국의 신보수주의 혹은 신보수주의자를 일컫는다. 전통적 보수주의보다 대외정책에서 특히 강경한 입장을 취한다. 네오콘의 이념은 기독교적 정신을 바탕으로 한 절대적 선과 도덕이 강조된다는 것이다. 그리고 이를 위해 미국은 국제사회의 기존질서를 재편하고 다른 나라의 문제들에도 능동적으로 개입해야 한다는 주장이다.
- 다국적군: 여러 나라의 국적을 가진 군인들로 편성한 군대.
- 대동아공영권: 일본을 중심으로 함께 번영할 동아시아의 여러 민족과 그 거주 범위. 태평양 전쟁 당시 일본이 아시아 대륙에 대한 침략을 합리화하기 위하여 내건 정치 표어.
- 대량살상무기: 단시간에 많은 사람을 희생시킬 수 있는 전략무기로, 핵폭탄과 중장거리미사일을 비롯해 탄저균, 독가스, 바이러스 살포무기와 같은 생화학무기 등을 지칭한다.
- 대본영: 전시에 일본천황 직속으로 두었던 최고의 통수. 육군의 총참모장과 해군의 군령부장을 장으로 하여, 작전에 참여하고, 육해 양군의 협동을 도모함. 1944년 7월에 '최고전쟁지도회의'로 개칭함.
- 대전차포: 전차를 파괴하거나 무력화시키기 위한 목적으로 제작한 대포.
- 도하(渡河): 강이나 내를 건넘.
- 동원(動員): 전쟁 따위의 비상사태에 대처할 수 있도록 군의 편제를 평시 편제에서 전시편제로 옮기는 일.
- 매복(埋伏): 상대편의 동태를 살피거나 불시에 공격하려고 일정한 곳에 몰래 숨어 있음.
- 명분(名分): 일을 꾀할 때 내세우는 구실이나 이유 따위.
- 미증유(未曾有): 아직까지 한 번도 있어 본 적이 없음
- 반전운동: 전쟁에 반대하는 사회적인 행동. 전쟁의 개시와 확대에 반대하고, 정전을 요구하는 것 따위이다.
- 방진(方陣): 군대의 대형(隊形)에 사용하는 방형(方形)의 진법
- 배후(背後): 어떤 대상이나 대오의 뒤쪽.

- 병참(兵站): 군사 작전에 필요한 인원과 물자를 관리, 보급, 지원하는 일.
- 병합(倂合): 둘 이상의 기구나 단체, 나라 따위가 하나로 합쳐짐.
- 부교(浮橋): 교각을 사용하지 아니하고 배나 뗏목 따위를 잇대어 매고, 그 위에 널빤지를 깔아서 만든 다리.
- 북안(北岸): 강이나 바다 따위의 북쪽 기슭. 또는 대륙이나 반도 따위의 북쪽 기슭.
- 비적(匪賊): 무기를 지니고 떼를 지어 다니며 살인과 약탈을 일삼는 도둑.
- 생물학 무기: 각종 병원균을 포함한 생물학 작용제를 발사 · 분산 · 전파하여, 사람과 동식물을 살상 · 고사시키는 무기. 기습 · 후방 교란 따위에 효과적이지만, 민간인 및 주변 환경에도 피해를 주는 문제점이 있다.
- 석권(席卷): 돗자리를 만다는 뜻으로, 빠른 기세로 영토를 휩쓸거나 세력 범위를 넓힘을 이르는 말.
- 선제(先制): 선손을 써서 상대방을 먼저 제압함.
- 선회(旋回): 둘레를 빙빙 돌아감
- 섬멸(殲滅): 모조리 무찔러 멸망시킴.
- 숙영(宿營): 군대가 훈련이나 전쟁을 수행하기 위하여 병영 밖에서 머물러 지내는 일.
- 순양함: 전함보다 빠른 기동력과 구축함보다 우수한 전투력을 지닌 큰 군함.
- 슬로건: 어떤 단체의 주의, 주장 따위를 간결하게 나타낸 짧은 어구.
- 시오니즘: 고대 유대인들이 고국 팔레스타인에 유대 민족국가를 건설하는 것을 목표로 한 유대민족주의 운동
- 양동작전(陽動作戰): 적의 경계를 분산시키기 위하여, 실제 전투는 하지 아니하지만 병력이나 장비를 기동함으로써 마치 공격할 것처럼 보여 적을 속이는 작전.
- 양익포위: 적 후방에 있는 목표나 적 측방을 공격하기 위해 적 진지의 양 측방으로 기동하는 포위 기동형태로서 적 부대는 통상 조공이나 간접사격 혹

은 항공사격에 의해 진지에 고착됨.

- 엄호(掩護): 아군 주력 부대가 공격 · 철수 작전 따위를 쉽게 할 수 있도록 지원 부대가 사격으로써 적의 저항이나 공격을 분쇄하거나 약화시키는 일.
- 연신(延伸): 길이로 늘여 폄. 주로 달군 쇠붙이를 늘이거나 천을 늘이는 것을 이른다.
- 열강(列强): 국제적(國際的)으로 큰 역할(役割)을 맡은 강대(强大)한 몇몇 나라.
- 예비대: 예비하여 두는 부대. 작전상 전선의 후방에 위치하여 전방 부대를 지원하거나 보충한다.
- 오합지졸(烏合之卒): 임시로 모여들어서 규율이 없고 무질서한 병졸 또는 군중.
- 완충지대: 대립하는 나라들 사이의 충돌을 완화하기 위하여 설치한 중립 지대.
- 용병술(用兵術): 군사를 지휘하고 부리는 기술.
- 우회(迂廻): 곧바로 가지 않고 멀리 돌아서 감.
- 우회기동: 적의 퇴로를 막기 위하여 적의 측면이나 배후로 돌아 나아가는 작전 행동.
- 유격(遊擊): 적지나 전열 밖에서 그때그때 형편에 따라 적을 기습적으로 공격하는 일.
- 자주포: 량이나 장갑차 따위에 고정하여 만든 포. 견인포(牽引砲)에 비하여 쉽게 옮겨 다니며 쏠 수 있는 장점이 있다.
- 재래식 무기: 칼, 총, 대포 따위와 같이 예전부터 사용하던 무기. 핵무기, 생화학적 무기, 탄도 미사일 따위를 제외한 나머지 무기를 이른다.
- 전격전(電擊戰): 적의 저항을 급속히 분쇄함으로써 전쟁을 빨리 끝내기 위하여 기동과 기습을 최대한 활용하는 싸움.
- 전령(傳令): 명령을 전하는 사람.

- 정규군: 한 나라 정부에 제도적으로 소속되어 체계적인 군사 교육 훈련을 받아 이루어진 군대.
- 정양(靜養): 깨끗하고 조용한 곳에서 쉬면서 몸과 마음을 안정시킴.
- 제공권(制空權): 공군력으로 어느 지역의 공중을 지배하는 능력. 항공전력이 적보다 우세하여 적으로부터 큰 방해를 받지 않고 육 · 해 · 공군 작전을 수행할 수 있는 상태.
- 제독(提督): 해군 함대의 사령관.
- 제정(帝政): 황제가 다스리는 군주 제도의 정치
- 족벌 정치(族閥政治): 한 가문(家門)이 국가의 권력을 모두 쥐고 임의로 행하는 정치.
- 종심(縱深): 예전에, 앞뒤로 늘어선 대형 · 진지 · 방어 지대 따위의 전방에서 후방까지의 거리를 이르던 말.
- 종심방어(縱深防禦)전술: 얇은 방어선을 여러 겹으로 깔아서 적의 공격을 둔화시키고 소모시키는 과정을 통해 전선을 유지하는 전술이다. 기본적으로 적의 공격을 방어하는 방어거점을 전선 최전방으로부터 차례차례 배치하고 공격해오는 적을 차례차례 소모시킨다.
- 주둔(駐屯): 군대가 임무 수행을 위하여 일정한 곳에 집단적으로 얼마 동안 머무르는 일.
- 지연전: 시간을 얻기 위하여, 결전을 피하면서 적의 전진을 늦추는 전투.
- 집단군: 여러 개의 군과 야전군을 통합하여 편성한 대단위 부대.
- 집정관: 정권을 잡고 있는 관리.
- 징집(徵集): 병역 의무자를 현역에 복무할 의무를 부과하여 불러 모음.
- 참모(參謀): 지휘관을 도와서 인사, 정보, 작전, 군수 따위의 업무를 맡아보는 장교.
- 철퇴(撤退): 있던 자리를 거두어 가지고 물러남. 지연작전 형태의 하나로 적과 접촉을 단절한 부대가 적으로부터 아군의 후방으로 이동하는 작전.

- 청야(淸野): 적군이 이용하지 못하도록 농작물이나 건물 등 지상에 있는 것들을 말끔히 없앰.
- 초토화(焦土化): 초목이나 건물 따위가 모두 불에 타 잿더미로 덮인 땅으로 변하게 됨.
- 총독(總督): 어떤 관할 구역 안의 모든 행정을 통할하는 직책.
- 쿠데타: 무력으로 정권을 빼앗는 일. 지배 계급 내부의 단순한 권력 이동으로 이루어지며, 체제 변혁을 목적으로 하는 혁명과는 구별된다.
- 쿠르드족: 이란 · 이라크 · 터키 · 시리아 · 구소련 등 5개국에 걸친 쿠르디스탄 지역에 살고 있는 비운의 민족으로, 중동지역 곳곳에서 분리독립운동을 벌이고 있음.
- 탄두(彈頭): 포탄이나 미사일 따위의 머리 부분. 용도에 따라 폭약, 뇌관, 유도 장치, 인공위성 따위를 넣을 수 있다.
- 패권(霸權): 국제 정치에서, 어떤 국가가 경제력이나 무력으로 다른 나라를 압박하여 자기의 세력을 넓히려는 권력.
- 패잔병(敗殘兵): 싸움에 진 군대의 병사 가운데 살아남은 병사.
- 편견(偏見): 한쪽으로 치우친 공정하지 못한 생각이나 견해.
- 편대(編隊): 비행기 부대 구성 단위의 하나. 2~4대의 비행기로 이루어진다.
- 포진(布陣): 전쟁이나 경기 따위를 치르기 위하여 진을 침.
- 폭격(爆擊): 비행기가 폭탄. 소이탄 등 을 투하하여 적의 전력이나 국토를 파괴하는 일.
- 할양(割讓): 국가 사이의 합의에 의하여 자기 나라 영토의 일부를 다른 나라에 넘겨줌.
- 함대(艦隊): 바다나 대양에서 전략 및 작전 임무를 수행하는 해군의 연합부대. 군함들과 항공기, 해군으로 짜인다.
- 함재기: 군함, 또는 항공모함에 실은 항공기.
- 항만: 배가 정박하고, 승객이나 화물 따위를 싣거나 부릴 수 있도록 시설을

한 구역.

- 해협(海峽): 육지 사이에 끼어 있는 좁고 긴 바다. 양쪽이 넓은 바다로 통한다.
- 화력(火力): 총포 따위의 무기의 위력.
- 화학무기: 화학전에 쓰는 무기를 통틀어 이르는 말. 독가스, 화염 방사기 따위가 있다.
- HUMINT: 스파이에 의한 정보 수집(첩보 활동).

부록 2. 재미있는 전쟁과 음식 이야기

1) 감자는 돼지먹이, 포로의 음식이었다.

감자가 처음 유럽에 전해졌을 때는 먹으면 큰일 나는 독초로 알았기 때문에 완전히 구박 덩어리였다. 감자의 원산지는 남미 페루로 1565년 유럽에 전해졌다. 스페인 탐험가 곤잘로가 황금을 찾겠다며 페루를 뒤지고 다니다 금은 찾지 못하고 대신 감자를 가져왔으니 감자 구박의 역사는 이때부터 시작됐다. 스페인에서는 그나마 선원들의 비상식량으로 쓰였지만, 유럽에서는 독극물, 혹은 신의 저주가 내린 작물 취급을 당했다. 예컨대 프랑스에서는 감자를 먹으면 문둥병인 한센병에 걸리거나 성병인 매독에 걸린다고 믿었고, 감자를 심으면 땅이 황폐해져 농사를 망친다고 생각했다. 그래서 법으로 감자재배를 막기도 했다.

이런 감자를 어쩌다 먹게 됐을까? 유럽인들이 감자를 먹은 것은 전쟁의 역사와 궤도를 같이한다. 그 중심에 파르망티에라는 프랑스 육군장교가 있다. 파르망티에는 1756년 프랑스와 프로이센의 7년 전쟁에 참전했다가 이듬해 포로가 됐다. 그리고 1763년 전쟁이 끝날 때까지 포로수용소에 갇혀 지냈는데 6년의 기간 동안 감자로 연명했다. 그가 포로생활을 했던 시기는 대부분 프로이센군이 프랑스, 오스트리아 동맹군에 밀리고 있을 때였다. 지고 있던 프로이센 군대는 병사에게 제공할 식량도 부족한 판국에 포로에게 제대로 된 음식을 제공하지는 않았다. 이때 파르망티에가 먹었던 감자는 바로 돼지 먹이로 파르망티에는 포로생활을 하면서 돼지취급을 당했던 것이다. 그런데 6년 동안 돼지와 함께 감자를 먹었는데 파르망티에는 죽기는커녕 오히려 튼튼해져서 돌아왔다. 농화학을 전공한 파르망티에는 제대

후 자신의 경험을 토대로 감자 보급에 나섰다. 그 덕분에 감자에 대한 사람들의 거부감은 사라졌지만 감자는 여전히 가난한 사람들의 음식이었다. 그러다 프랑스에서 감자가 널리 퍼진 것은 레미제라블의 배경이 된 1795년, 혁명정부 파리코뮌이 수도 파리를 포위했을 때이다. 식량 공급이 차단되면서 사람들이 감자를 먹게 됐고, 이후부터 감자에 대한 거부감이 사라졌다.

독일도 마찬가지다. 지금 감자는 독일인의 주식처럼 됐지만, 옛날 독일, 즉 프로이센에서는 1774년까지 농부들조차도 감자 먹기를 거부했다. 돼지들이나 먹는 작물이지 인간이 먹는 음식은 아니라는 것이었다. 1774년, 독일에 엄청난 흉년이 들었다. 그러자 당시 왕이었던 프리드리히 2세가 감자 종자를 지급하며 적극적으로 감자보급에 나섰다. 프리드리히 2세는 현재 독일 사람들이 우리의 세종대왕처럼 대왕으로 떠받드는 계몽군주다. 하지만, 이때는 백성으로부터 원망깨나 들었다. 만지는 것조차 싫은 감자를 먹으라고 강요하고, 재배하도록 강제했기 때문이다. 농민들이 거부하자 프리드리히대왕은 군인들에게 식량으로 감자를 지급했고, 농민들에게는 감자를 심지 않으면 코를 베어버리겠다고 협박했다.

감자 수확을 돌보는 프리드리히 2세

왜 이렇게 감자를 먹이지 못해 안달이었을까? 단순히 흉년이 들었기 때문이 아니라 전쟁에 대비한 식량 확보 차원이었다. 전쟁을 계기로 양식으로서 감자의 중요성에 눈을 떴기에 감자 보급을 열심히 했다.

프로이센은 1778년 오스트리아와 전쟁을 벌였다. 감자전쟁(Potato War)이라고도 하는데 역사적으로 상당히 의미가 있는 전쟁이다. 이 전쟁을 끝으로 전쟁의 양상이 전면전으로 바뀌었기 때문이다. 구시대의 전쟁은 한쪽에서는 싸우고 한편으로는 외교전을 펼치는 형태였지만 이때부터 죽기 아니면 살기의 총력전을 펼쳤다. 1779년까지 계속된 이 전쟁에서 전투다운 전투는 거의 없었지만 수천 명의 병사가 전사했다. 질병과 굶주림 때문이었는데 총알과 포탄이 날아다니는 대신 감자 빼앗기 전쟁이었다고 해서 감자 전쟁이다. 프로이센과 오스트리아군은 군사력이 비슷했기 때문에 함부로 상대방을 공격하지 못하고 이동과 대치만 반복했다. 그러자 보급선도 길어지고 식량도 떨어져 전투 지역이었던 바바리아 지방에서 먼저 감자를 확보하는 데 열을 올렸다. 물론 표면상의 명분은 "아군이 먼저 감자를 확보해 적을 굶주림으로 몰아야 한다."는 것이었다. 하지만, 적군을 보고도 총을 쏘는 대신 먼저 감자를 캤을 정도로 식량 확보에 급급했다고 하는데 이 틈에 죽어난 것은 바바리아 지방의 농부들이었다.

2) 건빵, 진화에 진화 150년

밥 해먹을 시간적 여유조차 없을 때 먹던 전투식량이 주먹밥이었고 말린 쌀이며 미숫가루였다. 그런데 주먹밥이 문제였다. 날씨가 습한 여름이면 한나절만 지나도 밥이 쉬어 먹을 수가 없었고 겨울에는 꽁꽁 얼어 이조차 들어가지 않았다. 굶주린 배를 움켜쥐고 싸울 때도 많았다. 이런 상황을 해결해 준 것이 바로 건빵이다. 무심코 먹는 것은 빵이고, 너무나 사소한 식품이라서 누가 특별히 신경써서 만들었을 것 같지도 않지만, 건빵은 장기간의 세월에 걸쳐 각고의 노력 끝에 만들어진 작품이다. 건빵이 만들어진 과정을 보면 또 다른 전쟁의 역사를 알 수 있다.

건빵의 뿌리는 비스킷인데 제국주의 일본군에서 비스킷을 개량해 건빵으로 발전시켰다. 그런데 건빵이 만들어지기까지는 복잡한 시대적 배경이 얽히고설켜 있다. 일본은 19세기 중반, 메이지 유신을 단행하면서 유럽을 흉내 내려고 갖가지 개혁을 추진했다. 심지어 병사들에게 하루 세끼 밥 대신 빵을 먹이기도 했는데 키 작은 일본인의 체형을 서양인처럼 만들겠다는 시도였다. 유럽인들은 빵이 주식인 만큼 빵을 먹으면 키도 커질 것으로 믿었던 것이다. 병사들의 반발이 심해 밥 대신 빵을 지급하는 계획은 곧바로 취소됐지만, 빵을 이용해 휴대용 전투식량을 개발하려는 계획은 중단 없이 지속됐다. 이전까지 일본군의 비상 전투식량은 주먹밥이었다. 하지만 주먹밥은 앞서 지적한 불편뿐만 아니라 많이 휴대하기도 쉽지 않아 대체품 개발이 절실했다. 이때 만들어진 것이 서양의 비스킷을 응용하여 개발한 전투식량인 '중소면포'였다.

중소(重燒)는 두 번 구웠다는 뜻이고 면포(麵包)는 빵이니까 중소면포는 '두 번 구운 빵'이라는 뜻이다. 비스킷(biscuit) 역시 비스(bis)는 두 번, 킷(cuit)은 요리이니 두 번 요리한 과자라는 뜻이다. 즉 비스킷을 한자로 번역한 것이 중소면포다. 빵이나 과자를 두 번 구우면 수분이 없어져 장기보관이 가능해진다. 중소면포가 곧 건빵의 원조인데 널리 보급되지는 못했다. 크기가 수첩만 해 휴대가 어려웠고 군복 주머니에 넣으면 잘 부스러져 먹기도 불편했기 때문이다.

일본군은 그러나 1894년 청일전쟁을 계기로 휴대용 전투식량인 중소면포를 더욱 개선해 발전시킨다. 전쟁터가 섬나라 일본을 벗어나 한반도와 대륙으로 옮겨지면서 보급선이 길어졌기 때문이다. 식량을 제때 공급하기 어려워지자 가볍고 휴대가 편리하며 장기간 보관이 가능한 비상식량이 필요해졌다. 그리하여 유럽에 기술자를 파견해 각국의 군용식량을 연구한다. 1903년 러일전쟁이 끝나면서 새로운 비상 전투식량이 만들어졌다. 이름도 종전의 중소면포에서 건면포(乾麪包)로 바꿨다. 마를 건(乾)에 면포는 빵이니 바로 건빵이다. 중소면포가 건빵으로 이름이 바뀌게 된 것은 병사들이 싫어했기 때문이다. 두 번 구웠다는 뜻의 중소(重燒)와 큰 부상을 당했다는 중상(重傷)의 일본어 발음이 같기 때문이다. 건빵은 이후에도 개량작업이 계속됐는데 지금처럼 먹기 편하고 휴대도 간편한 소형 건빵이 나온 것은 제2차 세계대전이 일어나기 직전이다. 만주전선의 극한 추위, 동남아의 더위와 습기를 모두 견딜 수 있도록 개선된 것이다.

건빵은 현재 우리 국군과 일본 자위대가 비상 전투식량으로 채택하고 있고 중국 인민군도 압축병간(壓縮餠干)이라는 이름의 건빵을 전투식량으로 지급한다. 또 건빵의 뿌리는 서양의 비스킷으로 미국과 유럽 각국의 전투식량에 대부분 비스킷이 포함돼 있으니 생김새와 이름만 다를 뿐 건빵은 전 세계 군인의 전투식량인 셈이다.

3) 고추는 동서양을 막론하고 식품인 동시에 화학무기였다

지금 고추는 우리 음식에서 절대 빼놓을 수 없는 필수 조미료다. 하지만 우리나라에 처음 고추가 전해졌을 때는 먹는 채소가 아니었던 것으로 보인다. 식용이 아니라 오히려 독약이었을 가능성이 크다.

고추에 관한 우리나라의 옛날 기록을 보면 살벌할 정도다. 조선 후기의 실학자 이규경이 저서인 '오주연문장전산고'에 고추의 용도에 관한 기록을 남겼는데 고추는 매운 작물이기 때문에 먹으면 입술이 마비되거나 목이 막힐 정도라고 했고 많이 먹으면 몸에 종기가 난다고 했다. 그뿐만 아니라 임신한 여자가 고추를 잘 못 먹으면 아이가 떨어질 수 있으니 조심해야 한다고도 했다. 조선에 전해진 초창기 고추종자가 어떤 품종이었는지는 밝혀진 것이 없지만 무척 매운 종자였던 모양이고 따라서 고추를 살벌한 독약쯤으로 여겼던 것 같다. 그러니 이규경은 고추가 화생방 무기로도 쓰인다고 했다. 말린 고추를 가루로 만들어 적진에 뿌리면 코에서는 재채기가 나오고 눈에서는 눈물이 쏟아져 적들이 도망간다고 했으니 영락없는 지금의 최루탄이고 화생방 무기다. 임진년 이후에 전해졌다고 하여 일각에서는 왜군이 조선을 침공하면서 전략무기로 고추를 가져왔다고 주장한다.

물론 고추를 독약처럼 다루기도 했지만 그렇다고 두려워하기만 한 것도 아니다. 제대로 이용하면 훌륭한 약이 될 수 있다고 했다. 이를테면 추운 날, 먼 길 떠나는 사람이 버선 속에 고추를 넣으면 발이 시리지 않아 오래 걸을 수 있으며, 이질 치료에 약효가 뛰어난데 생고추를 끓여 그 물을 마시면 이질이 즉석에서 낫는다고 기록되어 있다. 이 외에도 장이 막혀 대변을 보지 못할 때 고추를 먹으면 바로 설사를 해 속이 뚫린다고 했으니 약효는 분명한데 왠지 약과 독약의 경계가 모호한 느낌이다.

사실 고추는 처음부터 조미료로 전해졌던 것은 아닌 듯하다. 남미가 원산지인 고추가 유럽에 전해진 것은 우리보다 약 100년이 앞선 1493년이다. 콜럼버스가 두 번째로 아메리카 대륙을 항해할 때 동행했던 디에고 찬카라는 의사가 멕시코에서 고추를 가져왔는데 찬카는 이듬해 고추의 약효에 관한 논문을 발표했다. 그러니 유럽에 전해진 고추 역시 조미료가 아닌 약품, 그것도 치료용도뿐만 아니라 상대방을 무기력하게 만드는 독약, 내지는 화생방 무기로서의 용도에 주목했던 것이다. 실제로 찬카가 고추를 채집한 멕시코에서는 고추를 조미료는 물론이고 감기, 천식 치료제로도 사용했고 전쟁터에서는 고추즙을 뿌려 적의 눈을 멀게 하고 고추를 태워 상대방을 질식시키는 화생방 무기로도 사용했다.

지금은 고추가 그저 양념으로 쓰는 조미료이고 채소이지만 예전 고추는 동서양을 막론하고 식품인 동시에 화학무기였고, 독약이었으며 치료약이었으니 용도가 정말로 다양했다.

4) 후추 얻는 자가 세상을 지배- 서양 전쟁 · 경제사의 '핵'

지금 식탁에 놓인 후추는 그저 조미료에 불과하다. 하지만 역사적으로 인류는 후추 때문에 끊임없이 전쟁을 벌였다. 후추를 얻는 자가, 후추를 얻는 나라가 세상을 지배할 수 있었기 때문이다. 역사적으로 로마 이후 근대에 이르기까지 서양의 전쟁사와 경제사의 핵심에는 후추가 있었다. 후추 한 알이 같은 무게의 금값과 같은 가격이었으니 지금은 석유를 검은 황금

이라고 부르지만 근세 이전까지는 후추가 검은 황금이었다.

전쟁의 원인은 복합적이기 때문에 다각도의 해석이 가능하다. 십자군 전쟁을 정치적으로 해석하면 유럽과 아랍세계의 충돌이고 종교적으로는 기독교 문명과 이슬람 문명의 충돌이다. 명분은 그렇지만 내면에는 경제적 측면도 중요하다. 부유한 아랍경제에 대한 가난한 유럽경제의 도전이었는데 사실 십자군 전쟁 내막에는 경제적 이익이 도사리고 있었다 해도 과언이 아니다. 유럽의 기사, 상인, 농민들은 돈을 보고 전쟁에 뛰어들었는데 그중에는 후추를 포함한 향신료도 포함돼 있었다. 1101년, 이탈리아의 항구도시 제노아에서는 승리하고 돌아온 군인에게 보너스로 후추 1㎏을 지급하겠다고 약속했다. 당시 후추 값은 금값과 비슷했다고 하니까 요즘 시세로는 7,000만 원쯤 된다. 12세기 물가수준으로 보면 팔자를 고치고도 남을 만한 금액이었으니 돈을 보고 전쟁에 뛰어드는 사람이 한둘이 아니었다.

후추는 개인뿐만 아니라 나라의 팔자도 고쳤다. 옛날 후추의 주생산지는 인도였고 육로를 통해 아랍까지 운반한 후에 지중해 바닷길을 통해 유럽으로 전해졌다. 르네상스 이전, 이탈리아의 도시국가였던 베니스가 유럽에서 경제적 중심지가 된 배경도 바로 후추 운송로를 장악했기 때문이다. 막강한 해군력을 바탕으로 지중해의 제해권을 확보했던 베니스는 아랍세계와의 후추무역을 독점하면서 막대한 부를 축적할 수 있었다.

유럽의 중심지로 세상을 지배하던 베니스는 15세기 말부터 패권을 포르투갈과 스페인에 넘기는데 그 배경에도 후추가 있었다. 몽골제국의 세력이 무너지고 오토만 제국이 떠오르는 과정에서 아랍세계는 부족과의 다툼으로 전쟁이 그치질 않았다. 결과적으로 인도에서부터 아랍을 잇는 후추의 육상 운송루트가 불안정해지면서 아랍상인들이 후추가격을 대폭 인상했다. 육로로 아랍에 전해진 후추를 지중해를 통해 유럽으로 운송하면서 무역 강국이 된 베니스의 입지가 좁아졌다. 이틈을 이용해 포르투갈이 유럽과 인도를 직접 잇는 해상운송로를 개척했다. 그뿐만 아니라 인도의 케랄라를 비롯해 인도 남부의 후추 산지를 장악하고 있던 아랍세력과 전쟁을 벌여 이들을 축출한다. 후추무역의 주도권이 이탈리아 도시국가에서 포르투갈로 옮겨지면서 포르투갈이 경제적 부를 축적하며 유럽의 신흥 세력으로 떠올랐다. 당시 포르투갈의 이사벨공주는 아들 찰스의 결혼식 때 재력을 과시하려고 후추 290파운드를 식장에 쌓아 놓았다고 한다. 1545년 지중해에서 침몰한 영국 선박을 인양하자 익사한 선원들 대부분의 몸에서 후추가 한 주먹씩 나왔는데 배가 가라앉기 직전, 혼란에 빠진 선원들이 배에서 가장 값비싼 물건을 챙겨 넣었기 때문이었다. 후추가 값비싼 물건의 대명사였던 것이다.

하지만 역설적으로 대항해 시대가 시작되면서 후추 값이 폭락한다. 후추의 대량 수입과 대용품 고추의 전래로 후추 수요가 급격히 줄면서 후추는 '검은 황금'에서 평범한 조미료 중 하나가 됐다.

5) 스파이가 사랑한 '딸기'

딸기는 먼 옛날부터 지구 곳곳에서 자랐지만, 모조리 산딸기, 멍석딸기, 뱀딸기와 같은 야생 딸기 종류다. 지금 우리가 먹는 딸기 종자는 세상에 나온 지 200년 정도밖에 되지 않았다. 지금의 딸기는 쉽게 말해 자연산이 아니라 인간이 만들었기 때문이다. 지금 우리가 맛있게 먹는 딸기의 탄생은 유럽 열강이 세력 다툼을 벌이며 싸운 결과였다.

1712년 어느 날, 남북으로 길게 이어진 남미 칠레의 해안가 숲에서 프랑스의 식물학자가 야생 딸기를 관찰하는 모습이 눈에 띄기 시작했다. 얼마

나 열정적이었는지 비가 오나 눈이 오나 하루도 쉬지 않고 해안가를 뒤지며 야생 딸기 종자를 채집하며 기록했다. 수첩에는 칠레 야생 딸기와 관련된 각종 기록과 숫자가 마치 암호문처럼 빽빽하게 적혀 있었다. 이 프랑스 식물학자의 이름은 아메데 프랑수와 프레지어(A. Frezier)였다. 그러나 그의 직업은 교수나 학자가 아니었다. 프랑스 육군 정보국 소속 현역 중령으로 아마추어 식물학자였다. 그가 수첩에 빽빽이 적어 놓은 칠레의 야생딸기 관련 기록은 딸기에 관한 기록인 동시에 군사정보를 적은 암호였다. 칠레 해안가에 설치된 요새와 주둔 병력, 대포의 수와 병참 공급 현황 같은 군사정보는 물론이고 독립 전 칠레를 통치했던 스페인 총독의 근황과 원주민의 움직임까지 정치, 경제, 사회와 관련한 모든 정보가 함께 적혀 있었다.

프레지어 중령

프레지어 중령을 남미에 파견한 사람은 당시 프랑스 국왕 루이 14세였다. 프랑스가 멀리 떨어진 남미에 간첩을 보낸 것은 유럽의 국제정치판도 때문이다. 이때의 스페인 국왕 필리페 5세는 루이 14세의 손자로 필리페 5세의 왕권을 유지하고 스페인에 대한 프랑스의 영향력을 유지하기 위해 스페인과 식민지의 정보를 수집했던 것이다. 반대파들이 필리페 5세를 몰아내려고 할 경우 즉각적인 무력개입을 하려는 의도였다. 그 때문에 멀리 페루와 칠레까지 간첩을 보내 군사정보를 수집했던 것인데 프레지어 중령이 야생 딸기 종자를 관찰하고 채집한 것은 스파이 활동을 들키지 않기 위한 위장이었다. 프레지어는 임무를 성공적으로 완수한 후 1714년 프랑스로 귀국하여 칠레의 해안가 방어진지를 포함한 군사정보가 담긴 지도를 제작해 루이 14세에게 제출했다.

스파이 활동을 완수한 프레지어 중령은 파리에서 그동안 칠레에서 꼼꼼히 관찰하고 스케치한 바닷가의 토종 딸기에 관련한 책을 출판한다. 그리고 파리에다 귀국할 때 함께 가져온 토종딸기 종자를 심었다. 토종 칠레 딸기는 빨갛고 예쁜 계란 크기의 탐스러운 열매를 맺었지만 먹을 수는 없는 종자였다. 그런데 유럽에서는 풍토가 맞지 않았기 때문인지 아예 열매조차 맺지 못하는 것이었다. 이때부터 프레지어를 포함한 유럽의 여러 식물학자가 칠레 딸기와 다른 야생 딸기 종자를 교배시켜 열매를 맺게 하려는 다양한 시도가 이뤄졌는데 마침내 영국의 필립밀러가 남미 칠레의 야생딸기와 북미 버지니아의 야생 딸기를 교배시켜 새로운 종자를 얻는 데 성공한다. 이 딸기가 지금 우리가 먹는 재배용 딸기의 원조다. 그리고 품종이 우수한 묘목을 선별해 대량으로 재배를 시작한 것이 1806년 전후이다.

딸기가 처음으로 동양에 전해진 것은 19세기 말, 네덜란드를 통해 일본에 관상용으로 처음 전해졌다고 하는데, 인공적으로 만든 품종인 서양 딸기, 즉 양딸기가 우리나라에 전해진 것은 1920~30년대 무렵으로 추정된다.

6) 칭기즈 칸의 정복전쟁 일등공신! 샤브샤브

몽골제국을 건설한 칭기즈 칸! 칭기즈 칸은 어떻게 그 짧은 시간 동안 거대한 영토를 정복할 수 있었을까? 그 궁금증을 파헤쳐 보겠다.

전쟁에서 가장 중요한 건 뭘까? 적을 제압하는 무기? 효과적인 작전? 아니다. 전쟁에서 가장 중요한 건 보급이다. 최고의 작전, 최신식 무기를 사용한다 해도 보급이 이루어지지 않으면 그 전쟁의 결과는 불 보듯 뻔할 것이다. 이는 과거의 전쟁일수록 더 중요하게 작용했다.

칭기즈 칸이 건설한 몽골제국은 서부유럽과 인도를 제외한 대부분의 유라시아 대륙을 포함하는데 이는 인류가 건설한 나라 중에 가장 넓은 영토였다. 이렇게 넓은 영토를 정복하기 위해 칭기즈 칸이 이끄는 몽골군은 말 그대로 먹는 시간도 줄이면서 움직였다. 이를 위해 개발한 음식이 바로 보르츠이다.

보르츠는 소나 양의 고기를 말려 빻은 후에 소의 오줌보에 보관해두고 먹는 비상식량인데 먹는 방식은 말린 고기를 뜨거운 물에 조금씩 풀어먹었다. 어디서 많이 보던 요리방식이지 않은가? 그렇다! 현재 우리가 즐겨 먹는 샤브샤브는 바로 칭기즈 칸의 비상식량에서 나온 음식이다. 칭기즈 칸의 음식이 일본으로 건너가 샤브샤브란 이름으로 나오게 된 것이다.

즉, 몽골이 대제국을 건설할 수 있었던 비결은 말 위에서 식사하며 신속한 기동력을 십분 발휘할 수 있도록 보급체계를 구축하였던 칭기즈 칸의 지혜라고 할 수 있다.

7) 미국인이 마시는 커피 '아메리카노'

바쁜 현대인에게 빼놓을 수 없는 음료, 아메리카노. 요즘 우리에게는 간단한 식사대용 또는 식후 후식으로 이용하는 대중적인 음료이지만 이 아메리카노에는 슬픈 이야기가 담겨 있다. 과연 이 아메리카노는 어떻게 탄생한 것일까?

아메리카노의 탄생을 알기 위해서는 미국 독립전쟁 시기까지 거슬러 올라가야 하는데 미국이 영국으로부터 독립한 계기가 된 '보스턴 차 사건'에서부터 이야기는 시작된다. 당시 식민지였던 미국은 본국의 정책에 강한 불만을 품고 있었고 더욱이 영국은 대부분의 물자를 수입해서 사용하고 있었던 식민지를 통제하기 위하여 차에 대해 높은 세율을 부여했다. 이에 일상생활에서 차를 즐겨 마시던 식민지 사람들의 불만은 치솟았고, 이를 틈타 프랑스와 네덜란드의 커피무역상들이 값싼 커피원두를 미국에 들여왔다. 그러자 식민지 주민들은 비싼 영국산 홍차가 아닌 값싼 커피를 마시기 시작하였는데 평소 홍차에 길든 입맛에 맞추기 위하여 커피에 물을 타 연

하게 마시기 시작하였다. 이렇게 만들어진 음용법은 제1차 세계대전 시 이탈리아 전역에 파병되었던 미군이 진한 에스프레소에 물을 타서 마시는 모습을 이탈리아인들이 보고 '미국인들이 마시는 커피'라는 뜻으로 '아메리카노'라고 부르면서 전 세계에 퍼지게 된 것이다.

우리가 돈 없을 때 밥 대신에, 짜장면 먹고 후식으로, 마라톤하고 감질나게 목축일 때 즐겨 마시던 아메리카노. 이 아메리카노에는 영국으로부터 독립하고자 했던 미국인들의 강한 저항의식이 담겨 있다고 하겠다.

부록 3. 세계역사 및 전쟁연표

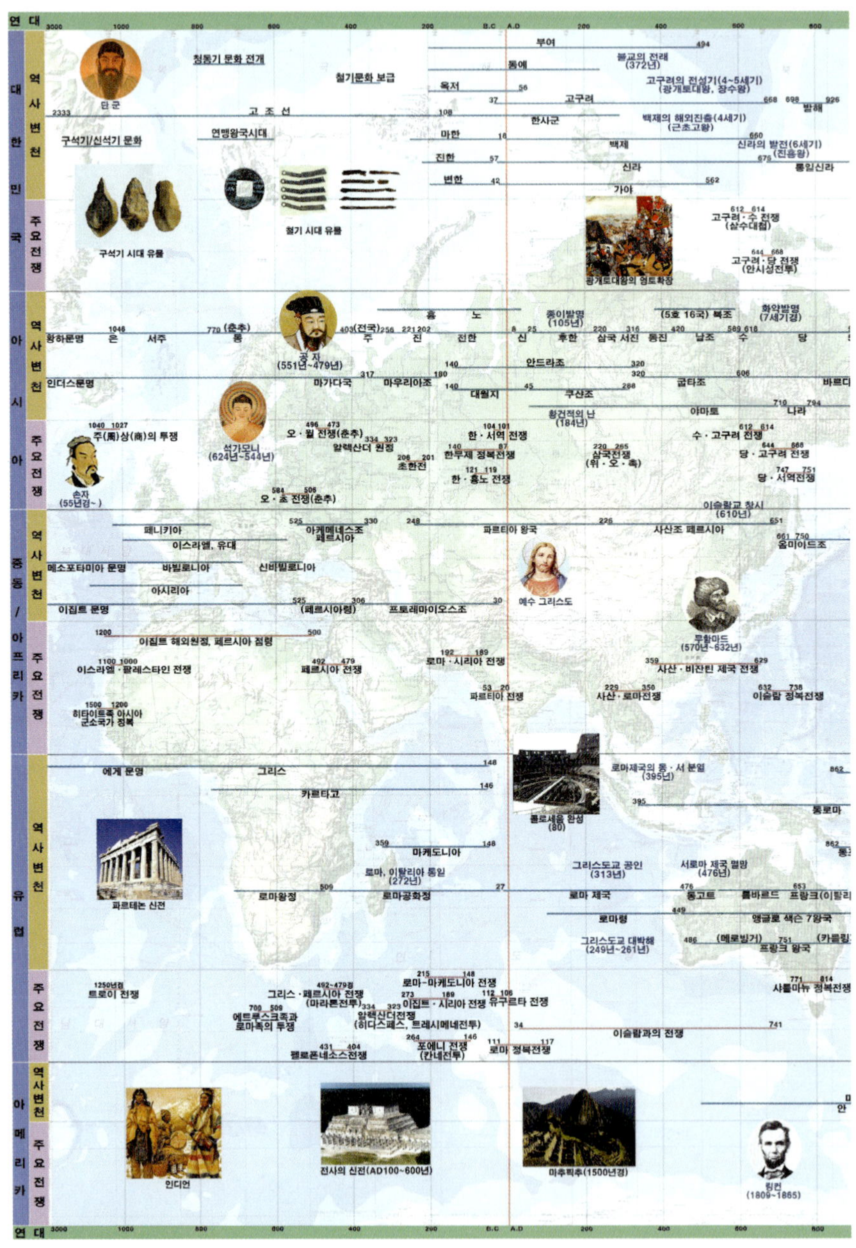
연대
대한민국
역사변천
주요전쟁
아시아
중동/아프리카
유럽
아메리카
단군
청동기 문화 전개
철기문화 보급
고조선
구석기/신석기 문화
연맹왕국시대
구석기 시대 유물
철기 시대 유물
부여
동예
옥저
고구려
한사군
마한
백제
진한
신라
변한
가야
불교의 전래 (372년)
고구려의 전성기(4~5세기) (광개토대왕, 장수왕)
발해
백제의 해외진출(4세기) (근초고왕)
신라의 발전(6세기) (진흥왕)
통일신라
광개토대왕의 영토확장
고구려·수 전쟁 (살수대첩)
고구려·당 전쟁 (안시성전투)
황하문명
은
서주
동
주
진
전한
신
후한
삼국 서진
동진
남조
수
당
흉노
종이발명 (105년)
(5호 16국) 북조
화약발명 (7세기경)
공자 (551년~479년)
인더스문명
마가다국
마우리아조
안드라조
대월지
쿠샨조
굽타조
바르다
황건적의 난 (184년)
야마토
나라
주(周)상(商)의 투쟁
석가모니 (624년~544년)
손자 (55년경~)
오·월 전쟁(춘추)
알렉산더 원정
초한전
한·서역 전쟁
한무제 정복전쟁
한·흉노 전쟁
삼국전쟁 (위·오·촉)
수·고구려 전쟁
당·고구려 전쟁
당·서역전쟁
오·초 전쟁(춘추)
이슬람교 창시 (610년)
페니키아
이스라엘, 유대
아케메네스조 페르시아
파르티아 왕국
사산조 페르시아
옴미이드조
메소포타미아 문명
바빌로니아
신바빌로니아
아시리아
이집트 문명
(페르시아령)
프토레마이오스조
예수 그리스도
무함마드 (570년~632년)
이집트 해외원정, 페르시아 점령
이스라엘·팔레스타인 전쟁
페르시아 전쟁
로마·시리아 전쟁
사산·비잔틴 제국 전쟁
파르티아 전쟁
사산·로마전쟁
이슬람 정복전쟁
히타이트족 아시아 군소국가 정복
에게 문명
그리스
카르타고
로마제국의 동·서 분열 (395년)
동로마
콜로세움 완성 (80)
파르테논 신전
마케도니아
로마, 이탈리아 통일 (272년)
로마왕정
로마공화정
그리스도교 공인 (313년)
서로마 제국 멸망 (476년)
로마 제국
동고트
롬바르드
로마령
앵글로 색슨 7왕국
그리스도교 대박해 (249년~261년)
(메로빙거)
프랑크 왕국
트로이 전쟁
그리스·페르시아 전쟁 (마라톤전투)
에트루스크족과 로마족의 투쟁
로마-마케도니아 전쟁
이집트·시리아 전쟁
유구르타 전쟁
알렉산더전쟁 (히다스페스, 트레시메네전투)
포에니 전쟁 (칸네전투)
로마 정복전쟁
펠로폰네소스전쟁
이슬람과의 전쟁
샤를마뉴 정복전쟁
인디언
전사의 신전(AD100~600년)
마추픽추(1500년경)
링컨 (1809~1865)

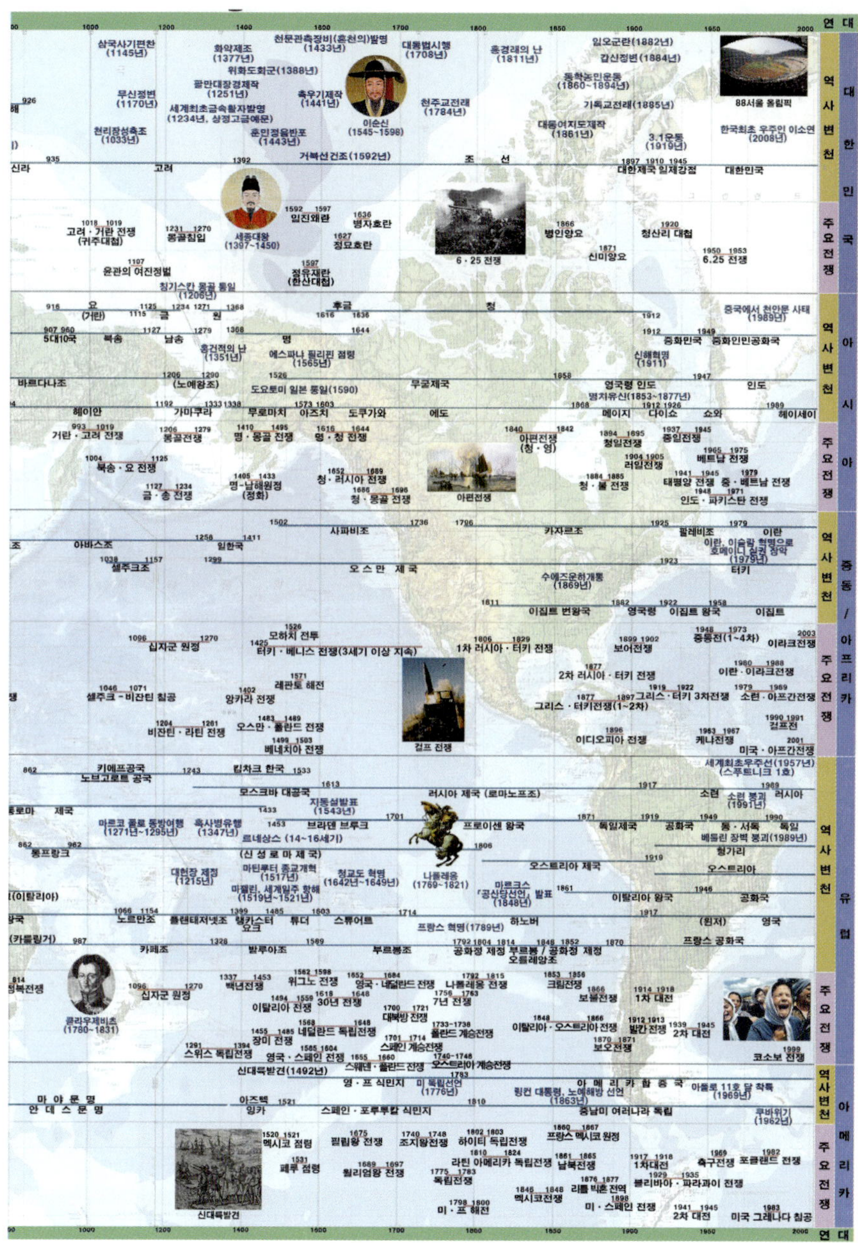

참고문헌

1.국내문헌

강경표, 김영택, 남궁승필, 『전쟁의 발견』, 진영사, 2013

계동혁, 『역사를 바꾼 신무기』, 플래닛미디어, 2009

군사편찬연구소, 『러시아와 일본의 전쟁 그리고 한반도』, 군사편찬연구소, 2012

군사편찬연구소, 『국군 걸프전 파병사: 국군의료지원단과 공군수송단』, 군사편찬연구소, 2013

군사편찬연구소, 『상록수부대 파병사』, 군사편찬연구소, 2012

군사편찬연구소, 『국군 이라크 자유작전 파병사』, 군사편찬연구소, 2014

권오경, 『헤로도토스 역사』, 김영사, 2010

김기훈·.이내주·이재, 『세계문화사』, 일조각, 2000

김도균, 『전쟁의 재발견』, 추수밭, 2009

김민석, 양욱, 유용원, 『신의 방패 이지스 대양해군의 시대를 열다』, 플래닛미디어, 2008

김성남, 『전쟁 세계사』, 뜨인돌, 2008

김처환· 육춘택, 『전쟁 그리고 무기의 발달』, 양서각, 1997

김희상, 『중동전쟁』, 전광, 1998

남도현, 『2차대전의 흐름을 바꾼 결정적 순간들』, 플래닛미디어, 2011

노병천, 『도해 세계전사』, 한원, 1994

대한민국 부사관 총연맹, 『전쟁사』, 글로벌, 2007

라호성, 『한국인이 꼭 알아야 할 우리 전쟁사』, 이십일세기군사연구소, 2001

민석홍, 『서양사 개론』, 삼영사, 2002

박균열, 『전쟁과 문명』, 21세기사, 2010

박휘락, 『전쟁, 전략, 군사 입문』, 법문사, 2005

배영수 외, 『서양사 강의』, 한울 아카데미, 2000

송충기외, 『세계화 시대의 서양 현대사』, 아카넷, 2010
신채식, 『동양사 개론』, 삼영사, 2006
양오석, 송영심, 『재미있는 전쟁 이야기』, 가나출판사, 2014
양욱, 『하늘의 지배자 스텔스』, 플래닛미디어, 2007
온창일, 『전쟁론』, 지문당, 2008
온창일, 『전략론』, 지문당, 2007
육군군사연구소, 『청일전쟁』, 육군군사연구소, 2014
육군군사연구소, 『아프가니스탄 분쟁사』, 육군군사연구소, 2011
육군군사연구소, 『유럽의 30년 전쟁』, 육군군사연구소, 2011
육군군사연구소, 『세계의 지역분쟁사례집 Ⅰ Ⅱ Ⅲ』, 육군군사연구소, 2012
육군사관학교 전사과,『세계전쟁사 부도』, 황금알, 2007
육군사관학교, 『세계전쟁사』, 육군사관학교, 2005
이광보 외, 『전쟁사』, 진영사, 2008
이대영, 『알기 쉬운 세계 제2차대전사』, 멀티매니아호비스트, 1999
임용한, 『전쟁과 역사—삼국편』, 혜안, 2001
임용한, 『전쟁과 역사 2—거란 여진과의 전쟁』, 혜안, 2004
정명복, 『무기와 전쟁 이야기』, 지문당, 2014
정명복, 『잊을 수 없는 6.25전쟁사』, 지문당, 2014
정채화 외 『전쟁사』, 법률시대, 2006
정토웅, 『20세기 결전 30장면』, 가람기획, 2000
정토웅, 『세계전쟁사 다이제스트 100』, 가람기획, 2007
정하명, 『세계전쟁사』, 황금알, 2004
조상근 외, 『4세대 전쟁』, 집문당, 2010
조영갑, 『세계전쟁과 테러』, 선학사, 2011
주시후, 『전쟁사』, 홍익재, 2006
최용호, 『베트남전쟁과 한국군』, 군사편찬연구소, 2008

2. 국외 문헌

기다히데도, 오정석 역, 『걸프전쟁』, 연경문화사, 2002

나폴레옹, 데이비드 G. 챈들러 편집, 원태재 역, 『나폴레옹의 전쟁금언』, 책세상, 1998

DK 무기편집 위원회 · 영국 왕립무기박물관, 『WEPON』, 사이언스북스, 2009

데이비드 다우닝, 지소철 역,『2003 이라크 전쟁』, 도서출판 디딤돌, 2004

데이비드 M. 글랜츠 조너선 M. 하우스, 『독소 전쟁사 1941~1945』, 열린책들, 2007

로버트 영 펠튼, 『용병』, 교양인, 2009

리처드 오버리, 『스탈린과 히틀러의 전쟁』, 지식의 풍경, 2003

마이클 매클리어, 『베트남 10,000일의 전쟁』, 을유문화사, 2002

마틴 J. 도헤티외, 『해전의 모든 것』, 휴먼북스, 2010

마틴 반 클레벨트, 『과학기술과 전쟁』, 황금알, 2006

마틴 폴리, 『제2차 세계대전』, 생각의 나무, 2008

매슈 휴스, 윌리엄 J. 필포트, 『제1차 세계대전』, 생각의 나무, 2008

매튜 J. 플린, 『선제전쟁』, 북코리아, 2011

맥스 부트, 『MADE IN WAR』, 플래닛미디어, 2007

버나드로 몽고메리, 승영조 역, 『전쟁의 역사』, 책세상, 2004

빅터 데이비스, 『살육과 문명』, 푸른숲, 2002

에릭 두르슈미트, 『아집과 실패의 전쟁사』, 세종서적, 2001

요미우리신문사, 『최첨단 무기 시리즈』, 자작나무, 1994

윌리엄 위어, 『세상을 바꾼 전쟁』, 시아출판사, 2009

조너선 닐, 『미국의 베트남전쟁』, 책갈피, 2004

존 G. 스토신, 『전쟁의 탄생』, 플래닛미디어, 2009

존 L. 캐디서, 강규형 역, 『9·11 충격과 미국의 거대전략』, 나남출판, 2004

칼 하인츠 프리저, 『전격전의 전설』, 일조각, 2007

피에르 발로, 『아틀라스 20세기 세계 전쟁사』, 책과함께, 2010

피터 W. 싱어, 『하이테크 전쟁』, 지안출판사, 2011

호비스트, 『베트남 전쟁(지옥의 전장)』, 호비스트, 2001
후루타 모토우, 『역사 속의 베트남 전쟁』, 일조각, 2007

A.F.K. Organski, *World Polities, second edition* (New York: Aifred A. Nuopf 1968)

Authu Zich, *The Rising Sun*, (New Jersey, Silver Burdett Company, 1977)

Axell, Albert, *Stalin's War through the Eyes of His Commanders* (London: Arms & Armour, 1997)

Becker, Annette & Audoin-Rouzeau, Stephane, *1914-1918: Understanding the Great War* (London: Profile Books, 2002)

Becker, Annette, Smith, Len & Audoin-Rouzeun, Stephane, *France and the Great War 1914-1918* (Cambridge: Cambridge Up, 2003)

Beckett, Ian, *The Great War, 1914-1918* (Basingstoke: Macmillan, 2001)

Beevor, Anthony, *Stalin Grad* (London: Penguin Books, 1999)

Beevor, Anthony, *The Fall of Berlin 1945* (London: Penguin Books, 2003)

Berthon, Simon, *Allies at War: The Bitter Rivalry Among Churchill, Roosevelt and De Gaulle* (New York: Collins, 2001)

Bill Fawcett, *How to Lose a Battle : Foolish plans and Great Military Blunders* (New York: William Morrow Paperbacks, 2006)

Bruce, Anthony, *The Last Crusade: The Palestine Campaign in the First World War* (London: John Murray, 2002)

Cecil, Hugh & Liddle, Peter, *Facing Armageddon: The First World War Experience* (London: Leo Cooper, 1996)

Chickering, Roger, *Imperial Germany and the Great War, 1914-18* (Cambridge: Cambridge Up, 1998)

Cowley, Robert, ed, *No End Save Victory: Perspectives on World War II* (New York: High Bridge Company, 2001)

De Groot, Gerard, *The First World War* (New York: Palgrave, 2001)

Dutton, David, *The Politics of Diplomacy: Britain and France in the Balkans in the First World War* (London: IB Tauris, 1998)

Erickson, Edward, *Ordered to Die: A History of the Ottoman Army in the First World War* (Westport, CT: Greenwood, 2001)

Field Marshal Lord Alanbrooke, eds. Alex Danchev and Daniel Todman, *War Diaries 1939-1945* (London: Weidenfeld & Nicolson, 2001)

Folly, Martin H, *The United States in World War II. The Awakening Giant* (Edinburgh: Edinburgh University Press, 2002)

Fuchida, Mitsuo, *Midway: The Japanese Story* (London, 2002)

Gilbert, Martin, *The Routledge Atlas of the Holocaust* (London, 3rd edn, 2002)

Guy Wint, Peter Calvocoressi, John Pritchard, *The Penguin History of the Second World War* (London: Penguin; 3Rev Ed edition, 2001)

Howard, Michael, *The First World War* (Oxford: Oxford Up, 2002)

John Keegan, *The First World War* (Toronto: Key porter Books, 1998)

John Keegan, *The First World War* (London: Hutchinson, 1998)

Macdonald, Charles B., *A Time for Trumpets: The Untold Story of the Battle of the Bulge* (New York: Quill/William Morrow & Co. 1997)

Moshe Dayan, *Dairy of Sinai Campaign* (New York: Harper & Publisher, 1966)

Murray, Williamson, and Allan R. Millett, *A War to Be Won. Fighting the Second World War* (Cambridge MA: Belknap Press, 2000)

Nicolson, Colin, *The Longman Companion the First World War, Europe 1914-1918* (Harlow: Routledge, 2001)

Ousby, Ian, *The Road to Verdun* (London: Jonathan Cape, 2002)

Reynolds, David, *From Munich to Pearl Harbor: Roosevelt's America and the Origins of the Second World War* (Chicago: Ivan R. Dee,

2001)

Roberts, Geoffrey, *Victory at Stalingrad* (London: Taylor & Francis, 2002)

Rothwell. Victor, *The Origins of the Second World War* (Manchester: Manchester University Press, 2001)

Sajer, Guy, *The Forgotten Soldier* (New York: Potomac Books, 2000)

Stanley Weintrub, *Long Day's Journey into War* (New York: Truman Talley Books Dutton, 1941)

Takaki, Ronald, *Double Victory: A Multicultural History of America in World War II* (Boston: Little, Brown and Company, 2000)

The editors of Time-Life Book, *Japan at War* (New Jersey: Silver Burdett Company, 1980)

찾아보기

(ㄷ)

(ㄹ)

(ㅁ)

(ㅂ)

저자소개

- 서울성남중·고등학교, 육군사관학교, 육군대학 졸업
- 국립공주대학교 대학원 사학과 졸업(문학박사)
- 포대장, 대대장, 연대장, 여단장 역임
- 육군 군사연구소 전쟁사 연구과장, 한국전쟁과장 역임
- (전)한남대학교사학과 강사/국방전략대학원 객원교수
- 국립공주대학교 안보과학대학원 교수
- 한국지식경제진흥원(KEPI) 전문강사
- 병무청 안보전문 강사
- 국가보훈처 자체평가위원
- 충청남도 안보정책자문관
- 한국안보학연구소 소장
- 한국현대사학회 부회장
- 한국위기관리연구소 선임연구위원
- 국방부 군사편찬연구소 객원연구원
- 육군 군사연구소, 전쟁과 평화연구소 연구위원
- 국립대전현충원, 극동사회문화연구원 자문위원
- 한국군사회복지학회 이사

- 저서
- 맞춤형 소부대 전례
- 잊을 수 없는 생생 6.25전쟁사
- 쉽고 재미있는 생생 무기와 전쟁 이야기
- 중공군 공세 의지를 꺾은 현리-한계 전투
- 성공으로 가는 삼위일체 리더십
- 국가안보 그리고 통일 외 다수

- 논문
- 6·25전쟁기 중공군 5월 공세에 관한 연구
- 현리-한계전투의 전술적 교훈
- 중공군 공세작전간 작전지도에 관한 고찰
- 전쟁사 연구방안 고찰
- 조직의 리더십에 관한 실증적 연구

외 다수

쉽고 재미있는 생생 **세계 전쟁 이야기** 값 19,000원

2015년 9월 1일 1판 1쇄

저 자 정명복
발행인 임삼규
발행처 **지문당**
주 소 413-756 경기도 파주시 광인사길 85(본사)
110-360 서울시 종로구 돈화문로 82(서울사무소)
등 록 1997. 12. 30. 제406-2003-000038호
영업부 전화 (02)743-3192~3
팩스 (02)742-4657
전자우편 sale@jimoon.co.kr
편집부 전화 (02)743-3096~8
팩스 (02)743-0227
전자우편 edit@jimoon.co.kr
홈페이지 www.jimoon.co.kr

ISBN 978-89-6297-178-1